中国越学

ZHONGGUO YUEXUE

【第十三辑】

主　　编◎汪俊昌
执行主编◎潘承玉

中国社会科学出版社

图书在版编目（CIP）数据

中国越学．第十三辑/汪俊昌，潘承玉主编．—北京：中国社会科学出版社，2021.12

ISBN 978-7-5203-9411-6

Ⅰ.①中… Ⅱ.①汪…②潘… Ⅲ.①文化史—研究—浙江
Ⅳ.①K295.5

中国版本图书馆 CIP 数据核字（2021）第 258207 号

出 版 人　赵剑英
责任编辑　郭晓鸿
特约编辑　杜若佳
责任校对　师敏革
责任印制　戴　宽

出　　版　中国社会科学出版社
社　　址　北京鼓楼西大街甲 158 号
邮　　编　100720
网　　址　http://www.csspw.cn
发 行 部　010-84083685
门 市 部　010-84029450
经　　销　新华书店及其他书店

印　　刷　北京君升印刷有限公司
装　　订　廊坊市广阳区广增装订厂
版　　次　2021 年 12 月第 1 版
印　　次　2021 年 12 月第 1 次印刷

开　　本　880×1230　1/16
印　　张　15.25
插　　页　2
字　　数　327 千字
定　　价　86.00 元

目　录

学科化背景下的价值坚持：马一浮论国学

干春松

摘　要　马一浮作为现代新儒家的重要代表人物，对现代教育与儒家价值之间的紧张有充分体会。由此他拒绝进入现代教育机构，创办复性书院，提倡“六艺学”。然而，这样的努力并未获得社会的呼应，如何反思马一浮的问题意识，探索符合时代需要的儒家教育模式，是社会性的课题。

关键词　马一浮　浙江大学　“六艺学”　复性书院

1898年时值戊戌变法，除了政治体制改革和发展实业之外，教育改革已经提上议事日程，新式学堂京师大学堂正式成立。可是大多数读书人依旧走在科举的道路上，他们不可能预测到1905年延续千年的科举制度会被正式废除。

就在这一年，马一浮参加绍兴县试，同年应试的还有鲁迅和周作人，揭榜后马一浮名列第一。但得风气之先的江浙士子却已然开始了新的求学之路，马一浮去上海学习拉丁文、英文、法文，于1903年赴美，并游历德国和西班牙。1904年赴日本学习，其间阅读了大量的西方哲学、社会科学和文学作品。最具传奇性的是，他是第一个把《资本论》带入中国的思想家。

从1906年开始，章太炎在日本组织国学讲习会，① 鲁迅、周作人等听讲。不过，鲁迅和周作人主要的兴趣在文学，马一浮则开始潜心于经史，他们的不同取向或可以代表近代中国知识分子在面对新的知识传播形态的时候对于中西文明的不同态度。本文主要围绕“国学”观念在清末民初的发展，来考察马一浮面对新的学科体系的冲击，通过阐述他对“国学”观念的理解，发展出其独特的价值倾向。

一　“国学”所蕴含的国家意识和价值认同

所谓“国学”，核心在“国”，在这里强调的是与别的国家相对应的“本国”。为

① 汤志钧编：《章太炎年谱长编》增订本（上册），中华书局2013年版，第124页。

什么素来主张天下主义的中国会强调地域性和民族性的“国”而放弃超越国家的“天下观念”呢？其原因在于当海禁初开之后，中国人逐渐认识到当今的世界是一个“万国竞逐”的世界，竞争的基本单位是以民族国家为基础，由此，如何建立现代国家，如何将王朝国家转型为民族国家，成为所有人关注的焦点。

“中国”之名由来已久，但是，传统上“中国”并非“国家”的名称，而是代表地理上的世界中心，当然更具有文明意义上的“中心”的意味。

清王朝虽为满族入侵而建立，却秉承了文化中心主义的观念。一直到1840年之后，他们必须直面全新的挑战，即西方的民族国家体系构成了对清帝国的宗藩体系的冲击，当章太炎用“中华民国”来为革命后的新国家命名的时候，“中华”所代表的是“民族”，“民国”则意味着民主共和的政体，这个时候，“中国”才具有现代民族国家的意义。

“民族国家”对“天下主义”观念的取代，对于中国的思想家而言，实质上要面对的是对自己文化传统的“地域化”转换，即当儒家的观念难以在普遍性的层面与西方文化相对抗的时候，以“保教”为目标的文化意识的觉醒，体现为对于自身文化传统的珍惜和独特性的强调。所以，现代国家意识的建构，也就是近代“国学”观念的建立过程。晚清国粹派的代表人物之一邓实说：“国学者何，一国所自有之学也。有地而人生其上，因以成国焉。有其国者有其学。学也者，学其一国之学，以为国用，而自治其一国也。”① 这段文字十分强调“国学”之产生和应用与“国家”之间的关系，而忽视了文化本身所可能具有的超越种族和地域的面向。他们进一步认定国学之存在是国家存在的基础：“国有学则国虽亡而复兴，国无学则一亡而永亡。何者？盖国有学则国亡而学不亡，学不亡则国犹可再造，国无学则国亡而学亡，学亡而国之亡遂终古矣。”② 即认为如果国家的文化学术传统消亡，则国家永无复兴的可能了。

“国学”一词本来指藏书机构，后来也指国家层面的教育机构。晚清的“国学”观念的兴起，深受日本的“国学”概念的影响，并得到在日本的中国学生和国内的一些学人的采用和强调。尤其与晚清国粹派的提倡有很大关系。“国粹”一词虽由日本传入，但对于“粹”的强调明确表征出选择、重构传统资源的意图，更有强调文化自信的意图。章太炎在给《国粹学报》的祝词中说：“日本因成于人，而中国制法自己，儒、墨、道、名尚已。虽汉、宋诸明哲专精厉意，虑非岛人所能有也。自弃其重，而倚于人，君子耻之焉，始反本以言国粹。”③ 中国的文明与日本相比更有独创性，多以为不应该舍己从人。除此而外，国粹更为“民族主义”的重要精神资源，章太炎说：“为甚提倡国粹？不是要人尊信孔教，只是要人爱惜我们汉种的历史。这个历史，是就广义说的，其中可以分为三项：一是语言文字，二是典章制度，三是人物事迹。近来有一种

---

① 邓实：《国学讲习记》，《国粹学报》1906年第19期，载桑兵等编《国学的历史》，国家图书馆出版社2010年版，第81页。

② 许守微：《论国粹无阻于欧化》，《国粹学报》1905年第6期，载桑兵等编《国学的历史》，第60页。类似的观念在康有为等非国学派的论述中也经常出现。即认为文化是国家存在的关键，康有为经常以以色列为例说明，文化的延续对于种族和国家延续的重要性。

③ 章太炎：《〈国粹学报〉祝辞》，载《章太炎全集·太炎文录初编》，上海人民出版社2014年版，第213页。

欧化主义的人，总说中国人比西洋人所差甚远，所以自甘暴弃，说中国必定灭亡，黄种必定剿绝。因为他不晓得中国的长处，见得别无可爱，就把爱国爱种的心，一日衰薄一日。”① 章太炎所说的国学主要包括语言文字、典章制度和人物事迹方面，与康有为等人所倡导的孔教大异其趣。从国粹派的角度，国学是要培养民族的自信和国民的爱国热情，要“用国粹激动种性，增进爱国的热肠”。国粹派经常使用“国魂”的说法，强调要融汇中西，重铸国魂。如许之衡说：“夫国学即国学所存，保全国学，诚为最重要之事矣。”②

近代中国“国家”意识确立的原因并不源自中国社会发展的内在要求，而是来自西方政治和军事的侵凌而产生的防御必要，也正因为如此，国家认同所要面对的最大挑战是如何对待西方的政教体系和文化价值的问题。由此而产生的一个巨大的矛盾是，我们需要以自身的文化传统来确立国家要素和精神属性，但又必须学习西方的文明成果以提高国家在物质生产和政治组织方面的能力。由此，西方的政治法律思想和其他文明成果又在新式教育这样的制度化体系的保障下，堂而皇之地“占领”中国的思想市场。所以从国粹派开始的国学研究者，一直在申辩提倡国学并不是要阻碍“欧化”。国粹派提出文化发展需要中西互通，他们所要反对的是两种极端的倾向，一是“醉心欧化”，认为中国万事不如人；另一种就是“盲信己国”，依然以夷夏的观念来看待外国。国粹派所提倡的是以中国为本位的兼收并取的态度。

在这样的矛盾中，章太炎等人都拒绝了在代表现代教育体系的京师大学堂以及后来的北京大学工作，章太炎甘愿继续他的“国学研习班”的体系。章太炎门下的弟子，则产生了巨大的分化。周作人、朱希祖等人开始投入新文化的传播和新学科体系的建构。另外一些学者如黄侃等人，即使在北京大学工作，也难以兼容于以胡适等人为代表的西化派学者，国粹派一度成为新文化运动的对立面而离开北京大学。

新文化运动中，毛子水等人开始以“国渣”来攻击“国粹”概念，认为如果存在国粹，那么必然有其对立面“国渣”，这也反映了新文化运动之后，新文化运动的代表人物对待传统文化的态度。20 世纪 20 年代开始的“整理国故运动”，看上去是要在某种程度上肯定传统文化的价值，但事实上，从“国粹”到“国故”概念的转变，就是以一种“价值中立”的面貌来对传统价值观进行釜底抽薪式的解构。

“国故”这个词本是章太炎对于传统中国学术的称呼，用以取代“国粹”这个带有价值评判色彩的名称，但是章太炎的立场是明确的，中国的精神存在于中国的历史和典章制度中。而启蒙思想的倡导者毛子水、胡适和傅斯年等人在借用“国故”这个词的时候，就是看中了其“价值”倾向的特性。他们宣称要用“科学”的精神来“整理国故”，批评一部分人对于国故的追慕心态，从而“再造文明”。实质上是要借助这个整理的过程来继续批评文化传统。

---

① 章太炎：《在东京留学生欢迎会上之演说辞》，载《章太炎全集·演讲集上》，上海人民出版社 2015 年版，第 8 页。

② 许之衡：《读〈国粹学报〉感言》，《国粹学报》1905 年第 6 期，载桑兵等编《国学的历史》，第 56 页。

胡适给“国故”下了这样的定义：“中国一切过去的文化历史，都是我们的‘国故’，研究这一切过去的文化历史的学问，就是‘国故学’，省称‘国学’。”① 胡适在这篇文章中认为，国故这个名称最为妥当，因为其中立，不含褒贬，所以他不愿意用国粹之类的词。在该文中，胡适特别提出了他的国学研究方法，他既反对康有为将儒家孔教化的做法，也并不认为古文古诗的保存就是国学。他强调一种系统整理的方法。胡适的“整理国故”遭到新文化阵营的质疑，他们认为胡适逐渐背离了他原先持有的文学革命的立场。其实，胡适的立场并没有变化，比如，他认为，“故”可以理解为“过去”“死亡”。他在1928年回答一个人的来信时，甚至把“整理国故”比喻成“打鬼”，就是要让人知道“国故”“不过如此”。② 我们何以能从胡适的态度中看到“同情”和“敬意”呢?

与晚清国粹派的国学观相比，这个时期的文化讨论的主题出现了一些重要的转变。首先，中华民国建立之后，现代民族国家的建立已经成为事实。但是，袁世凯称帝和张勋的复辟使人们认识到国家的政治体制的确立需要国民的价值观的适应。陈独秀和胡适等人认为是传统文化让人们难以从帝制的传统中解脱出来，而保守主义者则认为过于超前的政治理想难以真正解决中国的困境。对此，不同学者的认识尖锐对立。有人认为中国之为中国主要在于历史文化和经典传承。而启蒙派的学者则认为中国的精神不在经典之中，要移植西方的政治秩序，就必须全盘接受西方的价值观念。即使是对于乡村的认识也是如此。林语堂等人认为中国人的精神特性并不在传统经典中，而是存在于民众的生活世界中。梁漱溟则认为要从农村去寻找失落的儒家精神。这种矛盾也可以从北京大学研究院国学门的研究主题中看出：一方面国学门强调经典的研究；另一方面也侧重于民间歌谣的收集和习俗的调查。在这个争论中，科学精神得到了更为广泛的传播，甚至出现了“唯科学主义”的倾向。深受新文化运动影响的学者们认定科学所推出的公理更具有普遍主义的特色，也超越了国家之间的区域局限，这种看法解构了试图通过强调传统价值来确定国家与民族精神的倾向，也就否定了国学与国家精神的统一性。在这样的改变中，清末民初“国学”观念中的“民族主义”和“国家主义”反而成为需要清理的因素，有学者提出要反对国学中的“国家主义”倾向。何炳松说：“国学的国字，显然表现出一种狭小的国家主义精神。这不但违反我国先贤所主张的‘大道之行也，天下为公’这种大同精神，而且亦违反西洋学者所主张的‘知识无国界’那种学术公开的精神。”③ 很显然，在何炳松看来，学问所应追求的是超越民族国家的普遍价值，而不是仅仅维护国家的局部利益。④ 这个时期所出现的疑古思潮，或许可以作为反国家主义的国学研究的典型。

疑古派的代表人物是顾颉刚，他秉承新的历史观念，认为早期中国历史有许多“层累”建构的内容，并非历史事实，并由此证明尧舜禹三代之治只是儒家的价值塑

---

① 胡适：《〈国学季刊〉发刊宣言》，《胡适全集》第2卷，安徽教育出版社2003年版，第7页。

② 胡适：《整理国故与“打鬼”》，《胡适全集》第3卷，第147页。

③ 何炳松：《论所谓“国学”》，《小说月报》1929年第20卷第1号。

④ 何炳松的科学主义立场并不坚定，在1935年关于本位文化的宣言中，他是牵头签名的学者之一，宣言强调中国文化的本位性，来批评西化派。

造。顾颉刚、傅斯年等人的历史观的转变，被认为是“革命性”的，“大概在1920年至1930年，中国一群领导性的史学家不约而同地提出新的反省，他们对史料的态度有一个革命性的变化。这些人包括胡适、傅斯年、顾颉刚、李济等。他们的文字分散各处，如果稍加比辑，可以发现一个认识论上的改变。首先，对这一代人而言，传统的权威已经几乎倒塌了，所以六经在他们看来都只是史料——是供人研究的材料，而不是让人寻求治国平天下大道理之所在。在这个前提下，他们同时也提倡一种历史发展的观点，也就是平等看待每一时代学术思想材料的价值，不再以为只有那最高点才有价值。”① 傅斯年开始筹建中山大学历史语言研究所的时候，就是要把历史和语言从传统的学术谱系中“解放”出来，在科学公理面前，地域的差异对于国家认同的意义被看作一种故步自封，因此，即使连“国故”这个概念也成为他攻击的目标。认为要建立一种真正的“科学”的态度，必须将“国故”的概念也抛弃。

二 “国学”与“科学”、“学科”

“国学”虽立足于“国”，但“学”是其内核，无论是国家认同还是民族精神的重构，这些使命都是要通过对于传统思想学术的不同呈现方式来体现的。

国学的具体内涵就是中国传统的学术。在中国面对现代性的挑战的时候，中国传统的价值观以及承载价值观的知识体系也不可能独善其身。现代化运动打破了古代社会的有机整体结构，取而代之以目的－合理化经济体制和管理体制。根据马克斯·韦伯的理论，现代化运动是社会理性化和世俗化过程，它以理性化发展打破了传统社会基本理性的统一性，对于思想学术而言，一个最大的变化就是适应生产、分工发展而逐渐形成的专业化学科体系的建立，“多元学科的创立乃基于这样一个信念：由于现实被合理地分成了一些不同的知识群，因此系统化研究便要求研究者掌握专门的技能，并借助于这些技能去集中应对多种多样、各自独立的现实领域”。② 也就是说，社会分工必然会带来知识分工的产生，让原先比较综合的存在的知识体系逐渐分解为适合生产活动的应用性的学科。就中国而言，原先的知识分类体现为“四部之学”，即经史子集。严格地说，这并非现代的知识分类，那么当科举废除、新式学堂建立后，也必然会引入西方的专业化的学科体系。

现代专业化的知识系统是中国传统的教育和知识体系所不能提供的。最初的国粹派强调“国学”和“君学”的区分，目的是要让知识独立于政治，这样的认识始终体现在人们对“国学”的认识中。晚清的国粹派区分“国学”与“君学”就是试图确认学术的独立性，而他们所预备设立的“国粹学堂”，学制三年，科目包括经学、文字学、伦理学、心性学、哲学、宗教学、政法学、实业学、社会学、史学、典制学、考古学、

① 王汎森：《什么可以成为历史证据》，载王汎森《中国近代思想与学术的系谱》，河北教育出版社2001年版，第348页。

② ［美］华勒斯坦等：《开放社会科学》，刘锋译，生活·读书·新知三联书店1997年版，第9页。

地舆学、历数学、博物学、文章学、音乐、图画、书法、翻译等，形式上与旧学已经大不相同。虽然所学内容均来自中国传统的学术资源，但显然已经借鉴西方的学科体制进行了新的分类。[①] 最早进行国学讲习活动的章太炎，也是新的学科分类的实践者。1906年，章太炎在日本主编同盟会机关报《民报》，曾经刊登《国学振兴社广告》，谓国学讲授内容为："一、诸子学；二、文史学；三、制度学；四、内典学；五、宋明理学；六、中国历史。"[②] 这个对于"国学"内容的设置，与传统的经史子集的分类方式有根本的差异，最明显的是没有了传统知识的价值基础"经学"。章太炎的设计体现了贯通中西的雄心，他认为真国学肯定能与新学契合。

其实新旧之学并未能如章太炎那般乐观地融合，最关键的差异在于韦伯所提出的世俗化和神圣性的差异。现代学术是通过某种可以验证的方式发展出一种系统的世俗的知识，在这样的转变中，中国原有的以经学为核心的价值体系便要经受"理性化"的洗礼。但一旦经过理性化之洗礼，经学之恒常价值何以成立呢？

所以，在引入新的理性化的检验方法之后，新旧知识之间内在的问题也随之产生。传统的国学所提供的是关于宇宙、社会和人生的整体性思考，虽也包含可验证的理性知识，但更多的是价值性的信念。当我们开始接受科学公理来取代儒家的"天理"观念的时候，这些价值观念便别斥为无法验证的"玄学"，发生于丁文江和张君劢等人之间的"科学与人生观"（也称科玄论战）就是新文化运动之后，新学和旧学之间的正面冲突。毫无疑问，新学科必然会导致中国传统思想的意义系统被分解，而最终难以凸显自身的独特性。比如，当中国的传统的经典系统被归入哲学、历史和文学等不同的学科之后，这些西方化的学科方式完全剥离了经典的语境，经典原先所承载的意义和价值便难以呈现。这样的矛盾在20世纪20年代激化。有人因忧虑中国价值的解体而拒绝新的学科，而有人则想通过学科的变革完全否定原有的价值系统。马一浮正是在这样的矛盾面前拒绝在教育部任职和在北大任教的。

学科变革的背后是价值的重构。西方文化的出现解构了中国固有的天下国家观念，并将中国带入了现代化的进程之中。为了理解这个新的世界秩序，便需要寻找一种新的"共同语言"，这个语言便是"科学"，在人们的观念中，科学因为其客观性和普遍性，很大程度上甚至体现了"公理"。"是故科学定理，以人类为公。人惟于此有所浸润，而后服从公理之心切。"这可以避免把"私见"看作"公理"或者根本不承认有公理存在的错误认识，从而"社会团合之力强。"[③]

在许多人眼里，科学代表着最大的普遍性，其"公理"性特质意味着中西学术所揭示的并不是不同的真理，至多是真理的不同面向而已。因此，有人断言，学不应分中西、古今，差别只是"广狭疏密"。王国维在给《国学丛刊》写的序言中说："世界学问不出科学、史学、文学，故中国之学，西国类皆有之；西国之学，我国亦类皆有之。所异者，广狭疏密耳。……且居今日之世，讲今日之学，未有西学不兴而中学能兴者，

① 邓实：《拟设国粹学堂启》，载桑兵等编《国学的历史》，第89—90页。
② 章太炎：《国学讲习会序》，载汤志钧编《章太炎年谱长编》增订本（上册），第125页。
③ 唐钺：《科学与德行》，《科学》月刊第3卷，1917年第4期。

亦未有中学不兴而西学能兴者。"① 他认为学问之事包含有用和无用两部分，事实是说包括理论和实用的两方面，大家之所以崇学，是因为其是政治、道德和利用厚生的源头，非徒一国之名誉与光辉而已。

在政治立场上趋于保守的刘师培、王国维，在学术立场上却相对激进，他们与后来的科学主义者有一种逻辑上的承继关系，在胡适看来，他所提倡的"整理国故"的运动，不过是他"大胆假设、小心求证"的科学方法的一种运用。他说自己做的关于《红楼梦》等小说和古史考证的文字，"都只是思想学问的方法的一些例子。在这些文字里，我要读者学得一点科学精神，一点科学态度，一点科学方法。科学精神在于寻求事实，寻求整理。科学态度在于撇开成见，搁起感情，只认得事实，只跟着证据走"。②

所以，"整理国故"运动表面上看起来是对新文化运动的一种背离，实际上代表着启蒙派人士对于科学方法的自信，他们试图通过科学方法的整理来证明先前国粹派和守旧派固守传统文化价值的错误。站在公理的基点上，他们认定中西之间并非一种建立在地域基础上的不同，根本的就在于他们是属于不同时代的知识体系。

虽然钱玄同和顾颉刚等人都以传统的学术作为他们的研究重点，但是，他们所发扬的"疑古"精神，所要解构的则是沉淀在历史文化之上的文化价值理想。所以他们自觉地要与晚清的国粹派，甚至章太炎式的国学划清界限。顾颉刚说："至于老学究们所说的国学，他们要把过去的文化作为现代人的生活规律，要把古圣贤遗言看做'国粹'而强迫青年们去服从，他们的眼光全贯注在应用上，他们原是梦想不到什么叫做研究的，当然说不到科学。"③ 顾颉刚说不能把"国学"的名号轻易地送给这些老学究，而是要将国学定义为"历史科学中的中国部分"来加以研究，从而将其与试图要将国学生活化的方式区分开来。

作为面对西方学术体系的挑战的一种回应，"国学"的观念呈现出这样内在的矛盾。一方面，国学是中国现代学术体系完善之前一种对于西方学术分类方式的吸收和借鉴。另一方面，出于对文明存续的忧虑，"国学"又是对学术本土性的强调，试图通过强化本国价值和外来价值之间的差异来确立其存在的必要性。在这样的矛盾中，马一浮提出了他的国学观念，或许可以说，在现代新儒家的代表人物中，马一浮是唯一系统思考新旧知识体系的矛盾，并提出比较系统的回应的。

三　教学的意义：马一浮对现代教育体系的抗拒

马一浮充分认识到现代教育模式与儒家价值观念之间的冲突，因此，他甚至有一些抗拒新的教育体制。在民国成立之后，蔡元培担任教育总长，他曾邀请马一浮为秘书

① 王国维：《国学丛刊序》，《王国维全集》第十四卷，浙江教育出版社、广东教育出版社 2010 年版，第 131—132 页。

② 胡适：《介绍我自己的思想》，《胡适论学近著》，山东人民出版社 1998 年版，第 507 页。

③ 顾颉刚：《北京大学研究所国学门周刊一九二六年始刊词》，载《顾颉刚全集·宝树园文存》卷一，中华书局 2011 年版，第 220 页。

长，蔡元培所主张的废除读经和男女同校，马一浮都不赞成。他说过：南京临时政府“以蔡孑民长教育。蔡君邀余作秘书长，余至而废止读经、男女同学之部长令已下，不能收回，与语亦不省。又劝设通儒院，以培国本。聚三十岁以下粗明经术小学，兼通先秦各派学术源流者一二百人，甄选宁缺毋滥，优给廪，供给中外图籍，延聘老师宿儒及外国学者若干人，分别指导。假以岁月，使于西洋文字精通一国，能为各体文词，兼通希腊、拉丁文，庶几中土学者可与世界相见。”① 这里提到一个十分重要的机构“通儒院”，其实在京师大学堂时期，有通儒院这个机构，专门吸纳已经有科举功名的人士学习新知识。马一浮提出的这个建议有点类似于“古典学”的教育，从设想上看，是希望培育有“世界眼光”的熟悉中国古典的人士。很显然，这个建议也没有被接受。

1917年蔡元培执掌北京大学，本着兼容并包的原则，延聘了许多立场各异的学者加入北大，马一浮也在列。不过马一浮依然拒绝了。理由就是新式大学的教育目标和方法与他的期待不同。在给蔡元培的回信中，他说：

> 承欲以浮备讲太学，窃揽手书申喻之笃，良不敢以虚词逊谢。其所以不至者，盖为平日所学，颇与时贤异撰。今学官所立，昭在令甲。师儒之守，当务适时，不贵遗世之德、虚玄之辩。若浮者，固不宜取焉。甚愧不能徇教，孤远伫之勤。幸值自由之世，人皆获求其志。委巷穷居，或免刑僇。亦将罄其愚虑，幽赞微言，稽之群伦，敬俟来哲。研悦方始，统类犹乏，以云博喻，实病未能。若使敷席而讲，则不及终篇而诟诤至矣。谢无量淹贯众学，理无不融，浮不能及。先生若为诸生择师，此其人也。化民成俗，固将望诸师友；穷理尽性，亦当敕之在躬。道并行而不悖，以先生之宏达，傥不疾其固耶。方春时育，惟慎徽令典，多士响风，克隆肇新之化。不具。浮再拜。丙辰十二月二十四日。②

除了推荐谢无量之外，马一浮强调了他自己的学术倾向，与当时蔡元培所聘请的许多人并不相同。1930年，马一浮再一次拒绝了北大的邀请，这次的理由主要是强调现代大学教育对“义理”亦即价值的拒斥。他在给陈百年的回信（1930年8月12日）中说：“方今学子，务求多闻，则义理非所尚：急于世用，则心性非所先。平生粗究终始，未尽玄微。耻为一往之谈，贵通天下之志。亦知语默道同，物我无间，酬机赴感，教由所兴。但恐无裨仁贤历学之心，不副髦俊研几之望，是以未敢遂承，匪欲自隐其陋也。”③ 在他看来，不关注义理、只关注实用的现代教育，与他的理念相去甚远，所以无意就聘。

马一浮短暂的教育生涯与浙大有关，不过依然是充满曲折。竺可桢主掌浙大之时，数度与马一浮商讨去浙大任教事宜，马一浮本来秉承只闻来学、未闻往教的态度，但因

① 马一浮：《语录类编·师友篇》，载吴光主编《马一浮全集》第一册（下），浙江古籍出版社2013年版，第687页。

② 马一浮：《致蔡元培》，载吴光主编《马一浮全集》第二册（上），第401页。

③ 马一浮：《致陈百年》，载吴光主编《马一浮全集》第二册（上），第460页。

竺可桢先生的热情，而勉为应允。但在如何开课的技术细节上往复多次。在学校方面，则是希望马一浮去开设国学概论之类的课程，但在马一浮看来，必先立乎其大，导之以义理，才能明学术流别。他在给王子余的信（1930年9月10日）中说：

> 群言淆乱而无所折衷，实今日学子之大患也。若只泛言国学，譬之万宝全书、百货商店，虽多，亦奚以为？且非弟之所能及也。此意竺君如以为然，能喻之学生，使有相当了解，然后乃可与议。否则圆凿方枘，不能收教学相长之效。
>
> 与竺君相见两次，所谈未能尽意。在竺君或以为弟已肯定，然弟实疑而未敢自任。不欲令种子断绝，此天下学子所同然。虽有嘉谷，投之石田，亦不能发荣滋长。故讲即不辞，实恐解人难得。昔沈寐叟有言，今时少年未曾读过《四书》者，与吾辈言语不能相通。此言殊有意味。弟每与人言，引经语不能喻，则多方为之翻译。日日学大众话，亦是苦事，故在祖国而有居夷之感。处今日而讲学，其难实倍于古人。"师严而后道尊，道尊而后民知敬学"，亦难责之于今。乐则行之，忧则违之，吾行吾素而已。
>
> 竺君不以弟为迂阔，欲使诸生于学校科目之外更从弟学，大似教外别传，实为特殊办法。弟之所言，或恐未足副竺君之望、餍诸生之求。其能相契，亦未始非弟素愿。若无悦学用力之人，则语之而不知，虽舍之可也。此当视诸生之资质如何，是否可与共学，非弟所能预必，非如普通教授有一定程序可计日而毕也。故讲论欲极自由，久暂亦无限制，乃可奉命，否则敬谢不敏。此意当先声明，并希代致竺君谅察为荷。①

经过沟通，竺可桢甚至破例同意学生至马一浮家听讲，并拟在刀茅巷十七号特设一房为马一浮教课之所，甚至特别允许马一浮以国外大学所经常采用的Seminar的方式来进行。但显然双方的教育理念差异是明显的。不过马一浮并非不能理解竺可桢的想法，只是不愿意放弃自己坚持多年的理念。即使在新儒家或更为广泛的保守主义阵营，马一浮的想法也是相当"倔强"的。因为作为他的朋友的熊十力还有梁漱溟等都接受过北大的教职，虽然他们未必接受新教学体制，但终究是努力适应。而马一浮所要求的自由，即是不接受浙大所规定的课程纲要及课程方法，而是要求一种传统书院式的"讲论"。马一浮希望设立"国学讲习会"延聘"主讲大师、自由讲论"。② 当马一浮听说讲习会这样的方式可能不会被教育管理机构所允许，而浙大也难以授予"国学大师"这样的头衔之后，他与浙大的合作意向就此终止。

不过一年多之后，马一浮却主动给竺可桢写信，要求加入西迁中的浙江大学，1938年2月，辗转避难途中的马一浮致信竺可桢校长，表示愿意赴泰和任教，马上获得了浙大方面的回应。马一浮的信的内容如下：

---

① 马一浮：《致王子余》，载吴光主编《马一浮全集》第二册（上），第462页。

② 马一浮：《致王子余》，载吴光主编《马一浮全集》第二册（上），第464页。

藕舫仁兄先生左右：

在杭承枉教，忽忽逾年。野性疏简，往还礼废，幸未见责。每怀雅量，叹仰实深。自寇乱以来，乡邦涂炭。闻贵校早徙吉安，弦诵不辍。益见应变有余，示教无倦，弥复可钦。弟于秋间初徙桐庐，嗣因寇逼富阳，再迁开化。年衰力惫，琐尾流离，不堪其苦。平生所蓄，但有故书，辗转弃置，俱已荡析。即不为劫灰，亦膏鼠吻，念之能无惘然？非徒士友同嗟，直是经籍之厄也。现所居虽稍远锋镝，然寇之所向，殊不可知，万一或有压境之虞，不能不预为转徙之计。舍入赣外，别无他途。然向于赣中人士，鲜有交旧，一旦栖皇羁旅，托足无由。因念贵校所在，师儒骈集，敷茵假馆，必与当地款接，相习能安。傥遵道载驰，瞻乌爰止，可否借重鼎言，代谋椽寄，使免失所之叹，得遂相依之情？虽过计私忧，初不敢存期必，然推己及物，实所望于仁贤。幸荷不遗，愿赐还答，并以赣中情势，及道路所经，有无舟车可附，需费若干，不吝详告。又相随患难者，有舍甥丁安期、及门王星贤两家，妇孺并僮仆共计十五人。旅中简单生活，每月约需若干，亦望一并示及，以便量力筹措。惠而好我，示我周行，不有君子，吾安适归。幸托乡里之爱，犹蒙见齿，当不厌其渎耳。专此，敬颂道安，鹄候回玉，不宣。①

在这封信中，马一浮显然是在逃难的途中需要依靠浙大的帮助，为使他所带的书籍和随行的人员得到妥然的安置才向竺可桢提出请求的。而这个时候，浙大的古代思想的教师极其缺乏，加上浙大本来也一直期待马一浮的加盟，所以很快就达成意向。“在浙大的帮助下，马一浮一行由衢州出发，于 1938 年 3 月 29 日抵达泰和。4 月 4 日，浙大发放聘函，正式聘请马一浮任教浙大。马一浮是西迁中唯一以开设讲座而任教于浙大的教员。马一浮入教浙大之后，备受礼遇，担任文理学院中国文学系教授，并支取该系教员中的最高薪酬。在《1938 年度教职员学生名册》中，马一浮登记为公共科目教员，所教科目为‘特约讲座’（《国立浙江大学二十八年一月份工作人员清册》，浙江大学档案馆，档案编号：L0－2006－001－3700－001）。马一浮的‘国学讲座’每周一次，讲论‘六艺论’和‘义理名相’② 等内容（后结集为《泰和会语》《宜山会语》③）。讲座深受学生欢迎，不少老师也慕名而来。”④

尽管马一浮名声很大，但他的讲课是否受到学生们欢迎，并不一定如上述记载般热烈。从现有的《泰和会语》《宜山会语》而言，学生要听懂马一浮的讲课也是很困难

① 吴光主编：《马一浮全集》第二册（上），第 529—530 页。

② 按刘梦溪先生的概括：“义理名相”是马一浮建构的融通儒佛而又辅之以因明之学的新义理学，是其独自发明的可以施之以教的对“六艺”义理的阐明。见刘梦溪《马一浮的“义理名相论”》，载刘梦溪《学术与传统》中卷，北京时代华文书局 2017 年版，第 615 页。

③ 刘梦溪先生认为《泰和会语》与《宜山会语》侧重点有所不同，前者侧重阐发“六艺之道”，后者关注如何成为“六艺之人”。见刘梦溪《马一浮与“六艺论”》，载刘梦溪《学术与传统》中卷，第 608 页。

④ 金灿灿：《马一浮任教浙江大学始末》，《浙江大学学报》（人文社会科学版）2012 年第 2 期。关于马一浮先生在浙江大学开设国学讲座的经历亦可参看官云维《马一浮主讲浙江大学“国学讲座”始末》，《齐鲁学刊》2010 年第 1 期。

的，既需要有深厚的古代经典的积累，又需要体会马一浮先生的独特理解。因此也有人说，可能更适合教师来听。马一浮在给熊十力的信中就说，听者中学生并不多，反而每次十来个教师来听，的确可以称为"盛况"。

1938年7月13日，马一浮在致熊十力的信中对他的课堂情况有所描述："弟在此大似生公聚石头说法，翠岩青禅师坐下无一人，每日自击钟鼓上堂一次。人笑之曰：'公说与谁听？'青曰：'岂无天龙八部，汝自不见耳。'弟每赴讲，学生来听者不过十余人，诸教授来听者数亦相等，察其在坐时，亦颇凝神谛听，然讲过便了，无机会勘辨其领会深浅如何，以云兴趣，殊无可言。其间或竟无一个半个，吾讲亦自若。"①

也可以理解，当他在颠沛途中，接到国民政府的邀请来创办书院的时候，他很快就答应了，马一浮先生的教育方式和教育理念与现代的大学教育之间的距离实在是太大了。

1939年国民党政府推动"新生活运动"并强调中华本位文化建设，这也是以民族文化来凝聚民心共同抗日的一大举动。在这样的背景下，教育部长陈立夫奉蒋介石之命，请马一浮到四川讲学。四川是马一浮的出生地，亦是抗战的大后方，许多文化人会聚于此。不过马一浮依然强调书院的独立性。他提出"书院为纯粹研究学术团体，不涉任何政治意味。凡在书院师生不参加任何运动"的先决条件，对此国民党政府表示同意，并表示将始终以宾礼相待的诺言。在马一浮到达重庆之后，还见了蒋介石。经过一段时间的筹备，复性书院于四川乐山乌尤寺正式建立，董事会正式聘请马一浮为复性书院主讲。或许可以说，这个书院是真正按照马一浮自己的设想建立起来的。他说古代的书院往往以所在地命名，如鹅湖书院、白鹿洞书院等，但现在书院开始强调精神内核，之所以命名为"复性书院"主要就是为了"矫正"现在教育机构过度重视实用，而不知"复其性"。因此，该学院也不是如张之洞所办的"存古学堂"那样的重视保存古代的学术传统，而是一个"价值养成"机构。马一浮说大家都在说民族精神，但民族精神包含什么，并无定见，复性书院就要做这个工作。他在给陈布雷的信中，明确表明复性书院与前述两种机构的不同所在。

> 书院性质在现行学制之外，不当隶于教部，不唯与今之学校不同，亦与旧时之书院迥别。诚得政府加以扶植，社会人士加以赞助，当略如佛氏之有丛林，政府与人民同为檀越、为护法，如某者得自比方外，是亦足示国家宽大之美、深厚之意。不以世法相绳，然后某乃可以尽其说，庶几成就得少数人，使知中国异于夷狄，而不致以夷狄为神圣，使知凡民可为圣贤，而不致以圣贤为虚无。……而或者乃比之大学文科哲学系，比之国文专修馆，比之存古学堂，则为拟于不伦。②

马一浮所办的书院从目的和手段上看，均明确说明与现代的大学或教育机构的

---

① 吴光主编：《马一浮全集》第二册（上），第480页。尽管竺可桢十分敬重马一浮，依然认为马一浮过于复古。而当时的浙大学子，在马一浮看来是"质美而未学"，即资质上佳，而缺乏对马氏学问路径的同情。所以马一浮先生只能"救得一分是一分"。见刘梦溪《马一浮与"六艺论"》，载刘梦溪《学术与传统》中卷，第613页。

② 马一浮：《致陈布雷》，载吴光主编《马一浮全集》第四册，第36—37页。

不同，目的是要使人知道中国之与夷狄的差别，即使这样的人数很少。

马一浮为这个书院制定了学规。他反复强调，这个学规与新式教育的章程和校训并不相同，而更接近古时书院的学规，主要是养成学生的精神气质。

马一浮对于学堂式的章程并不认同，有一次熊十力先生从上海来信，希望马一浮先生在杭州组织讲会，并订立章程，马一浮先生认为讲会可以有，但章程并不要紧，因为修德才是关键。他引用孔子“德之不修，学之不讲”说“古人修德与讲学并举，尤重修德。后人只求讲学而遗修德，这不过口耳授受，有何是处？禅师家上堂，只是普通说法，接机引人，还在小参入室。如是方能耳提面命，指出学者病痛来，再由学者自己体会去，最为切实”。① 由此，他为复性书院所制定的学规，主要亦是从养成品性角度入手，可以终身由之而不改。他举有四端：一曰主敬，二曰穷理，三曰博文，四曰笃行。主敬穷理是程朱为学之方。马一浮强调的是主敬可以“胜私”和“息妄”。“私欲尽则天理纯全，妄心息则真心显现。”② 穷理也是要知事物同具之理，“今时学者每以某种事物为研究之对象，好言‘解决问题’、‘探求真理’，未尝不用思力，然不知为性分内事，是以宇宙人生为外也。自其研究之对象言之，则己亦外也。”③ 这样的“穷理”是用智自私，并不是穷理致知的正道。马一浮所说的“博文”，并非指言辞记诵，而是从文和事的对应中，参透事物的本质，从而可以“立事”。马一浮将笃行视为进德之要，笃是充实而有恒，强调为仁由己，才可达成己成物之境界。

他在《复性书院开讲日示诸生》中以“常变”之道来阐述学规之大要，认为处变之中，体悟常道乃书院之本，此常道就是“学而至于圣人”。他反复说，这样的教育，并非为稻粱谋，所以在《尔雅台答问》中，经常可以看到马一浮劝告那些要舍弃自己的职业而来书院学习的人。他在回答一郭姓人士的求学之询问时说，为人子孙，要解决好自己的生计，舍弃本业而来学，则会给父母增加担忧之心。他说，求道并非追寻一种远离日常生活的“虚空之道”，而是要从洒扫应对中践行。“来书自以鄙弃仕途为高，而以不得从游为憾，谓所求在内，而吾所以勉之者在外。夫苟以行义为内，则仕宦亦非外也。若犹不免于求闻，则虽学于书院亦外也。”④

与此同时，梁漱溟先生在重庆也创办了勉仁书院，尽管当时许多大学也迁往四川、重庆等地，但这两所书院的存在，本身也说明国民党政府希望借此来提振文化自信的态度。

马一浮先生是如此看重这个书院的建设，如此执着于自己的办学理念，以至于他甚至都不能接受其他的办学思路，甚至是与他同为新儒家代表人物的熊十力也难以接受。

熊十力幼时家贫，早年曾参加湖北新军，接受革命的道理。后入欧阳竟无所创办的支那内学院学习佛学。1922 年梁漱溟先生离开北大，推荐熊十力教授佛教与印度哲学

① 马一浮：《问学私记》，载吴光主编《马一浮全集》第一册（下），第 745 页。

② 马一浮：《复性书院讲录》，载吴光主编《马一浮全集》第一册（上），第 90 页。

③ 马一浮：《复性书院讲录》，载吴光主编《马一浮全集》第一册（上），第 93 页。

④ 马一浮：《尔雅台答问》，载吴光主编《马一浮全集》第一册（下），第 416 页。

课程。据任继愈等先生的回忆，熊十力先生在北大的教学方式也是与众不同的，而事实上他在北大的教职也是时断时续。1938 年熊十力正好在四川中央陆军学校讲中国历史，因此马一浮便力邀熊十力担任复性书院的“创议人”，但从双方的书信往还中，我们可以看到熊十力和马一浮在如何建设复性书院一事上有巨大的分歧。概括起来，主要的分歧包括书院的宗旨和教育方法、书院的组织方式、书院的规模乃至书院的风水等。

在书院的宗旨上，马一浮强调“六艺”，以培养学生的心性为上，而熊十力则主张开设更多的课程，考虑学生的出路。马一浮认为古代的书院也并非安排学生的出路，若是以技能教育为主，那么学生就不应该选择来书院学习。“今欲对治时人病痛，亦在教其识仁、求仁、体仁而已。任何哲学、科学，任何事功，若不至于仁，只是无物，只是习气。”①

在书院的组织方式上，熊十力建议马一浮争取国家的支持，获得“国立”资格。而马一浮认为一旦被纳入国立，书院便难以坚持学术独立，难免与政治牵扯。马一浮认为应该学习古代寺院的组织模式，从多种渠道获得经费支持。而这却被熊十力批评说要“遗世独立”。

在书院的规模上，熊十力认为应该尽量多招收学生，马一浮则主张循序渐进，积累声誉之后再扩大规模。起首经费紧张，规模不宜过大。因为经费问题，马一浮也婉拒了熊十力推荐牟宗三等人来书院工作的请求。

有趣的是，他们还讨论到书院的风水问题，这也导致熊十力想回到西南联大，而不愿意来书院就职。在反复动员下，熊十力终于来到复性书院，但在开学讲话中，我们即可以看到熊十力依然坚持书院学生应该多学习哲学、文学、历史等知识，努力适应时代。有一次在日军轰炸中熊十力不幸腿受伤，不知这是否会让他联想到风水的问题。总之，在复性书院不到半年之后，熊十力便离开了。

复性书院一直开办到 1946 年，因为经费以及马一浮的年岁的问题，在书院迁回杭州一年之后，马一浮决定关闭书院。从某种意义上看，复性书院甚至算是一次悲壮的实验，因为就书院的规模和培养的人才而言，都难以说成功。不过，若从探索儒家价值在现代的传播的可能途径而言，复性书院何尝不是一次伟大的尝试，它令我们意识到在工具理性横行的时代，价值理性的艰难处境。

四　性理与技艺：马一浮国学观的独特性及其悖论

从前面讨论可知，章太炎等人采用国学概念，最初的动因并不是要反对西方分科体系的传入，事实上更应该被看作一种防御性的文化心理。在面对西学东渐这样的大势下，要为中国传统学术在现代学科所笼罩的环境中寻求位置。他们所持有的古文经学的

---

① 马一浮：《致熊十力》（1939 年 7 月 1 日），载吴光主编《马一浮全集》第二册（上），第 491 页。

立场以及“六经皆史”的去价值化倾向，客观上使胡适、傅斯年等人感受到其“科学”和“客观”① 的态度，尽管傅斯年等人很快发现了章太炎只是一个“伪装的经师”，而对他们之间的“脉络”进行切割。

章太炎虽然数次拒绝加入现代学府的邀请，但章门弟子因为既有传统学术的基础，又有海外学习的经历，成为民国之后诸如北京大学等学府的文史哲学科教师的主体。但黄侃等人很快感受到学术范式转型的压力，而宁愿去更具包容性的南京的中央大学或金陵大学，北京大学则成为反传统的大本营。胡适和傅斯年、顾颉刚等人的白话文运动、整理国故和疑古运动，核心的诉求就是剥离“国学”所含有的价值导向，使经典和史学的研究走向实证化、史料化的方向。在这样的范式已经成为学术研究的主流的时代，马一浮感受到了时代的“危机”，有鉴于此，他对社会上所流行的“国学”概念表示出足够的警惕。

> 国学这个名词，如今国人已使用惯了，其实不甚适当。照旧时用国学为名者，即是国立大学之称。今人以吾国固有的学术名为国学，意思是别于外国学术之谓。此名为依他起，严格说来，本不可用。今为随顺时人语，故暂不改立名目。然即依固有学术为解，所含之义亦太觉广泛笼统，使人闻之，不知所指为何种学术。照一般时贤所讲，或分为小学（文字学）、经学、诸子学、史学等类，大致依四部立名。然四部之名本是一种目录，犹今图书馆之图书分类法耳。（荀勖《中经簿》本分甲、乙、丙、丁，《隋书·经籍志》始立经、史、子、集之目，至今沿用，其实不妥。今姑不具论，他日别讲。）能明学术流别者，惟《庄子·天下》、《汉书·艺文志》最有义类。②

马一浮看到了章太炎国学构建所带来的问题，即混淆了图书分类和学科分类，他认为《汉书·艺文志》和《庄子·天下》比较符合对于古典的分类，即以经典的社会功能来判别经典的意义。

马一浮所要强调的国学，并非一国固有的学术，而是一国固有学术中所能发现的解决人类问题的思路。国学源起于民族国家的建构实践，但马一浮则认为要超越这个使命，他所提倡的“国学”并非专为某一特定的国家所设定，主要目的在于要使全人类的心灵世界得以肯定。

即使在当下救亡图存之际，所要建构的范围亦是超越民族国家。“若曰图存知道，期跂及于现代国家而止，则亦是自己菲薄”。③ 因此，马一浮的六艺学具有一种普遍主义的面向，提出今日来弘扬六艺之道，并不是狭义的保存国粹，片面发挥自己的民族精神，而是要使此种文化精神推及于全人类，革新全人类习气之流失而造成的主体精神的

---

① 固然这与章太炎的古文经学立场有关，但是，章对于现代西方学术成果的吸收也是其并不拒绝西方学术分科的原因。从《訄书》看，章太炎已经大量采用人类学、社会学、哲学以及许多自然科学的知识了。

② 马一浮：《泰和宜山会语》，载吴光主编《马一浮全集》第一册（上），第7—8页。

③ 马一浮：《泰和宜山会语》，载吴光主编《马一浮全集》第一册（上），第7页。

缺失。因为六艺之道包含了时代的内容，赋予了真善美的现代价值，是真正的自由、平等和解放。

西方哲人所说的真、美、善，皆包含于六艺之中，《诗》《书》是至善，《礼》《乐》是至美，《易》《春秋》是至真。《诗》教主仁，《书》教主智，合仁与智，岂不是至善么？《礼》是大序，《乐》是大和，合序与和，岂不是至美么？《易》穷神知化，显天道之常；《春秋》正名拨乱，示人道之正，合正与常，岂不是至真么？……吾敢断言，天地一日不毁，人心一日不灭，则六艺之道炳然常存。世界人类一切文化最后之归宿必归于六艺，而有资格为此文化之领导者，则中国也。①

马一浮以儒家的六经作为所有中国精神的源头，并以此来勘定国学的范围。"楷定国学者，即是六艺之学，用此代表一切固有学术，广大精微，无所不备。"② 马一浮对六艺的整体性把握，同样是对现代学科体系的反思，他所要关注的是在以知识传授为主的现代教育体制中，是否能为中国的独特价值理念和道德实践找到一个独立的教育机构。因无以名之，遂亦以国学冠之。对于马一浮的"六艺论"的系统结构，刘梦溪先生有一个概括："何谓'六艺之道'？六艺的义理内涵和道德规范就是'六艺之道'。以'六艺'的义理内涵和道德规范来教人，即为'六艺之教'。经过'六艺'义理精神的教化、濡染、熏陶，而成为敦厚、知远、良博、庄敬以及懂礼貌、知分际的理性自足之人，或不能尽其全而得其一二者，就可以称为'六艺之人'"。③ 在这样的整体目标之下，马一浮国学更为强调"人"的价值养成，而非一技之长的习得。马一浮的立场与其说是对分科的批评，还不如说他希望给国学留出一个专门的领地来解决价值归属的问题。他要培养的是"通儒"，而非专家。

今日学者为学方法，可以为专家，不可以成通儒。……古人论学主通，今人论学贵别。……今之所谓专家者，得之于别而不免失之于通，殆未足以尽学问之能事。④

通儒与专家的区别在于价值和工具之分。他批评现在的学者将事物作为对象，而未把宇宙人生看作"分内事"。"今时学者每以某种事物为研究对象，好言'解决问题'、'探求真理'，未尝不用思力，然不知为性分内事，是以宇宙人生为外也。自其研究之对象言之，则已亦外也。彼此相消，无主可得，而每矜为创获，岂非虚妄中更增虚妄？以是为穷理，只是增长习气；以是为致知，只是用智自私：非此所谓穷理致知也。"⑤

---

① 马一浮：《泰和宜山会语》，载吴光主编《马一浮全集》第一册（上），第19—20页。
② 马一浮：《泰和宜山会语》，载吴光主编《马一浮全集》第一册（上），第8页。
③ 刘梦溪：《马一浮与"六艺论"》，见刘梦溪《学术与传统》中卷，第613页。
④ 马一浮：《泰和宜山会语》，载吴光主编《马一浮全集》第一册（上），第48—49页。
⑤ 马一浮：《泰和宜山会语》，载吴光主编《马一浮全集》第一册（上），第93页。

那么如何培养通儒呢，就是以“六艺之学”教人。所谓六艺之学，亦即诗、书、礼、乐、易、春秋所包含的丰富的学术思想和文化传统。马一浮认为六艺即是孔子之教，构成中华民族两千余年一切学术之源头，其他都是六艺之支流。所以六艺可以赅摄诸子，赅摄四部，甚而赅摄西方文化。

马一浮的六艺论有很多的争议，即使是最能互相理解的熊十力对此也有保留。不过，我们若能通观马一浮对六艺的论述，则可以发现马一浮并非认为六艺可以解决当世的一切问题，而是可以找到解决这些问题的“条理”。马一浮说，理在事中，六艺之道，就是事物的“统类”，统就是“一理之所该摄”，而类就是事物的种类。在大千世界中，唯有掌握事物背后之理，才能相通无碍。六艺作为圣人之道，就是该摄一切的“理”。“圣人之知，统类是一，这便是始条理；圣人之道，本末一贯，这便是终条理。”① 六艺虽分六经，各有所主，但这个“道”，这个“条理”终究存于人之内心。“学者须知六艺本是吾人性分内所具的事，不是圣人旋安排出来。吾人性量本来广大，性德本来具足，故六艺之道即是此性德中自然流出的，性外无道也。”② 因此，六艺统摄于“一心”。人在行为中自然流露出来的各种德性，是“天德”，将之落实在实践上，就是“王道”。对于人的德性，马一浮有自己的解释。他说如果此天德从“一德”而言，即为“仁”。就“二德”言之，则为仁、义。在六经中，《诗》《乐》为阳，则为仁。《书》《礼》为阴是智，亦是义。就“三德”言，则是仁、智、勇。并认为《春秋》是圣人之大勇。就“四德”而言，则是仁、义、礼、智。就“五德言之”，则是仁、义、礼、智、信。而“六德”，则是仁（《诗》）、知（《书》）、圣（《乐》）、义（《礼》）、中（《易》）、和（《春秋》）。这里，马一浮对于不同经典的主要功能会随着德行体系的变化而变化，虽是总结《礼记·经解》等做分类而做的综合，但亦有他自己的体贴，主要是认为要让听者明白，六经并非一堆文字，而是一个系统的道德系统，是应对现代社会各种问题的出发点和归宿。树立了这样的意识，方能见得六经是常道，变化的是时代，而宇宙人生之当然之则，是“方法论”，自然是有其恒常性的，因此，“六艺亦可统摄今世之学术也。”

> 若夫《春秋》之义，以今人语言释之，则所谓有正确之宇宙观，乃有正确之人生观，知宇宙自然之法则，乃知人事当然之法则也。此六艺之统摄今世之学术也。③

现代人之所以会认为经典已经是“过去的历史”，是因为不将之视为“方法”，而将之视为“先王之政典”，便看不到宇宙间的道理，从而也不可能理解圣人作六经的本意。

---

① 马一浮：《复性书院讲录》，载吴光主编《马一浮全集》第一册（上），第21页。

② 马一浮：《复性书院讲录》，载吴光主编《马一浮全集》第一册（上），第15页。

③ 马一浮：《语录类编·六艺篇》，载吴光主编《马一浮全集》第一册（下），第573页。

须知六经非是圣人撰造出来，而是人人自性所具之理，如非固有，圣人岂能取而与之？执言语、泥文字者每以典册为经，不知宇宙间本来有这些道理，盈天地间莫非经也。①

现在学术也强调各种方法，比如逻辑、各种自然科学的公式等，但这并非根本的方法，因为其不提供这些知识之“价值”，而只是从“功用”层面上下手。

今人于古人修辞立诚之旨全未识得，独喜称逻辑，以为治哲学者所必由。不知逻辑本身便是一种执，律以破相之旨，便在当破之列。如禅师家言，非情识所到者，岂可辄以逻辑妄加格量？不是之思，而断断不已，但以增学者之执着而益其迷妄耳。②

当有人建议复性书院除了经典教学之外，还应有一些实用性的学科，以为学员考虑谋生之术，马一浮也加以反对。

或谓复性书院宜仿胡文定经义、治事两斋制度，以便学人就性之所近分别研究。先生曰：胡文定分经义、治事为二，未免将体用打成两截。经义，体也；治事，用也。有体必有用，未有通经义而不能治事者。若治事而不本于经义，则是功利耳，岂足为法。③

因此，马一浮明确反对在书院中实行现代的学术分科体系，而寻求一种整体性的价值指向。他反思经典的历史，来说明六经被割裂的缘由在于大家误读了《论语》中的“四科”之学，认为孔门弟子对六经并非各有分别，而是在通贯六经的基础上各有侧重而已。

分科之说，何自而起？起于误解《论语》“从我在陈”一章。记者举此十人有德行、言语、政事、文学诸目，特别诸子才质所长言之，非谓孔门设此四科也。十子者，皆身通六艺，并为大儒，岂于六艺之外别有四科？盖约人则品核殊称，约教则宗归无异。德行、文学乃总相之名，言语、政事特别相之目。总为六艺，别则《诗》、《书》，岂谓各不相通而独名一事哉？故有判教而无分科。④

马一浮认为，“孔门四科”之说是一种误解，所谓“德行、言语、政事、文学”四科，是就诸弟子才质所长而言，孔门一以六艺为教，不会在六艺之外另设四科之目。西

① 马一浮：《语录类编·六艺篇》，载吴光主编《马一浮全集》第一册（下），第574页。
② 马一浮：《语录类编·六艺篇》，载吴光主编《马一浮全集》第一册（下），第598页。
③ 马一浮：《问学私记》，载吴光主编《马一浮全集》第一册（下），第761页。
④ 马一浮：《复性书院讲录》，载吴光主编《马一浮全集》第一册（上），第130—131页。

方的学科分别概自哲学与具体学科的分化为始，然并不能将之比喻儒家，儒家并非由经典分化为不同的方向，因为经典是终始条理，其核心是一贯的。

马一浮反对“局而不通”。在他看来经学的古今之争，各守封疆，使经典大义难以贯通。汉宋之争也一样，互相攻击，与经术无关。“儒家既分汉、宋，又分朱、陆，至于近时，则又成东方文化与西方文化之争、玄学与科学之争、唯心与唯物之争，万派千差，莫可究诘，皆局而不通之过也。”①

马一浮这样的说法可能会受到孔子因材施教原则质疑，以六艺为教和根据学生的材质有所侧重或许是孔门教人的方法。马一浮认为，桐城派姚鼐以义理、考据、词章并列为三，其实是不明义类，因为三者实为一体，不可割裂。所谓“义理、考据、词章”之说，是不能成立的。同样这样的批评也过于严苛。因为后世儒学发展汉宋之别已然明显，且为学宗旨亦有不同。即使就六艺的精神一贯性来说，理虽一而学亦可以分殊，况且一贯的精神本身亦需要通过六艺来展现其不同的面向。

既然现代的学术的教育并不能建立起道德意识及其自觉，马一浮提出自己的国学概念，甚至类似于信仰层面的“判教活动”，即以此来让人觉悟一种整体性的价值认同。所以，他要反复强调六艺的贯通性。

马一浮对判教与分科的区别作了精辟的论述：

> 荀子曰：“圣人言虽千举万变，其统类一也。”统是总相，类是别相。总不离别，别不离总。举总以该别，由别以见总，知总别之不异者，乃可与言条理矣。内外本末，小大精粗，统之有宗，会之有元。备而不遗，通而不睽，交参互入，并摄兼收，错列则行布分明，汇合则圆融无碍，此条理之事也。（事犹言相。）若乃得其一支而遗其全体，守其一曲而昧乎大方，血脉不通，触涂成滞，畛域自限，封执随生，相绌相距，不该不遍，是丹而非素，专己而斥人，安其所习，毁所不见，是犹井蛙不知有海，夏虫不知有冰。……由前之说，则判教是已；由后之说，则分科是已。②

马一浮是从“六艺”来楷定他的国学观念的。马一浮强调他对国学的定义是“楷定”③ 而非“确定”，即他并不强求别人接受他的定义。这看上去与他的判教的目标不甚统一，因为既然是楷定，则成为一种自我的期许而不能展现为对于别人的要求。

由此可见，马一浮的国学观念是要从知识论上来解决教育目的的问题。马一浮的六艺论并非要取代现代科学，而是要“纠偏”，即学习是仅仅为了知识，还是要成己成

---

① 马一浮：《复性书院讲录》，载吴光主编《马一浮全集》第一册（上），第108页。

② 马一浮：《复性书院讲录》，载吴光主编《马一浮全集》第一册（上），第127页。

③ 马一浮先生对“楷定”有专门的解释，认为只是给出一个讨论的范围，与“确定”和“假定”不同。“确定”是不容许别人讨论，这属于“自专”。而“假定”意味着自己也并不一定认可，“今言楷定，则仁智各见，不妨各人自立范围，疑则一任别参，不能强人以必信也。如吾今言国学是六艺之学，可以该摄其余诸学，他人认为未当，不妨各自为说，与吾所楷定者无碍也。”马一浮：《泰和宜山会语》，载吴光主编《马一浮全集》第一册（上），第8页。

物。“今日学子只知求知，以物为外，器结果为徇物忘己。圣贤之学乃以求道会物归己，其结果为成己成物。一则向外驰求，往而不反；一则归其有极，言不离宗。”①

从价值观和方法论入手来强调“六艺”赅摄一切学术，可谓切中现代学术之一大弊端。完全放弃价值关怀去从事工具性的研究，难免会产生善恶并进的局面，对此，章太炎的“俱分进化”论已有深刻揭示。现代科学与人类伦理之间的冲突随着克隆技术、人工智能的发展越发尖锐，如何建构可持续发展的人类科学伦理已成为共识。

不过，马一浮也遇到一个或许是难以克服的困境，即如何将这种价值理性贯彻在人类实践中。如果从“统类”出发，能将问题抽象化的话，那么，分析六艺如何赅摄诸子乃至西方学术，则会产生问题意识和解决方法之间的不一致。这也是同为新儒家阵营的熊十力经常质疑六艺论的主要原因。

马一浮分别有文字讨论六经赅摄诸子、赅摄四部、赅摄西来学术，这或许是他的思想最难以让人接受的部分，却也是其努力融通六艺学与古今学术的艰难探索。对于“六艺”大旨的疏解，主要是通过《礼记·经解》和《庄子·天下篇》来阐发，按《经解》的说法，六经的核心是对人的教化：温柔敦厚，《诗》教也；疏通知远，《书》教也；广博易良，《乐》教也；洁净精微，《易》教也；恭俭庄敬，《礼》教也；属辞比事《春秋》教。而《庄子·天下》的表述更为明快，《诗》道志，《书》以道事，《礼》以道行，《乐》以道和，《易》以道阴阳，《春秋》以道名分。而“六经统摄一切学术”，就是以此为出发点而展开的。

首先，他提出“六艺统诸子”。

六经本来完满，但在学习的过程中，人们往往会接受与自己的性情相近的部分，这样对于兴趣不及的地方，便会产生“遗失”。先秦诸子自成体系的主要是儒、墨、名、法、道五家，他们的思想各举六艺之一偏而发展，因此产生四种“破缺”的形态：得多失多、得多失少、得少失多、得少失少。在马一浮看来，道家思想统于“易”，故道家体大，对于宇宙间的变化观察最为深入。然因其难有恒定的想法，故而倾向于阴谋，“《易》失之贼”。庄子的《齐物》自由奔放，得之于《乐》的地方比较多，但不免“流荡”。墨子对于《礼》《乐》是得少失多，法家对于《礼》和《易》也是得少失多。而名家的惠施、公孙龙，则是得少失少。马一浮以“六艺”为标准来衡量诸子之得失，也有一定的合理性。因为诸子多以儒家为论敌，其论据多以攻击儒家为目标，由此而言诸子统于六艺也不算牵强。

其次，他认为“六艺统四部”。

四部为传统的图书分类方式，因此，以儒家的经典来统摄，有一些扞格之处。不过在马一浮看来，经史子集中都可以看到六艺之“统”，比如史，无论是编年史，还是类似《通志》《通典》之类，皆可以从《书》《礼》《春秋》中找到“历史的意义”，因此，即使没有史学，《尚书》《春秋》等完全可以替代史学的功能。依此类推，《诗》以道志，《书》以道事，而文章无非要记载故事、抒发情感，由此，集部所要承载的功能亦可以由《诗》《书》来完成。至于经部，马一浮分宗经论和释经论，简要的意识就

① 马一浮：《泰和宜山会语》，载吴光主编《马一浮全集》第一册（上），第45页。

是经典中有一部分是记载圣人先贤之本意，比如《论语》《孝经》等，而一些用来理解圣人愿意的经书则属于“释经”，即用以解释圣人之本意的。也就是说要了解“六艺”，首先要关注“宗经”，辅之以“释经”，方可体会六艺之全体大用。既然六艺所呈现人类生活的意义和理解世界的方法，而这也是人类全部思想所共通的，因此，六艺还可以统摄西来一切学术。

> 六艺不唯统摄中土一切学术，亦可统摄现在西来一切学术。举其大概言之，如自然科学，可统于《易》，社会科学（或人文科学）可统于《春秋》。因《易》明天道，凡研究自然界一切现象者皆属之；《春秋》明人事，凡研究人类社会一切组织形态者，皆属之。……文学、艺术统于《诗》《乐》，政治、法律、经济统于《书》《礼》。①

具体到哲学，马一浮认为本体论近于《易》，认识论近于《乐》，经验论近于《礼》，虽看上去牵强，但马一浮要从总体上找到西学与中学在根源上的一致性的努力，却是如一的。

马一浮以六艺来楷定国学概念，包含着对于分科之学的反思，其中尤其体现出分科之学对于人类总体价值的忽视。但是这样的统摄也有一定的问题，即随着近代社会和科学的发展而逐渐形成的新的知识形态，会逐渐积累出价值层面的内容，从而获得自我反思的能力，这有类于西方现代学术从哲学和神学中分离出来之后，也会逐渐形成自身存在的价值，以及对于人类生活的世界的独有理解，而即使需要一种“总体性”的视野，传统的哲学和神学也很难有针对性的思考。六艺之学是否会有这样的“虚无感”呢？

马一浮有海外学习的经历，虽然他并没有真正经历学科化的训练，但他对于现代学术的分科有很清晰的了解，而当他试图将六艺和现代的自然科学进行贯通的时候，会产生价值理性和工具理性在问题域上的重合，进而既造成六艺与现代学科的牵强比附，也难以确立六艺对于现代学科的价值引领的路径。

> 今人以数学、物理为基本科学，是皆《易》之支与流裔。以其言，皆源于象数而其用在于制器。《易传》曰：“以制器者尚其象。”凡言象数者，不能外于《易》也。人类历史过程皆由野进于文，由乱而趋于治。其间盛衰兴废、分合存亡之迹，蕃变错综。欲识其因应之宜、正变之理者，必比类以求之，是即《春秋》之比事也；说明其故，即《春秋》之属辞也。属辞以正名，比事以定分。社会科学之义，亦是以道名分为归。凡言名分者，不能外于《春秋》也。文学、艺术统于《诗》《乐》，政治、法律、经济统于《书》《礼》，此最易知。宗教虽信仰不同，亦统于《礼》，所谓“亡于礼者之礼也”。哲学思想派别虽殊，浅深小大亦皆各有所见，大抵本体论近于《易》，认识论近于《乐》，经验论近于《礼》；唯心者《乐》之遗，唯物者，《礼》之失。凡言宇宙观者皆有《易》之意，言人生观

---

① 马一浮：《泰和宜山会语》，载吴光主编《马一浮全集》第一册（上），第17—18页。

者皆有《春秋》之意，但彼皆各有封执而不能观其会通。庄子所谓“各得一察焉以自好”，“各为其所欲以自为方”者，由其习使然。若能进之以圣人之道，固皆六艺之材也。①

从学科的反思角度，从工具理性对于价值理想的悬置来批评学科的分别所导致的知识的碎片化以及专业化所导致的通儒的缺乏，是现代学科发展所应该有的自我意识。但是社会分工的发展和通儒教育之间的矛盾并不是一个“会通”所能解决的，也就是说，我们即使需要确立价值立场，但这样的价值立场也不应该干预学科自身的规律和问题意识。从文化保守主义的立场出发，马一浮的六艺论具有强烈的文化本位立场，并以此为出发点，来阐发六艺的普遍主义价值。因此，文化民族主义往往会转化为一种文化信仰，这种信仰转而成为文化价值的自我确定。

学者当知六艺之教，固是中国至高特殊之文化：唯其可以推行于全人类，放之四海而皆准，所以至高；唯其为现在人类中尚有多数未能了解，“百姓日用而不知”，所以特殊。故今日欲弘六艺之道，并不是狭义的保存国粹，单独的发挥自己民族精神而止，是要使此种文化普遍的及于全人类，革新人类习气上之流失，而复其本然之善，全其性德之真，方是成己成物，尽己之性，尽人之性，方是圣人之盛德大业。若于此信不及，则是于六艺之道，犹未能有所入，于此至高、特殊的文化，尚未能真正认识也。②

这样的文化立场必然会陷入特殊主义与普遍主义的矛盾之中。如果六艺之教乃是为人类而设，所要倡导的又是真、善、美等人类普遍的价值，那么，我们必须接受一个预设，即六艺之教是全人类唯一通向真善美的途径。而如果从价值多元化的角度，六艺所呈现的价值可能只是众多现代性批判的维度之一，因而六艺的统摄可能会构成一种价值的“强制”。如此，将文化自信转变为全人类的共信，马一浮所提出的国学多元主义面向，可能会排斥其他文明转而造成文化的自我封闭。

马一浮所楷定的国学观念，是对近代以来的由国粹派的国学热最终演化为“整理国故”和“疑古派”的文化虚无主义的一种激烈批评，表现出在“科学”的旗号下由“国学”而导出的文明的自我否定的警惕。马一浮试图以一己之力来矫正时代的趋势，其意志之坚定，无人能出其右，甚而难以与熊十力等人“共处”。在方法论的角度，他基于普遍主义的方式来肯定“六艺”所代表的中华文明的价值，既会造成对于文明多样性的遮蔽，还会造成对于现代学术发展以及分科化的趋势的否定，这也是马一浮与熊十力之分歧之紧要处。他对于价值理性的坚持，造成了对于工具理性的否定，这会导致体用的割裂，因为即使在传统儒家的论域，明体达用亦是整体，若否定教学对于生存能力的培养，那么心性之学就会陷入自我封闭的困境，而难以获得受众。他在浙大所陷入

① 马一浮：《泰和宜山会语》，载吴光主编《马一浮全集》第一册（上），第18页。
② 马一浮：《泰和宜山会语》，载吴光主编《马一浮全集》第一册（上），第19页。

的困境和复性书院的艰难，都是其明证。马一浮对于现代大学教育模式的拒绝，以及对于价值关怀为目标的书院纯粹性的坚持，不仅使他的书院难以吸纳高素质的学生，也难以形成一个以此为目标的教师共同体。这样的书院最终会与社会隔离，而难以将其价值理想传达给社会。由此，马一浮所希望的国家、社会所共同支撑的书院存在方式也难以真正实现。复性书院长期受制于经费的缺乏，甚至需要马一浮以书法润笔的方式来筹集经费，这也极大地制约了书院的发展，虽然我们并不能由复性书院而推导出现代儒学教育模式的失败，不过，探索真正有生命力的儒学教育新模式依然是儒学能否在现代社会获得生命力的关键问题。

【作者简介】干春松，北京大学哲学系教授，绍兴文理学院“鉴湖学者”讲座教授。

陈榥的科学思想与马一浮的六艺统摄科学论

王一胜

摘　要　陈榥是清末民初的文化名人，他终其一生宣传西方科学，并以科学启发民智为人生理念，对清末民初的文化启蒙与社会革命都有很大的作用。马一浮却由早年的仰慕西学转而认同中国文化，并提出以中国文化统摄西方学术，包括中学统摄西方科学的理论，两人的科学思想因此有较大差异。陈榥晚年潜心创作《成心论》，由此而与马一浮在科学思想上互相切磋，以至陈榥以书相托，成为生死之交。

关键词　科学思想　六艺　成心论

陈榥是清末民初著名的军工专家，早年留学日本期间编辑翻译物理、数学、心理学等学科教科书，成为当时文化教育界的著名人士。但是学术界对陈榥的研究非常缺乏，现有的研究局限于他的生平与他编译的教科书，对他的科学思想研究主要集中于无神论思想。① 本文在研究陈榥科学思想的基础上，将其与马一浮的学术经历及科学思想进行比较，并通过论述马一浮与陈榥撰写《成心论》的经过，及马一浮为之作序的漫长历程，再现马一浮与陈榥深厚友谊的同时，增加学术界对清末民初科教兴国思潮与马一浮六艺论的认识。

一　陈榥的生平与科学思想

陈榥，字乐书，义乌稠城镇人，出生于儒学世家。曾祖父陈坡，号东屏，嘉庆十八年（1813）举人，曾任会同知县、汉阳同知。父亲陈玉梁，字虹如，曾任义乌县学教

① 参见季樟桂《关于陈乐书》，《鲁迅研究月刊》2012 年第 7 期；吕旸、姚远《〈浙江潮〉与其科学思想传播研究》，《西北大学学报》（自然科学版）2013 年第 6 期；张洪彬《巫术、宗教与科学：重思晚清的风水批判》，《天津社会科学》2015 年第 4 期；王广超《清末陈榥编著〈物理易解〉初步研究》，《中国科技史杂志》2013 年第 1 期；阎书昌《中国近代心理学史（1872—1949）》，上海教育出版社 2015 年版，第 63—64 页。

谕，年轻时“负才略，读书尚见解，喜研论史事”。① 陈榥幼年由父亲陈玉梁亲自课读，因其聪颖好学，十三岁即中秀才，光绪二十三年（1897）考入杭州新创办的求是书院。求是书院为浙江大学的前身，采用中西结合的教学方法，延聘外籍教师教授西学课程。当时清政府计划选派优秀学生前往日本留学，1898 年春天，求是书院即选送何燏时、陈榥、陆世芬、钱承志 4 人赴日留学，因此陈榥为早期官费留学日本的优等生之一。

陈榥留学日本期间在东京帝国大学工科学习军工，还在东京的清华学校为留学日本的中国学生讲授理科课程，并编写翻译教科书，运销国内，风行一时。陈榥在其编写的《物理易解》一书自序中说：

> 壬寅春，同人设清华学校于东京，以计留学者修普通学制便，忝命予讲物理学。予于此非所专执之门，顾以同人之命，不获辞也，遂与来听者相切磋。初则听者颇有苦意，乃未及三月，则见解领悟各蒸蒸日上矣。而时已暑假，辄取从前之讲稿，采辑他书，以补所不足，语非一家，务期明意。②

清华学校原为光绪二十五年（1899）梁启超创办的东京高等大同学校，是专门培养中国留日学生的教育机构，次年在东京小石川建筑新校舍，改称东亚商业学校。光绪二十八年（1902）由清政府驻日公使蔡钧接办，改称清华学校，陈榥就从这个时候开始在清华学校授课。曾任贵州学政的严修积极倡导新式教育，戊戌维新之后辞职，但仍热心教育，于 1902 年秋天和 1904 年春夏之间两次赴日本考察，曾多次到清华学校。在严修考察期间，陈榥也多次拜见严修。严修的日记中提到陈榥是清华学校的理科讲师，而且陈榥与他的同学何燏时都是颇受学生欢迎的教师，陈榥还担任学校的学务工作，何燏时则兼任会计。③

清末以来西学东渐，国内也兴起建设西式学堂的热潮，但是教科书奇缺，因此编译教科书成为一时热门。1900 年留日学生在东京成立译书汇编社，翻译日本书籍，主要是社会科学著作。译书汇编社成员陆世芬又在 1902 年成立了以编译出版中学教科书为目标的教科书译辑社。陈榥与陆世芬是同一年从求是书院留学日本的同学，他在授课之余，编译了多部理科教科书，包括《中学算数教科书》《物理易解》《中学物理教科书》《物理教科书》《中学代数教科书》《心理易解》等，都在教科书译辑社出版。另两位与陈榥同年留学日本的求是书院同学何燏时、钱承志，也结合自己的专业在教科书译辑社出版教科书多部。这些书中以陈榥编译的《物理易解》最受欢迎，在 1902 年出第一版后，至 1906 年短短四年已出八版。④

---

① 《陈东屏先生事略》《陈虹如先生事略》，《民国义乌县志稿》第八册，义乌市志编辑部 2008 年影印。

② 陈榥：《物理易解》序，教科书译辑社 1902 年版。

③ 严修撰，武安隆、刘玉敏点注：《严修东游日记》，天津人民出版社 1995 年版，第 56—57、156、162、216 页。

④ 吕顺长：《清末浙江籍早期留日学生之译书活动》，《杭州大学学报》（哲学社会科学版）1996 年第 2 期。

陈榥编写教科书不仅仅为了传播新知识，同时也宣传他的科学救国思想。陈榥在《物理易解》自序中开篇就说："科学为立国之本。"① 这一思想可谓贯穿他的一生。陈榥在《物理易解》中设置了一些去鬼神论的例题，他在例言中谈到设置这些例题的初衷："鬼神福祸，谬妄无稽。埃及人以那衣耳河之水流卜岁，印度人以溺死于刚其司河为登天，而二国一夷一亡。庚子义和团之祸，几危大局，然此等邪说往往可以物理学之理破之。"② 陈榥在这里明确提出迷信鬼神导致亡国，而学习科学则能使国家富强，因此强调要启发民智，以科学救国。1903 年浙江籍留日学生在东京创办《浙江潮》杂志，在介绍学术的同时宣传革命思想，陈榥在《浙江潮》第 1、2、3 期连续发表《续无鬼论》论著，他以科学知识破除鬼神迷信思想，运用物理、化学、生物、医学、地理、天文等自然科学知识，逐一分析"鬼神、魂魄、妖怪、符咒、风水、征兆"等都是荒谬之说，重申《物理易解》中祸福鬼神之说与国家兴亡之关系，并指出中国也是一个信神之国，因此他警告中国的迷信鬼神思想不破除，就是一个待亡之老大帝国。③ 陈榥的无神论思想在近现代中国影响颇广，也是五四新文化运动提倡科学精神的先声。

陈榥在日本学成之后不久即归国，但是陈榥侄儿陈乃熙及新修《义乌县志》所记载的陈榥生平都说是宣统三年（1911）才回国，任陆军部军实司科长。④ 而《陈虹如先生事略》却说："戊戌春，即遣子出洋留学。光绪三十二年（1906），其子榥毕业回国。项城柬人代招，玉梁驰书戒之曰，此非汝所宜事也。"⑤ 此文编写于民国时期，应该是准确的。20 世纪初年，晚清学部对非军事类的归国留学生逐渐形成通过考试为主的办法加以任用，从光绪三十一年（1905）到宣统三年（1911），学部共主持了七届留学毕业生考试。光绪三十一年的考试是一时权宜之计，考试章程很不完善。参加考试的共 14 人，全部都是留日学生，考试及第者授予科名和官职，其中包括与陈榥一起留学的求是书院同学钱承志与陆世芬。1906 年第二届留学生考试是在废除科举制度之后举行的首次留学生归国考试，实际上具有代替科举考试的意味，因此制定了较为完备的章程，通令各部、各省选送留学生到京考试。学部遴选主试官主持考试，但主试官对于科学技术一无所知，因此还要选拔襄校官担任命题阅卷工作，第一次选定的襄校官以严复、詹天佑等七位资深学者充当。而 1907 年第三届留学生归国考试选定的襄校官扩充至 14 名，除了严复、辜鸿铭和吴仰曾三位资深学者外，多是近几年留学归国人员，包括陆军部同协参领陈榥、学部行走留学日本工科大学毕业生何燏时。1908 年第四届留学生归国考试，陆军部同正参领陈榥又一次被选为襄校官。⑥ 可见陈榥在 1906 年就已

---

① 陈榥：《物理易解》序，教科书译辑社 1902 年版。

② 陈榥：《物理易解》序，教科书译辑社 1902 年版。

③ 吕旸、姚远：《〈浙江潮〉与其科学思想传播研究》，《西北大学学报》（自然科学版）2013 年第 6 期。

④ 参见陈乃熙《数理学家陈榥传略》，政协义乌文史资料工作委员会编《义乌文史资料》第一辑，1984 年，第 63 页；义乌县志编纂委员会编新修《义乌县志》，浙江人民出版社 1987 年版，第 650 页。

⑤ 《陈虹如先生事略》，《民国义乌县志稿》第八册，义乌市志编辑部 2008 年影印。

⑥ 刘晓琴：《严复与晚清留学生归国考试研究》，《南开学报》（哲学社会科学版）2014 年第 1 期。

归国，而且在较短的时间内从新军阶的中等第三阶跃升为中等第一阶。

清末推行新政，开放结社集会。宣统二年（1910）邮传部员外郎陈家瓒等发起成立尚志学会，陈榥与何燏时都是发起人之一，参加学会的大多是在京的中下层官员与留学归国毕业生，他们学有专长，志趣相同，欲以所学专业贡献于社会。《尚志学会序文》云："窃思吾国今日社会，待办之事甚多，种种科学尚未发达，未必尽能应社会事业之求。"因此学会希望"集各种学科之人于一堂，专以研究学问、兴办社会公益事业为宗旨，而不涉及政治"。尚志学会计划兴办的社会事业比较广泛，"本学会应筹办之事业，举例如左，当视财力盈绌，次第兴举：甲、教育部。开办学堂，分设法政科、师范科、医学科、实业科、普通学补习科等。乙、出版部。发行杂志、讲义及编译各种书籍。丙、卫生部。如筹设医院之类"。[①] 尚志学会的宗旨其实也是陈榥平生所追求的理念，以科学推动社会事业的发展与国家的强盛。

辛亥革命之后，清帝逊位，南北重新统一。1912 年 2 月 15 日袁世凯被推为临时大总统，3 月 11 日唐绍仪被选为国务总理，但是内阁成员的选定则颇费周折。开始袁世凯向参议会提交了一个 12 部及各部总长的名单，其中包括工业部部长陈榥。当时参议会已经颁布的《各部官制通则》原只设 10 部，因此参议会决议要求袁世凯重新拟定名单，再付表决。然而名单迟迟不能提交，其间除了南北双方对于新内阁职位的争夺因素之外，还有一个原因是面对当时复杂的政治局面，酝酿提出的内阁人选多有不愿就伍者。[②] 陈榥应该是不愿就伍者之一，前述《陈虹如先生事略》所记："项城柬人代招，玉梁驰书戒之曰，此非汝所宜事也。"[③] 当是这个时期的事情。

当时，陈榥仍任职于陆军部。1912 年 9 月底，陆军部指派制械正参领陈榥前往上海制造局，接替李钟珏（平书）整顿兵工厂。上海制造局于同治四年（1865）由曾国藩、李鸿章与丁日昌共同创办，原名江南制造总局，是洋务派创办的第一个近代军事工业，也是晚清中国规模最大的兵工厂。宣统三年（1911）江南制造总局改名为上海制造局。辛亥上海光复之后，该局设总理、会办，以李平书为总理。入民国之后，上海制造局隶属于陆军部。后李平书因病告假，陆军部因此派陈榥接任，并改称督理。陈榥于 11 月抵沪，与李平书交接之后，即开始整顿工厂，裁撤闲冗机关十二处。当时陆军部非常重视军械的改良试造，选择上海制造局为试制厂，诸如马步枪口径六八毫米改制成七九毫米、试制无烟枪药、改良日本新式机关枪等。陈榥作为全国数一数二的军工专家，亲自参与改进试造，为民国初年的军工业作出了贡献。1913 年秋"二次革命"兴起，7 月上海宣布独立，因反袁军攻打制造局而使该局元气大伤。上海独立失败不久，8 月 14 日袁世凯即电令免去陈榥督理职务，并着其赴北京"另候任用"。同时任命其爪牙、上海镇守使郑汝成兼任该局督理，以加强控制。其实在 1913 年 5 月徐企文进攻上海制造局失败并被陈榥擒获之后，袁世凯就向江苏都督程德全施加压力，要其同意中央

---

① 中国第一历史档案馆：《清末结社集会档案》，《历史档案》2012 年第 1 期。

② 李学智：《南京临时参议院与袁世凯》，《史学月刊》2012 年第 11 期。

③ 《陈虹如先生事略》，《民国义乌县志稿》第八册，义乌市志编辑部 2008 年影印。

军派兵入驻制造局。7 月 6 日，北京第四师藏致平团就由郑汝成率领抵沪入驻制造局。①

早在 1908 年陈榥曾加入预备立宪公会，李平书是介绍人之一，② 因此陈榥与李平书是老相识。“二次革命”中，陈其美和李平书面见陈榥，要求制造局宣布独立，陈榥的态度自然是偏向他们的。陈榥被免去上海制造局督理的时候，袁世凯的亲信熊希龄正在组阁，曾征询陈榥担任教育总长而被拒绝。及至民国 4 年（1915）袁世凯称帝，陈榥毅然南下，与其决裂。陈榥在《实用教科书物理学》的“序言”中说：

> 乙卯冬，余矢志南下。过沪，菊生张先生、梦旦高先生邀任编辑事，诺之，为采取各籍而成是书。嗟乎！三年灭刺，早乖负笈之初心；寸管相依，犹是操觚之故业。前尘后事，沧海桑田，既无与于滔滔，则手纂此书，亦姑以答张、高二先生之厚意云尔。③

乙卯（1915）冬天，正是袁世凯宣布称帝的时候，陈榥“矢志南下”，是对袁世凯倒行逆施的抗争与绝不合作的明志。陈榥接受张元济和高梦旦的邀请，成为商务印书馆的编辑，重操旧业编辑教科书，回想当初负笈东瀛，立志以科学救国，而今国事日非，不禁发出世事沧海之感慨。但是他初心不改，依旧著书立说，以启发民智，所谓答谢张、高二先生之厚意当也包括此意。张、高二先生以“开启民智、昌明教育”为己任，并因此而著称于中国文化界。高梦旦先生早年追随长兄高凤岐至杭州协助林启创办“求是书院”和“蚕业学校”，曾任浙江大学堂教习及留日学生监督。其日本归来后加入商务印书馆，与张元济先生携手主持教科书编辑。张、高二先生主张强国必重视教育，而编写中小学教科书为兴办教育之当务之急，陈榥强调不负张、高两先生之深意即在于此。

入民国以来，陈榥不向权贵卑躬屈膝，在学界和教育界享有崇高的声誉。1914 年汉口举行“中华工程师会”第二届常年大会，陈榥被推选为副会长，会长是詹天佑。1912 年詹天佑在广州成立“广东中华工程师会”，同时上海又有“中华工学会”与“路工同人共济会”，三个工程团体性质相近，1913 年三个学会合并成为“中华工程师会”，1915 年又改名为“中华工程师学会”。1920 年陈榥再次当选为“中华工程师学会”副会长。“中华工程师学会”在詹天佑去世之前一直处于全国工程界的领军地位，1931 年与“中国工程学会”合并成为“中国工程师学会”。④

1921 年 11 月浙江省议会给浙江省政府咨文，建议筹办杭州大学。因为浙江省自 1913 年浙江高等学堂停办以来，就没有一所综合性大学，而浙江素称文物之邦，中等学校毕业生达万余人而无大学可升。1922 年 12 月 30 日浙江省议会推举蔡元培、陈榥、蒋梦麟等 10 人为筹办杭州大学董事，1923 年 3 月浙江省省长张载阳又增列马叙伦、经

---

① 李琴芳：《清末民初的上海制造局（上海兵工厂）考述》，《军事历史研究》2006 年第 3 期。

② 蒋国宏：《〈预备立宪公会报〉新论》，《青岛大学师范学院学报》2005 年第 3 期。

③ 陈榥：《实用教科书物理学》序言，商务印书馆 1918 年版。

④ 茅以升：《中国工程师学会简史》，全国政协文史资料研究委员会编《文史资料选辑》第 100 辑，文史资料出版社 1985 年版，第 130—148 页。

亨颐、胡适、周作人等人，组成22人的杭州大学董事会，并勘定万松岭上的敷文书院一带为校址。① 此次筹办杭州大学，陈榥在蔡元培之后名列董事会第二名，可见其在浙江省学界和教育界的崇高地位。虽然此后筹办大学事宜陷于停顿，但是为浙江大学的创办打下了基础。

综上所述，陈榥从留学日本时期就通过编写教科书和发表文章，向国人宣传西方科学思想，坚持科学救国理想，并在清末民国时期的科学界、教育界享有相当的声誉。

二　马一浮的学术历程与科学思想的变迁

马一浮（1883—1967），名浮，字一浮，号湛翁，别号蠲翁、蠲叟、蠲戏老人，浙江会稽（今浙江绍兴）人，中国近现代思想家，与梁漱溟、熊十力并称为现代儒学三大家。马一浮在诗歌、书法艺术上也有很高的造诣。

马一浮1883年出生于四川成都。父亲马廷培当时任四川仁寿县知县。母亲何定珠，出身于名门望族。马一浮从小受父母教育，学习诗词和考据学。清光绪十四年（1888），随父母返浙江绍兴原籍。光绪二十四年（1898），应县试名列榜首，当时社会贤达、浙江立宪派领袖汤寿潜（民国初年曾任浙江都督）因此将爱女汤孝愍妻之。1901年父亲去世后，马一浮赴上海习英、法、拉丁文，与好友马君武、谢无量创办了“翻译会社”，出版《翻译世界》月刊，宣传西方自由、自治思想。清光绪二十九年（1903），赴美国担任清政府驻美大使馆下属机构——“留学生监督公署”的秘书，作为清政府筹备国际博览会的工作人员。

在美国期间，马一浮阅读了大量西方政治、哲学、社会学著作，还选购马克思的《资本论》阅读。当时马一浮醉心于西学之中，极为推崇西方科学哲学。马一浮1904年正月初七日的《日记》中说：

> 吾人所住此观念世界中，分“美”与“恶”之二者。美世界生幸福快乐，恶世界生罪孽痛苦。人类自然有审美之观念，故好美而恶恶。以科学哲学之抽象的美，而造成社会国家具体的美。今欧美人，可谓能造美的国家矣。②

马一浮又在次日的日记中记录了孔德关于科学的论述，把理论的知识分为具体和抽象两种。其中关于现象之方法为抽象，而法则之应用为具体。诸种科学常由特殊而进于复杂，由单一而进于普遍现象。③ 可见马一浮在游美期间，一方面阅读西方著作；另一方面还很注重学习西方的科学哲学，并认为科学哲学能够创造美好的国家与社会。

---

① 《杭州大学校史（1897—1997）》（修改本），杭州大学校史编辑委员会1997年编印，第12—13页。

② 吴光主编：《马一浮全集》第五册，第44页。

③ 吴光主编：《马一浮全集》第五册，第45—46页。

1904年4月万国博览会还没有召开，马一浮被清政府解雇，同年5月回国。途经日本并停留一段时间自费求学，与同在日本的好友马君武、谢无量等共同学习日文、德文，继续研究、翻译西方社会科学与文艺著作。回国后马一浮又立即卖掉家产到日本求学，但是没过多久就在1905年回国。此后马一浮治学的兴趣便回归传统中国文化，与谢无量先后在焦山海西庵、杭州西湖广化寺隐居读书，广阅四库全书，临摹碑刻，究心国故，以维护中国传统文化为己任。但此时马一浮还是主张以西学补充中国儒学文化，但是认为时人学习西学，只是学其表面而不能领会其本质。1907年，马一浮在给舅父何稚逸的两封信中，对设想的中西学术规划做了陈述。在中国传统学术文化方面，"甥虽不敏，窃有志于二宗。欲为儒宗，著秦汉以来学术之流派；为文宗，纪羲画以降文艺之盛衰"。① 而在西学方面，"欲综会诸家国别、代次，导源竟委，为《西方学林》，辅吾儒宗，以俟来者。又欲草《西方艺文志》，著其类略，……时人盛慕欧制，曾不得其为治之迹，惊走相诧，徒以其器耳"。②

辛亥革命之后，马一浮对西方学术的态度，已经由以西补中，转而开始批评西方学术。马一浮认为，西方文化对世界的认识流于表层，没有如中国文化那样对世界有一种根本性的认识，西方哲学并没有认识到义理之性。他说：

> 东方文化是率性，西方文化是循习。西方不知有个天命之性，不知有个根本，所以他底文化只是顺随习气。梁漱溟先生以向前、先后、调和三种态度分别东西文化，不过安排行迹，非根本之谈。又曰：西方哲学，如经验派只说到习，理性派只说到种子，若义理之性，则皆未见到。③

马一浮与晚清以来中国学术界向西学学习的风气大不相同，甚至与大多数文化保守主义学者亦有所不同，因为文化保守主义学者在坚守中国文化传统之时，还是运用西方的学术方法，即所谓的科学方法研究中国学问。陈来认为：

> 曾游学西方的马一浮对20世纪以现代工具理性扩张为后盾的西方哲学宰制的那种熟视无睹，耐人寻味。究其所以，并不是像梁启超等在一次大战后对西方文明感到失望所引起，更与晚近后殖民论述中对西方文化霸权的挑战不同。看起来，这种态度更多是出于长期沉浸于中国文化（儒佛）所得安身立命的受用而发生的一种高度的文化自信，这使得古典哲学论说的世界对于他仍呈现为一有意义的世界。④

其实马一浮对西方哲学并非熟视无睹，而是自有一番见解，即通过比较中西方学术

---

① 吴光主编：《马一浮全集》第二册，第293页。
② 吴光主编：《马一浮全集》第二册，第294页。
③ 吴光主编：《马一浮全集》第一册（下），第738页。
④ 陈来：《现代中国哲学的追寻》，生活·读书·新知三联书店2010年版，第107页。

的差异，认为西方哲学没有认识到义理之根本。基于这样的认识，马一浮对于西方科学的看法也与当初游美之时的赞赏大为改变。

首先，马一浮已经不赞同西方科学方法为最优的学术研究方法。他并没有完全否定西方的科学方法，但是认为中国传统学术方法远胜于西方科学方法。他曾对一名主张用科学研究儒学的青年学者说：

> 来示欲建立大同文化统系，用科学方法研究儒学，附来《我的儒家观》及《大同丛书目录简表》多种，已经浏览。足下之志则大矣，而其所立体系则未免于糅杂也。夫体用一源，显微无间，睽而知其类，异而知其通。……今时科学哲学之方法，大致由于经验推想、观察事相而加以分析，虽其浅深广狭所就各有短长，其同为比量而知则一。或因苦思力索如鼷鼠之食郊牛，或则影响揣摩如猿狙之求水月。其较胜者，理论组织饶有思致可观，然力假安排，不由自得。以视中土圣人"始条理"、"终条理"之事，虽霄壤未足以为喻。……今曰以科学方法研究儒学，将以建设新文化，组成大同文化之新统系，综贯世界一切科学，此在足下之理想则可，若谓遂能建设，立求实现、言未可若是其易也。"①

马一浮对西方科学哲学方法之长短做了剖析，认为其所长者在于"理论组织饶有思致可观"，但中国传统文化的"始条理""终条理"学术方法，远胜于西方科学哲学。

其次，马一浮认为中国学术可以统摄西方一切学术，包括西方自然科学。马一浮学术思想的代表就是他的"六艺统摄一切学术"论，包括"六艺赅摄一切学术""六艺统摄于一心""西来学术亦统于六艺"三个部分。西来学术统于六艺，其中当然也包括自然科学。马一浮说：

> 六艺不唯统摄中土一切学术，亦可统摄现在西来一切学术。举其大概言之，如自然科学可统于《易》，社会科学或人文科学可统于《春秋》。因《易》明天道，凡研究自然界一切现象者皆属之；《春秋》明人事，凡研究人类社会一切组织形态者皆属之。……物生而后有象，象而后有滋，滋而后有数，今人以数学、物理为基本科学，是皆《易》之支与流裔，以其言皆源于象数而其用在于制器。②

再次，马一浮虽然认为现代西方科学取得了非凡的成就，但是科学也必须符合义理，否则用之不当也会成为罪恶。他说："科学若不应理，则不成其为科学。彼发明家亦精思以得之，但是一偏一曲之知耳。科学本身安有过咎，制器尚象，若以利民，亦冬官之守也。今用以杀人，则成大恶，恶在用之不当耳。"③

---

① 吴光主编：《马一浮全集》第一册（下），第418—419页。

② 吴光主编：《马一浮全集》第一册（上），第17—18页。

③ 吴光主编：《马一浮全集》第一册（下），第600页。

综上所述，马一浮虽然早年游学美国、日本，也曾醉心于西学，但最终回归中国传统学术，并且提出“六艺统摄一切学术”论，由此对西方科学方法、自然科学也由学习、借鉴而转变为中学统摄一切学术的内容之一。

三　马一浮与陈榥的《成心论》

由上可知，陈榥与马一浮的学术经历以及科学思想有较大的差异。陈榥终其一生宣传西方科学知识与科学思想，并以科学启发民智为人生理念。马一浮却由仰慕西学转而认同中国文化，并提出以中国文化统摄西方学术，包括中学统摄西方科学的理论。两人可能同在日本期间就已经相识，但是学术上并无多大交往。陈榥晚年潜心创作《成心论》，由此而与马一浮在科学思想上有相当多的切磋，以致陈榥以书相托，成为生死之交。对于陈榥撰写《成心论》的经过，马一浮有详细的描述：

> 吾友义乌陈君乐书，治科学最早，晚而屏绝人事，独好深湛之思，吾亲见其著此书，忘寝与食，忘昼与夜。室中唯置笔砚，无一故书。几榻坐具间，纷然狼藉，皆所属之稿也。入其室，几无容足之隙。当其冥思远骛，木然若不知有人，及其凝滞顿释，振笔疾书，则又忻然独乐。明日复疑，又弃而更属。君自言稿凡七易，犹以为未慊，其精勤如此。下根浅闻，矜其一得者，恶足以知之。君以其书难喻，谬引余为解人，每相见辄举所悟见告，语往往穷日不休。坐中闻君言者，初若惊异，及稍久意懈，多不之省，或顾而言他。君喟然谓余曰：“唯子能不拒于吾言，他日当为我序之。”然余实愧于君之言，未能尽解也。①

陈榥的侄儿陈乃熙对其伯父撰写《成心论》的记述与马一浮所述大致相同，还提到陈榥名其所居曰“研至理堂”，以及在伯父去世之后，家人把他的遗作《成心论》做了整理和装订，由陈榥次子乃熏送往杭州马一浮先生，请其作序，并准备出版。然而由于家道清贫，不克如愿以偿。1942 年日寇窜扰义乌，陈乃熏避难华溪岳父家，不料日寇火烧华溪村，《成心论》书稿也被付之一炬。②

但是马一浮在《成心论序》中说“癸酉岁，君以老病还义乌，旋即下世”。第二年，陈乃熏带着父亲遗稿送马一浮，“求为阅定，且述君遗言，以序为请”。不过马一浮“留之数年，未遑下笔”。1937 年爆发全面抗战，马一浮在避难之时，“以君书置行箧自随。十年以来，屡经颠沛，幸未亡失”。胜利后，马一浮回到杭州便设法打听陈乐书诸子消息。1947 年夏偶遇乐书长子乃烈于湖上，马一浮喜出望外，“乃出君全稿还之”。并写好序言交予乃烈，以便付梓。“既喜君有子，其言虽久郁，未致终埋，恨余

① 吴光主编：《马一浮全集》第二册（上），第 45 页。

② 陈乃熙：《数理学家陈榥传略》，政协义乌文史资料工作委员会编《义乌文史资料》第一辑，1984 年，第 64—65 页。

暮年精力衰耗，于君之所得未能窥其窾綮，不足以申其旨。聊题数语归之，无负宿诺”。①

从马一浮的序可知，陈榥手稿并没有在抗战中焚毁，而一直由马一浮保管，它历经劫难，终于在1947年全书归还陈榥家属。笔者看到马一浮的《成心论序》之后，迅即与义乌当地人士联系，却知《成心论》手稿已在“文革”中焚毁。2019年暑期，笔者有幸采访陈榥先生曾孙陈渊与玄孙陈震。陈渊先生从年轻时就从事养蜂工作，他回忆说“文革”时有一次从外地养蜂归来，家中所藏书籍和手稿都已烧毁，他曾看过《成心论》书稿，其内容与先曾祖父早年的著作《心理易解》相差不大。

《心理易解》一书写于光绪三十年（1904），并于光绪三十一年正月初由教科书译辑社出版，被学界认为是我国学者最早自编的心理学书籍，也是教科书译辑社出版的众多教科书之一。陈榥在《心理易解》自撰的序文中说：

> 甲辰秋，予因病辍学一年，养病于日本相州之平冢。海滨孤寄，药炉茗碗，相对无聊，以心理书自娱，非素所治者也。稍辑译之，积日而成轶，遂以付梓。因即所见于中国之古学者志而弁诸首，虽然其亦犹是一人之见也夫。②

就像陈榥不是专门研究物理学一样，他也不是专门研究心理学，他只是因为养病无聊而以心理学书自娱，从而参考他书编辑而成。但是陈榥在介绍国外的心理学时，同样不忘宣扬他的科学思想，并对中国传统的学术思想做了粗略的回顾和反思。在序文中他花了很大的篇幅议论我国从神农至周、汉、魏、唐，再由宋、明而至于清的学术研究情况，他认为我国的学术著作文学色彩浓厚，而说理成份较少，原因在于学者“尚文之心重而尚理之心微”。即便是说理，要么是一家之言，要么是帝天之说，而与真理相去甚远，“是以神州有四千载明了立国之历史，至今仍不免以无学见羞于五洲”。当然陈榥并没有全盘否定中国学术，他接着说：“虽然文明古国人所共称也，无他科学而有哲学，尤吾国人所自负也。束发受书，未尝不获启牖之益，苟断章而取之，其可采者多矣！又奚暇唧唧诋古人为。”③

陈榥在《心理易解》中的论述与马一浮的思想有共同之点，但也有不小的差异。共同之处在于都认为中国学术思想是有价值的，能给人以启迪。而差异在于陈榥认为中国学术研究缺乏追求实用而平易的真理，只有空泛的智慧之言，甚至是神鬼异说。但是马一浮却提出中国传统学术中的六艺能够显现事物之本性，不仅统摄中国学术思想，也能统摄西方学术，当然也包括西方科学。六艺之根本就在“心”，此心并不是唯心论之心，而是事物的本性或者本源。马一浮在《成心论序》开篇就写“心之官主思”，思考才能探究事物发生的缘由，因此“学原于思”。那么人如何通过思考而明白事理，马一浮说：

---

① 吴光主编：《马一浮全集》第二册（上），第45—46页。

② 陈榥：《心理易解》序，教科书译辑社1902年版，第6页。

③ 陈榥：《心理易解》序，第1—6页。

致思之途二，曰观物，曰观心。实则心外无物，观物即观心也。何法名心，伊谁觉观？至觅心了不可得，则观者亦丧矣。故曰："天下何思何虑。天下同归而殊途，一致而百虑。"①

所谓"天下同归而殊途，一致而百虑"，即是观心之过程，心就是那个万事万物之本源的同归之处，找到那个同归之处就是观心的结果，因此马一浮的"心"论是可以明了的。

但陈榥的《成心论》之"心"，又是什么"心"呢？马一浮在序言中没有介绍，他只是一再强调陈榥的书比较深奥，即便过了十几年，仍然无法窥其关键要领。由于陈榥的书稿已经不存，这个谜底已经永远无法揭开了。《成心论》虽然是与《心理易解》内容相近的心理学著作，但其中应该涉及哲学思想问题，以陈榥对中国传统文化的理解与西方科学知识的熟悉，再加上二十多年来的人生阅历，又经过十年七易其稿的精思熟虑，以及与马一浮等学者的切磋讨论，其思想的深度肯定要高于《心理易解》。

【作者简介】王一胜，浙江省社会科学院政治学研究所研究员。

① 吴光主编：《马一浮全集》第二册（上），第45页。

批判与创新

——浙籍哲学家在中国传统德育思想发展中的贡献*

游柱然

摘　要　浙籍哲学家在中国传统德育思想发展史上独树一帜。王充、嵇康在批判的时代，王阳明在自由心证的时代，黄宗羲在反思的时代，蔡元培在中西会通的时代，分别对前代主流德育相关哲学思想进行了批评与反思，并在继承前人思想的基础上提出了具有创新性的理论架构，推动了中华德育思想的发展与演变。上述浙籍思想家的独特贡献一定程度上折射了浙地锐意创新、敢为人先的文化传统。

关键词　浙籍哲学家　传统德育思想　批判　创新

浙江学人自古以富有批判精神与创新意识著称。[①] 浙籍哲学家在哲学与德育思想发展的各个节点常常扮演了批判者和创新者的角色，展现出锐意改革和敢为人先的精神特质：王充、嵇康在东汉与魏晋时期，王阳明在明代中期，黄宗羲在明末清初时期，蔡元培在民国初期，分别对当时主流德育思想相关哲学本体论和认识论进行了批评与反思，并在继承前人思想的基础上提出了自己的创新性见解。这些思想家的挑战和创新精神与他们所处的历史时代特征、哲学发展的内在逻辑等因素固有紧密关联，也与个人的成长经历、地域文化影响、性格和思维方式息息相关。从这个意义上说，研究他们在哲学与德育思想史上的独特贡献，分析他们展示的性格思维特征，进而联系浙江地域文化影响，或可为我们提供令人感兴趣的视角和信息。

一　批判的时代：王充与嵇康的贡献

东汉王充与魏晋嵇康所处的时代可称为批判的时代。学者如王充与嵇康均以批判

* 本文为浙江省哲学社会科学项目“中国传统德育哲学的变革与发展——浙籍思想家的贡献”（项目编号：19NDJC123YB）阶段性成果。

① 吴光：《论黄宗羲的思想创新、学术贡献及其当代价值——纪念梨洲先生黄宗羲诞辰四百周年》，《中共宁波市委党校学报》2010 年第 5 期。

者、挑战者甚至反叛者的形象著称，都对当时主流儒学伦理及道德教育思想进行了批评和重构。他们从本体论和认识论批判出发，提出了许多与主流德育思想不同的主张，体现了独立思考、敢于怀疑、勇于创新的精神。

（一）王充对天人感应论的批判及其德育思想创新

哲学史上，王充以敢于挑战权威、见解独到闻名。首先，他以“天道自然论”来反对并解构了董仲舒的“天人感应论”。尽管天人感应论为大一统提供了政治合法性，为儒家道德原则及道德教化提供了本体论依据，但它也助长了两汉时期谶纬、符瑞灾异思想及鬼神之说的泛滥。相关德育思想也由此逐渐失落了理性精神，蜕变为流俗哲学。针对这些问题，王充继承和发扬荀子“明天人之分”的唯物论和道家的天道无为说，提出了天道自然、天无意志的哲学宇宙观。他认为“天地，含气之自然也”（《论衡·谈天》），宇宙万物都是由气和气的变化构成的。天是自然，人也是自然的产物，“夫人不能以行感天，天亦不随行而应人”（《论衡·明雩》）。这样就切断天人联系，排除了道德行为与自然界的灾异和善恶报应间的关系，人的道德修养也回复了理性活动和自觉自愿。王充否定董仲舒天人感应论有利于纠正汉代儒学神学化倾向，让道德教育回归先秦经典儒学的教化方向，对后世道德修养思想的发展也有着积极的影响。

王充有关“实知”和“验证”的认识论与其气本体论思想一脉相承，为道德教育健康发展提供了经验哲学基础。他批判当时流行的盲目崇拜上古圣贤的风气，针对所谓圣人“生而知之”的说法，提出圣人不能先知，必须“学而知之”的观点。王充指出“不学自知，不问自晓，古今行事，未之有也。……故智能之士，不学不成，不问不知”。[①] 即使是古圣人如孔子也是通过与客观事物接触后，广泛实践，才获取知识，养成美德的。此外，他还强调知识的真实无妄，认为知识需要在实践中得到检验方为真知。所以在学习方法上，他主张学习要敢于质疑，主张大胆怀疑孔孟等古圣先贤的著作和思想，甚至要纠正其失误之处。而这样做，既不“伤于义”，也不“逆于理”，还能够“核实道义”“证定是非”（《论衡·问孔》），体现了求真求实的实证精神和批判性思维。这实际上是提出了中国古代哲学的经验论原则。这种经验论虽然不仅仅针对道德教育，但由其破除了对道德典范——圣人的迷信，对德育发展无疑有着非常积极的意义。

王充是一个思想解放的先驱。他站在“疾虚妄”的经验主义认识论立场，对汉代天人感应说及其教化思想展开批评，对往圣先贤学说进行批判性思考，起了振聋发聩的作用，有助于儒家教化思想摆脱神学化和庸俗化趋向。这些主张启迪了魏晋时期的玄学家去反思“名教”思想的不足，转而借鉴道家的自然话语来挑战、弥补与调和过于严苛的教化理论。这让德育哲学也开始由三纲五常的框架，转向对教化哲学本体的追问。

（二）嵇康对名教的批判及其德育思想的创新

魏晋时期的长期战乱、社会动荡和政治黑暗让人们对两汉盛行的董仲舒天人感应论

① 黄晖：《论衡校释》第四册，中华书局 1990 年版，第 1082 页。

产生了怀疑，与之相关的儒家道德教化理论如名教思想也陷入深刻危机。所谓名教即是以正名定分为核心、以纲常礼教为主要内容的儒家德教思想体系。名教原本对推广儒家道德教化具有积极意义，但随着相关理论架构及政治体制僵化，名教开始窒息思想的发展，甚至成为统治者用来“党同伐异”和“罪杀无辜”的工具。一些学者由此开始反思甚至批判名教，而其中嵇康最为突出。

嵇康对名教的批判建立在他的道家自然本体论基础之上。与王充类似，嵇康认为世界的本原是“元气”，万事万物皆由阴阳二气矛盾运动变化而成。他进一步由元气宇宙论推及自然人性论，为其“越名教而任自然”的德育方法论提供了学理依据。嵇康提出“夫元气陶铄，众生禀焉。赋受有多少，故才气有昏明”。① 作为德育主体的人，产生于“元气”，而人的本性天赋也是由自然气禀所决定的。这无疑肯定了人先天的差异性。② 他进一步指出人的自然天性是“从欲为欢”，用名教和“六经”来进行教化有违人的自然本性。因而将名教作为道德教育的方式无异于束缚人性，让人们“丧其自然之质”，产生许多虚伪的言行。许多时候，名教甚至蜕变成为一种伪善的、追逐私利、迫害他人的手段。

基于上述认识，嵇康提出了“越名教任自然”的自然教育主张，以培养个性自由发展的理想人格。首先他反对名教对人性的束缚和压迫，对当时的名教主张、名教经典及其推崇的圣人都进行了猛烈的抨击。嵇康“非汤武而薄周孔”③，指斥“六经未必为太阳”④，甚至发出“以六经为芜秽，以仁义为臭腐”⑤ 的激烈言论，揭露名教思想统治下的社会黑暗。并说自己“性不可化”，公然否定被教化的可能。在抨击世俗教育的同时，嵇康主张超越名教伦理的束缚，提出应顺应自然、突出个体意识，强调精神自由的道德修养方式。所谓“任自然”就是不束缚受教育者的天性，让其自然发展，体现了道家无为的思想旨趣。在道德修养上，他反对口是心非、言行虚伪的“小人匿情”，主张率性而为，以“无措为主”，即不刻意掩饰真实性情，不以外在所谓是非毁誉为意。此外，嵇康还主张独立思考，提出“独观”的思维方式和探索幽深玄妙的思想。

嵇康是一个性格鲜明、言辞犀利的思想家。他完成了对名教的终极批判和对老庄道德修养哲学的创新性发展。值得指出的是，嵇康在拥抱道家德育思想的同时，并未摈弃真正的儒家伦理教化。他的激烈言论一方面是为自己自然主义教育思想立论；另一方面是为了反抗当时虚伪“名教”的迫害。他的德育思想体系事实上糅合了儒家名教的部分德育理论，希望建立一种自然和谐的理想世界。这种儒道共济的理路是嵇康创新性的贡献。它彰显个性自由、精神自由的主张，代表了魏晋士人的主体性的觉醒。⑥ 由此传统思想中的自然主义与理想主义开始融合，道德教育思想也避免了走向封闭僵化，开始展现它丰富和灵动的特性。

---

① （三国魏）嵇康著，戴明扬校注：《嵇康集校注》，中华书局2014年版，第249页。

② 李军：《嵇康教育思想探微》，《浙江社会科学》1995年第2期。

③ （三国魏）嵇康著，戴明扬校注：《嵇康集校注》，第122页。

④ （三国魏）嵇康著，戴明扬校注：《嵇康集校注》，第163页。

⑤ （三国魏）嵇康著，戴明扬校注：《嵇康集校注》，第163页。

⑥ 孙兴友：《嵇康“任自然”的哲学思想及其人文意境》，《求索》2013年第9期。

二 自由心证的时代——王阳明的贡献

时隔千年，另一位浙籍哲学家王阳明又创新发展了当时的主流哲学及其教化思想。王阳明的心学体系中包含了大量德育思想，这些思想既是对陆九渊教育哲学的继承和创新，也是基于对朱熹哲学的批评与反思。在王阳明生活的年代，以朱熹思想为代表的理学占有统治地位。然而，理学在推进道德修养与伦理教化方面存在诸多问题。首先，“天理”的预设让道德标准被拔得过高并被绝对化，让不少人在实际生活中言行不一，反而弱化它进行道德教化和行为规范的功能。更重要的是，天理主要被置于天地之间，使得它与个体心灵感受、思想情感间产生疏离。这不利于学习者对道德法则进行深刻理解和自由思考，容易弱化人在道德修养中的主体地位，难以满足明朝中叶以来突出主体精神和化解社会矛盾的需要。王阳明的批评和创新正是针对这些突出问题。

本体论与认识论上，王阳明主要批评朱熹心理二分的趋向。朱熹认为天理是世界本原，存于天地万物之中，人的道德修养其实就是认识和遵循天理的过程。他倾向于认为人心从属于道德：理与心是体用关系，理是体，心是用，理统摄心。这让人心与天理相分离，因而道德学习易变成由外而内的过程：首先外向格世间万物之理而致知，再由心去体察天理，正心诚意。王阳明认为如此认知存在诸多弊病：他早年在运用朱熹的方法进行道德学习时，就痛感这种“析心与理为二”的矛盾，会让人们“外面做得好看，却与心全不相干”。① 他还指出，朱熹主张的心外求理是导致他在道德学习中知行两分的原因。② 王阳明之所以批评朱熹心理两分，就在于外在和绝对化的“天理”本身就含有压抑个性，以绝对精神（天理）宰制个体精神（人心）的倾向，③ 这让人在道德修养活动中容易失去真切感受和主体意识。

王阳明的创新之处也正是从本体论着手，引申出新的德育理论，并使两者相互渗透。他继承和发展了孟子的良知说和程颢、陆九渊的“心即理”思想，并基于此提出“良知”、“致良知”和“知行合一”的概念，形成了一套完整的有关儒家道德自我修养的哲学思想体系。通过“心外无理”“良知，心之本体”“良知即天理”之论，他将道德由高高在上的“天理”转化为人人内心皆有的良知，为“致良知”“知行合一”打下本体论基础。王阳明思想的德育价值在于“良知”突出了人的自主性，使得蕴含天理的人心成为道德判断的依据；道德学习也由此更注重人内心的思想情感，让认知、感受和道德修养成为一个统一的心理过程。王阳明的创新之处还体现在他“致良知”“知行合一”道德修养论弥补了陆九渊心学主“心”忽“事”、缺乏学养工夫的不足。所谓致良知的工夫有二：一是心体上用功，使良知自然朗现；二是在事上磨炼，致良知于事事物物，知行合一，使得良知的准则“天理”得以成为世界的行为准则。通过上

① 王阳明著，叶圣陶点校：《传习录》，北京时代华文书局2014年版，第265页。

② 王阳明著，叶圣陶点校：《传习录》，第265页。

③ 李振纲：《论王阳明道学革新及其历史地位》，《中国哲学史》1997年第3期。

述具体的修养方法，儒家道德原则落实在每个人追求至善的真切思考与社会活动中，心学也随之被广泛接受并得以实践。

总之，王阳明将作为思辨哲学的理学改造为切近大众生活的“日用之学”，通过“致良知”和“知行合一”让道德修养成为人人可行的活动。① 他的心学去除了外在权威，将道德学习中遇到的问题交给个体的良知来判定，突出了人在道德学习中的主体性、独立性和自由意志。道德学习也由原先对道德原则的认知变成了基于个人良知的自由心证。这种取向不仅凸显了主体精神，而且有助于解放思想，对明清之际经世致用之学的兴起起到了思想启蒙的作用。

三　反思的时代——黄宗羲的贡献

黄宗羲生活的明清之际是个“天崩地解”的时代。面对后金入主中原，明朝士大夫要么忠孝节义抛于脑后，要么空谈心性而百无一用。惨痛现实让黄宗羲开始批判与反思宋明理学存在的问题，质疑相关道德教化的有效性，并提出培养经世致用人才的德育新理路，在理学形而上的“虚”的构架上开创了经世致用的“实”的学术精神。②

本体论上，黄宗羲继承发扬了先哲王充、张载等的学说，认为天地万物均由气所构成：“通天地，亘古今，无非一气而已。”③ 他批判朱熹理气两分，理为主、气为客的观点，提出“理气一元”论，认为理不能离开气而单独存在。黄宗羲认为：“理气之名，由人而造，自其浮沉升降者而言，则谓之气，自其浮沉升降不失其则者而言，则谓之理。盖一物而两名，非两物而一体也。”④ 进而指出心性和理气也是一体：“夫在天为气者，在人为心。在天为理者，在人为性。”⑤ 因此人心、性情所引发的个性与情感因素都是重要的德育依据与内容。更为重要的是，由于气具有实体意义且不断变化，而理依气而存在、随气的变化而变化，因此“理”和“气”都不是一成不变，而是日新月异的。这为他讲究实学、强调经世致用的教育思想提供了本体论依据。

针对明末儒生“略工夫而谈本体”、空谈误国的弊病，黄宗羲开出“力行”的道德修养工夫论药方。他提出“心无本体，工夫所至，即其本体”的重要命题，主张“本体”是在无尽的道德修养的工夫实践中逐步呈现的，其目的是通过强化实践环节来矫治宋明儒学在道德修养方面流于空疏的问题。在知行关系处理上，黄宗羲特别强调“行”的作用，将传统儒家的“学、问、思、辨、行”等认识环节，都归结为一个“行”字，强调了“圣人教人只是一个行”的道德实践思想。他指出，单纯“静坐澄心”“格物穷理”，都不能让人达到提高道德修养的目的，只有实践所学，并且反思“所行所习”，

① 李振纲：《论王阳明道学革新及其历史地位》，《中国哲学史》1997年第3期。

② 张悦、金圣基：《论宋明理学向明清实学转轨的“内在理路”——以黄宗羲实学思想为例的说明》，《孔子研究》2019年第1期。

③ （清）黄宗羲原著：《宋元学案》，中华书局1986年版，第499页。

④ 黄宗羲：《黄宗羲全集》第八册，浙江古籍出版社1992年版，第355—356、408页。

⑤ 黄宗羲：《黄宗羲全集》第八册，第408页。

才能获得道德成长，成为圣贤。通过强调力行，黄宗羲合儒家本体论和功夫论为一体，将修齐治平的儒者道德理想落实到了经世致用、救国家之急难的层面。

黄宗羲的学说为儒家道德教育开辟了新的方向。他将人伦日用的生活世界转化为社会道德实践的真切功夫，让儒家功夫论由注重道德修养的内圣转向了社会实践的外王。在此基础上，他更是大胆地提出了具有民主启蒙性质的“天下为主，君为客”、“天下”为民共有的社会政治新构想，为清末社会政治大变革提供了理论依据与思想启蒙。

四　中西会通的时代——蔡元培的贡献

清末民初是一个中西思想相互碰撞和会通的时代。以儒学为代表的封建礼教思想已经走下神坛，而西方自然科学和哲学社会科学思想被大量引进，尊孔复古和西化思想斗争激烈。蔡元培是旧营垒里走出的革命者，他批判“忠君”与“尊孔”的传统礼教思想，认为它妨碍思想自由，不符合当时社会发展需要。但与其他激进的主张全面西化的学者不同，蔡元培敏锐地认识到引进西方哲学与中华传统思想并不是非此即彼的关系。他没有全盘否定中国传统道德教育思想，而是认为西方近代新道德与中国传统思想精髓有其共通之处。因而他积极引进西方本体论哲学和教育思想，同时对传统儒道哲学思想进行更新和改造，并在借鉴西方哲学与继承传统德育思想的基础上让两者进行了深度融合，发展出一套颇具特色的现代德育思想体系。

蔡元培在哲学上接受了康德的二元论思想，将世界划分为现象世界与实体世界两个方面。现象世界是相对的，从属经验的范畴；实体世界是绝对的和超时空的精神实体，具有世界本体的意义。蔡元培认为，这个实体世界类似我国传统哲学的最高观念，“是以或谓之道，或谓之太极，或谓之神”。① 教育隶属于现象世界，但它并不局限于对世俗幸福的追求，而是“立于现象世界，而有事于实体世界”②，通过世界观和美感教育去陶冶人的情操，让人找到精神归宿，达于“绝对自由”的精神世界。③ 这种不断超越现象世界，以追求精神自由为最高目的的教育哲学观是他整个德育思想的基石。

蔡元培德育思想的创新之处在于它不再局限于传统的道德修养与教化范畴，而是试图建立培养“完全人格”的现代大德育系统。他会通中西概念，熔军国民教育、实利主义教育、公民道德教育、世界观教育和美感教育为一炉，形成了以德育为重要目标、独具特色的“五育并举”思想。蔡元培的德育既包括了现象世界意义上的公民道德教育，也包括了世界观和美感教育中符合德育要求的内容。④ “五者以公民道德为中坚，盖世界观及美感皆所以完全道德，而军国民教育及实利主义，则必以道德为根本。”⑤ 公民道德教育注重公德培养，以公民意识逐渐取代个人修养；军国民及实利主义教育要

① 欧阳哲生编：《中国近代思想家文库·蔡元培卷》，中国人民大学出版社2014年版，第110页。
② 欧阳哲生编：《中国近代思想家文库·蔡元培卷》，第110页。
③ 黄书光：《论蔡元培的教育哲学观》，《福建论坛》（人文社会科学版）2001年第2期。
④ 班建武：《适应与超越：蔡元培德育思想的两个向度》，《现代大学教育》2009年第6期。
⑤ 欧阳哲生编：《中国近代思想家文库·蔡元培卷》，第182页。

着眼于德育的目标；世界观教育和美育则产生一种与实体世界观念相感应的“浑然之美感”，有助于国民人格的健全和完善。这样五育相互协调，实现培养现代公民的理想。在价值观教育上，蔡元培虽强调自由、平等、博爱等西方价值观，但他认为这些价值观实则与中华传统价值有共通之处：自由就是中国古代的“义”，平等就是“恕”，友爱就是“仁”。因此他的德育思想实际上是试图会通中西的。

蔡元培追求传统理想人格的培养和现代西方观念的完美统一，给中国传统道德教育注入了新的、富于时代气息的内涵，是一种中西思想的互鉴、继承、会通和创新。难能可贵的是，他主张以我为主，吸收外来思想，“尽为‘我’之一部，而不为其所同化”的立场，① 让中国传统德育思想的老树开出了新花。

结　语

综上，前述五位浙籍哲学家都在传统德育发展的重要节点扮演了批评者和创新者的角色。他们敏锐地认识到当时社会存在的重大问题和需要，敢破敢立，对当时的主流本体论和德育方法进行了批判，并大胆地提出了一些新的思想架构和观点，推动了德育哲学思想的演变和发展。

首先，这些浙籍哲学家的德育思想都具有很强的批判性。他们都针对各自时代趋于僵化的主流思想进行批评与反思，促进了相关哲学思想的健康发展：王充的哲学与德育思想是建立在对董仲舒天人感应的批判上。嵇康的批判的矛头对准了当时日趋虚伪的“名教”。但他们也不是一味地批判，而是批判中有继承，是一种建设性的批判。例如，王阳明提出“良知”和“致良知”思想固是源自对朱熹哲学“心理两分”等问题的批评与反思，但他同时也吸纳和改造了后者的“格物致知”等功夫论思想，并将之融入自己的道德修养方法论之中。

其次，他们的德育思想独树一帜、特色鲜明，极具创新性。这些浙籍思想家都没有墨守成规，而是针对当时的社会和哲学问题提出自己的解决方案。嵇康“越名教而任自然”的自然主义德育思想充满了个性发展、思想自由和自我实现的创新意识；蔡元培以培养具有健全人格的现代公民为目的，提出“五育并举”的德育理念，为当时人们挣脱传统礼教束缚、走向现代社会提供了新的思路。这些创新思想在各个历史节点均为中华德育思想注入了新的元素，推动了中华哲学及相关德育思想的不断发展和演变。

最后，这些哲学家的德育理路均有着务实求真的倾向。王充的“实知”和“去虚妄”、王阳明的“知行合一”、黄宗羲的“实学”都强调不要盲目崇拜圣贤之说，而是要到社会实践中进行道德学习，以获得真知，为国家与社会服务。蔡元培处于中西思想交会的时代，更提出了道德教育与实利教育、公民教育相融合的思想。这四种求实取向的德育思想间展现了一定的承继关系与较为清晰的发展脉络。嵇康虽主要以自然本体论来挑战和充实传统礼教，但对于“名教”虚伪性的批判也体现了他对真实人性的渴望，

---

① 蔡元培：《蔡元培全集》（第三卷），中华书局1984年版，第27—28页。

对道德教育也有着积极的意义。

值得特别指出的是，这五位具有批判和创新精神的哲学家均为浙籍。除嵇康是祖籍浙江外，其余四位都出生并成长于浙江，深受浙地文化的影响。如果从地缘文化的视角来看，他们德育思想中表现出的批判思维、创新精神和求实取向，在一定程度上映衬了浙江文化勇立改革潮头、敢为天下先和实干兴邦的精神传承。历史上，浙地文化虽然发达昌盛，但由于不在中原主流文化中心，因此常常扮演了改革者和创新者的角色。这种角色的作用往往体现在调整过重的文化包袱和扬弃累积的渣滓，对中华文化的自我更新与发展极为重要。从这个意义上讲，前述五位浙籍哲学家在德育思想上具备鲜明的批判精神与创新色彩也就不难理解了。

【作者简介】游柱然，绍兴文理学院教师教育学院教授。

“心即理”的内涵及其在当代工匠精神培育中的价值*

陈海威

摘　要　“心即理”是王阳明在特定历史背景下提出的哲学命题，是阳明心学的逻辑基础，包括正心、专心、恒心三层含义。工匠精神分为匠心、匠艺、产品三个层次，其中匠心是根，匠艺是干，产品是梢，匠心磨炼是工匠精神形成的关键。“心即理”可以从价值观塑造、学习策略等方面对工匠精神培育提供借鉴。

关键词　“心即理”　工匠精神　培育

说到阳明心学，人们经常会联想到“心外无理，心外无事”这句著名的哲学论断，其实这句话只是对“心即理”这一哲学命题的部分阐释，如果没有深入理解“心即理”的含义，“心外无理，心外无事”很容易让人形成阳明心学属于虚无主义的印象。事实上，“心即理”作为阳明心学的逻辑基础，有着丰富的内涵，正如吴震先生所说：“从某种意义上说，‘心即理’乃是阳明哲学的第一命题，是其心学思想得以确立的标志，无论是稍早的‘知行合一’说还是略晚的‘致良知’说，都应置于‘心即理’的基础上才能得到全面的理解。”① 那么，什么是“心即理”？其真正内涵又是什么？要解答这一问题，我们必须从“心即理”提出的背景谈起。

一　“心即理”提出的背景

“心即理”是阳明心学的逻辑基础，也是阳明心学与程朱理学的分水岭，这个问题

* 本文为浙江省社科规划课题“阳明心学在当代大学生工匠精神培育中的价值与实现途径研究”（项目编号：19GXSZ13YB）；浙江省教育厅科研项目“阳明心学在当代工匠精神培育中的价值研究”（项目编号：Y201840446）。

① 吴震：《〈传习录〉精读》，复旦大学出版社2011年版，第62页。

需要从《大学》的"格物致知"说起。

《大学》原为《礼记》第四十二篇，相传为曾子所做。宋朝程颢、程颐兄弟把它从《礼记》中抽出，编次章句，朱熹将它与《中庸》《论语》《孟子》合编注释，称为"四书"。《大学》能位列"四书"之首，与它的特殊地位有关，朱熹在《四书章句集注》中言："子程子曰：'大学，孔氏之遗书，而初学入德之门也。'于今可见古人为学次第者，独赖此篇之存，而论、孟次之。学者必由是而学焉，则庶乎其不差矣。"① 由朱熹这段话可看出，正是这种"入门"的作用决定了《大学》在儒家经典中的地位与价值。

这种"入门"集中体现在《大学》首章，简而言之就是"三纲"和"八目"。所谓"三纲"即"大学之道，在明明德，在亲民，在止于至善"，"八目"即"格物""致知""诚意""正心""修身""齐家""治国""平天下"，"三纲"指明了儒家修证的方向，"八目"则阐述了修证的具体步骤。"八目"中从"格物"到"平天下"是层层递进的关系，如同上楼梯，必须从最低处开始，正如王岳川先生所言："《大学》八目格物、致知、诚意、正心、修身、齐家、治国、平天下是一个从小到大，从客观到主观，从个体到人类渐进修为的过程，而格物致知的重要之处在于它们是'大学之道'的起点。"②

遗憾的是，"格物"心法从孟子之后出现了断层和混乱，王阳明在《朱子晚年定论》中谈到这一问题，"洙泗之传，至孟氏而息。千五百余年，濂溪、明道始复追寻其绪。自后辨析日详，然亦日就支离决裂，旋复湮晦。吾尝深求其故，大抵皆世儒之多言有以乱之"。③ 根据明末大儒刘宗周（1578—1645）的说法，"格物之说，古今聚讼者有七十二家"④ 之多，如东汉郑玄解释为："格，来也。物，犹事也。其知于善深，则来善物。其知于恶深，则来恶物。言事缘人所好来也。此致或为至。"⑤ 北宋司马光解释为："《大学》曰致知在格物，格犹捍也，御也。能捍御外物，然后能知至道矣。"⑥ 在二程那里，"格物"有"至"和"穷"两层含义："格，至也。物，事也。事皆有理，至其理，乃格物也。"⑦ "格犹穷也，物犹理也，犹曰穷其理而已也。"⑧ 朱熹继承了程颢的说法并加以发挥，认为"格，至也。物，事也。穷至事物之理，欲其极处无不到也"。⑨ 王阳明指出，正是历史上这种众说纷纭让"格物致知"显得扑朔迷离。

朱熹本来也是一家之言，但从元朝中期开始，他的学说不断受到推重，到了明朝已经成为科举取士的唯一标准，以绝对统治地位渗透到儒家士子文人的骨髓中。朱熹主张

---

① （宋）朱熹：《四书章句集注》，中华书局1983年版，第3页。

② 王岳川：《文本细读呈现的〈大学〉精神价值——〈大学〉〈中庸〉讲演录（之二）》，《西南民族大学学报》（人文社会科学版）2007年第11期。

③ （明）王守仁著，王晓昕、赵平略点校：《王阳明集》，中华书局2016年版，第118页。

④ （明）刘宗周著，戴琏璋、吴光主编：《刘宗周全集》，台湾中研院文哲研究所筹备处1996年版，第771页。

⑤ （清）阮元：《十三经注疏·礼记正义》（上），中华书局1980年版，第1673页。

⑥ （宋）司马光：《传家集》，文渊阁四库全书，第1094册，上海古籍出版社1987年版，第589页。

⑦ （宋）程颢、程颐著，王孝鱼点校：《二程集》，中华书局2004年版，第365页。

⑧ （宋）程颢、程颐著，王孝鱼点校：《二程集》，第316页。

⑨ （宋）朱熹：《四书章句集注》，第4页。

“即物穷理”，且“一草一木皆含至理”，曾言“格物者，格，尽也，须是穷尽事物之理。若是穷得三两分，便未是格物。须是穷尽得到十分，方是格物”。① 又说：“世间之物，无不有理，皆须格过。古人自幼便识其具。且如事君事亲之礼……今人皆无此等礼数可以讲习，只靠先圣遗经自去推究，所以要人格物主敬，便将此心去体会古人道理，循而行之。如事亲孝，自家既知所以孝，便将此孝心依古礼而行之；事君敬，便将此敬心依圣经所说之礼而行之。一一须要穷过，自然浃洽贯通。”② 朱熹对“格物”的解读容易产生以下推论：第一，理存在于物上；第二，格物就是到物上求理。这种推论很容易导致学者到外物上去求理，王阳明“格竹”就是他年轻时对朱子学说的懵懂实践。《年谱》记载，王阳明二十一岁时，“一日思先儒谓‘众物必有表里精粗，一草一木，皆涵至理’。官署中多竹，即取竹格之，沉思其理不得，遂遇疾”。③ 此次格物失败对一向自信满满的王阳明打击很大，但从长远来看，这无疑也是一次有价值的“试错”，因为这为他后来的“龙场悟道”埋下了伏笔。

王阳明“龙场悟道”究竟悟到了什么？《年谱》记曰：

> （正德）三年戊辰（即西元1508年），先生三十七岁，在贵阳。……日夜端居澄默，以求静一；……因念：“圣人处此，更有何道？”忽中夜大悟格物致知之旨，寤寐中若有人语之者，不觉呼跃，从者皆惊。始知圣人之道，吾性自足，向之求理于事物者误也。④

由上述记载可知，王阳明最大的收获就是“大悟格物致知之旨”。这个“旨”究竟是什么，《年谱》没有细说，但在被誉为“王门入门教典”的《大学问》中，王阳明对此做了详细的解释：

> 何谓身？心之形体运用之谓也。何谓心？身之灵明主宰之谓也。何谓修身？为善而去恶之谓也。吾身自能为善而去恶乎？必其灵明主宰者欲为善而去恶，然后其形体运用者始能为善而去恶也。故欲修其身者，必在于先正其心也。……物者，事也，凡意之所发必有其事，意所在之事谓之物。格者，正也，正其不正以归于正之谓也。正其不正者，去恶之谓也。归于正者，为善之谓也。夫是之谓格。⑤

这段话通过论述身心的相互关系，指出修身的根本在于心，并明确指出：格物就是正心，就是从源头上为善去恶。这正是王阳明悟到的“格物致知之旨”，与朱熹的物上求理完全相反，转向了心上求理的路径。

这一发现也同时奠定了心学的立足点。王阳明在龙场困境中反复思考“圣人处此，

---

① （宋）朱熹著，黎靖德编：《朱子语类》，崇文书局2018年版，第219页。

② （宋）朱熹著，黎靖德编：《朱子语类》，第214页。

③ （明）王守仁著，王晓昕、赵平略点校：《王阳明集》，第1027页。

④ （明）王守仁著，王晓昕、赵平略点校：《王阳明集》，第1031页。

⑤ （明）王守仁著，王晓昕、赵平略点校：《王阳明集》，第826页。

更有何道?”经过苦苦思考，他终于明白了一个道理：圣人与凡人最大的区别就是心。圣人也会遭遇困境，如舜曾被父亲和弟弟多次设计谋杀，周文王被商纣王无故羁押，孔子也曾经历过陈蔡之厄，但是这些圣人都能坦然面对困境，遵循大道，素位而行，根本原因是他们内心能时刻以良知为主宰，遵循天理，不为个人荣辱得失乃至生死所动。所以说圣人的关键是在于心，心上没有私欲遮蔽就是天理，圣人的秘密就是在心上用功，这可以说是王阳明龙场悟道的最大发现，他因此此后多次指出“夫圣人之学，心学也。学以求尽其心而已”。[①] “圣人之学，心学也。尧、舜、禹之相授受，曰‘人心惟危，道心惟微，惟精惟一，允执厥中’十六字诀。此心学之源也。”[②]

关于“格物致知”，王阳明后来给学生讲学时提到，“及在夷中三年，颇见得此意思，乃知天下之物本无可格者。其格物之功，只在身心上做，决然以圣人为人人可到，便自有担当了。”[③] 正如吴光先生指出：“在王阳明看来，他过去按照朱熹‘格物’说去‘格竹子的道理’是‘求理于外’，是不正确的方法。正确的格物方法应该是‘只在身心上做’，即求理于心。他虽然没有直说‘心即理’，但实际上他所谓‘向之求理于事物者误也’一语，已包含了‘理在于心’‘心外无理’的思想了。”[④]

二　“心即理”的内涵

“心即理”是王阳明在特定历史背景下提出的哲学命题，对其内涵的理解必须结合当时的社会环境。

首先，“心即理”具有极强的针对性。王阳明年轻时也笃信朱熹的格物理论，但屡屡碰壁，经过九死一生的机缘巧合才领悟到格物的要旨，他对自己的发现兴奋不已，但同时也深知朱子格物思想的影响之深，想要改变这种现状绝非短期可以轻易做到的。这如同一艘大船，方向已经出错，但众人浑然不知，仍在用力划桨，此时唯有奋力呼号，才能引起人们警觉。王阳明提出“心即理”与朱子的“即物穷理”大相径庭，在当时犹如一颗深水炸弹，遭到很多非议，如时任吏部侍郎的罗钦顺就写信给王阳明表达了质疑，王阳明在《答罗整庵少宰书》中详细阐述了自己的“格物致知”观点，阐述了“学贵得之于心”的观点。王阳明“心即理”的提法在当时引起很大的反响，客观上也加速了他思想的传播，具有振聋发聩的作用。

其次，“心即理”具有警示性。《传习录》记载，有弟子拿程颢“在物为理”质疑“心即理”的提法，王阳明认为应该把“在物为理”改为“此心在物即为理”才对，并阐述了“心即理”的立言宗旨，“我如今说个心即理是如何，只为世人分心与理为二，故便有许多病痛。……分心与理为二，其流至于伯道之伪而不自知。故我说个心即

① （明）王守仁著，王晓昕、赵平略点校：《王阳明集》，第228页。

② （明）王守仁著，王晓昕、赵平略点校：《王阳明集》，第217页。

③ （明）王守仁著，王晓昕、赵平略点校：《王阳明集》，第111页。

④ 吴光：《王阳明在龙场悟出了什么——“阳明文化三人谈”之一》，《博览群书》2018年第11期。

理，要使知心理是一个，便来心上做工夫，不去袭义于外，便是王道之真。此我立言宗旨"。① 王阳明认为，分心与理为二，会有把私心误作天理的病痛，"心即理"的提法可以警示人们心与理本为一体，不可分割，防止学者出现知行不一的弊端。

最后，"心即理"反对悬空想象。王阳明指出，"故致知者，意诚之本也。然亦不是悬空的致知，致知在实事上格。如意在于为善，便就这件事上去为，意在于去恶，便就这件事上去不为"。② "心即理"不是让人悬空去想象出一个理的存在，一定是心遇到事后才能呈现出具体的理，指明心与理的融合必须在具体实事上才能实现，反对悬空想象。

以上是从宏观角度对"心即理"提出背景的解读，但具体到实践层面，心与理的融通并非可以自然发生，尤其对于初学者而言，需要在心上下功夫，需要遵循一定的原则和主旨，不断打磨自己的"心"，才能达到"心即理"的境界。如何完成这一过程，就涉及"心即理"的具体内涵，如果从微观层面考察，这一过程应该包括"正心""专心""恒心"三个层面。

第一，正心。所谓正心就是从源头上保持意念的至善，这是王阳明主张的"格物"内涵，也是"心即理"的第一要义。王阳明认为：

> 心者身之主宰，目虽视，而所以视者心也；耳虽听，而所以听者心也；口与四肢虽言、动，而所以言、动者心也。故欲修身在于体当自家心体，常令廓然大公，无有些子不正处。主宰一正，则发窍于目，自无非礼之视；发窍于耳，自无非礼之听；发窍于口与四肢，自无非礼之言、动。此便是修身在正其心。③

正心就是去除私欲的干扰，恢复心的本体。心的本体如果没有私欲遮蔽，遇事发动即是天理，这正是王阳明提出"心外无事，心外无理"的依据，他在与徐爱的对话中曾对此进行过阐述：

> 先生曰："心即理也。天下又有心外之事，心外之理乎？"
>
> 爱曰："如事父之孝，事君之忠，交友之信，治民之仁，其间有许多理在，恐亦不可不察。"
>
> 先生叹曰："此说之蔽久矣，岂一语所能悟。今姑就所问者言之。且如事父，不成去父上求个孝的理；事君，不成去君上求个忠的理；交友、治民，不成去友上、民上求个信与仁的理。都只在此心。心即理也。此心无私欲之蔽，即是天理，不须外面添一分。以此纯乎天理之心，发之事父便是孝，发之事君便是忠，发之交友、治民便是信与仁。只在此心去人欲、存天理上用功便是。"④

---

① （明）王守仁著，王晓昕、赵平略点校：《王阳明集》，第112页。

② （明）王守仁著，王晓昕、赵平略点校：《王阳明集》，第111页。

③ （明）王守仁著，王晓昕、赵平略点校：《王阳明集》，第826页。

④ （明）王守仁著，王晓昕、赵平略点校：《王阳明集》，第2页。

“此心无私欲之蔽，即是天理。”用这种本心事父、事君、交友、治民即是孝、忠、信、仁，原本如此，“不须外面添一分”，这正是正心的妙用。对于“此心无私欲之蔽，即是天理”的原因，王阳明曾解释道：

> 心之体，性也，性即理也。天下宁有心外之性？宁有性外之理乎？宁有理外之心乎？外心以求理，此告子义外之说也。理也者，心之条理也。是理也，发之于亲则为孝，发之于君则为忠，发之于朋友则为信。千变万化，至不可穷竭，而莫非发于吾之一心。①

心与理的融通，是因为心的本体就是性，心与性、天理是合一的，“心即理”实际上就是“性即理”，“心即理”的前提是此心无私欲遮蔽，必须通过为善去恶的“格物”才能实现。正心正是从源头上净化意念，保持意念的端正。正心类似于现代心理学中的动机，动机纯正往往是行为正确的前提条件。

第二，专心。专心就是要专注，就是要集中精力在一件事上，这是“心即理”的第二层含义。心与理之间的阻隔很多时候是因为主体没有集中注意力，影响到了自身对客体的洞察能力。王阳明非常重视专心对为学的作用，他在《书玄默卷》中指出：“玄默至于道矣，而犹有诗文之好，何耶？弈，小技也，不专心致志则不得，况君子之求道，而可分情与他好乎？”② 告诫玄默要专一，不能因诗文爱好而分心。他对学生周积的教导，更说明了专心的重要性：

> 江山周以善究心格物致知之学有年矣，苦其难而不能有所进也。闻阳明子之说而异之，意其或有见也，就而问之。闻其说，戚然若有所省；归，求其故而不合，则迟疑旬日。又往闻其说，则又戚然若有所省；归，求其故而不合，则又迟疑者旬日，如是往复数月，求之既无所获，去之又弗能也，乃往告之以其故。阳明子曰：“子未闻昔人之论弈乎？‘弈之为数，小数也，不专心致志，则亦不可以得也。’今子入而闻吾之说，出而有鸿鹄之思焉，亦何怪乎勤而弗获矣？”于是退而斋洁，而以弟子之礼请，阳明子与之坐。盖默然良久，乃告之以立诚之说，耸然若仆而兴也。明日，又言之加密焉，证之以《大学》；明日，又言之加密焉，证之以《论》、《孟》；明日，又言之加密焉，证之以《中庸》。乃跃然喜，避席而言曰：“积今而后无疑于夫子之言；而后知圣贤之教若是其深切简易也；而后知所以格物致知以诚吾之身……”③

这段文字生动记叙了周积学习“格物致知”的过程。周积刚开始不专注，所以学无所获，后来痛下决心，虔诚拜师，连续几天集中精力学习领悟，终于对困扰他多年的

① （明）王守仁著，王晓昕、赵平略点校：《王阳明集》，第246页。
② （明）王守仁著，王晓昕、赵平略点校：《王阳明集》，第243页。
③ （明）王守仁著，王晓昕、赵平略点校：《王阳明集》，第211页。

"格物致知"问题豁然贯通，王阳明写这篇序的主旨就是阐述专注对为学的重要性。结合现代心理学知识，我们也知道专注可以提升人的洞察力，有助于主体更好地认知客观对象，体悟到事物背后的理，这说明专心对"心即理"有重要的价值，也是"心即理"的重要内涵。

第三，恒心。恒心就是要有坚强的意志，能持之以恒，无论顺境逆境，都能不断精进，这是"心即理"的第三层含义。王阳明曾言：

> 诸君只要常常怀个"遁世无闷，不见是而无闷"之心，依此良知忍耐做去，不管人非笑，不管人毁谤，不管人荣辱，任他功夫有进有退，我只是这致良知的主宰不息，久久自然有得力处。一切外事亦自能不动。又曰："人若着实用功，随人毁谤，随人欺慢，处处得益，处处是进德之资。若不用功，只是魔也，终被累倒。"①

"心即理"的融合不可能一蹴而就，需要持续的工夫磨炼，需要有恒心。唯有远大的志向才是恒心的根本保证，所以王阳明向来格外重视"立志"，"立志"也是阳明心学的重要思想之一，他在《示弟立志说》中指出"夫学莫先于立志""是以君子之学，无时无处而不以立志为事"。②

在某种意义上，"心即理"的正心、用心、恒心是从另一个角度对阳明心学的解读，甚至可以贯穿王阳明的全部思想，正如他所言，"是故君子之学，惟求得其心，虽至于'位天地，育万物'，未有出于吾心之外也。孟氏所谓'学问之道无他，求其放心而已矣'者，一言以蔽之"。③ 当然，要说明的是，"心即理"的内涵虽分为正心、专心、恒心三个层面，但三者之间并非各自独立，而是一体三面的关系，可以融合在"立志"这一富有心学特色的概念中，如同一粒种子从发芽到长成参天大树，其外在形态虽然发生了变化，但不变的是其生生不息的内在生命力。王阳明曾把为学比作农夫种田，"君子之于学也，犹农夫之于田也，既善其嘉种矣，又深耕易耨，去其蝥莠，时其灌溉，早作而夜思，惶惶惟嘉种之是忧也，而后可望于有秋。夫志犹种也，学问思辨而笃行之，是耕耨灌溉以求于有秋也。志之弗端，是荑稗也。志端矣，而功之弗继，是五谷之弗熟，弗如荑稗也"。④ 正心如同"嘉种"，专心、恒心就是"深耕易耨，去其蝥莠，时其灌溉，早作而夜思"。只有三者兼具，才能达到"心即理"的融通。

三　"心即理"与工匠精神

自2016年以来，工匠精神已经连续四年被写入政府的工作报告，党的十九大报告

① （明）王守仁著，王晓昕、赵平略点校：《王阳明集》，第94页。
② （明）王守仁著，王晓昕、赵平略点校：《王阳明集》，第231页。
③ （明）王守仁著，王晓昕、赵平略点校：《王阳明集》，第212页。
④ （明）王守仁著，王晓昕、赵平略点校：《王阳明集》，第211页。

中也提出“建设知识型、技能型、创新型劳动者大军，弘扬劳模精神和工匠精神，营造劳动光荣的社会风尚和精益求精的敬业风气”。这是中国政府立足于国际产业变革大势，作出的全面提升中国制造业发展质量和水平的重大战略部署，其根本目标在于改变中国制造业“大而不强”的局面。在促进产业升级、提升发展质量和效益的背景下，工匠精神已成为经济转型的迫切需求。

工匠精神简单说就是劳动者在工作中表现出的敬业、专注，对产品质量一丝不苟、精益求精、不断创新的品质。从内涵构成上看，工匠精神既有物质层面的载体，又有精神层面的内核，“如果要给工匠精神下一个完整的定义，应该是指工匠在良好人文修养和高超职业技能结合下形成的一种精神理念，它既体现为工匠的气，又体现为产品的品质”。① 如果把工匠精神比作一棵树，那么产品是树冠，技术是树干，匠心则是树根。产品是工匠精神的物质载体，技术是工匠精神的实现途径，匠心则是工匠精神的内在魂魄，一个工匠大师，首先是他有了一颗匠心，之后才有了精湛的技艺和精美的产品，因此匠心培育是工匠精神的根本。

从阳明心学的角度来看，心是身的主宰，劳动过程表面看是劳动者通过手艺和技术生产了产品，但实质上是劳动者主观意志外化的过程，这个过程都是在心的主宰下进行。中国古人强调“道技合一”“心合于道”，“心即理”对匠心培育具有借鉴意义，具体而言体现在以下三个方面。

第一，正心是工匠精神的前提。正心就是去除私欲的遮蔽，以良知来面对日常工作，这有助于劳动者树立正确的价值观，形成爱岗敬业的职业道德。工作者的劳动态度决定了产品的质量，被誉为“经营之圣”的日本企业家稻盛和夫说过：“缺乏对工作高度的热爱就不可能取得卓越的成果。”② 因此，对劳动者而言，无论从事任何职业，首先都应该做到正心，认知到工作的价值和意义，以高度的责任感和热情投身于工作，这是工匠精神的前提和基础。

第二，专心是工匠精神的关键。专心就是要专注于自己的业务，一门心思深入。任何技艺都学无止境，一个人的专注程度决定了他对细节的把握，正如王阳明所言，“道无精粗，人之所见有精粗。如这一间房，人初进来，只见一个大规模如此。处久，便柱壁之类，一一看得明白。再久，如柱上有些文藻，细细都看得出来。然只是一间房”。③ 同样一间房，用心的人可以看清细节，不用心的人只能看到一个大概，这正是大师和普通劳动者的区别所在。

第三，恒心是工匠精神的保证。中国古人认为技艺的最高境界是“道技合一”，达到这个境界需要持续不断的练习，如庄子笔下的庖丁、欧阳修笔下的卖油翁，都是持续精进、熟能生巧的典范。大发明家爱迪生曾说：“我从来不做投机取巧的事情。我的发明除了照相机，没有一项是由于幸运之神的光顾。一旦我下定决心，知道我应该往哪个

---

① 曾美海、罗同昱：《论古代工匠精神的价值内涵》，《贵州社会主义学院学报》2016年第4期。

② ［日］稻盛和夫：《活法》，曹岫云译，东方出版社2010年版，第87页。

③ （明）王守仁著，王晓昕、赵平略点校：《王阳明集》，第19页。

方向，我就会勇往直前，一遍一遍地试验，直到达到我的目的。"① 凡事能持之以恒，这是许多人成功的诀窍，也是工匠精神的养成之路。

结　语

"心即理"作为阳明心学的基础性命题，具有丰富的内涵，对当代工匠精神培育具有借鉴意义，正心、专心、恒心分别可以从价值观塑造、学习策略等方面对工匠精神的养成提供借鉴。正心、用心、恒心三者又以立志思想整合为一个有机体，工匠精神也需要劳动者能在立志上下功夫。王阳明曾言"志不立，天下无可成之事。虽百工技艺，未有不本于志者"。②

"立志而圣则圣矣，立志而贤则贤矣。"2019 年 4 月 30 日，习近平总书记在纪念五四运动 100 周年大会上引用王阳明这句话，鼓励新时代中国青年要树立远大理想。同样，作为新时代的建设者，广大青年也应该在学习工作中有意识地培养工匠精神，使工匠精神成为一种民族性格和日常习惯，这样中华民族的伟大复兴才能早日实现。

【作者简介】陈海威，杭州电子科技大学马克思主义学院讲师、博士。

① 付守永：《工匠精神：成为一流匠人的 12 条工作哲学》，机械工业出版社 2016 年版，第 65 页。

② （明）王守仁著，王晓昕、赵平略点校：《王阳明集》，第 828 页。

王阳明的圣人观

王宇丰

摘　要　王阳明终其一生所追求的理想目标，就是成圣成贤，而事实上他也确实做到了这一点。与王阳明相比，朱子更倾向于从学理上讨论如何成圣，分析缜密，使人明白晓畅，不过，阳明的圣人观之所以更值得关注，就在于阳明以自身实践证成了这一点。实际上，“成圣”本来就是艰难无比的，故从功夫论上看，这个争论意义不大。而所谓的难易，我们或许更多地应该理解为本体论意义上的问题，也就是阳明强调主体性，则减少观念上的束缚，使“本体”与“功夫”之间多了一些亲近简易的可能理解。当人们树立一种不畏难的自信意识，很多困难也会被一种强烈的精神力量所不期然而攻破。

关键词　王阳明　朱子　圣人观

王阳明是中国历史上少有的一代大儒。对于儒学而言，王阳明终其一生所创造出来的卓绝成就，可谓达到了所有儒者孜孜以求的终极理想目标。这一理想目标，就是成圣成贤。应该说，中国古人看待生命，不仅仅是针对肉身的生老病死而把人的生命看作纯粹生物学意义上的存在形态，他们也不像西方的宗教，有灵魂救赎的情结，在中国古人，尤其是正统的儒家看来，人固然有着自然生命，它必然经受着从生到死的有限过程，但是自然生命还远远不足以提供生命本质意义的解答。因为自然生命的有限性，导致人们无论从情感上还是理智上都试图从中找到永恒的生命意义，最为突出的就是灵魂不朽的观念。灵魂不朽，其实从逻辑上就超出了生死的界限，将永恒的精神生命反过来重新规定自然生命，使自然生命跃升到与灵魂相匹配的价值层次，从而在有限的生命限度内完成永恒不朽的终极理想。宗教大多在这一方面发挥甚巨，并有围绕着灵魂而展开的学说体系。

中国传统观念对于永恒不朽的命题，并不热衷于将灵魂的存在方式延展至我们认知的范围之外，通过悬设一个彼岸世界来贬斥我们所生活着的现实世界。中国哲学充满余英时先生所谓的“人间性”意味，肯定此岸世界的存在价值，肯定现实生命的所作所为，这种生命观，决定了中国哲学思想的主流是一种观照人类社会和实际生活的务实态度。但是这并不意味着中国人没有追求永恒不朽的精神理想，对于永恒不朽的关注，只不过不是特别以灵魂不朽作为逻辑起点，从而把生命的终极价值转注到现实生命之外的彼岸世界中去。中国传统哲学要把生命的价值立基于人间，立基于我们每个个体生命的有限性之内，因此，追求不朽与之形成的矛盾，则比较典型地体现于用“三不朽”来解决。所谓“三不朽”，据《左传·襄公二十四年》所载，即“太上有立德，其次有立功，其次有立言，虽久不废，此之谓不朽”。立德、立功、立言，此三者便是“三不朽”。按孔颖达疏：“立德，谓创制垂法，博施济众；立功，谓拯厄除难，功济于时；立言，谓言得其要，理足可传。”① 也就是说，此列举的三件事，完全是此生此世可驯致的成就，并且，这些成就影响所及，乃在于人类社会历史的现实之中，并不是汲汲于寄托一种虚无缥缈的死后灵魂所在之地。儒家思想的正统，则继承了这种颇具现实关怀的不朽观念，并以此建立道德形而上学的完整体系。追求超越，追求不朽，是形而上学的基本任务，而我们在生命不朽的问题上，则完全落实到每个生命个体身上，使这种不朽的观念必然要在个体生命中提出实践的迫切要求，实存生命的现世转化，即是生命不朽存在之实现，这在儒家则为德性的践履，也就是通过个人自觉地在自我有限生命内逐渐发展、完成其德性人格，这一人格的实现，便是儒家所不遗余力倡导的成圣成贤，成圣成贤即是不朽生命存在的实现。这样就不难理解，孔子、孟子都是作为圣人的形象出现的，他们的不朽，都是人格层面的不朽，我们并没有把他们当作人格神一样顶礼膜拜，而是作为跟我们一样的“人”来敬服，但是这个“人”不是一般的人，而是圣人，圣人崇拜是此岸世界的不朽观，这与崇拜上帝抑或是神仙迥然不同。

王阳明也被后世推崇至圣人的地步，并作为“真三不朽”的圣人形象而显扬后世，这在中国历史上也是为数不多的，哪怕是孔子和孟子，也未能完全做到“三不朽”，而王阳明在德方面，一生磊落，此心光明；在功方面，平定宁王朱宸濠之乱，征思田，封功至新建伯；在言方面，龙场悟道，创立良知学说，桃李广及四海，影响此后几百年。每一项皆达至圣人人格的气象和标准，是不折不扣的“真三不朽”。

王阳明并不自许圣人，但立身处世皆以成圣成贤的标准来要求自己。王阳明之所以能够成为圣人，与他心目中的圣人观是密不可分的。所以了解一下王阳明的圣人观，不仅可以窥探到他何以成为圣人的密钥，也可以统贯其心学思想学说而把握到基本理论旨趣。王阳明的圣人观，最早可追溯到他在十一岁时问塾师“何为第一等事”，塾师的回答是：“惟读书登第耳。”王阳明则不然，他说：“登第恐未为第一等事，或读书学圣贤耳。”② 登第是世俗社会对于功名利禄的认可，读书登第是读书人步入权力精英阶层的唯一路径，这就是一个功利取向的价值观念。而学圣贤，首先把视野移出外在功利的世俗评价系统，把读书与自我精神人格的养成直接关联起来，这符合孔子以来儒家所主张的“为己之学”的精神传统，即读书是“为己”而绝非“为人”，“为人”只关注他人为自己评判，以他人的标准和目光来衡量自己、决定自己的价值，从而失去自我；“为己”则把读书做人的最终目的安置于自身，读书这一行为由自我内在德性人格的养成作为根本驱动力，使自己成为真正的圣贤，而不是把德性当作外在的知识来对待，这便是读书的根本宗旨，也是阳明圣人观的最早雏形，阳明自此在心中种下成圣成贤的种

① 《十三经注疏·春秋左传正义》(整理本)，北京大学出版社2000年版，第1152页。

② （明）王守仁撰，吴光等编校：《王阳明全集》，上海古籍出版社2011年版，第1346、1347页。

子，然并无切实具体的门径。阳明至十八岁时曾拜访过江西大儒娄谅，娄谅向阳明授予新儒学的格物之学，由“格物”入手，“圣人必可学而至”，方得成圣成贤的阶梯。[①]自此，阳明对于“格物”一事耿耿于怀。格物学说体系最为宏富者，乃朱子，于是阳明“遍求考亭遗书读之”，当读到朱子的“众物必有表里精粗，一草一木，皆涵至理”，就思欲寻求草木而格之，当时阳明在其父亲官署，后院满植竹子，阳明就开始格竹子，希从竹子中格出至理，但不久便因耗费心力过久生病了。[②]这使得阳明暂时搁置了从格物进阶圣人之域的方法，转而以博学为务，增长自己各方面的素养。这都是阳明早期摸索成圣之路的艰难历程，说明阳明的圣人观起初是一种模糊的观念，但基本格局已定，只是遍寻不着法门，随着阳明坎坷世事的磨炼，尤其是龙场悟道之后，阳明的圣人观经灵光爆破而俨然朗现，规模可观，齐整有致，这就是本文所集中讨论的阳明圣人观的主要内容。

一　立志

阳明一生学为圣人，也终成圣人。成为圣人的理想贯穿其一生，这种恒久有力的信念来自他从小立下的成圣成贤的志向。立志是儒家成就理想人格的逻辑前提，而普通人所立之志，无非要成为某种具有职业属性的人，比如当官、当教师、当商贾巨富等，但是儒家教人立志，是要成为不附加任何外在身份的“人”本身，要充实一种完满的人格。而成为这样的人格，并不是一种假想的美好意愿，而是出于儒家对人性的基本判断，亦即人性本善必然可扩充内在所固具的仁德而至完美的人格。孔子十五而有志于学，孔子由于早年立志，所以才有此后而立、不惑、知天命、耳顺、从心所欲的境界升华，因此，不立志则无人格之形成，无功夫之提撕，无境界之圆善。

（一）人胸中各有个圣人

阳明所创立的心学，沿承宋明理学的基本问题而发挥极致。宋明理学的最大贡献，是不拘泥于此前儒者以传经为业，直接横越千年与孔孟的生命智慧相呼应，自觉地作道德实践以澄澈自我现实的生命，发展其德性人格乃至于圆满，这一方向的确定，实是儒学将其核心问题——心性之学完全凸显出来，并以此贞定儒学发展的基本格局。阳明之所以能将宋明理学发扬至极，便在于儒家的心性之学必然要在个体生命中落实下来，阳明心学所彰显的主体性，正是与心性之学的理论性格完全吻合一致。所谓主体性，是德性人格之本体，亦是成圣成贤的内在根据，必然要在实存性个体中找寻，而非由外铄，它的最大特征便是具有普遍性的意义。

我们知道，每一生命个体都是各具特殊性的存在，即便有一些人很相似，也决然不同。每个生命自我各具殊相，然此自我又非断然不可沟通。人之自我发展，须是从人之

① （明）王守仁撰，吴光等编校：《王阳明全集》，第1348页。

② （明）王守仁撰，吴光等编校：《王阳明全集》，第1348、1349页。

所以为人的本质为基点去思考，那么，实存个体的自我，便不是随意认定的任何纵由个体的特殊性而发展的情意自我或欲念自我，它也不是仅仅为了使自然生命有一个特别的立场或角度而存在，假如是这样的话，自我便无所谓发展、成就、升华到某一境界的问题，自我永远平铺地存在和活动于经验世界中，直至肉体的消亡而共殒。人的自我是要识别自身的，它具有反思的功能，必然要寻求生命的本质存在，因而，人的自我不是用来别异，反倒是为了求同，自我在每个个体生命的普遍性问题上即要凸显主体性。因此我们可以说，主体性原本就内在规定了生命的普遍性意义，在阳明那里，便是每个人普遍地内具圣贤人格的德性根源，如同一粒完整无缺的种子，等待生发而为花果，这对于每一个人都是一样的，并非参差有别。试举例来看：

> 在虔与于中谦之同侍。先生曰："人胸中各有个圣人，只自信不及，都自埋倒了。"因顾于中曰："尔胸中原是圣人。"于中起不敢当。先生曰："此是尔自家有的，如何要推？"于中又曰："不敢。"先生曰："众人皆有之，况在于中，却何故谦起来？谦亦不得。"于中乃笑受。①

阳明谓人胸中各有圣人，即每个人都有其主体，虽然主体对于每个人来说是共有的，然而很多人并不确信这一点，故阳明要揭櫫出人所共有之物，确立起主体性意识。不过需要指出的是，"胸中之圣人"并不等同于每个人就已然是圣人，圣人是儒家的最高理想人格，而"胸中之圣人"更多的是表达每个人之所以能够成为圣人的主观根据，有此根据，便有以后真正成为圣人的可能。阳明指出每个人胸中皆有圣人，就是让人们首先不自外于"成圣"一事，每个人其实都应该承担起"成圣"的天职与使命，其次就是树立自信，没有人天生是卑微不足道的，人在现实社会中可能有伦理等级的角色高低贵贱，但是在德性人格的面前，每个人都是自足圆满的，都是平等的。不仅是自信于胸中之圣人，而且对于他者的存在，也要同样地予以人格上的尊重，这就是阳明所说的"你看满街人是圣人，满街人倒看你是圣人在"②。

阳明肯定每个人有成为圣人的资质，这在理论上得益于其良知学说的开掘和阐发。"良知"原本是孟子的概念，意为"不学而知"的先天之知，是人天生固有的能力，阳明说："夫良知者，即所谓'是非之心，人皆有之'，不待学而有、不待虑而得者也。人孰无是良知乎？独有不能致之耳。自圣人以至于愚人，自一人之心以达于四海之远，自千古之前以至于万代之后，无有不同。"（《书朱守乾卷》）③ 良知对于每个人是普遍而在的（"自圣人以至于愚人"），并且这种普遍性的意义是超越时空的物理条件的限制（"自一人之心以达于四海之远，自千古之前以至于万代之后"），只要是人，即从类的本质中赋予这种良知的价值之源，任何情况下，通过道德实践都有成就德性人格的必然趋势，因有此必然性，故人皆应有"成圣"的自信。进一步可以说，只有凭借"成圣"

① （明）王守仁撰，吴光等编校：《王阳明全集》，第 105 页。
② （明）王守仁撰，吴光等编校：《王阳明全集》，第 132 页。
③ （明）王守仁撰，吴光等编校：《王阳明全集》，第 311 页。

之契机，才有生命不朽的唯一可能。

（二）分两与成色

王阳明强调每个人要当下体认内心所固具的良知，亦即要人意识到“胸中之圣人”，从而把握我们自身的主体性。此一主体性对于每个人而言都是具足共有的，这一点的确定，才是人人能够按其自身主体性而养成德性人格的基础条件。那么，既然每个人“胸中之圣人”都是同质的，都是具足无缺的，那么，在现实中，圣人毕竟与普通人有不可抹平的差异，这种外在之异与内在之同，又该如何看待二者的关系？阳明解释道：

> 圣人之所以为圣，只是其心纯乎天理，而无人欲之杂。犹精金之所以为精，但以其成色足而无铜铅之杂也。人到纯乎天理方是圣，金到足色方是精。然圣人之才力亦有大小不同，犹金之分两有轻重。尧、舜犹万镒，文王、孔子犹九千镒，禹、汤、武王犹七八千镒，伯夷、伊尹犹四五千镒。才力不同而纯乎天理则同，皆可谓之圣人。犹分两虽不同，而足色则同，皆可谓之精金。以五千镒者而入于万镒之中，其足色同也；以夷、尹而厕之尧、孔之间，其纯乎天理同也。盖所以为精金者，在足色而不在分两；所以为圣者，在纯乎天理而不在才力也。故虽凡人而肯为学，使此心纯乎天理，则亦可为圣人；犹一两之金比之万镒，分两虽悬绝，而其到足色处可以无愧。故曰“人皆可以为尧、舜”者以此。学者学圣人，不过是去人欲而存天理耳，犹炼金而求其足色。金之成色所争不多，则煅炼之工省而功易成，成色愈下则煅炼愈难。①

阳明以精金的“成色”与“分两”作喻，阳明认为，人之不同，仅在后天气质上有纯粹与驳杂之别，即便不同人身上所禀赋的品质有量上的纯杂比例问题，即所谓的“分两”，有些人禀得精金多些，有些人禀得精金少些，但是阳明强调，圣人之所以为圣人的本质不在“分两”，而在于“成色”，人之才力虽各有优劣大小，但是判断“成圣”的标准不在才力的量上，哪怕“分两”再少的精金，只要在“成色”上锻炼使其足色，精金虽少也是纯粹的品质。因此，体认“胸中之圣人”便是见到每人身上有精金，须从驳杂中将其炼纯，这与“成色”相关，与“分两”无关。如果一个人只关注圣人“分两”上的万镒精金，但不去锻炼自身上的“成色”，固有几百镒精金，然则一生修习仅在“分两”上求与圣人之万镒同量，势必将“锡铅铜铁杂然而投”来足称其量，反而降低了原有精金的“成色”。所以阳明之意很明显，成圣不在成圣人之才，乃在于成圣人之德，“才”有禀赋差异不可强求，但是“德”却人人具足，求而必得。从实践上看，与其求未必可得之才，不如求其必然可得之德。人唯有在“成色”上可以获得人格平等之机会，却无法在“分两”上完全希求才力上的绝对同一。

阳明以精金喻圣，从“成色”上看，精金对于每个人都没有质上的差异，普通人

① （明）王守仁撰，吴光等编校：《王阳明全集》，第31、32页。

若将少量的精金炼至足色，与圣人无有不同。圣人的本质不是一种现实世界中有关社会地位、官阶、职业、智识、才能等以外在标准为评判的某种角色象征，每个人要成圣，并不一定有机遇如尧舜一般建立皇皇帝业，也不一定如孔子那样才能、聪慧出乎众人而开辟千秋之学脉，“成圣”对于每个人来说在一切实践上都是无条件的，它不需要借助外界条件，也不受外界条件的任何制约，乃至农民、贩夫、走卒等人都可以在他们身上有限的“分两”上优入圣域，亦即“只论精一，不论多寡”，阳明以此“精一”为“人人自有，个个圆成，便能大以成大，小以成小，不假外慕，无不具足”。① 可以说，阳明的精金说，体现了他的圣人观是平民立场的，他要打破人格与身份之间世俗附加其上的观念壁垒，从主体性哲学来说，阳明对于理想人格的实现，达到了最普遍化的程度。

（三）立志：立圣人之志

阳明言“人人胸中各有圣人”，言“成色”与“分两”，其目的就是要人意识到“成圣”之可行与必行，以此确立主体性，确立与理想人格相一致的道德之自我。这种确立，即阳明所谓的“立志”，立志与理想人格的实现有关，立志应立在成圣成贤的问题上：“立志而圣，则圣矣；立志而贤，则贤矣。”（《立志》）② 立志即确定在“成色”上无限提纯的方向或格局，阳明早年追问“第一等事”，此后即围绕于此根本问题不断探索，心心念念，乃至最后臻至圆境，便是立志之功。凡人立志，志定方有循序渐进之成效。阳明说：“求圣人之学而弗成者，殆以志之弗立欤！”③ 阳明认为，学圣可得，但是立志更难，“志立而学半”。立志其实不是突发奇想的欲求，不是“骤语以求圣人之事”，而是恒定的信念，志要时刻面对实践过程中自馁、自沮、自炫的心理障碍。我们既认肯“胸中之圣人”，这“圣人”便不是虚设在那里的，而是要发挥其主体性作用，亦即自作主宰的作用。

> 何廷仁、黄正之、李侯璧、汝中、德洪侍坐，先生顾而言曰：“汝辈学问不得长进，只是未立志。”侯璧起而对曰：“珙亦愿立志。”先生曰：“难说不立，未是必为圣人之志耳。”对曰“愿立必为圣人之志。”先生曰：“你真有圣人之志，良知上更无不尽。良知上留得些子别念挂带，便非必为圣人之志矣。”④

阳明指出，弟子学问遇到瓶颈，只是因为立志之规模不够宏阔而已，而所谓立志，就是坚定成圣的志力。不过，阳明同时也指出，志力并非勉强而为之，乃是出于良知上的自然推致。阳明认为，为学与立志之间的关系，不是截然对立的：“立志者，为学之心也；为学者，立志之事也。”⑤ 立志与为学绝非目的与手段的简单关系：以手段论，

---

① （明）王守仁撰，吴光等编校：《王阳明全集》，第35、36页。
② （明）王守仁撰，吴光等编校：《王阳明全集》，第1073页。
③ （明）王守仁撰，吴光等编校：《王阳明全集》，第253、254页。
④ （明）王守仁撰，吴光等编校：《王阳明全集》，第118、119页。
⑤ （明）王守仁撰，吴光等编校：《王阳明全集》，第307页。

目的一旦实现，手段便无独立的意义，以目的论，动机不在手段上，故手段之运用没有恒久持续的动力，人要分出“二心”来处理它们之间的关系，勉强而不专精，这是“立志之难能”的根本症结所在。因此阳明主张“立志”即为“为学”之动因，“为学”即为“立志”之内容，二者内在统一而同功，不使“一心”分而散之。

从现代人的理解来讲，立志属于意志层面的心理学问题，一个人的行动往往需要意志的作用，一般志向都是气血冲动，足以使得某种行动继续下去则需要意志的勉力支撑。但是阳明认为“圣人之志”与一般志向有本质的区别，区别就在“圣人之志”不是通常意义下的意志或感性情绪催动产生的，而是从良知上得以发用。就阳明心学来说，良知是本体，本体不是存而不动之物，本体要外现出来，即体现在经验层面的一切行动中，这些行为只是本体世界的自然呈露，故不是依照某一具体功利的动机勉而为之的，它的动力源泉浑然基于良知本体的汩汩发用。阳明说：“善念发而知之，而充之；恶念发而知之，而遏之。知与充与遏者，志也，天聪明也。圣人只有此。”① 善恶之界限，良知自知，由良知而行动，如扩充善念与遏止恶念，不是从心中另生出一种意志去强行完成，阳明称之为“天聪明”的“志”，亦即先天之志，是本然层面向实然层面的生发，绝非在同一实然层面用一种主观意念去作用于另一种主观意念。阳明经常把“立志”的内容等同于存天理、去人欲，志有时候也被称为“天理之念”②，以此超越之意念区别于一般经验中的欲念。对阳明来说，“决然以圣人为人人可到，便自有担当了”③。担当意识是透过立志发见良知之主宰而产生的，主体唯自我能实现，“成圣”乃己分内事，不可假人，故有担当，这是立志的核心所在。

二　作圣之功

成圣的内在根据，在于主体性对于每个人而言绝无差别化，且普遍地具足于每人心中。主体性于我们而言，亦非虚设的观念，它在意识活动中具有主宰作用，阳明认为，以良知作主宰，就有无限发展的精神力量，于是他十分强调立志。事实上，志充满了行动的意味，故与实践功夫关切最密。“成圣”是一个行动过程，而不是理论构设，阳明的圣人观必将要提出“作圣之功”的内在要求。

（一）生知与学知

圣凡无异，然而落到经验生活中，表现不必尽同。据人格之层次，即产生功夫实践上的次第。宋明儒特别热衷于发挥儒家经典中的概念，比如从《中庸》借用“生知安行”“学知利行”“困知勉行”来对举圣、贤、凡三种人格类型，不同人格类型反映到知行上有相应不同的特征。不仅如此，朱子将《四书》体系化，更以《大学》的“格

① （明）王守仁撰，吴光等编校：《王阳明全集》，第25页。
② （明）王守仁撰，吴光等编校：《王阳明全集》，第13页。
③ （明）王守仁撰，吴光等编校：《王阳明全集》，第136页。

物”“致知”去结合《孟子》中的“尽心、知性、知天”与“存心、养性、事天”，朱子说：“知性则物格之谓，尽心则知至之谓也。”① 这种跨文本的关联，并非生搬硬套，而是意图深化义理本身，更加能够涵容现实问题的哲学思考。朱子之意，是要将《大学》的功夫次第用孟子的“心”–“性”–“天”的上达路径统摄起来，以此打通心性论与形而上学的纵贯系统。

在阳明看来，朱子将功夫次第严整分设，如将“格物、致知”规定为“尽心、知性、知天”之一路，将“诚意、正心、修身”规定为“存心、养性、事天”之一路，阳明却与朱子之见相左。阳明认为，“尽心、知性、知天”非格物所能尽知，这里不仅有功夫论意义上的序列性，而且蕴含着人格论意义上的层次性，并且不同人格境界所对应的功夫节目亦有迥别。阳明说：“夫尽心、知性、知天者，生知安行，圣人之事也。存心、养性、事天者，学知利行，贤人之事也。夭寿不二，修身以俟者，困知勉行，学者之事也。”② 阳明用人格修养论的品节层次去衡量孟子的功夫路径，而非用《大学》的功夫序列去安排、对应。这里的问题，一是“尽心知性”不全是格致事，二是“存心养性”也非皆属诚正事，若以格致为知，诚正为行，那么，知行便分而为二。故阳明认为，“尽心知性”是圣人才做得到，属于“生知安行”之事，这样便有知有行，且知行仍是合一的；“存心养性”之“存心”功夫，逻辑承认了它尚未能完全“尽心”，须从“存心”一路转进，勉为存之而不敢失，逐渐滋养其性之本然，待功夫圆熟之后便由“存心”臻于“尽心”，这是贤人等而下之之功夫，属于“学知利行”之事，另还有“困知勉性”的学者之事。阳明还指出，“存心养性”虽然还达不到“尽心知性”的地步，但是在此功夫历程中无异于“尽心知性”的功夫，亦即“存心养性”内在于“尽心知性”的功夫中，阳明举了一例：譬之行路，尽心知天者就像年力壮健之人能够奔跑千里，存心事天者就像童稚之年只能在院子里学走路，能跑千里就不必从学走路开始，学走路则是为跑千里打基础。故功夫看似不同，实则一事，这里对功夫论的区分是从难易上的区别，绝非性质上的界定。阳明的这一区分，正是看到了“尽心知性”是高明一路，难以一开始就专心可为，容易造成捕风捉影、茫然失措的弊病。阳明此意，其实已经发现了圣人做功夫与贤人、学者是不同的，这在于贤人、学者做功夫若以圣人之功夫作准则，反不得其入。阳明说：“圣人虽是生知安行，然其心不敢自是，肯做困知勉行的功夫。困知勉行的，却要思量做生知安行的事，怎生成得？”③ 便是此意。因此，人格差异，造成功夫论亦有所差别，这一方面揭出圣、贤、学者之“人品力量，自有阶级，不可躐等而能”④，避免了功夫进阶中的僭越之弊；另一方面则保持了知行本体的统一性，而不被朱子预设的《大学》功夫论分而为知先行后（由“格致”到“诚正”）。当然，阳明也有曲解朱子之处，然而其立意却是鲜明的。

“生知”即孔子所谓的“生而知之”。就“生知”而论，经验知识必然有其后天学

① 朱熹：《四书章句集注》，第349页。
② （明）王守仁撰，吴光等编校：《王阳明全集》，第48页。
③ （明）王守仁撰，吴光等编校：《王阳明全集》，第126、127页。
④ （明）王守仁撰，吴光等编校：《王阳明全集》，第97、98页。

习的过程，“圣人亦必待学而后能知焉”，这一点阳明并不可否认，然而之所以称圣人是“生知”者，阳明认为不是实践上说的，而是义理上说的。阳明说：“谓圣人为生知者，专指义理而言，而不以礼乐名物之类，则是礼乐名物之类无关于作圣之功矣。圣人之所以谓之生知者，专指义理而不以礼乐名物之类，则是学而知之者，亦惟当学知此义理而已，困而知之者亦惟当困知此义理而已。”① 义理是实践功夫的根据，有此义理，方有由凡入圣的同质理解。“生知”与“学知”，非为造成圣人与贤、凡之功夫论上的鸿沟，乃是立定“生知”作为根本性的参照，使“学知”“困知”在其上有等量齐观的意义价值，为圣人人格与凡人相同作理论上的准备。也就是说，若无“生知”作义理之背景，那么，单凭“学知”或“困知”难以获得本源性的意义，则容易“泛滥于多岐，疑迷于影响”，知行不得合一，甚或背离“成圣”方向。进一步我们可以这样说，功夫论上的差序在人格上的分置，原本是为了避免修习躐等而作补偏救弊的权说，如果按义理或者第一义来看，圣人亦是“学知”，众人亦是“生知”，二者原无绝对的对峙，阳明解释说：“这良知人人皆有，圣人只是保全无些障蔽，兢兢业业，亹亹翼翼，自然不息，便也是学，只是生的分数多，所谓之‘生知安行’；众人自孩提之童，莫不完具此知，只是障蔽多，然本体之知自难泯息，虽问学克冶，也只凭他，只是学的分数多，所以谓之‘学知利行’。”② 这些分析都是从功夫如何下手的难易程度而来的，所要解决实际的问题，然从良知本体处来看，“学知”亦是题中应有之义，不单列修习乃是因为圣人于此所做无须特为勤勉而已。

（二）致良知：圣人也只如此

“生知”与“学知”，表面来看是功夫语，实则是境界语。只有达到圣人的境界，才有功夫上的圆熟无碍。从本原、本体处讲，原是同质同理的，阳明说：“圣人之所以为圣人，惟以其心之纯乎天理而无人欲，则我之欲为圣人，亦惟在于此心之纯乎天理而无人欲耳。”③ 功夫内容都是存天理、去人欲，圣凡无有不同，但是圣人易为，凡人难做。故从功夫难易讲，欲要真正做到，就不得不作节目、次第上的分析。阳明说：“良知良能，愚夫愚妇与圣人同，但惟圣人能致其良知，而愚夫愚妇不能致，此圣愚之所由分也。”④ 圣人能致良知，愚夫愚妇不是不能，而是难能，因其畏难，故圣人与普通人便有人格上的差等，不过这种差等不是不可消除的，还是须从功夫上下手。功夫之难，即难在“柔怯者畏缩而不敢当，高明者希高而外逐”⑤，故在“生知”以下，有“学知”“困知”之功夫，辅助以成。

从本体上做功夫，这是致良知的基本宗旨，良知本体不是高而不可攀的虚构物，良知本体于圣于凡都是“亲切简易”的，如孝悌作为圣人之道，“是就人之良知发见得最真切笃厚、不容蔽昧处”说的，虽然圣人事业需要处理纷繁复杂变化无穷的事务，其

① （明）王守仁撰，吴光等编校：《王阳明全集》，第60页。
② （明）王守仁撰，吴光等编校：《王阳明全集》，第108页。
③ （明）王守仁撰，吴光等编校：《王阳明全集》，第289页。
④ （明）王守仁撰，吴光等编校：《王阳明全集》，第55页。
⑤ （明）王守仁撰，吴光等编校：《王阳明全集》，第237页。

艰难险阻难以想象，但是就“一念真诚恻怛之良知”去应对这些事情，则是与凡人又最为切近无间。“致良知”是一元性的，圣人之道唯在“致良知”上用力，不存在另起一段功夫去实现，“此是学问极至处，圣人也只如此”。[①] 这杜绝了圣人有秘传之法以成圣的可能，皆从“致良知”一途做功夫。

（三）精一之训

对于大部分人来说，其不可能是“生知安行”者，这也并不由于有生知、学知之别，而隔绝普通人通过“作圣之功”进阶上达的可能性。圣人所做之功，并无超然凌驾于众人之上的特殊本领，我们所见之学问如此精微极致，其实“圣人也只如此”。然而有此功夫论意义上的境界不同，是原于圣人之功不可直接效法，按阳明的话说即是“学者无超入圣人之理”，“一起一伏，一进一退，自是功夫节次”[②]，由此功夫节次作为“进德之资”，循序渐进而成。相反，为求从形式上达至圣人功夫境界，强行去做，反而随之滋生强记之心、欲速之心、夸多斗靡之心等，这样“只是终日与圣贤印对”，却妨害了“存心养性”之功。成圣却不可被成圣之心所牵累，故做圣之功须强调“调摄此心”[③]，成圣之心唯有一心，即“纯乎天理之心”，若因所累而生其他烦扰之心，便是躐等之弊。阳明后来“天泉证道”承认道德实践有“上根”与“中下根”之人并存而有别，即是关照了功夫论必须切实有效可行，否则使得一些人错看了问题，变成玄解妙觉、玩弄光景的境地。

所谓功夫有阶级、有节次，其实关键都在此修习之心“存天理、去人欲”、致良知之功究竟纯熟与不纯熟，纯熟即为圣人，未能纯熟即需按此功夫次第存养此心。阳明论道：

> 心之良知是谓圣。圣人之学，惟是致此良知而已。自然而致之者，圣人也；勉然而致之者，贤人也；自蔽自昧而不肯致之者，愚不肖者也。愚不肖者，虽其蔽昧之极，良知又未尝不存也，苟能致之，即与圣人无异矣。此良知所以为圣愚之同具，而人皆可以为尧舜者以此也。是故致良知之外无学矣。[④]

按阳明所说，圣人既是一种理想人格，同时也是由功夫而证成本体（良知）的境界。圣人无甚玄妙之处，普通人致良知，圣人其实也只是致良知，不过圣人致良知更加自然纯熟而已，这也是圣凡唯一的区别处。比如“格物”功夫，阳明就说：“圣人格物，便更熟得些子，不消费力如此格物，虽卖柴人亦是做得，虽公卿大夫以至天子，皆是如此做。”[⑤] 圣人格物比普通人做得更娴熟而已，并没有更多额外的技艺或操作，也不必奉圣人如神明一般崇拜，一切须自从致良知做起，我们应该敬重自己胸中所完具的“圣

① （明）王守仁撰，吴光等编校：《王阳明全集》，第 117 页。

② （明）王守仁撰，吴光等编校：《王阳明全集》，第 114、115 页。

③ （明）王守仁撰，吴光等编校：《王阳明全集》，第 113、114 页。

④ （明）王守仁撰，吴光等编校：《王阳明全集》，第 312 页。

⑤ （明）王守仁撰，吴光等编校：《王阳明全集》，第 136、137 页。

人”。这是阳明反复强调的基本观点。

正因为如此，圣人做功夫也不排斥“学知”和为学的具体细节，圣人同样要经历学问思辨之功。有弟子问阳明：“‘析之有以极其精而不乱，然后合之有以尽其大而无余’。此言如何?”阳明的回答是：“恐亦未尽。此理岂容分析？又何须凑合得？圣人说精一，自是尽。”① “精一”其实包含了功夫的所有环节，只是将每一环节做到比普通人更能体现良知的面貌。“精一”即是纯熟地致良知于事事物物都有落实处，本体不遗落末用，并且在末用上完全充分地体现本体之光彩。比如《大学》三纲目，粗粗看来，“明明德”是切己自修的内圣之事，“亲民”是推己及人的外王之事，“止于至善”就是要使内圣与外王的功夫做到极致，并且不随意变迁、后退。阳明认为，“明明德”其实就是把“至善”发挥到“至精至一”的功夫境界，因此，圣人同样要在“精一”方面亹亹成就圣人事业，否则功夫一旦懈怠便使人格境界跌落而下。所以阳明认为：“虽在圣人，犹加精一之训。”②

三　圣人气象

功夫做至圣人纯熟地步，便在人格上呈现出不同的境界，儒者往往意愿把它称为圣人气象。圣人所做，“至精至一”，而普通人所做，驳杂无归，这有非常明显的不同表现，亦即一种精神人格之体现。圣人气象，往往会被人们只当作一种狭义上的人格景观看待，这种外在的观气象，导致与圣人在心理层面的某种疏离感，将圣人所做的一些看似玄妙不测的东西神化为不可触及的现象，这就导致很多人学以成圣的积极性遭受一定的心理打击和退缩。那么，圣人气象与凡人做功如何打消观念上的隔阂，便是一项不可回避的课题。针对于此，阳明关于圣人气象也有不少论述，提出了一些自己的认识和见解。

（一）圣人气象：不在圣人而在我

阳明心学的最大特色，是他挺立道德主体性，阳明对朱子学的不满，就是源自朱子的性理与心体保持了一定的距离，阳明认为性与心直接同一，心体与天理亦直接同一，于是作为道德实践的主体就不但具有个体独立的行为，而且承载着本体意义，原先遥契天理的超越精神就转而成为向内心求证，主体性将这些问题打并为一，天理所涉及的万物之理亦必从心之本体观照，体认良知成为心学逻辑结构中的第一法则。

应该说，圣人气象是一种境界，而境界又是通过功夫而在相应人格中有所呈现的见地，例如圣人人格在境界中朗现本体、表达本体，境界往往随着功夫的逐渐精进、深化而与最高本体之间形成一种人格层面的对应，这种对应也正是境界、本体、功夫三者之间的相互印证，而此三者的见证者和体现者必由其中的主体来承担。因此，可以说，境

---

① （明）王守仁撰，吴光等编校：《王阳明全集》，第17页。

② （明）王守仁撰，吴光等编校：《王阳明全集》，第4页。

界是在本体中的主观反映，圣人气象虽可外化出去，被他人依稀捕捉到，但是圣人气象作为一种境界则必是圣人自己体认最为真切。就此推论，圣人气象在自我与他者之间就首先不是一旁观式的存在，乃是自见其有、自我体认的对象。有人问阳明，是不是只有认得圣人气象，做功夫才能有正确的方向？阳明是这样回应的：

> “先认圣人气象”，昔人尝有是言矣，然亦欠有头脑。圣人气象自是圣人的，我从何处识认？若不就自己良知上真切体认，如以无星之称［秤］而权轻重，未开之镜而照妍媸，真所谓以小人之腹而度君子之心矣。圣人气象何由认得？自己良知原与圣人一般，若体认得自己良知明白，即圣人气象不在圣人而在我矣。①

阳明不赞成从认得圣人气象入手来做功夫。先认圣人气象，只不过是从历史陈迹中隐约辨识一二，所认得的都是口耳见闻获得的外在的认知；不过，功夫是自我良知的真切体认，本心固具“圣人”，通过功夫把这一“圣人”逐渐显现出来，即能从自我人格的境界中切己地把握到，因此，阳明指出，圣人气象不在圣人身上去找寻，而唯有自我良知中去体认。又如，程伊川和谢上蔡讨论的“何思何虑底气象”与“必有事焉工夫”的问题。“何思何虑”出自《易传》，“必有事焉”出自《孟子》，介入“气象”与“功夫”之间关系的讨论，来分析功夫过程中“勿忘勿助长”的问题。阳明指出，“何思何虑”并不意味着无思无虑，人必有思虑，且所思所虑的对象只是一个天理。阳明说：“心之本体即是天理。天理只是一个，更有何可思虑得？天理原自寂然不动，原自感而遂通，学者用功，虽千思万虑，只是要复他本来体用而已，不是以私意去安排思索出来。”② 那么，阳明的意思也很明显，就是说，“何思何虑”不是圣人的气象和境界，他强调“‘何思何虑’正是工夫”，只不过看似气象一般，实则只是表达了它在圣人做功夫时的自然从容，若在普通人身上则是勉然的。阳明此看法，正是要避免先认气象的危险。

体认自己的良知，就是一种主体性实践的活动，气象是从这些自我功夫中体认出来的结果，阳明强调“体究践履，实地用功”，就是要警诫人们对于诸如“何思何虑”的气象千万不要忽略其中“多少次第、多少积累在”，若一味徒效气象而不落到功夫中去，则易于流入空虚顿悟之说。阳明批评“后儒教人，才涉精微，便谓上达”，他认为：“上达只在下学里。凡圣人所说，虽极精微，俱是下学。学者只从下学里用功，自然上达去。不必别寻个上达的工夫。”③ 因此，下学功夫与上达到某种气象、境界，不是相互对立的，阳明始终要立足在主体性中去把握圣人气象，这是无可置疑的立场。

（二）圣人只是知几

圣人气象可观，但不可完全从外在去把握。不过，圣人毕竟异乎常人，从常人眼光

---

① （明）王守仁撰，吴光等编校：《王阳明全集》，第66页。

② （明）王守仁撰，吴光等编校：《王阳明全集》，第65、66页。

③ （明）王守仁撰，吴光等编校：《王阳明全集》，第14、15页。

看圣人，圣人有神秘不可测的一面，故圣人气象往往会被人神化。常人不理解圣人，源于很多东西须经由一大段功夫后才能体察得深刻，人格差异导致了境界上的不可理解性。比如孔子所说的“中人以下，不可以语上”一语，阳明认为这并不是圣人的傲慢，“不是圣人终不与语，圣人的心忧不得人人都做圣人；只是人的资质不同，施教不可躐等，中人以下的人，便与他说性、说命，他也不省得，也须慢慢琢磨他起来”。① 现实中的功夫与理论上的本体之间存在的差距是值得正视的事实，常人难以透辟圣人所思所虑，故从气象上看如同无思无虑，这就是功夫和境界上的差距造成的。

一般人认为圣人无所不知，无所不能，俨然神一样的存在。不过，圣人的知与能，不是穷尽万事万物的知与能，天下事物，如名物度数、草木鸟兽之类，不胜其烦，故经验知识是不可穷尽的，圣人也不可能完全掌握，“圣人于礼乐名物，不必尽知，然他知得一个天理，便自有许多节文度数出来”②，故所谓圣人无所不知，只是知个天理；圣人无所不能，只是能个天理。天理是从本体上、根本上去知去能，“圣人只是一能之尔，能处正是良知”。③ 常人不是不能，而是以其有限的知能去窥见圣人的知能，其实是不见天理、遮蔽良知的缘故。圣人见得天理，致其良知，便有外在的功效，所谓神，只是圣人之妙用。万事万物的变化纷然复杂，其中萌动生发之际即有微妙的征兆，这就是几，阳明认为，圣人妙用如神，其实圣人“只是知几，遇变而通耳”④。“知几”是良知发用所见，并不是神秘的预知，常人粗看事物变化的表象，而圣人以良知知之，便有所谓常人看不见之处，常人产生惊异，是功夫不到而已，并不是圣人有天生的特异功能。

其实，圣人并不神秘玄妙。阳明一再强调“圣人亦人耳，岂独其言之有远于人情乎哉?”圣人气象不是神迹，阳明指出：“夫圣人之示人无隐，若日月之垂象于天，非有变怪恍惚，有目者之所睹。而及其至也，巧历有所不能计，精于理者有弗能尽知也，如是而已矣。”（《论元年春王正月》）⑤ 圣人气象，如本体显现出来，常人难于把捉其精微处，便认为艰深奥妙，因此获得境界的视野必须以人格对等为必要条件。

（三）圣人无善无恶

阳明晚年居越，提出了“四句教”，其中以“无善无恶”规定“心之体”，从而引发王龙溪的“四无”说和钱绪山的“四有”说，争讼纷纷，难以平息。前面我们讲过圣、贤之别可体现在“生知安行”和“学知利行”的不同上，功夫与境界具有内在一致性，不同价值层次呈现出相应的存在形态。阳明说：“道之全体，圣人亦难以语人。”⑥ 圣人在境界上浑然呈露本体、表现本体，在这一层次境界上，经验的直接判断不足以精准描述其中全部的内容。对于本体的描述，有表诠与遮诠两种方式，阳明很多

① （明）王守仁撰，吴光等编校：《王阳明全集》，第116、117页。
② （明）王守仁撰，吴光等编校：《王阳明全集》，第110页。
③ （明）王守仁撰，吴光等编校：《王阳明全集》，第124页。
④ （明）王守仁撰，吴光等编校：《王阳明全集》，第124页。
⑤ （明）王守仁撰，吴光等编校：《王阳明全集》，第1006页。
⑥ （明）王守仁撰，吴光等编校：《王阳明全集》，第27页。

时候采取遮诠的方式来阐释本体，这便是无善无恶。

圣人无善无恶，不是对善恶界限的否定，阳明说："人但得好善如好好色，恶恶如恶恶臭，便是圣人。"① 可见，圣人是好善恶恶的。在这里，一方面圣人好善恶恶；另一方面圣人无善无恶，这种解释上的冲突，其实阳明不是不知道。阳明如此表述的原因在于：功夫必然要指明"好善恶恶"的前提条件是有对善恶的分判，但是"好善恶恶"是功夫上的心理因素和行为抉择。阳明说：

> 初时若不着实用意去好善恶恶，如何能为善去恶？这着实用意，便是诚意。然不知心之本体原无一物，一向着意去好善恶恶，便又多了这分意思，便不是廓然大公。《书》所谓"无有作好作恶"，方是本体。所以说有所忿懥好乐，则不得其正。正心只是诚意工夫里面。体当自家心体，常要鉴空衡平，这便是未发之中。②

"为善去恶"是功夫论的说法，如果刻意通过"好善恶恶"去做"为善去恶"的事情，便是所谓的"多了这分意思"，从心之本体上看，就产生了"夹杂"，不是心体自然发出的。"好善恶恶"从本体流出，则是"圣人心体自然如此"。圣人率性而为，"无有作好作恶"之心，纯然剔透，洁净空阔。这体现出圣人在善恶的实践上无有滞性，这种无滞性便从"无善无恶"上来说有其成理之处。阳明也说过："圣人无善无恶，只是无有作好，无有作恶，不动于气。"③ 这个意思便很明确了，因此，"四句教"中的"无善无恶心之体"，不是抹杀或取消善恶价值，它更多的是肯定至善本体在实践功夫中的境界表现，"无善无恶"更似一种境界上对至善把握无滞无碍的超越体验。如果功夫不到，则境界仍有对善恶执持修养的必要。比如孔子和颜回各代表圣、贤两种人格类型，阳明认为"孔子无不知而作，颜子有不善未尝不知"。④"无不知"即无必要在善恶问题上严守意念上的分判，而"有不善"即有善恶的分明辨识。可以说，孔子有无善无恶的境界，而颜回处于有善有恶的境界，按阳明之语来说，即是"颜子具体圣人"⑤，或可这样来理解，有善有恶较之于无善无恶是具体的，这种具体是功夫上的具体，而无善无恶倾向于功夫在境界上的描述。

四 圣人事业

圣人从人格上散发而出的气象或气魄，足以笼罩社会历史的各个领域。就《大学》理想来说，格、致、诚、正属于内圣事，齐、治、平属于外王事，圣人不是自了汉，博施济众、泽化万民亦是理想人格中所要实现的内容，以成物来成己，圣人的使命和担

① （明）王守仁撰，吴光等编校：《王阳明全集》，第110页。
② （明）王守仁撰，吴光等编校：《王阳明全集》，第39页。
③ （明）王守仁撰，吴光等编校：《王阳明全集》，第33页。
④ （明）王守仁撰，吴光等编校：《王阳明全集》，第118页。
⑤ （明）王守仁撰，吴光等编校：《王阳明全集》，第43页。

当，便是以天下为己任，以人间事业为自己的毕生事业。这种人格理想的成就，已然超出自我，并且在社会历史中充分体现其现实关怀和实践品格。儒家的圣人观因而与佛道两家所追求的理想终有不同，儒家的圣人，立足于人间事业，着眼于社会历史文化的积极安排，故十分注重道统和文脉的传承。阳明一生事迹早已证明了圣人事业的宏大面貌，阳明对此也有较多阐发，也更有说服力。

（一）圣人与异端

佛道自宋明理学以来一直被视为异端，这有两个方面的原因：一是从学理层面来讲，大多数宋明儒不认同佛道两家的本体论；二是从民族文化的主体性来说，儒家非常重视道统和学统的沿承和接续。

首先是本体论。佛教崇尚空，事物不管如何变化，皆无自性，缘起而生；道家重视无，道常无名，故天下万物生于有，有生于无。而儒家则与佛道相对峙，从“有”出发思考本体世界，宋明儒建立以天理为最高本体的哲学系统，就是以天理之“有”对抗佛老之“无”。阳明基本上继承了宋明以来儒者对佛老持有的态度，然而不是从有、无简单的对立中批判佛老，他更深入地去思考有无辩证的关系：

> 仙家说到虚，圣人岂能虚上加得一毫实？佛氏说到无，圣人岂能无上加得一毫有？但仙家说虚，从养生上来；佛氏说无，从出离生死苦海上来：却于本体上加却这些子意思在，便不是他虚无的本色了，便于本体有障碍。圣人只是还他良知的本色，更不着些子意在。良知之虚，便是天之太虚；良知之无，便是太虚之无形。日、月、风、雷、山、川、民、物，凡有貌象形色，皆在太虚无形中发用流行，未尝作得天的障碍。圣人只是顺其良知之发用，天地万物，俱在我良知的发用流行中，何尝又有一物超于良知之外，能作得障碍？①

阳明指出，虚无对于佛老而言，于具体经验或名相上或贬或抑，多少要通过这种理解来获得某种实践意义。不过，用虚无的观念来形容本体，就显得有人为附加之嫌，如果本体原本虚无，便无须通过虚无的观念来把握、来标榜，这种念头本身亦是一“有”。故所谓虚无，其实本质上只是形容本体的本来面目。儒家讲良知，良知的本来面目便是本体按其所是的自然呈露，良知在此过程中毫无扞格，如是观照，这也称得上本体之虚无。若本体虚无，又以虚无的语词或概念加以论证、说明，则是背离本体、叠床架屋之举。阳明的意思是，儒家的虚无，才是真正的虚无，而佛道的虚无，是一种于虚无本体上有障碍的虚无。

阳明还是从本体论重新肯定了儒家的价值理想。儒家要从本体上肯定现实世界的存有，同样，圣人在本体、功夫、境界上要把现实世界的存有落实到自我实现的价值认同中。儒家的圣人最高理想，是实现内圣外王的事业。如《大学》所讲的“明明德”“亲民”“止于至善”，“明明德”可视作自修内圣的事业，“亲民”可理解为王道政治的事

① （明）王守仁撰，吴光等编校：《王阳明全集》，第121页。

业，二者达到至善地步，便是儒家完整的全面的最高目标。如果只关注自己的德性修养，而不关心社会政治的实际事务，就不算圣人事业。对此，阳明就曾指出："只说明明德而不说亲民，便似老佛。"① 那么，这里就引出了儒家的圣人观与佛教、道教的人格理想的分歧。简单来说，佛教的理想人格是成佛，道教的理想人格是成仙，佛道两家的人格，也是经由功夫而达至某种精神境界，但是所不同的是，佛道是基于个体的超越，故出世优先于入世，而儒家的圣人则是入世修行者，他的人格虽经由个体而养成，但这种人格的真正完成必将是成己与成物的内在统一，因此"亲民"不是主体道德实践的手段或资具，而是人格理想的必由之路，"明明德"与"亲民"之间，彻上彻下，只是一贯，这正所谓圣人的大中至正之道。

事实上，除了本体论，阳明不认为儒家与佛老在功夫论、境界论等问题上有巨大的不兼容性，恰恰相反，佛老的很多方面与儒家所提倡的不谋而合，甚至有更精彩的地方。阳明说："大抵二氏之学，其妙与圣人只有毫厘之间。"② 阳明没有特别剧烈的排斥异端的情绪，他能容纳异端之学（这里的异端主要针对佛教而言）的优点，这是他开明的一面。

其次，需要说的是，既然佛老与圣学仅毫厘之间，为何我们只在价值上认同儒家立场呢？这里就又涉及了文化主体性的问题，即儒家所谓的夷夏之辨。佛教是外来文化，而我们的价值归属感则从自身文化熏习、孕育出来的。阳明的看法是：

> 夫佛者，夷狄之圣人；圣人者，中国之佛也。在彼夷狄，则可用佛氏之教以化导愚顽；在我中国，自当用圣人之道以参赞化育，犹行陆者必用车马，渡海者必以舟航。今居中国而师佛教，是犹以车马渡海，虽使造父为御，王良为右，非但不能利涉，必且有沉溺之患。夫车马本致远之具，岂不利器乎？然而用非其地，则技无所施。③

圣人是中国文化主体性的代表，虽然佛陀是西方来的理想人格，当然对于他们的文化土壤是洽和的，但对中华文明而言是不适宜的。这里谈的就是民族文化的主体性。圣人是我们中国文化历史延续中的精神人格的象征，这一点在与外族军事对垒和压迫中的宋明时期，体会尤深。当然，我们不取狭隘的民族主义的立场，就圣人作为理想人格而言，它更适合我们的价值观和安身立命的信仰。

（二）圣人作经

前所述"三不朽"，圣人有立言的事业，这在孔子那里才自觉起来。孔子删述六经，这是圣人作经的典范之举。但孔子立言的意图，不是为了求名，而是时代之使然。从文质关系来看，历史上有文胜质的时代，也有质胜文的时代，而一个清明有道

① （明）王守仁撰，吴光等编校：《王阳明全集》，第29页。
② （明）王守仁撰，吴光等编校：《王阳明全集》，第42页。
③ （明）王守仁撰，吴光等编校：《王阳明全集》，第327页。

的社会，必是文质统一的时代。因此可以说，如果天下有道，孔子是不会出来删述六经的，只是因为当时的时代“繁文之乱天下”，故孔子不得已通过删述六经来“务去其文，以求其实”。阳明认为，圣人作经之意，“只是要正人心。只是要存天理，去人欲。于存天理、去人欲之事，则尝言之。或因人请问，各随分量而说，亦不肯多道”。[①] 文质的失衡，反映的是世道人心的动乱，故圣人作经，是对治人心而来。阳明这一说法，其实另有其意：后世学圣的人，也想立言，但大多属于私心作祟，“妄自分析加增，以逞其技”[②]，文章著述越多，反倒是乱了正学。因此，阳明批评了立言的别有企图，疏忽尊德性而专务于道问学，反而使知行不得合一，背离圣人事业的真正初衷。

（三）圣人之功业气节

圣人立德、立功，关乎功业气节。阳明指出：“圣贤非无功业气节，但其循着这天理则便是道，不可以事功气节名矣。”[③] 因此，事功气节之事，虽然有可为，但是要看发心处。若刻意而为事功，则非良知发用，那么，只是与己心毫不相干的外在手段。在阳明看来，事功涉及非常复杂繁多的知识、技能，以及名物度数，但是专去考究这些东西，顶多成为某个领域的学问家，成为“君子不器”中的“器”而已。但是圣人的成就不仅限于此。圣人何以是时代中的象征，便在于他们“随才成就，才是其所能为”。阳明就历史中的圣贤论道：“周公制礼作乐，以文天下，皆圣人所能为。尧舜何不尽为之，而待于周公？孔子删述六经，以诏万世，亦圣人所能为。周公何不先为之，而有待于孔子？是知圣人遇此时，方有此事。”[④] 圣人在具体时代中体现为人格的力量，随时应变，使本心自然应对事物变化，使万物各正性命。

文明的发展，是知识积累的过程。但是就本原处来说，文明应该体现为人道的积极意义，而非相反。但是往往正是文明澄明这个世界的过程中，又同时产生某种遮蔽。人们要追求本体，要实现人生第一等事，往往被淆乱视听的繁杂知识遮掩，导致人们“学以成圣”的道路上障蔽重重。故阳明提出拔本塞源论，欲使圣人之学大明于天下。圣人的事业，当然不是仅仅造就自我人格的完满，而此人格之造就，其实最终目的是使每个生命个体都能“复心体之同然”[⑤]。这样一来，阳明把《大学》“亲民”与其倡扬的“仁者与天地万物为一体”联结为一，“内圣”与“外王”的隔阂痕迹变得微乎其微，这里更加显然的是，每个个体都由主体性彰显出来，从自我认定的胸中之圣人，通过功夫实践过程中的逐次磨炼，再次与他人之心体相呼应，成圣的最高理想，从显著处看，是圣人的功业气节，然而从精微处看，是要实现人之所以为人的本然存在，而后者才是最重要的。

---

① （明）王守仁撰，吴光等编校：《王阳明全集》，第10、11页。
② （明）王守仁撰，吴光等编校：《王阳明全集》，第13页。
③ （明）王守仁撰，吴光等编校：《王阳明全集》，第109页。
④ （明）王守仁撰，吴光等编校：《王阳明全集》，第13、14页。
⑤ （明）王守仁撰，吴光等编校：《王阳明全集》，第60、61页。

结　语

钱穆先生曾论圣贤，指出朱子言圣人难做，而阳明却言圣人易为。① 那么，圣人究竟是难做，还是易为，这个问题，既牵扯到功夫论的问题，其实也反映了二家在本体论方面的根本差异。因此，哪怕仅谈及圣人观，背后体现的却是本体论、功夫论、境界论等一系列完整的义理系统。而抓住"成圣"的问题，几乎可以把各家儒者的理论旨趣概括出来，因为这个问题是完全指向了终极理想。朱子更倾向于从学理上讨论如何成圣，分析缜密，使人明白晓畅，不过，阳明的圣人观更值得关注，就在于阳明以自身实践证成了这一点。实际上，"成圣"本来就是艰难无比的，故从功夫论上看，这个争论意义不大。而所谓的难易，我们或许更多地应该理解为本体论意义上的问题，也就是阳明强调主体性，则减少观念上的束缚，使"本体" - "功夫"之间多了一些亲近简易的可能理解。当人们树立一种不畏难的自信意识，很多困难也会被一种强烈的精神力量所不期然而攻破。

应该说，就个体而言，生命的不朽价值作为绝对的最高本体的实现，在现实中只能有相对的达成，为了打破个体生命的有限性，这种不朽的本体，便是由每一时代的"不同高度"的圣人人格来担当，在这个意义上，本体落到人身上，便只能从此人格中最终展现自身、表现自身，只能被理解为一个永远在历史长途中的极限存在。那么，形而上学中，"天命之谓性"则见之于人的完善体现，结晶为"至诚之圣"的理想，以此对天道、神道的扬弃，在现实中就表现为一个圣人人格的最高理想。② 当我们愿意通过自己的存在来通达一种不朽的可能时，我们就似乎对于生命意义的理解向着更深入的积极方面去面对，这样我们就不再借助外在客观的神灵来救赎自己，安慰自己终将消亡的焦虑。与其相信人格神凌驾于一切之上来保证我们灵魂的神圣性永恒，倒不如自信于我们确乎能够实现我们自身之所"是"，以我们最本己的可能存在实现形上的品格，如此来实现绝对永恒的价值。而阳明提供的实践经验和理论资源，正是在这一问题上提供了他最好的解决方法。

【作者简介】王宇丰，绍兴文理学院马克思主义学院讲师、博士。

① 钱穆：《钱穆先生全集：朱子新学案（新校本）》第一册，九州出版社2011年版，第415页。

② 邹化政：《先秦儒家哲学新探》，黑龙江人民出版社1990年版，第252页。

论牟宗三对阳明学的义理进路

——以"四无"分判为例

安金阁

摘　要　牟宗三对阳明学的义理疏解并不是一成不变的。通过他对王龙溪"四无"说的义理分判，可以看出牟宗三思想经历了早期和成熟期两个阶段。前期以"先天诚意"的工夫判"四无"，重心、意、知、物四者之间的层层"对治"；后期以"明觉感应"定"四无"，化意归心来化除"对治"。两者共同揭示出良知学既虚亦实之一体两面。由此建立起牟宗三思想发展的时间维度，那么针对牟先生严格区分义理之性、气质之性来理解阳明心性论的批评是站不住脚的。

关键词　牟宗三　四句教　四无　恶

牟宗三先生关于王阳明之"四句教"的义理分判经历了前后两个阶段。前期阐发集中见于《王阳明致良知教》一书第六章"何思何虑"①。此为牟宗三先生中期（四十岁）之思想。而后期之文则融会于《从陆象山到刘蕺山》一书之"王学的分化与发展"一章。② 此时牟宗三已过花甲之年，与前作相隔16年，并反思道："《致知疑难》，则更早见于《王阳明致良知教》一小册中（此小册写于1952年）。今则小册可作废。而《致知疑难》一段至今不变。"③ 牟宗三对于前期所作之文不甚满意，仅留《致知疑难》一文。"前文可废"，这是否意味着尽弃前学，旧学与新识之间的思想连续性有断裂，前者无可观之处，后者蔚为大观？由此，本文将立足于牟先生前后期文本的转变，深入分析，同情理解，试图勾勒出牟先生关于"四无"的义理衍变，由此来敞开"四无"的深微意涵和牟先生自身之学思历程。

---

① 正文曾分两部分先后刊载于《历史与文化》第3期（1947年8月）及《理想历史文化》第1期（1948年3月）。

② 此章正式发表于《新亚书院学术年刊》第15期（1973年9月）。

③ 牟宗三：《从陆象山到刘蕺山》序，《牟宗三先生全集》第8册，联经出版事业有限公司2003年版，第70页。

一　前期：以“先天诚意”对治“后天诚意”

牟先生前期对于王龙溪“四无”的义理剖析主要是以“天泉证道”中所载的“四句教”为取法。而阳明门人对于“天泉证道”的记载也不同，其分别见于《传习录》《阳明年谱》以及《王龙溪语录》。牟宗三在版本信实方面认为：“《明儒学案》讲王龙溪中所载与《王龙溪语录》中《王龙溪传》所载，大致相同，此盖偏属王龙溪或就王龙溪意而说者。而《传习录》与《阳明年谱》中所载，则稍有不同，此盖偏就钱德洪意而说者，而能较畅得阳明之旨。”①

据此可知，牟宗三更倾向于钱德洪所录文字，以之为较能得阳明之意，究其原因，大抵是钱德洪资性沉毅，谨守师说，语言精熟平实，未敢逾越，较为妥当，这也就意味着王龙溪或有动气逞才之嫌，其所载文字多有己私掺杂其中。同时，牟宗三评王龙溪认为“四有非究竟话头”时说：“说四有非究竟话头，则其四无之究竟亦只成了高一面的‘边见’，仍非究竟也。”② 从牟宗三对于王龙溪“四无”的判语，也可以看出牟宗三认可了王龙溪将王阳明的“四句教”当作“四有”来看待。即是将“天泉证道”中的对话双方分为持“四有”说的王阳明和钱德洪一方，持“四无”说的王龙溪一方。③

牟宗三对四句教的理解紧扣阳明的文本，王阳明“四句教”为“无善无恶心之体，有善有恶意之动；知善知恶是良知，为善去恶是格物。”牟宗三认为王龙溪滑向“四无”之关键就在“意”之一句，牟宗三对此多有阐发，乃其用力紧要处。

牟宗三引王龙溪言“先天之学”的内容：

> 先生谓遵岩子曰：“正心，先天之学也。诚意，后天之学也。”遵岩子曰：“必以先天后天分心与意者何也？”先生曰：“吾人一切世情嗜欲，皆从意生。心本至善，动于意始有不善。若能在先天心体上立根，则意所动自无不善，一切世情嗜欲自无所容，致知工夫自然易简省力：所谓后天而奉天时也。若在后天动意上立根，未免有世情嗜欲之杂。才落牵缠，便费斩截；致知工夫，转觉繁杂；欲复先天心体，便有许多费力处。”④

在龙溪看来，“意”为一切世情嗜欲的根源，而“心”则纯粹至善，要想保证心体本然，则需要将心与意分为“先天正心”和“后天诚意”两截。由此王阳明的致知诚意一元功夫被截为先天、后天两段功夫，由“致良知之天理于事事物物之上”转变为

① 牟宗三：《王阳明致良知教》，《牟宗三先生全集》第8册，第76页。

② 牟宗三：《王阳明致良知教》，《牟宗三先生全集》第8册，第78页。

③ 邓国元在《论王龙溪语境中的“四有”说——兼论钱绪山在王门“天泉证道”中的观点立场》一文中分析认为“天泉证道”并无“四有说”“四无说”的提法，二者是王龙溪后来才提出的事实，形成龙溪语境中“四有说”的特定论题。本文所言“四有”，都取牟先生的划分。

④ 吴震编校：《王畿集》卷一《三山丽泽录》，凤凰出版社2007年版，第12页。

仅仅于“先天正心”一段而言，意之所发与物接这一段的“诚意”工夫则被认为繁杂，无法证悟心体，被弃置一边。实则按龙溪之意：后天诚意处虽可做工夫，却是徒劳之功。王龙溪将“四无”句即是“意”之一句的功夫忽略掉，直指一个先天心体。

牟先生析王龙溪之“先天正心工夫”时说：“所谓‘正心先天之学’，此正心即先天至善心体之自正，心，取其超越义，正，不表示工夫义，是虚说。”① 析“后天诚意工夫”时说：“所谓‘在后天动意上立根’，此语亦不妥。依阳明四有句，是在良知上立根，致良知以对治后天的意。而不是直在后天的意上立根。”② 牟宗三对于“先天正心”和“后天诚意”左右开弓，认为前者非阳明之正心意，虽言工夫，仅为虚说，实无工夫可言；后者立根有误，不在良知上立根，会导致诚意的工夫无先天保障，只是经验对治经验，无穷无尽。故牟宗三要正本清源，对症下药，提出“先天诚意之学”来治龙溪“四无”之病，返阳明之正。

牟宗三提出“先天诚意功夫”，他说：“致良知就是把驾临乎经验的善恶念永是相应心体本性而发，而恶念则在良知之致中消化于无形。如是，意念虽是心之发动而在经验中，而有‘良知之天理’以彻之，即精诚恻怛，是‘是’而存是，非‘非’而去非，好‘善’而行善，恶‘恶’而去恶之，‘良知之用’以彻之，则经验之流亦无不是天理流行矣，此之谓‘诚意’。”③ 由此可知，“先天工夫”是在发心动念处，其经验意义上的善恶之念能被良知知之，即“知善知恶是良知”一语。所谓“先天”，是指良知是天理所在，具有主宰而转化之能，驾临于经验之上，能为诚意的工夫在根源处做一超越的保证。对于先天心体的无善无恶，牟宗三说：“此无善无恶只是遮拨在良知上好恶上那个动于气的别转念头，非遮拨良知天理之为善也。”④ 牟宗三之意大抵指：此“遮拨”即是“无”，是仅对“动于气”之“意”言，是遮拨掉良知上的私意妄作，以此来凸显良知的圆应无碍，纯净不二。但并非否定良知本身的道德明觉，使心体呈现出“清净之极”或“枯槁死寂”的状态。如此就避免了王龙溪后天工夫的经验对治经验，落入繁杂之中。所谓“诚意”，则是致知诚意而至正心环环相扣，一目不缺的诚意，并非王龙溪认为意念所发，只与外接，分而为二，而与“正心”则有先天和后天的天堑之隔。所谓“工夫”，指诚而言，是纯化意念的工夫，此则是由良知上立根基开出的工夫。良知需通过此纯化意念的工夫来呈现，方有落脚处。所谓“为善去恶是格物”，格者，正也，正此心，更是正此心之所发之意。简言之，只“致良知”三字。“致吾心良知之天理于事事物物，则事事物物之皆得其理矣”，本良知而致之，致知以纯之。

基于上文，牟宗三认为王龙溪“四无”其意当为：“尧舜性之也，或如《中庸》所说‘自诚明，谓之性’，纯从性上立根，一往流行无阻，不假工夫之修持，此真所谓天纵之圣矣，亦真可谓上上根器矣。然‘尧舜性之也’实只是一个人格标准之立像。”⑤ 牟宗三对王龙溪“四无”的评价，并不否定此境界的存有，如孔子之“七十而从心所

① 牟宗三：《陆王一系心性之学》，《牟宗三先生全集》第30册，第53页。
② 牟宗三：《陆王一系心性之学》，《牟宗三先生全集》第30册，第54页。
③ 牟宗三：《陆王一系心性之学》，《牟宗三先生全集》第30册，第520页。
④ 牟宗三：《王阳明致良知教》，《牟宗三先生全集》第8册，第525页。
⑤ 牟宗三：《王阳明致良知教》，《牟宗三先生全集》第8册，第76页。

欲不逾矩”，其批评的根本原因在于此境界之立足生发处。牟宗三的立场是良知本体必须在致之、诚之、格之的工夫中呈现，也在此工夫的显露处证之、悟之。“四无”境界是致良知工夫之逐步纯熟后的豁然开显，而王龙溪则未落在良知处，只着眼于“无善无恶”之“无”字，从“无”字立论，倡言“何思何虑”“天理流行”，而不知此“无”所呈现出的纯善境界，乃含有去私克欲、凭理制气的工夫在里面，所以王龙溪未曾从工夫践履上言此境界如何实现，故责王龙溪有故作高论、蹈空而不实、玩弄光景之嫌。

总之，前期牟宗三采取的方法就是以“四有”的义理纲维裁抑“四无”的逾越之处。前期对“无”的理解也是基于对“有善有恶”的对治而言，有“遮拨”的工夫义，尚未成为一“无”的境界。对于上根下根之悟道契机也是为气禀的清浊，从人的先天气禀而言，意之善恶是无法避免的，故以“先天诚意工夫”来对治王龙溪的“后天诚意工夫”，立足“致良知”，致知以诚意，依“致”字做工夫踏实有序，有所依持此处方显工夫义。

二　后期：以“化意归心”化除“层层对治”

在后期阶段，牟宗三先生再次审思王龙溪“四无”时说：“吾前言阳明言‘物’本有两方式，一是从意之所在或所用言物，一是从明觉之感应言物。由前者即有四有句，由后者即有四无句。然龙溪所言并非无本也，亦非不相应于阳明之义理也。”① 又言：“只因有对治关系，心与知物始一齐皆有。是则四有句之所以为有，其关键唯在有对治。无对治即是四无。”② 牟先生此言，对王龙溪“四无”的评判已经发生很大的转变。其一，判语从“蹈空而不实”转为“并非无本”，“并非无本”即“有本”或“有所依循”，意味着龙溪是接着王阳明讲，并非背反歧出。这一转变也反映出牟先生对王龙溪义理风光始能正视，开始以龙溪讲阳明，而不是以阳明判龙溪。其二，将前期对“四有”的讲法归为“意之所在或所用言物”，核心在于“对治”，此正是牟宗三前期剖判“四无”的突破口。因意由心所发而投射，应感于物，相互摩荡，导致意念歧出，产生善恶，于此处方见致知诚意的工夫。但此时所言，“四有”不再是对“四无”之病的补足关系，而是良知之一体并列的两面，甚至“四无”是基于“四有”进一步的开显。其三，以良知的“明觉感应”言“四无”，不再泥于“意”之一句，而将“意”收摄于良知之内，意物关系转为心物关系，是直就良知之“虚灵明觉”的一面言。这是关键之处，下文即言第三处变化。

牟宗三引王龙溪所言之“四无”：

> 夫子随时立教，谓之权法，未可执定。体用显微只是一机，心意知物只是一

① 牟宗三：《从陆象山到刘蕺山》，《牟宗三先生全集》第8册，第54页。

② 牟宗三：《从陆象山到刘蕺山》，《牟宗三先生全集》第8册，第230页。

事。若悟得心是无善无恶之心，意即是无善无恶之意，知即是无善无恶之知，物即是无善无恶之物。盖无心之心则藏密，无意之意则应圆，无知之知则体寂，无物之物则用神。天命之性粹然至善，神感神应，其机自不容已，无善可名，恶固本无，善亦不可得而有也。是谓无善无恶。若有善有恶，则意动于物，非自然之流行，着于有矣。自性流行者，动而无动；着于有者，动而动也。意是心之所发。若是有善有恶之意，则知与物一齐皆有，心亦不可谓之无矣。①

按王龙溪之言“四有”与“四无”之间的分别即心、意、知、物是否一齐皆有/无。若要对王龙溪“四无”进行展开，需从“四有”入手，明如何“有”，方晓为何“无”。牟宗三说：“至于四有，则是心意知物四者分别说之各有体相之谓。”② “分别说”是超越与经验之别，更是相对于“圆”而言。佛家判教，“教”有“别”与“圆”之分，“别”教即义理为分解的表诠，使人门径可观，不致混淆，是引人入圣的权说法门，而“圆”则是“非分别”的道路。牟宗三认为“四有”之心、意、知、物四者一齐皆有是“本分解地说正面的‘有’而各显其相也”。所谓“各显其相”，牟宗三认为“四有”显其“有”最根本的方式就是通过四者之间的互相对治，由此呈现自体相。简言之，心体的无善无恶之“有”必须为意之有善有恶之“有”提供内在根据，方可显其“有”，心体与意处于一对对治关系之中；良知的知善知恶的“有”需要通过意的有善有恶方可有意义，即良知和意处于一对对治关系之中；物是意之所发，那么物之正不正取决于意之诚不诚，是否合乎良知所发，所以意与物处于一对对治关系；故牟宗三说：“是故若从意之所在说物，便须步步对治，心意知物亦须分别彰显，即各别地予以省察与反照，如是，吾人之心境自然落于有中，不能一体而化。”③ 牟先生言“四有”之“有”，是采取王龙溪之“一齐皆有”的讲法，但“一齐”之中需“分别”言之，因有“分别”，心意知物之间的“对治”才得以可能。所谓“对治”，即“欲想作道德实践以化其不善以归于善，则必须‘有’一超越的标准与一能化除之内在的动力，此即是心之体与良知的肯定”。④ 因为若内在无相的良知一直潜隐不发，不显其有，则工夫就是识心之识取，无良知做主的意味在。

但牟宗三说：“王阳明之四句教尚不是究竟圆教，但只是究竟圆教之事前预备规模。究竟圆教乃在王龙溪所提出之‘四无’，而四句教则为‘四有’也。”⑤“四无”是相对于“四有”而言，“有”则处于一种紧严的对治之中，尚未达至天理流行的浑化之境，所以需要由“有”进至“无”，于四无上把四句教的境界推至其究竟处。牟先生对于龙溪“四无”句中“无心之心藏密，无意之意应圆，无知之知体寂，无物之物则用神”，做了自成一家的解释。“无心之心藏密”。“藏密”是王龙溪取自《易·系辞》“圣人以此洗心，退藏于密”，王龙溪自己解释时说：“洗心退藏于密，只是洁洁净净，

① 吴震编校：《王畿集》卷一《天泉证道记》，第78页。
② 牟宗三：《圆善论》，《牟宗三先生全集》第22册，第311页。
③ 牟宗三：《从陆象山到刘蕺山》，《牟宗三先生全集》第8册，第224页。
④ 牟宗三：《从陆象山到刘蕺山》，《牟宗三先生全集》第8册，第221—222页。
⑤ 牟宗三：《圆善论》，《牟宗三先生全集》第22册，第307页。

无一尘之累”（《致知议辩》），此本体之所以为本体者，只是一先天虚寂的灵明之心，此心本身洁净纯一，精微深邃，不露行迹，从而能容万物，应物无碍。那么按照牟宗三的解读，采用的是佛教《般若经》“不坏假名而说诸法实相”的非分解的讲法，他说：“必须是这样的‘无’，这样的‘般若非般若是之谓般若’，这样的不住法住般若，那才真是佛，即如来藏自性清净心才全部朗现而为佛。”① 般若智是共法，一切皆可用，并不分解地对其他法做一个说明，只是融通淘汰、荡相遣执的般若智作用地具足一切法。此句是讲实体性的心体本身无所住，“无心”乃是心体的作用方式，只是一个“粹然至善，神感神应”，方能呈现此“退藏于密”的状态。“无意之意应圆。”意作为心之发用，则有所指涉和具体指向，如刘蕺山语“渊然而有定向”，需在事上见理的具体运用，如此则稍显棱角。牟宗三后期对于“意”之一句做了重大转向，即“化意归心”，纯从良知起。他说：“盖意与物起初是有善有恶，通过致良知，化意归心，纯从知起，则本是经验层上者即提升而为超越层，如是则意亦是‘无意之意’，而亦为粹然至善无相之意矣。”② 着于有，则有善恶，若不滞于意相之本身的外放，而收摄于良知，则圆应无方，泛应曲酬，发必中节。“无知之知则体寂”。龙溪此处是进一步发展阳明“无知无不知，本体原是如此。譬如日未尝有心照物，而自无所不照。无照无不照，原是日之本体，良知本无知，今却要有知；本无不知，今却疑有不知，只是信不及耳”③。若心与物无自相，那么“知善知恶”的“知相”亦不会孤峰凸起。无一定的知相，虚则无碍，灵则贯通。更意味着其明觉感应可随时做主，无照无不照，无知无不知，只是一个寂体、照体，妍媸自辨。“无物之物则用神。”意不从现实的意之所指而言，那么其物则不再是呈现出的具体物相，纯从良知的感应而来，此时有物在，却无具体之物相。

牟宗三说：“‘大而化之’之化境是儒家语。此‘化’字最好，一切圆实皆化境也。不至于化，便不能圆，不能实，不能一切平平，无为无作。”④ 所谓“大而化之圣”之言，“大”即“立乎其大”之大，此时未至化境，道德良知若一念疏忽昏聩，则流于气禀，从气不从理，天理不见。需做颜回之功，固执之相紧严，其中有无限的道德含忍和自我警觉，方能三月而不违。“无”即“化”，化去这个“大”相，化去道德庄严相，化掉实体存在之“有相”，这个有相正是处于心、意、知、物彼此对治的紧张之中。“无心之心”“无意之意”“无知之知”“无物之物”四者之“无”是作用上的“无相”，即为工夫无所执着，既不执着于道德行为，也不执着于心意本身的善恶相，一任天理流行。如陆九渊所言“平地起土堆”，这个“无善无恶心之体”就如“平地”，坚实可靠却又平平无奇，而意之歧出，善恶之知等都属于平地之上的一个个土堆。

后期始正视龙溪本身的义理风光，由龙溪之“四无”调适阳明之“四有”。“无”的这个层次，就要消融理气之对立，去执以显。保持实体性心体的存有，有一个超越的

---

① 牟宗三：《从陆象山到刘蕺山》，《牟宗三先生全集》第 8 册，第 223 页。

② 牟宗三：《从陆象山到刘蕺山》，《牟宗三先生全集》第 8 册，第 224 页。

③ 吴光等编校：《王阳明全集》，上海古籍出版社 2018 年版，第 124 页。

④ 牟宗三：《圆善论》，《牟宗三先生全集》第 22 册，第 282—283 页。

道德本心做主，同时良知之用却了无痕迹，无任何道德相，如天命流行之自然而然。破执着，去造作，如《诗经·大雅·文王》中所言“上天之载，无声无臭。”亦如夫子所说：“天何言哉？四时行焉，百物生焉，天何言哉?”“本体亦无本体相，工夫亦无工夫相，只是一于穆不已纯亦不已也”①，此种境界即是一切行为皆为道德心灵所润泽和贯注其中，但最终归于平实，立乎其大却又不见其大，大而化之，从心所欲，洒脱自如。如此“四句教”即包括对于良知本身存在的证悟或是于后天的践履，是先天后天主伴俱足。

三　牟宗三对“恶”的化除

牟宗三何以会对王畿的“四无”说前后有如此不同的分判，这必然和其自身的哲学思想的演进有关，甚或说其思想的研究和这一解读之间相互促进。

前期牟宗三对“四无”中“有善有恶意之动”一句进行剖析的隐含前提是“即气质而言天理”，采用心意二分的理气对峙结构，将善恶的呈现和理气关系关联起来进行思考。在牟宗三看来，人生而具有气质性的一面，有善有恶乃生理禀赋，是不可避免的。如牟宗三解释孟子性善论，便区分了价值方面的义理之性和感性自然方面的动物之性，而人之所以为人，就是能自觉地挺立异于禽兽几希的道德之性。

他认为：“良知是天理，顺应作去，著不得一分意思，是为至善。作好作恶是著了一分意思，便是动气。此是顺躯壳起念，故不是良知天理。”② 牟宗三以“无善无恶理之静，有善有恶气之动”解读“不着意”，将“意”与“气”系为一体，“无善无恶”是就天理而言，是“理之静”，此“无”是“无有作好，无有作恶”。对于“气”的一面，牟宗三更进一步区分“气之动”和“动于气”。他说：“气之动有善恶可言。气之动了而动于气，便善恶一齐坏。是以言气之动犹言意之动。”③“意”属“气之动”时，是从“气”之自然流动生发而言，是顺理之气。而气有清浊、厚薄之分，故意则有善恶两歧的对待相，但只要“顺应作去”即顺本心良知作去，致良知于事事物物之上，一顺天理而来，而无一毫隐曲，是意亦一往顺良知天理之意。当“意”属“动于气”时，则是理随气动，气占据主导地位，隐其良知，有陷私欲、逞精神之病。“气之动”产生的意之善恶，是从属于理，是有内在主宰的和顺之气。而“动于气”产生的意之善恶，则只是落在经验层面而言，不同于本心之超越意义，“有善有恶”是妄起私意，未曾真得“如好好色，如恶恶臭”之真好真恶。牟宗三批评王龙溪从圣人处立足，做先天正心工夫，而牟先生认为圣人就是不断地做内圣实践的工夫，化除气质之欲而融归于理，一身举手投足皆是天理流行，此便是圣人。并不是顿悟可得的，牟先生步步谨守，恐一误百误，误入歧途，离圣远矣。正所谓金石驳杂，须经一番捶打冶炼的提纯工

① 牟宗三：《从陆象山到刘蕺山》，《牟宗三先生全集》第8册，第224页。
② 牟宗三：《王阳明致良知教》，《牟宗三先生全集》第8册，第72页。
③ 牟宗三：《王阳明致良知教》，《牟宗三先生全集》第8册，第75页。

夫，方可去杂存精，此一点“精金”真可谓从百死前难中得来。而立志成为圣人之心，须念念存天理，“时时刻刻是一棒一条痕，一掴一掌血”。

后期牟宗三对“有善有恶意之动”中“恶”的问题，不再采取理气此消彼长的对立关系，而是将恶理解为意与物接，相互推荡之产生善恶，由重视良知知是知非、是是非非之实的一面转向良知无是无非、虚而通感、周流适变的一面，以虚带实，以有合无。

良知的发用流行，虽可一念觉之，觉之即化，但是很大程度则堕入情气，天理落于自然中，不能尽其畅通流行。如此两者处于一种紧张和敌对的状态，时刻提撕警醒。但良知天理之能照能知并不从所照所知上而言。良知之自相，并不因人有气禀物欲之杂，而对治意之恶念反显良知之用，不必表现为对治之相亦自在。能是是非非，能对治皆本于此良知而来，阳明所谓“心之本体，即天理也；天理之昭灵明觉，即良知也”，彭国翔先生对此有过细致的分析，他说：“随着阳明学作为一个学派的成功建构，龙溪已罕言天理，在整个《全集》中，大概将良知关联着天理来表达的只有两处。高扬道德主体性的龙溪在相当多的情况下直接以‘一念灵明’来指称良知。”① 良知冒乎意之上，意味着良知发用的表现需要借助以理制气的工夫来消除或者转化，使情、气因顺天理而不成为道德主体在现实生活中作道德实践的窒碍。但本体和工夫是一体两面的，不可分而言之，必须同时讲求。在实践中大多是因用以呈其体，对于良知心体不能仅着眼于分别而言的工夫，需知显微之一机处，从心体上对一切有作一超越的统摄。那么这个“无”就有消除这种对治，达到一切归于平平，达到圆而无方、神感神应的状态。如此，牟宗三不再诉诸人性中气质的一面，对良知的追求并不需要特意去克制恶的产生，关键在于对良知本身的体认，良知浑然天理，未曾发泄，如此其内在活泼的本性必然不容已的要求自身向外涌动，所谓“太阳一出，魍魉潜消”是也。

小　结

通过牟先生对王龙溪“四无”的解读和梳理可以看出，其思想转变有以下几点。第一，从抑“四无”到肯认王龙溪大本归宗阳明，而且对阳明学具有不可磨灭的推进之功。牟先生言“四句教”之“有”是从存有论上来讲，“四无”与“四有”首句“无善无恶心之体”一致，无论牟先生对于“四无”前后之评判如何，良知一点是头脑，对于良知之实存这一点是毋庸置疑的。而言“无”则发生了变化，由限定在理气工夫上的“遮拨”之“无”，批评“四无”之“无”是“蹈空不实”；后转向从境界论上讲“四无”之“无”，此“无”从境界论上讲良知的作用形式，不否定良知本身的存有。且由王龙溪向上一机，调适上遂后的“无”的境界，更是“共法”，这在牟宗三看来才是四句教的究竟处。第二，对于王阳明“良知”思想的开拓兼有无、虚实之两

① 彭国翔：《良知学的展开——王龙溪与中晚明的阳明学》，生活·读书·新知三联书店 2015 年版，第 40 页。

面，并不相废，亦不互斥。牟宗三说："龙溪喜言良知之虚灵明觉，而不重言天理，则是事实。"① 将理之定常有则之义逐渐消融于良知的虚灵义之中，亦虚亦实，时虚时实。第三，对于"四句教"中"有善有恶意之动"之"恶"的问题有深刻的洞察和思考。并非如一些学者批评的那样，仅有"义理之性"与"气质之性"之间的"天人交战"②，其思想发展是有一个动态的精进过程的。

由此，笔者认为牟宗三自言"前文可废"实乃旧学邃密、新知深沉之义，不可望文生义，割裂两者。这个转变过程就是自家义理精熟之自然显明。

【作者简介】安金阁，武汉大学中国传统文化研究中心研究生。

① 牟宗三：《陆王一系心性之学》，《牟宗三先生全集》第30册，第47页。
② 陈志强于《晚明王学原恶论》中对牟宗三的人性观提出质疑和反驳。

以禅证儒:陶奭龄师友及其影响*

刘泽亮

摘　要　陶奭龄不仅是浙东阳明学的重要代表人物，而且是晚明儒佛会通的著名思想家，其思想特质往往被学界定位于“杂禅”“坏禅”而忽略其之所以然的来由。本文以新发现的《宗镜录具体》为基础，结合《宗镜摄录》《宗镜广枢》等新资料及相关传世文献，对与其交往密切的师友作了一初步系统性的梳理，认为这些师友的影响不仅是促成其抄撮《宗镜录》的直接诱因，也是造成其以禅证儒家思想倾向并将阳明学引向极端化禅学一途的外缘。

关键词　陶奭龄　心学　阳明后学

陶奭龄（1571—1640），浙江绍兴府会稽人，是晚明思想史尤其是阳明学传承史上的重要代表人物之一。从思想脉络而言，他承续的是陶望龄一系以禅证儒的进路，与刘宗周进退朱学以修正王学的思路颇为不同。从思想外缘而言，他不仅经常请益于李卓吾、周汝登、袁宏道等，且与当时名僧云栖袾宏、湛然圆澄、密云圆悟等有广泛交往，导致与蕺山一派时相龃龉。作为与刘宗周同时代且深具影响力的思想家，长期以来其思想面貌模糊不清，思想特质也被笼罩在“杂禅”“坏禅”所谓的定论之下，与其在思想史上的地位极不相称。

本文以新发现的陶奭龄《宗镜录具体》为基础，结合袁宏道《宗镜摄录》、陶望龄《宗镜广枢》等新资料以及其他传世文献，对陶奭龄与主要师友之间的交游作了一全面系统的梳理，旨在明晰其思想来源与传承谱系，廓清笼罩于其理论进路、思想倾向上的迷雾，为揭示其心学思想的整体面貌、勾勒出阳明后学向禅学一途极端化演变的历史轨迹奠立学术基础。

一　自相师友的兄长

陶奭龄的思想，直接来源于其兄长陶望龄。

---

*　本文为国家社科基金项目“新发现《宗镜录具体》整理与研究”（项目编号：10BZJ013）阶段性成果。为免繁复，文中凡首出注释，皆注明作者名、著述名、出版社及年份等，之后引用均只注著述名及页码。

陶望龄（1562—1609）长奭龄九岁，字周望，号石篑，万历十七年（1589）进士，授翰林院编修，后被诏为国子监祭酒。一生清真恬淡，以“歇庵”名其居室，学人时称“歇庵先生”。“兄弟自相师友，唱和一堂，学者称为二陶。”①

针对陶奭龄“明利过我，而虚？轻脱迹过之”② 的个性特点，陶望龄通过日常的耳提面命、《宗镜录》的研读抄撮以及偕同其广泛交游等多种方式，予以启发、提点与打磨。

其一，通过面对面及异地书信往来的方式，口传心授为学、为道。

陶望龄一生四十八载，“通籍者二十一年，三以告归，里居共十五年，立朝者才六年耳”。③ 在里居的十五年中，兄弟常常一起读书论学以至昼夜无间。陶奭龄记录了其间的详尽细节：

> 闻讣，请告亟归，以慰亲志。退即与奭龄论学，得奇书共读之，闻疑义共析之，寒暑弗辍。……戊戌，先大人弃养，先生率奭龄、祖龄治丧，如礼共寝恶室中，读礼之余，静默相对而已。……与奭龄辈联床卧，动浃旬月。④

这里说的是辛卯（1591）和戊戌（1598），陶望龄两次因长兄陶与龄、父亲陶承学（1518—1598）去世而告归，在“以慰亲志”的同时，兄弟二人“联床而卧”读奇书、“静默相对”析疑义。“得奇书共读之，闻疑义共析之”，这“奇书”大概指禅佛教之类；“疑义”，乃是借禅道明儒理之义。

即使在京浙悬隔千里的情形之下，二人也频繁通书。《歇庵集》载有陶望龄《登第后寄君奭弟书》六首、《甲午入京寄君奭弟书》五首、《辛丑入都寄君奭弟书》十五首等⑤，其中大多涉及儒佛之理。在其登第之初，即提醒陶奭龄对性命之学“宜早悟早为”，不可“如海狮妄认鱼背谓是洲岸”⑥，并叮嘱其“暇时于《楞严》、《圆觉》，当时时钻研，不可放过”。⑦

生死问题是佛家的终极关切，与儒家“未知生，焉知死”而将生死问题悬置的态度迥然有别。陶望龄则将了当生死这一本为佛教的核心问题视为为学的“分内事”⑧，且深信不疑：

> 自信一语极是、极不是，但自揣于生死上，确然去得，目前梦觉上去得，得失毁

① （清）董钦德：《康熙会稽县志》卷二十四，《人物志·理学》二一，台北成文出版社有限公司 1983 年版，第 508 页。

② （明）陶望龄：《登第后寄君奭弟书》之二，《歇庵集》卷十二，参见续修四库全书编纂委员会编《续修四库全书》1365 集部别集类，上海古籍出版社 2002 年版，第 430 页。

③ （明）陶奭龄：《先兄周望先生行略》，《歇庵集》附录，第 659 页。

④ （明）陶奭龄：《先兄周望先生行略》，《歇庵集》附录，第 654—658 页。

⑤ 《歇庵集》卷十二，第 430—438 页。

⑥ 《歇庵集》卷十二，《登第后寄君奭弟书》之四，第 433 页。

⑦ 《歇庵集》卷十二，《甲午入京寄君奭弟书》五首之四，第 434 页。

⑧ 《歇庵集》卷十二，《辛丑入都寄君奭弟书》十五首之三，第 435 页。

誉上去得，不依怙四大、不依怙六尘，缘影空虚中自形自色，方说得个信字耳。①

在这些书信中，讨论的大多是这类生死问题，如言及定老无疾而终、“端坐而瞑”之事，慨叹“生平无虚费工夫，故能如此耳”②；提及其兄陶与龄死后于蜀中显灵之事，并惊叹“怪哉，怪哉，岂吾兄真不死邪？”③ 不仅如此，还经常拈提、品评时人的佛学见地，如评性海，云其“行解甚妙”④，“真修真悟”⑤；评王大行，云其“直是生知安行之流”，“称静虚所见，高于太常（赵太常——引者注），虽非大彻，亦骎骎乎逼真矣”。⑥

这与其在儒佛关系上的思想主张有关。在陶望龄看来，儒者的辟佛，实为“阳抑而阴扶”：

> 儒者之辟佛久矣……然必如明道而后许其辟，何者？以其名叛而实近也。如阳明、龙溪而后许其辟，何者？以其阳抑而阴扶也。使阳明不借言辟佛，则儒生辈断断无佛种矣。今之学佛者，皆因“良知”二字诱之也。明道虽真辟佛，而儒者之学亦因此一变，其门人亦遂归于佛矣。二先生者，真功于佛者乎。吾辈只是无真参默识之力，不能一刀两段决了骨纲，为可愧恨，人言奚足惜耳。⑦

正是基于明道、阳明二先生“真有功于佛者”而“吾辈”“无真参默识之力”的认识与判断，因而他对陶奭龄等与宗门兄弟共兴以禅证儒的讲会之举极力褒奖、鼓励，并且“欲写《中峰录》内数篇寄同志”，以张其“良知可了生死”之说：

> 闻吾宗诸兄弟共立讲会，甚喜。解悟之分，前贤已详言之。所谓死后活、绝后苏，方是真活。欲写《中峰录》内数篇寄同志者，盖吾辈之言，不足取信，此老定不欺人，试看之，于今人硬差排良知者同否？只此见闻非见闻，此关不易打破也。⑧

这些对了当生死大事的关切、时贤修为的品评以及儒者辟佛的态度，对于陶奭龄以禅证儒的思想倾向产生了深远的影响，

其二，《宗镜广枢》的抄撮，直接促成了陶奭龄《宗镜录具体》的创作。

陶望龄著述宏富，著有《解庄》《天水阁集》《歇庵集》等。此外，值得注意的

---

① 《歇庵集》卷十二，《辛丑入都寄君奭弟书》十五首之八，第 436 页。
② 《歇庵集》卷十二，《辛丑入都寄君奭弟书》十五首之五，第 435 页。
③ 《歇庵集》卷十二，《甲午入京寄君奭弟书》五首之三，第 433 页。
④ 《歇庵集》卷十二，《辛丑入都寄君奭弟书》十五首之八，第 436 页。
⑤ 《歇庵集》卷十二，《辛丑入都寄君奭弟书》十五首之九，第 436 页。
⑥ 《歇庵集》卷十二，《辛丑入都寄君奭弟书》十五首之三，第 435 页。
⑦ 《歇庵集》卷十二，《辛丑入都寄君奭弟书》十五首之十，第 436—437 页。
⑧ 《歇庵集》卷十二，《辛丑入都寄君奭弟书》十五首之十二，第 437 页。

是，他还曾删述《宗镜录》而成《宗镜广枢》①。《宗镜录具体凡例》云：

是录（指《宗镜录》）从来删节者，自晦堂心公而后，凡有数种，晦堂本最为精绝，先生伯氏文简公稍为广之。两本流通颇多，顾惟掇其精粹，于作者体裁均无当也。

《宗镜广枢》在晦堂祖心的基础上进一步"掇其精粹"前"稍为广之"，陶奭龄"爰出斯卷"，并经由宋化卿、吴德聚等校勘之后，于1612年付梓流通。② 陶奭龄在对该书表达赞赏的同时，对"于作者体裁均无当"也提出了委婉的批评，成为其另行撰作《宗镜录具体》的直接动因。

其三，随缘偕同陶奭龄一起交游名士、名宿，通过交流以扩展其思想视野。

陶望龄带其一起交游者，除了以禅证儒的士大夫，就是佛儒会通的禅者。通过结交、请益僧俗两界的道友，使陶奭龄在耳濡目染、潜移默化之中扩大了视野。

陶望龄思想启发自推尊李贽、主张儒佛会通的焦竑（1540—1620），师从周汝登（海门），并曾与袁宏道、董其昌等为禅悦之会，讨论的都是"于脚跟下体究"之类的生死大事：

吾近与袁伯修先辈及同好三、四人游从甚密，虽未能了当大事，而受益不浅，且消释拘累，共逃于形骸礼数之外，可谓极乐。此事大段近时，时于脚跟下体究，必有曝然、啐然之日；若向外驰求，与自生退屈，岂有长进?③

陶望龄参云栖袾宏，并于晚年从其受菩萨戒。据《年谱》熹宗天启十五年壬午（1642）条载，密云以"一目之怀"，"海山容纳之量"诱掖王臣国士，并将陶望龄列冠为最著者之首。④ 同时，还与湛然圆澄、密云圆悟等交善，黄宗羲云：

先生（指陶望龄）之学，多得之海门，而泛滥于方外。以为明道、阳明之于佛氏，阳抑而阴扶，盖得其弥近理者，而不究夫毫厘之辨也。其时湛然澄、密云悟，皆先生引而进之，张皇其教，遂使宗风盛于东浙。⑤

明末临济、曹洞二宗并兴。黄氏对陶家兄弟的言、思抱持戒心与成见，但说"宗风盛于东浙"却是不争的事实，并且此风之盛也多少与陶望龄有一定程度的关联。

---

① （明）陶望龄：《宗镜广枢》，删节撮略《宗镜录》而成。现存日本内阁文库藏明西爽堂板。

② （明）黄汝亨：《〈宗镜广枢〉序》，参见《宗镜广枢》卷首。

③ 《歇庵集》卷十二，《甲午入京寄君奭弟书》五首之四，第434页。

④ （明）唐元竑：《天童密云禅师年谱》，《嘉兴藏》第10册《密云禅师语录》卷十二，台湾新文丰出版公司1987年版，第87页a—b。

⑤ （明）黄宗羲：《明儒学案》卷三十六《泰州学案五》《文简陶石篑先生望龄》。吴光主编《黄宗羲全集》第十五册，浙江古籍出版社2012年版，第949—950页。

可以说，陶望龄是陶奭龄思想的直接启发者与指导者，陶奭龄则是陶望龄思想的直接承祧者，兄弟自相师友，亦师亦友。陶奭龄在陶望龄去世之后的次年（1610）撰就《行略》，在总结其一生行谊的同时，继续沿着其开掘的理论路向并不断地弘扬光大，将王学一脉导向借禅明儒的极端化一途。

二 以禅证儒的师长

陶奭龄思想直接导源于陶望龄，同时也受到李卓吾、周汝登、袁宏道等前贤以禅证儒家思想的影响。

李卓吾（1527—1602），名贽，别号温陵居士、百泉居士等，泰州学派的一代宗师。在思想主张上，反对以孔子的是非为是非，批判锋芒直指宋代程朱理学，后来索性剃发，这些“离经叛道”之举，不为统治者所容。万历三十年（1602），以“敢倡乱道，惑世诬民”而获罪，最终自刎于狱中。

陶奭龄之于李贽，有人格上的景仰。其因送张自庵应试，在北京拜谒李贽，曾作诗二首，中有“于世分相违，谋生计亦微。唯当助君喜，聊以慰予饥”“可堪尘土面，辛苦著麻衣”① 之句。李贽于嘉靖三十一年（1552）中举后入仕，因不满朝政而辞官，漂泊于湖北、南京、北京等地，致力于读书、讲学和著述，“于世分相违”“尘土面”“着麻衣”，应即指此。

更有儒佛会通思想上的共鸣。李贽的思想具有多重性格：作为以“异端”自居的传统反叛者，不仅睥睨程、朱，而且号称“不信仙、释”②。但是，作为阳明后学泰州学派的重要代表性人物③，晚年却又对佛教给予同情的理解而称信“真佛”④、推崇净土，并在万历二十五年（1597）秋于北京西山极乐寺撰成《净土诀》。有必要提及的是，陶奭龄因李贽而结识其弟子无念禅师。无念（1544—1627），法名深有，《赐曲园今是堂集》收有赠无念诗二首，其中有“师遽振声叱”“予心稍已降”⑤ 之句。李贽作为阳明、龙溪一脉的继承者，其思想对陶奭龄产生了一定的影响。但是，正如陶望龄对李贽佛学见解的批评：“卓吾先生虽非真悟正见，而气雄行洁，生平学道之志甚坚。”⑥

---

① （明）陶奭龄：《赐曲园今是堂集》卷一《吹篪集》，明崇祯刻本，四库禁毁书丛刊编纂委员会编：《四库禁毁书丛刊》集部第 80 册，北京出版社 1995 年版，第 556 页。

② （明）李贽：《阳明先生年谱后语》，载（明）王守仁撰，吴光等编校《王阳明全集》卷四十一《序说 序跋》，上海古籍出版社 1992 年版，第 1604 页。

③ 万历二十八年（1600），李贽在山东济宁编成《阳明先生道学抄》《阳明先生年谱》。

④ 《阳明先生年谱后语》云：“年逋四十，为友人李逢阳、徐用检所诱，告我龙溪先生语，示我阳明先生书，乃知得道真人不死，实与真佛、真仙同，虽倔强，不得不信之矣。”《王阳明全集》卷四十一，第 1604 页。

⑤ （明）陶奭龄：《送无念禅师之白门（复用前韵）》，《赐曲园今是堂集》卷一《吹篪集》，第 536 页。

⑥ 《歇庵集》卷十二，十五首之三，第 435 页。

"卓老之学，似佛似魔，吾辈所不能定。"① 陶奭龄并没有走上李贽"似佛似魔"的极端一路，而是对当时狂禅流弊有冷静的思考与理性的反省。

陶奭龄的直接业师是陶望龄，而陶望龄则师事于周海门。

周汝登（1547—1629），字继元，别号海门。关于周汝登的学脉归属，学界存有不同的看法。② 周汝登本人的夫子自道是，虽未"及门"，而实"受业"。③ 陶奭龄对周汝登钦佩有加，不仅多次与陶望龄一起"负墙请事"，还曾在海门逝后亲自前往参与料理丧事，撰写挽幛，其序云：

海门先生得髓于龙溪子，以缵文成公之绪，主盟斯道，寿考作人，东越僻隅，而海内望为邹鲁……奭龄昔从先文简负墙请事，服膺绪论，于兹有年。④

周氏对陶奭龄特别偏爱，视其地位与刘宗周并驾齐驱，称"郡城陶石梁、刘念台，今之学者也，其相与发明之"。⑤ 大有阳明视龙溪、白沙为二将的遗风。陶奭龄则不仅视海门为阳明再世，"文成久已没，文不在兹乎"，而且体现出"服膺绪论"，踵于龙溪——海门一脉以光大其学术思想的强烈使命感。

陶奭龄所受周汝登思想的影响，从其《小柴桑喃喃录》中五处提到"海门先生"可见一斑。其中除第五处赞赏云栖弟子剡寂庵禅师与海门"两贤之"的一段公案之外⑥，其余四段或倡言佛家因果之说，以倪文节、《列子》、和士开之言，以论"抹杀因果"之说"伤理败俗"⑦；或论证儒佛相通，如第二处引颜子、曾子、子张、邵雍、陆象山、魏了翁、刘子澄等"吾儒善生死榜样"以证儒家亦论生死，与佛家论生死相通，发挥海门"学问须从生死起念方真"⑧ 之说。在周汝登看来，生死问题不仅是佛家的核心问题，实际上也是儒家的根本问题。陶奭龄深获其心，或阐述迁善改过之意，批评儒者的现成、无工夫、常须照管等三说，批评怕事、效验、多事等三种人⑨；或借海门眼要开、足要验之言，批评不求开眼的俗学与自谓眼开的狂禅，"庐扁难医"⑩。

袁宏道（1568—1610），字中郎，又字无学，号石公、六休，湖广公安人。万历二十年（1592）进士，与其兄袁宗道、弟袁中道并有才名，史称"公安三袁"，且在三兄弟中成就最高。

---

① 《歇庵集》卷十二，十五首之四，第435页。

② 有人认为师承王龙溪，有人则认为传自罗近溪。

③ （明）周汝登：《东越证学录》卷五《剡中会语》，四库全书存目丛书编纂委会编：《四库全书存目丛书》集部第165册，齐鲁书社1997年版，第514页。

④ 《赐曲园今是堂集》卷十《闲居集》《海门先生挽章有序》，第670页。

⑤ （明）董瑒：《沈聘君传》，赵所生、薛正兴主编：《中国历代书院志》第九册《姚江书院志略》卷下，江苏教育出版社1995年版，第297页。

⑥ （明）陶奭龄：《小柴桑喃喃录》卷下，明吴宁李为芝崇祯乙亥（1635年）刻本，第64页。

⑦ 《小柴桑喃喃录》卷下，第38—39页。

⑧ 《小柴桑喃喃录》卷下，第37页。

⑨ 《小柴桑喃喃录》卷下，第37页。

⑩ 《小柴桑喃喃录》卷下，第39页。

陶奭龄与袁宏道的交往，前后共有三次，即万历二十四年丙申（1596）、二十五年（1597）丁酉、三十五年丁未（1607 年）。第一次在 1596 年，与其兄一起造访在吴县任职的袁宏道。① 第二次在 1597 年，与袁宏道等同游杭州。② 陶奭龄回忆此次交游，曾经慨叹，“忆相与同周望、袁中郎游五泄时，光景在眼，转盼便二十一年”。③ 第三次在 1607 年，陶奭龄北上拜访此时在北京礼部主事任上的袁宏道。据袁宏道《与陶祭酒》所记：“廿一官相聚无多时……燕中学大乘者绝少，问令弟自可知也。”④ 廿一官，即陶奭龄。从“燕中学大乘者绝少，问令弟自可知也”，可以推知当时谈到佛教的话题。

袁宏道作为儒释兼通的思想家，其对陶奭龄的直接影响，现存有史料可征的，主要体现在对延寿及《宗镜录》的看法。在与袁宗道的书信中，袁宏道云：

> 前陶石篑兄弟见访……因语及永明寿次，弟谓永明见地未真，陶曰：“何以知之？”弟谓：“永明一向只道此事是可以明得的，故著《宗镜》一书，极力讲解，而岂知愈讲愈支、愈明愈晦乎？”陶亦豁然有深省处，陶生死心切甚。⑤

万历三十一年癸卯（1603），袁宏道“汰其烦复，摄其精髓”而成《宗镜摄录》⑥ 初稿，并于 1609 年刊行。此通书信作于丙申，也就是第一次会面时，陶奭龄就从袁宏道处了解到“《宗镜》一书”有“愈讲愈支、愈明愈晦”之弊，其后来所以又予节抄而成《宗镜录具体》，与其对袁宏道这一看法的当下豁然深省有关。

陶奭龄在与李卓吾、周汝登、袁宏道等阳明后学一脉思想家的交游请益中，开阔了理论视野，坚定了以禅证儒、明儒的方向，并在镜鉴前贤中不断予以拓展深化。

三　方外之交的法长

陶奭龄一生沉溺禅学，“先生之于禅，政如渊明之于酒”。⑦ 考诸其与云栖袾宏、紫柏真可，以及湛然圆澄、密云圆悟等人的交谊，刘宗周所言不虚。

一是与云栖袾宏、紫柏真可。

陶奭龄与云栖袾宏有直接的交往。云栖袾宏（1535—1615），杭州人，字佛慧，号莲池，力阐禅净兼修，痛斥狂禅。陶奭龄与云栖袾宏有一段问对，载于明版《永明

---

① 《歇庵集》卷九，第 352 页。

② （明）袁宏道著，钱伯城笺校：《袁宏道集笺校》（全二册）卷十一《解脱集之四——尺牍》，上海古籍出版社 1981 年版，第 491—492 页。《解脱集》卷三《飞来峰》云：“余前后登飞来者五……次为王静虚、石篑兄弟。”《歇庵集》卷九，第 428 页。

③ 《赐曲园今是堂集》卷七《苕川集》，第 605 页。

④ 《袁宏道集笺校》卷五十五《未编稿之三——诗尺牍》，第 1599—1600 页。

⑤ 《袁宏道集笺校》卷六《锦帆集之四——尺牍》，第 279 页。

⑥ 《宗镜摄录》是袁宏道对《宗镜录》的删节抄撮性著述，写本现藏日本京都大学。

⑦ （明）刘宗周：《陶石梁今是堂文集序》，吴光主编：《刘宗周全集》（十卷本）第五册《文编中》，浙江古籍出版社 2012 年版，第 548 页。

道迹》：

陶奭龄曰："愚谓禅师脱颖娑婆，栖神赡养，《藏轮》诸传记凿凿可征也。何犹然决？名场，而游心仙籍，为厌彼极乐，复为人间之劳乎！登上品者为有退转乎，为师中无实证乎？"

云栖大师曰："师之行道，普贤亲授以妙莲。师之既化，焰魔躬瞻乎宝相，实证之果无疑。似退之，益硕大。使果极释迦，不妨百界之分身，记获弥陀，正好大慈之填。"①

《永明道迹》本为宋朝大壑所辑，明代重梓本新增了赞语、诠释、问对等注释性、评论性内容。这段由陶奭龄引发的永明延寿既已栖神净土，又转世"复为人间之劳"的"退转"之疑，袾宏以自觉觉他的化身大慈加以销释。话题涉及延寿修学的实证境界，显然与陶奭龄长期关注永明延寿、沉潜涵泳《宗镜录》有关，也反映出其抄撮《宗镜录》时的审慎态度。

陶奭龄与紫柏真可则未及谋面。真可（1543—1603），字达观，号紫柏，世称紫柏尊者。对于佛教各宗采取调和的态度，极为重视文字经教。陶奭龄虽未及与之谋面，但对其评价颇高。其《紫柏塔》序云：

然马祖、百丈、黄檗、临济之宗不至扫地而尽，非师（指紫柏），谁为担负者哉？子谓"微管仲，吾其被发左衽"；吾亦谓"微紫柏，圆颅其将簪导、缁衣其化为素乎？"……岁癸卯，余以计偕至都门，适"妖书"事起，紫柏牵连入狱，无几何，即顺世，不及一觌面，至今为恨。②

在感喟"不及一觌面，至今为恨"之余，陶奭龄还借慧可不免于世难"聊以债宿侵，古今成二可"③称述其懿行，并引孔子之言以管仲譬之真可，旨在彰显其使"马祖、百丈、黄檗、临济之宗不至扫地而尽"之功。陶奭龄之于真可，套用周汝登之言，可谓"受业而非及门"。

陶奭龄所尊崇的袾宏、真可等名宿，其思想侧重点虽略有不同，但都共同倡导延寿《宗镜录》调和诸宗、圆融诸教的主张。值得一提的是，真可还是径山藏刊刻的主要倡导者，陶奭龄《宗镜录具体》的抄撮直接得益于此。经过细致比对，其所依据的底本，正是刊行于1602—1603年间的嘉兴藏本《宗镜录》。

二是与曹洞宗僧湛然圆澄。

黄宗羲言陶望龄张皇"湛然澄"之教，使宗风盛于东浙，说其浸淫佛理，固然不

---

① （宋）大壑辑，（明）六梦居士虞淳熙、寓庸居士黄汝亨同校阅：《永明道迹》，《卍新续藏》第86册，第59页b—c。

② 《紫柏塔》（有序），《赐曲园今是堂集》卷七《茗川集》，第625页。

③ 《紫柏塔》（有序），《赐曲园今是堂集》卷七《茗川集》，第625页。

错，但是，湛然圆澄本为会稽人。

湛然圆澄（1561—1626），字湛然，别号散木道人，从云栖祩宏受具足戒，主要活动于浙东地区。陶奭龄乃湛然圆澄的入室弟子[①]，从1600年至1626年湛然圆寂，两人一直保持着密切的交往：

> 万历庚子（1600年），湛师始住显圣寺，周望兄、宛委先生、濬源文偕予过访，……今年师讲法华寺中，余独来讯灯下，据案话旧，恍惚如梦中境，诎指遂二十四年……时天启三年（1623年）二月望前一日也。[②]

陶奭龄之所以拜湛然为师，与其思想倾向有关。纵览湛然著述，作为佛门中人，居然著有《良知歌》，且宣称"知得良知金不换。"[③] 其与陶奭龄，一佛一儒，鼓动儒佛圆融会通，并在相互呼应之中使其风气不断递进蔓衍。

另外，陶奭龄还与其弟子麦浪明怀、石雨明方（1593—1648）、瑞白明雪（1584—1641）时相往来。湛然圆寂之后，陶奭龄撰有《会稽云门湛然澄禅师塔铭》，该铭的请铭者，即是麦浪明怀，不巧的是，未等陶奭龄写就，明怀已圆寂。继其事者，为时主天华法席的石雨明方。明方赞叹"陶石梁居士讲学，甚得宗门旨趣"。[④]《赐曲园今是堂集》载有相关诗偈三篇四首，可知其所问对的是诸如"多生结习销磨未"[⑤]"正看艳冶已知空"[⑥]"风前一为演真如"[⑦]"鱼鸟能无恼定心"[⑧] 之类的禅道。引人注目的是，陶奭龄曾于崇祯元年（1628）[⑨]、崇祯六年（1633）[⑩] 两次参与礼请瑞白明雪开堂讲法，其中与陶奭龄学术路径不同的刘宗周，也参与了第二次礼请，可见当时学术风气。

三是与临济宗僧密云圆悟。

密云圆悟（1566—1642）的临济宗一脉，在晚明江浙一带具有相当大的影响力。

陶奭龄与密云圆悟的交往，自1607年至1625年都有明确的记载。《年谱》熹宗天启"五年乙丑"（1625）条记云：

> 谢郡丞青莲居士自以拘文，不得预参请之列，思一睹颜色，虑无以致师者。时

---

① （清）净挺辑：《学佛考训》卷七《儒流》："陶石梁，会稽人，参散木和尚（即湛然圆澄），辑《宗镜具体》行于世，著《喃喃录》。"《嘉兴藏》第34册，第19页b。

② 《赐曲园今是堂集》卷五《憩阴集》《万历庚子，湛师始住显圣寺》，第599页。

③ （明）明凡录，丁元公、祁骏佳编：《湛然圆澄禅师语录》，《卍新续藏》第72册，第838页a—b。

④ （明）明方说、净柱编：《石雨禅师法檀》，《嘉兴藏》第27册，第153页b。

⑤ 《赐曲园今是堂集》卷十《闲居集》《戏赠》其一，第672页。

⑥ 《赐曲园今是堂集》卷十《秋日过天花寺，访石雨师斋头，看秋海棠，戏赠》其二，第672页。

⑦ 《赐曲园今是堂集》卷十《就石雨师乞竹栽》，第672页。

⑧ 《赐曲园今是堂集》卷十《过天华寺赠石雨师》，第664页。

⑨ （明）明雪说，寂蕴编：《入就瑞白禅师语录》卷一，《嘉兴藏》第26册，第751页a。

⑩ （明）明雪说，寂蕴编：《入就瑞白禅师语录》卷二，《嘉兴藏》第26册，第755页c。

陶石梁广文余杭矣，乃为转属，具道所以愿见意，师得书遂往谢，喜出望外。①

这种匪浅的交谊，源于圆悟于万历三十五年丁未（1607）至绍兴，从“师至绍兴，王静虚、陶石篑邀师至书馆”② 来看，这应是陶奭龄与其产生交集之始。次年起至庚戌（1610），密云长居吼山石篑山房近三年③，在此期间，密云曾有《为石梁居士静室作》，云：“顶破太虚空，踏穿海水底。何须茅盖头，风吹与雨洗。”④ 同卷还有《寄石梁陶居士》：“月到秋深滴露浓，岩前石菊正花红。山僧尽日茅堂睡，长梦昆耶多口翁。”⑤

其对陶奭龄思想影响的具体情形虽不得其详，但从其禅法以一条白棒接引学人著名于世的宗风：访周海门，“一喝便行”；遇陶望龄，且“与一掌”⑥，可以推知，其简易的法门以及重悟的倾向⑦，对陶奭龄的“具”《宗镜》之“体”、借重禅家之“悟”以重构心学，应该产生了一定的影响。

总之，陶奭龄心学源于其兄陶望龄的直接启发，在与当时名士、名僧的广泛交游中广泛汲取营养，并沿着李卓吾、周汝登、袁宏道开拓的致思路径不断深化。《宗镜录具体》的成书，可以视为这些“直寻旁讨”⑧ 的标志性成果，成为其以禅证儒的理论资粮。其理论努力，通过借先贤之壶，以酿己之酒，成为晚明王学向禅学一途纵深化推展的理论标本、向极端化开展的历史环节。

【作者简介】刘泽亮，厦门大学哲学系教授、哲学博士。

---

① 《天童密云禅师年谱》，《嘉兴藏》第 10 册《密云禅师语录》卷十二后附，第 81 页 a。

② 《密云禅师语录》卷五，《嘉兴藏》第 10 册，第 28 页 c。

③ 《天童密云禅师年谱》，《嘉兴藏》第 10 册《密云禅师语录》卷十二后附，第 78 页 c、79 页 a。石篑山房，陶望龄在吼山上所筑的读书处。吼山之名，源于越王勾践曾在此养狗。

④ （明）圆悟：《为石梁居士静室作》，《嘉兴藏》第 10 册《密云禅师语录》卷十一，第 60 页 c。据《年谱》，此偈作于“三十八年庚戌”，即 1610 年。

⑤ （明）圆悟：《寄石梁陶居士》，《嘉兴藏》第 10 册《密云禅师语录》卷十一，第 60 页 a—b。此诗据《年谱》，记为（神宗万历）“四十五年丁巳”，即 1617 年。参见《天童密云禅师年谱》，载《嘉兴藏》第 10 册，第 80 页 a。

⑥ （明）圆悟说撰，如莹等编：《密云禅师语录》卷五，《嘉兴藏》第 10 册，第 28 页 c。

⑦ 密云圆悟强调“悟”，认为“一悟不再悟，深达法源底。”《密云禅师语录》卷十二，《嘉兴藏》第 10 册，第 74 页 a。

⑧ 《歇庵集》卷十二，《登第后寄君奭弟书》之三，第 431 页。

黄宗羲论"一"之研究

朱义禄

摘　要　在黄宗羲著作中反复出现的、作为前缀的"一"，不是通常数字意义上的"一"。因"一"后续的文字的不同，显现出截然相反而极为丰富的内涵。对它们作深入剖析，有助于进一步加深对黄宗羲思想的理解。从否定的角度看，"限以一先生之言""莫不各有一定之说""必欲出于一途""彼亦一述朱，此亦一述朱"等，表明了黄宗羲对科举制度的批判以及对经学独断论的抨击；从提倡的视野看，"道非一家之私""不必出于一途""各持一说，以争鸣天下"等，反映了黄宗羲对思想自由的提倡和对学术民主与百家争鸣的向往。

关键词　黄宗羲　一　人才　穷经　道非一家之私　各持一说

一　"限以一先生之言"以"破坏天下之人才"

就科举制度本身而言，对社会影响最大的是甄选人才的标准。通常地说，是否成为人才，关键在于自身有没有学问，以及能否将这些学问应用于现实，为国家与民族的兴盛与发展作出较大的贡献。黄宗羲指出，科举制度到了明末，弊端集中在"破坏天下之人才，惟恐不力"上。对功名的追求掩盖了科举制度中原本具有的合理因素，无法为国家求得经世济邦的人才：

> 今日科举之法，所以破坏天下之人才，唯恐不力。经、史，才之薮泽也，片语不得掺入，限以一先生之言，非是则为离经畔道，而古今之书，无所用之。言之合于道者，一言不为不足，千言不为有余。限之以七义，徒欲以荒速困之，不使其才得见也。二场三场，置之高阁，去取止在头场；头场之六义，亦皆衍文，去取定在首义。牢笼士子，以循故事，卷数既烦，摘其一字一画之讹，挂于墙壁，以免过眼，其恶士子，甚于沙石。……三岁之中，一岁一科，士子仆仆以揣摩主文之意旨，读书更在何日？凡此节目，人才焉得而不破坏乎？……以取士而锢士，未有甚

于今日者也。①

科举制度的创立，在人才甄选拔制度上是有一个开创性意义的变革。隋唐实行的分科考试，是对以血缘关系与世袭制来确定人才标准的否定。以考试成绩为主要依据，不仅扩大了人才甄选的范围，评定标准也相对客观合理。它要求考生具有较为全面的文化素养，所试内容有诗赋、策问、帖经、杂文等。科举制度不可能达到野无遗才的程度，但毕竟在制度层面上，以机会均等的方式使士人有了凭自身才能得以竞争的可能。在一些人身上，确实发生过“朝为田舍郎，暮登天子堂”的奇迹。如果说，科举制度在它的前期（唐宋），造就了较多经邦济世的人才的话；那么，科举制度在后期（明清），则使众多的士人囚禁于八股章句的枷锁之中。

先说“限以一先生之言”。这里“一先生”，是指被奉为官方哲学的程朱理学。在黄宗羲看来，凡是与程朱理学相违的言论，就是离经叛道。这种独断论的出现是明代科举制度的必然产物。《明史·选举志》记载明初的“科举定式”时说：“初场试四书义三道，经义四道。”这就是“限之以七义”。《四书》指《大学》、《中庸》、《论语》与《孟子》，考生必须遵循朱熹之注疏《四书章句集注》，为作文章时的依据。《诗经》以朱熹《诗集传》为准，《周易》以程颐《伊川易传》与朱熹《周易本义》为准。《尚书》以朱熹门生蔡沈《书集传》为主，《春秋》以程颐私淑弟子胡安国和朱熹门人张洽的《春秋传》和《春秋集注》为主。五经中除了《礼记》主“古注疏”外，其余经书全部纳入程朱理学的范围。洪武二年（1369），明太祖在诏令中明言：“国家明经取士，说经者以宋儒传注为宗，行文教人典实雅正……其有剽窃异端邪说，炫奇玄异者，文虽工弗录。”② 对“宋儒传注”有抵触的文章与著作，不但入不了仕途，而且要被官府治罪，或焚掉其所著书。明代开始的文字狱，直接动因即在于此，这在后面再论。

次说“即之以七义”。明代规定，乡试、会试各三场。在考生三场考试的十多篇文章中，试官无法阅遍，便只阅头场。头场试卷中，往往只有“四书义三道，经义四道”被审阅。

再说“士子仆仆以揣摩主文之意旨”。这是士人取得功名的先决条件。被大学士解缙批为“庄重典雅”的一份试卷，是洪武十八年（1385）考生黄子澄作的，内中充满着对皇权至上的奉承的话：“治道隆于一世，政柄统于一人”“天子至尊，实无二上”“语乾纲，则一人所独断”“一制度，一礼乐”“一生杀，一予夺，制之者天子”。一位叫徐存庵的批语是：“此为文章之始，自应首录，以存制认之河源也。”③ 皇权是至高无上的，皇帝的话是不能反对的，包括礼乐在内的种种制度是皇帝定下的，皇帝有着对天下臣民生杀、给予与剥夺的大权。这里的“一”，就是以专制主义为核心的独断论，是

① （明）黄宗羲：《黄宗羲全集》第十册《蒋万为墓志铭》，浙江古籍出版社 2005 年版，第 493—494 页。

② （清）佚名氏撰：《松下杂抄》卷下，《丛书集成续编》第 96 册，上海书店 1994 年影印本，第 511 页。

③ （清）梁章钜著，陈君渊点校：《制艺丛话》卷四，上海书店 2001 年版，第 51 页。

同“一先生之言”吻合的。因为程朱理学所宣扬的“天理”，无非是这种独断论的哲理化抽象而已。①

这样的独断论，使科举制度的弊端在明末已处于积重难返的地步。顾炎武把科举制度同秦始皇的焚书坑儒相比，“败坏天下之大才，而至于士不成士，官不成官，兵不成兵，将不成将”。② 这些所谓的“士、官、兵、将”不是宣扬忠孝节烈，便是唱一番君主圣明的赞歌了事。聂豹（1487—1563），私淑王阳明，由主静而创归寂说。他以佛教的禅定阐发周敦颐的“主静立极”，强调在心灵之间解决问题。他官至兵部尚书，被罢官后南还。他的学生问他，有无良策抵御倭寇对江南沿海的骚扰，他以“壮者以暇日修其孝弟忠信”作答，让“闻者窃笑”。③ 倪元璐，进士出身而为时人视为有才能的名臣。《明史·倪元璐传》载，“当是时，冯元飚为兵部，与元璐同志，钩考兵食，中外想望其平。然其筹划国计民生，亦为虚应故事”。崇祯问他：“今国用匮拙到此，生之者众，为之者疾，何所措手？”他的回答很巧妙：“陛下英明，不妨经权并用，臣儒生，止知因民之情，藏富于国耳。”④ 崇祯以军事与财政之事，问策于礼部尚书兼内阁大学士温体仁。温体仁谦逊地作答：“臣夙以文章待罪禁林，上不知驽其下，抉至此位。盗贼日益众，诚万死不足以塞责。顾臣愚无知，但票拟勿欺耳。兵食之事，惟圣明裁决。”（《明史·温体仁传》）这同“陛下英明”一样，是为高明的曲意奉承，而隐藏背后的是，在科举制度下培养的“士官将”们，是缺乏匡世能力的庸才。

唐代，以理财著称或以诡谲多智闻名的安邦定国的名臣贤相，如宋璟、裴度、狄仁杰等，都是从科举这条路上来的。宋代广开科举之大门，一大批卓有才华的士人脱颖而出。尤为令人瞩目的是，一些出身贫寒而有真才实学的下层士人，以勤奋好学而掇取青紫并名传青史的，如吕蒙正、范仲淹、王禹偁等，都是其中佼佼者。到明清两代，像唐宋那样的名臣贤相很少见了，出了个张居正，也被骂为法家。多的是下面所说的像聂豹、倪元璐、温体仁这样无真才实学的官僚们。

黄宗羲有首诗是对此而发的：“近年学人少，谁何识真伪。遂以科举学，劫人之听视。括贴上下文，原无真实义。推之入理窟，涂车可掠地。有明三百年，人物多憔悴。”⑤“有明三百年”，有真才实学的是不少的，只是与科举沾不上边。李时珍，三考三落榜，未能敲开仕途的大门，后弃八股而投身医药研究，遂有饮誉世界的《本草纲目》面世。被李约瑟称为“中国狄德罗”的宋应星，一生中有“五上公车不第”的惨痛经历，使他从春秋方富的29岁，耗磨到两鬓见霜的45岁，只是在下定决心与科举决裂后，转向同功名毫不相关的科学技术，使他的才华迸发，写就了名垂青史的《天工开物》。士人作为中国古代社会的精英，其一生挣扎攀爬在从童生、秀才到举人、进士

① 程朱理学宣扬的“天理”，包容了黄子澄文章中“一”的内容，详见朱义禄撰《〈朱子语类〉选评》，上海古籍出版社2017年版，第48—74页。

② （明）顾炎武：《亭林文集》卷一《生员论中》，《顾亭林诗文集》，中华书局1983年版，第23页。

③ （明）沈德符：《万历野获编》卷二《列朝》，中华书局1959年版，第53页。

④ （清）陈鼎：《东林列传》卷八《倪元璐》，广陵书社2017年版，第157页。

⑤ （明）黄宗羲：《黄宗羲全集》第十一册《南雷诗历补遗·脚气诗》，第338页。

的阶梯上，已失去了唐宋时期那种活力。有明一代三百年，以科举制度为中介，造就了一批又一批庸才，黄宗羲的“人物多憔悴”即对此而言。“蹙蹙章句，锢人性命；视一科名，以为究竟。正如海师，针经错乱；妄认鱼背，指曰洲岸。”① 以科举为“究竟”的士子，如同大海航行时指错方向的“海师”一样，把冒出水面的鱼背，当作江中的小洲或岸边。这一比喻，形象地说明禁锢人的生命活力的科举制度，是造成学问脱离实际的罪魁祸首。士人研读“宋儒传注”所得到的，是一些陈旧的政治、伦理与文化方面的知识。有关国计民生的自然科学知识、防御外敌的军事理论、治理国家的经世济民之学……基本上是不讲的。于是，代圣贤立言的士人，自然不花精力探讨了。从一批只知宋儒传注、知识结构极为畸形的士人中选拔出来的官僚，要他们去解决国家的内忧外患，必定心有余而力不足。

二　“举业盛而圣学亡”与“一定之说”

造成明代“人物多憔悴”的直接原因，是士子们不知道真正的学问是什么。科举制度的一大祸害，是使真正的学问衰亡，黄宗羲对此愤慨地说：

> 举业盛而圣学亡。举业之士，亦知其非圣学也，第以仕宦之途寄迹焉尔，而世之庸妄者，遂执其成说，以裁量古今之学术，有一语不与之相合，愕眙而视曰：“此离经也，此背训也。”于是六经之传注，历代之治乱，人物之臧否，莫不各有一定之说。此一定之说，皆肤论瞽言，未尝深求其故，取证于心，其书数卷可尽也，其学终朝可毕也。②

“圣学”是黄宗羲心目中的真正的学问，学术民主与思想自由是他心目中“圣学”的核心。与“圣学”对立的是“举业”。因明代官方对科举制度的考试内容的规定，且以“宋儒传注为宗”，所以在注经、评史、论人上，“莫不各有一定之说”。“一定之说”，是说做学问只要遵循固定的模式就可以了。不必对客观的对象（精神客体、历史变动、人物评价等）探究其原因之所在，也不管这种学问是否适合本人的实际情况。黄宗羲指出，这样的学问是肤浅的，就那么几本书，就那么一点有限的学问，人们很快可以把它穷尽。“举业之士”则“执其成说”，作为判定古今学术标准。一旦发觉与“宋儒传注”相反的地方，就说是离经叛道。对此黄宗羲慨叹地说：“嗟乎！自科举之学盛，世不复知有书矣。《六经》子史，亦以为冬华之桃李，不适于用。先儒谓传注之学兴，蔓词衍说，为经之害，愈降愈下。传注再变而为时文，数百年亿万人之心思耳目，俱用于揣摩剿袭之中，空华臭腐。……而先王之大经大法，兵、法、农、礼、乐，

① （明）黄宗羲：《黄宗羲全集》第十册《进士心友张君墓志铭》，第400页。
② （明）黄宗羲：《黄宗羲全集》第十册《恽仲升文集序》，第4页。

下至九流六艺，切于民生日用者，荡为荒烟野草。"① 这是说，科举之学兴起后，人们不再知道真正意义上的书籍是什么了。"时文"是由程朱"传注"演变而来，并替代了儒家经典与诸子百家与历史著作。人们的心思全集中于对"时文"的"揣摩剿袭"中，做学问全无个性、缺乏创造；上至先人的六艺，下至三教九流，乃至于对民生日用有益的学问，全沦落为"荒烟野草"。这是亲身参加过科举考试后的黄宗羲的真实感受。

自八股取士成为制度后，时文逐渐流行，在明代中后叶到清代盛极一时。时文即八股文，八股文要代圣贤立言，题目是圣贤说的话，作文者从"起讲"，站在圣贤的立场，设身处地，把题目详加阐发，说上许多圣贤没有说过的话。士人要写出这样文章来，唯一的依据就是揣摩朱熹对"四书"的注释。这就是"传注再变而为时文"的途径。读书人从童年开蒙起，就将全副精力锁定在"宋儒传注"的套路上；等他们成年后，思维方式就被框死于"一定之说"的牢笼中。时文做得好，被主考官相中，就会进入那令人羡慕的仕途。如何能够使士人快捷地登上仕途，有人选编、批注了一些乡试、会试取中的考卷，作为范文，供士子们学习揣摩。明弘治年间（1488—1505），这种以中举为目的的文选，很快便在社会上流传开来。这是一个有着庞大需求的市场，于是选家也就应运而生了。从万历始，八股文选本风行全国。与黄宗羲初相善后交恶的吕留良，其天益楼八股文选本，在清初风靡海内。八股文出题仅限于"四书"，注疏局囿于程朱，而格式又极死板，"破承起讲，提比后比"之类，不知套住了多少士人的聪明才智。起先士人读"四书"而不能兼顾八股选本，到明末八股选本已有取代"四书""五经"的势头，已经达到汗牛充栋的地步。

整天钻研时文的人，不仅对天下大事、国计民生茫无所知，就是对历史文化知识也贫乏得很。黄宗羲记述了他与两位士人的对话：

> 余尝遇士人问"叠山何人"，余应之曰"谢枋得"；又问"枋得何人"，余不知从何说起，遂不应。又有士人过余斋头，见《宋书》有《陶渊明传》，曰："渊明乃唐以后人乎?"余轩渠而已。两人者，其一举人，其一进士。嗟乎！科举之学如是，又何怪其无救于乱亡乎！②

谢枋得即谢叠山，叠山是他的号。他与文天祥是同科进士，率兵抗元失败后，流亡各地。谢枋得是宋元易代之际的著名遗民，这位士人竟然不晓得谢枋得与谢叠山是同一个人。陶渊明是晋宋之际著名的田园诗人，这位进士一见《宋书》，想到的是五代十国后的宋朝。如此常识性的东西，士人们茫然无知，孤陋寡闻得很。清初有个中医叫徐灵胎，著有许多劝世的"道情"，总名《洄溪道情》。其中有一首"刺时文"，对士人们知识贫乏的讽刺，真可以说鞭辟入里：

> 读书人，最不济。烂时文，烂如泥。国家本为求才计，谁知道变成了欺人技。

---

① （明）黄宗羲：《黄宗羲全集》第十册《传是楼藏书记》，第136页。

② （明）黄宗羲：《黄宗羲全集》第十一册《振寰张府君墓志铭》，第38—39页。

三句承题，两句破题，便道是圣门高第。可知道三通四史是何等文章，汉唐高祖是哪一朝皇帝。案头放高头讲章，店里买新科利器。读得来肩臂高低，口角嘘唏。甘蔗渣嚼了又嚼，有何滋味。辜负光阴，白白昏迷一世。就教他骗得高官，也是百姓、朝廷的晦气。①

科举制度的本意，是要延揽天下人才，让有真才实学的人参与国家的政治活动。结果适得其反，“本为求材计，变成欺人技”。时文是士子踏进仕途的敲门砖，故称“新科利器”。揣摩经书题旨的书当时出了不少，如《五经备旨》《四书味根录》等。其形式颇为奇特，正文（连注）被压到最下一层，少的只占版面的三分之一。每页书上横分几层，上边几层，排列着各方面的资料，如词句解释、典故原委、论点宗旨、道理讲法等，各自纳入某一横栏之中。版面呈现的是头重脚轻的形式，俗称“高头讲章”。士人们浸沉其间，不知道“汉唐高祖”是哪朝皇帝，不知“三通四史”是什么著作。《通典》《通志》《文献通考》为“三通”，《史记》《汉书》《后汉书》《三国志》为“四史”，对士人来说是属于基本常识范畴的。但对埋头于“高头讲章”、对“时文”这样的“甘蔗渣嚼了又嚼”的士子来说，“三通四史”一点用处也没有，自然被束之高阁了。八股取士制度的推行，使士人们的知识结构、思维方式局囿于取得功名、八股选本的小天地里。

八股文作为文体的一种，本身是中性的。这种统一的格式对处于中心城市与偏远乡村的士人来说，他们在应试时使用这种文体是具有公平的因素。只是它所要抒写的内容为“宋儒传注”所限，严重地束缚士人思想的自由。于是八股文的性质发生了变化，成为陈词滥调、迂腐俗套的同义词，它使士人们不再钻研与国计民生有关的经世实学。到明代中期以后，士人为了谋求功名，已到了“制艺之外，百不经意”的地步，更遑论救国家的危难！“科举之学如是，又何怪其无救于乱亡”，这是黄宗羲亲历明亡后得出的结论。②

三 “守一”与“会通”

与以“宋儒传注为宗”作为取士标准相适应的，就有一个用什么方法去读儒家经典的问题。黄宗羲对只遵循一家之言去“穷经”，是非常反感的：

① 转引自（清）独逸窝退士撰《笑笑录》卷五《嘲时文道情》，清光绪申报馆丛书本。

② 在对科举制度的演变作了详细论述后，他提出“取士也宽，其用士也严”的设想，强调的是不拘一格地选择人才：“吾故宽取士之法，有科举，有荐举，有太学，有任子，有郡邑佐，有辟召，有绝学，有上书，而用之之严附见焉。”值得令人侧目的是他对“绝学”的提倡：“绝学者，如历算、乐律、测望、占候、火器、水利之类是也。郡县上之于朝，政府考其果有发明，使之待诏。”所谓“绝学”，是指自然科学方面的特长。郡县对于自然科学各个领域专门人才，应该上报给朝廷，经考核证实确有发明创造的，“列为待诏”。见《明夷待访录·取士下》，《黄宗羲全集》第一册，第17—19页。

夫穷经者，穷其理也。世人之穷经，守一先生之言，未尝会通之以理，则所穷者一先生之言耳。①

在古代社会里要人们不读儒家经典，如同人拔着头发离开地球一样，是办不到的。关键在于如何"穷经"。黄宗羲希望以会通的方式，让人们自由地去理解经书，坚决反对"守一"的思维方式。"穷经"在黄宗羲看来，是学问的根柢所在。"穷经"有两种不同的方法：一是"会通"，一是"守一"。会通，是对经书中的各家学说作了融会消化后，萌生新见解的一种思维方式。它取各家之长，从而形成对客观对象的深层次的认识。会通强调的是"贯穿之学"：

夫文章不论何代，取而读之，其中另有出色者，寻常经营不到者，必传文也。徒工词语，嚼蜡了无余味者，必不可传者。昌黎惟陈言之务去，士衡怵他人之先我，亦谓学意短浅，伸纸摇笔，定有庸众思路共集之处，故惟深湛之思，贯穿之学，而后可以去之怵之。②

黄宗羲指出，历史上的文学家如晋朝的陆机与唐朝的韩愈，他们的文章盛传不衰，是因为他们的文章都有新意（"另有出色"）。推而广之，历史上留下来的"传文"，不是陈陈相因的，有着常人意想不到之处（"寻常经营不到"）。韩愈提倡"惟陈言之务去"、陆机主张"怵他人之先我"，这就要求对古今上下的各家学说有透彻的理解，作深刻的思考与反复的钻研。在黄宗羲看来，这就是"贯穿之学"的本质，是产生"会通以理"思维方式的前提。经过主体"会通以理"后的学问，才是真正有思想深度的学问；那些只知道卖弄辞藻的学问，是引不起人们兴趣的，即"嚼蜡了无余味"。

与"会通以理"相对立的是"守一先生之言"。这里的"一"，主要是指朱熹的学说与他对儒家经典的注释。《四书章句集注》是朱熹花了40年左右的心血写成的，从宋明理学发展的角度来看，是一部极具价值的著作，其间不乏真见灼知。但从社会效果来说，却成为统治者在文化上推行专制主义的工具。造成这一格局的原因，是明代以程朱注疏为科举取士的标准，造成了"此亦一述朱，彼亦一述朱"的格局："《四子》之义，平易近人，非难知难尽也。学其学者，讵止千万人千百年！而明月之珠，尚沈于大泽，既不能当身理会，求其著落，又不能屏去传注，独取遗经。精思其故，成说在前，此亦一述朱，彼亦一述朱，宜其学者之愈多而愈晦也。"③ 黄宗羲以为，《论语》《孟子》《大学》《中庸》这四部经书，并不是难学的。它们的内容是平易近人的，为何现在像沉于大湖中的明珠，不能放出它们应有的光芒来呢？这是因为前面有拦路虎，叫人守故蹈常。学习"四子"的人越多，内中的道理反而越晦暗难明。这样的结果，是由

① （明）黄宗羲：《黄宗羲全集》第八册《明儒学案》卷五十二《诸儒学案中六》，第545页。

② （明）黄宗羲：《黄宗羲全集》第十册《寿李杲堂五十序》，第676页。

③ （明）黄宗羲：《黄宗羲全集》第一册《孟子师说·题辞》，第48页。早先，以广博著称的学者杨慎说："宋人曰是，今人曰是；宋人曰非，今人曰非。高者谈性命，祖宋人之语录；卑者习举业，抄宋人之策论。"（明）杨慎：《升庵全集》卷五《文字之衰》，万有文库本。

“此亦一述朱，彼亦一述朱”引起的。①

前已说过，“去取定在首义”。“首义”是考士子对《四书章句集注》的理解。熟读《四书章句集注》，就是士人掇取青紫的敲门砖，造成了“取士而锢士”的后果。“锢”的含义，就是钳制人们的思想自由。明代学者何乔远说：“明兴，高皇帝立教著政，因文见道，使唤天下之士一遵于朱为功令，士之防闲于道域，而优游于德囿者，非朱氏之言不遵。”［（明）何乔远：《名山藏·儒林记上》］“一遵于朱为功令”，表明程朱理学在明代，成为维护文化专制主义的一种独断论。有明一代，独断论是贯彻到实际行动中去的。有儒生朱季友向朝廷献书，专门批驳程朱熹理学，下场很是悲惨。② 270年后，颜元给陆世仪的信中，还有“惧一身之祸”的话，足见独断论的余威之烈！③

黑格尔说：“独断哲学是这样一种哲学，它树立起一个特定的原则，一个标准，并且只树立起这样一个原则。”④ 程朱理学以抽象的思辨，把等级制度和伦常秩序哲理化为“天理”，论证了这种制度和秩序的合理性，又把“天理”上升为君临天地万物、人类社会的绝对真理，作为自然、社会的最高本原的最高准则，不许人们对它有丝毫的疑窦。明代统治者从行政机制与人才选拔制度两方面独尊程朱理学，造成了思想上的僵化。士人在对“一先生之言”的崇拜中，丧失了主体思维的自由。黄宗羲抨击“守一先生之言”，提倡“会通以理”，是要求人们摆脱思维的僵化状态。

四　“道非一家之私”与“殊途百虑之学”

脱离僵化就意味着思想自由。如果说抨击“守一先生之言”是着眼于批判，那么“道非一家之私”与“殊途百虑之学”就集注于提倡，是黄宗羲学术民主思想的体现。他说：

> 昔明道泛滥诸家，出入于老、释者几十年，而后返求诸《六经》；考亭于释、老之学，亦必究其归趣，订其是非；自来求道之士，未有不然者。盖道非一家之私，圣贤之血路，散殊于百家，求之愈艰，得之愈真。虽其得之有至与不至，要不

---

① 黄宗羲对朱熹之学是辩证地看待的：“夫朱子之教，欲人深思而自得之也”，然而“数百年来，儒者各以所长，暴于当世，奈何朱子者，取其得朱子之撞着者，概指之为异学而抹杀之乎？”见《黄宗羲全集》第十册《恽仲升文集序》，第4页。黄宗羲以为，朱熹之学在创立时的原意，是重视自得的；到明代被奉为官方意识形态后，成为抹杀不同见解的独断论。

② 清沈德符记载了此事：“永乐三年，饶州府儒士朱友季著《书传》，专攻周、程、朱、张，献之朝。上命行人押回原籍，杖遣之，焚其书。”以后还有傅宽、陈公懋、陈云章、林希元、张世则等人，著书对程朱理学发表不同见解，均受到与朱季友相似的下场。时间跨度从永乐三年（1405）到万历二十四年（1597）。见《万历野获编》卷二十五《献书被斥条》，第633—634页。

③（清）颜元《习斋记余》卷三《上太仓陆桴亭先生书》：“友季著书驳程朱之说，发本州决杖，况议及宋儒之学术、品诣者乎！此言一出，身命之虞所必至也。然惧一身之祸而不言，委气数于终诬，置民物于终坏，听天地于终负。”见《颜元集》，中华书局1987年版，第427页。

④［德］黑格尔：《哲学史讲演录》第三卷，贺麟译，商务印书馆1959年版，第6—7页。

可谓无与于道者也。①

这是说，对学问的追求是很艰难的，像程颢与朱熹在创立学说过程中，花了很长时间与很多精力在道家与佛教上，最后才归宗儒学。黄宗羲认为，一个人求索的过程越艰苦，其所得到的东西越有价值。黄宗羲指明，这是学术探索的必经之途。“道”作为学问的最高境界，或者说学者追求的终极目标，不可能是某一学派的专利品。不同的学术流派（“百家”），都可对“道”作出自己的贡献。不同的学者在认识程度上是有差别的，有“至”与“不至”的不同，但不能说“无与于道者”。从认识论上来，对客观真理的追求是一个多元化的过程。

黄宗羲对如何趋向于“道”有个解译：

> 夫学术之不同，正以见道体之无尽，即如圣门师、商之论交游、夏之论教，何曾归一？终不可谓此是而彼非也。奈何今之君子必欲出于一途，剿其成说以衡量古今，稍有异同即诋之为离经叛道。时风众势，不免为黄茅白苇之归耳。夫道犹海也，江、淮、河、汉以至泾、渭、蹄、涔，莫不昼夜曲折以趋之，其各自为水也，至于海而为一水也。②

“道”是没有尽止的。“道”犹如大海，汇聚了长江、黄河、淮河、汉水乃至于泾河、渭河等众多江河；“道”是不拒细涓的，像牛马蹄子里凹进去部分所含的水滴，“莫不昼夜曲折以趋之”。相比于大海的“道”，“百家”就是大川小流，在相互渗透和吸引的过程中汇入大海。“百家”对“道”的认识是一个无穷尽的过程。孔子门人子张与子夏“论交”、子游与子夏“论教”，他们的意见是不相同的，而这正是“学术之不同”的真实反映，是向着无止境的“道体”行进的正常途径。“今之君子”就两样了，持“必欲出于一途”的独断论。黄宗羲指出，独断论在当前已成为一股流行的思潮，一定要把相异的观点归之为“黄茅白苇”。“黄茅白苇”出自苏轼《答张文潜县丞书》一文。③ 意思是说，在一片盐碱地，只长着黄色茅草与白色芦苇，单调同一。黄宗羲用这一典故，是批评“今之君子”的独断论。他们一旦发觉不同的学术见解，就是离经叛道。“今之君子”涵盖面很广，实为明代文化专制主义的代称，亦指信奉“宋儒传注”的士人们，更是指把程朱理学奉为获取功名工具的读书人。

黄宗羲以为，对学术上真理性认识的获取，是一个“见仁见知”的多元化发展的进程。这一学术民主见解，体现在黄宗羲对朱陆鹅湖之争所作的评议中。朱熹与陆九渊在鹅湖的争论，为他们的后学极度夸大了，以致形成水火不相容的局面而争吵不休。黄宗羲的评议可以归纳为三点。(1) 学术上的争论是正常的：“二先生同植纲常，同扶名

---

① （明）黄宗羲：《黄宗羲全集》第十册《朝议大夫奉敕都督山东学政布政司右参议兼按察司佥事清溪钱先生墓志铭》，第351页。

② （明）黄宗羲：《黄宗羲全集》第十册《寿李杲堂五十序》，第676页。

③ （宋）苏轼：《苏轼文集》卷四十九《答张文潜县丞书》，中华书局1986年版，第1427页。

教，即使意见终于不合，亦不过仁者见仁，知者见知。”① 在维护伦常秩序这一原则上，朱陆没有分歧；他们的分歧，是维护方法上的不同。（2）对不同学派之间无原则的攻讦，黄宗羲是反对的。鹅湖之争后，朱陆的后学抱着狭隘的门户之见。黄宗羲认为，这必然造成对“道”的损害。(3) 学者之间的不同见解，是“明道于天下后世”的最佳途径：“二先生之不苟同，正将以求夫至当之归，以明其道于天下后世，非有嫌隙于其间也。道本大公，各求其是，不敢轻易唯诺以随人。”② 对朱陆二人的分歧，黄宗羲认为，不应持意气用事的态度。“道非一家之私”，是说真理不是某个人、某个学派所能垄断的。真理是要通过不同意见的争论，趋向于“至当之归”。黄宗羲为《象山学案》写的按语，篇幅超过了他写的陆象山叙传，这在《宋元学案》中是极为罕见的。黄宗羲的意图，是想通过对鹅湖之争的评议，来畅论他的学术民主思想。

通过不同意见的争论，引导出较为正确的结论，是人们获得真理的具体途径。黄宗羲把这一过程概括为“殊途百虑”。在给同窗恽仲升的信中，黄宗羲指出，恽仲升“尚有成局之未化”，于“殊途百虑之学”的真谛还不太清楚。③“殊途百虑之学”出自《易传·系辞下》，是说通过不同意见的争论达到一致。从动态去考察人类的求知运动，就会发现思维是充满矛盾的。知与无知、正确与错误、意见与真理常常纠缠在一起，如同共生矿那样难以剥离。人们总是先提出自己的意见，与别人进行讨论。这时的是非界限是不分明的，正确与错误是难以界定的。哪个人、哪家学派，把自己意见当作了真理，就陷入了独断论的泥坑。一个人、一个学派对真知灼见要有自信，要勇于坚持，但这种自信与坚持是建立在有所论证基础上的，要经过和别人、别的学派意见的比较、讨论与反复推敲。“今之君子”与“以守一先生之言”的人一样，信奉的都是独断论。他们“剿其成说以衡量古今”，武断地拿自己的意见作为判断是非的标准并强加于别人、别的学派。黄宗羲提倡“殊途百虑之学"，目的就是反对独断论，提倡学术民主。反对独断论，是中国近代特别是五四以来中国哲学家的一个主要任务，这个工作至今还远未完成。因为独断论在不同的时代里，不断地变换自己的表现形式。对黄宗羲的“殊途百虑之学”，炎黄子孙在奔向现代化的今天，应该很好地把它的精神继承与光大。

五　“各持一说，以争鸣天下”

黄宗羲进而认为，不同风格的作品的并存，是实现百家争鸣的前提条件：

余观当今之作家，有喜平淡而出之率易，有喜艳丽而出之委曲，有独创以为高，有娓古以为非法。非不各持一说，以争鸣天下。然后徬徨尘垢，象没泥深，众

① （明）黄宗羲、全祖望：《黄宗羲全集》第五册《宋元学案》卷五十八《象山学案》，第280页。
② （明）黄宗羲、全祖望：《黄宗羲全集》第五册《宋元学案》卷五十八《象山学案》，第279页。
③ （明）黄宗羲：《黄宗羲全集》第十册《明儒学案原序》，第78页。

情交集，岂能孤行一己之情乎！①

诗人的风格，有平易率真的，有艳丽多彩的，有以创新为高明的，有以遵古为非法的。不同风格作品的并存，在黄宗羲看来是必要的。不能以"一己之情"去范围"众情"并湮没"众情"，需要的是让不同风格的诗歌并存于世，使文坛呈现百家争鸣的盛况来。"象没泥深"，是指大象沐浴在芬芳的泥土里而不愿出来。黄宗羲借用大象的生活习性，来说明诗人的感情一旦沉浸于某一个内容时便难以自拔。这种无法自拔的情感，正是诗人独特风格的体现。众多的诗人，他们创作时的情感是多样化的，怎么能用"一己之情"来限制"众情交感"呢！明代诗坛，复古之风盛行，嘉靖、隆庆、万历、天启年间，复古模拟的倾向日趋严重。人云亦云的趋势，在黄宗羲少年时代还延续着。他跟随韩孟郁、林茂之、黄明立等人，学"作诗之法"。这些老师教他"如何汉魏，如何盛唐"不是一味模仿，稍有点不似的话，就被指责"流入中晚（唐），为宋元矣"。黄宗羲先是"妄相唱和"，后随着个人阅历的增长，"知久久学之，必无进益"。对一味模仿的习气，黄宗羲在晚年作了猛烈的抨击：

> 夫诗之道甚大，一人之性情，天下之治乱，皆所藏纳。古今志士学人之心思愿力，千变万化，各有至处，不必出于一途。今于上下数千年之中，而必欲一之以唐，于唐数百年之中，而必欲一之以盛唐。盛唐之诗，岂其不佳，然盛唐之平奇浓淡，亦未尝归一，将又何适所从耶？是故论诗者，但当辨其真伪，不当拘以家数。②

黄宗羲认为，诗歌创作是出自人的真情，"拘以家数"的模仿之作是诗中之"伪"。他强调了不同风格的诗歌应当并存。写诗不能"必欲一之以唐"，还不能"必欲一之以盛唐"。尽管唐朝，尤其是盛唐，诗歌的创作达到了历史上的高峰，但个人的风格不是呆滞不变的。如王维的诗，比较绮靡浓丽的，多是早年作品；淳朴清淡的、写田园生活和山水风景的，多是晚年的。黄宗羲以为，诗歌是个人经历的结晶。天下的治乱、个人的性格，以及两者相互交融而形成的"诗道"，所包含的内容是极其广泛的。每个人的诗歌，都会有自己独特的风格。他们的"心思愿力"是"千变万化"的，怎么能以"出于一途"来框定诗歌的创作呢！

从更为宽泛的文化史角度看，中华民族是一个喜欢写诗的民族。没有一个民族像中国人那样写了那么多的诗，也没有一个民族像中国人那样写了几千年的诗。中国是诗的国度，数千年来诗人辈出，吟诗抒情是有着悠久传统的。诗歌本是为人们交流情感而作的，奔放、雄浑、激越、婉约、深沉等，风格各异。不同风格的诗歌，一定如黄宗羲所憧憬的那样"众情交集"。如果"孤行一己之情"，中国是不可能成为一个诗歌创作的

---

① （明）黄宗羲：《黄宗羲全集》第十册《吕胜千诗集题辞》，第108页。"妮"的本义是侍候主人的好孩子，这里作缠绕解。

② （明）黄宗羲：《黄宗羲全集》第十一册《南雷诗历题辞》，第204—205页。

大国的。就一个流派、一个时代、一个民族来说，又有流派风格、时代风格与民族风格。风格是指文学创作中表现出来的一种带有综合性的总体特点。其中最主要的是作家的个人风格。风格是识别和把握不同作家作品之间的区别的标志。风格形成的客观因素，为作者所处的社会条件与具体环境。在主观上影响风格的有作者的世界观、个人经历、学识、艺术修养等，其中起决定性意义的是世界观。黄宗羲视诗歌是文人学士创造的精神产品，不同风格的诗歌，应该是后人学习的楷模，是诗歌创作进一步繁荣与发展的基础。

风格就是人的个性的体现。主张不同风格诗歌并存，是黄宗羲对独创精神（“各有至处”）的赞同；强调不同风格的作者，“各持一说，以争鸣天下”，是黄宗羲对“道非一家之私”的理念在文艺领域中的体现。两者的有机结合，构成了黄宗羲学术民主思想的一道亮丽的风景线。黄宗羲期待在明清之际，人人畅所欲言的民主空气在社会上出现。人们在思考问题、研究特定对象时，会从不同视野提出自己的见解。“各有至处”情况的出现，起初会显得很不一致，但经过论辩与争鸣，互相补充、互相启迪，就会形成比较一致的看法。不同见解之间的相互论争、相互吸收，是对真理认识的主要过程，此即黄宗羲力倡“各持一说，以争鸣天下”的动因。应该说，这是人类认识不断得以发展的主要原因，也是中国学术思想史不断有新学说产生的缘由所在。

黄宗羲在政治上是否定“天下”为“一人一姓”之“私”的，而这一否定是为了提倡“公天下”的观念，它萌芽于《留书》而定型于《明夷待访录》。① 这在学术思想上必然要求冲破“限以一先生之言”“出于一途”的牢笼，树出“道非一家之私”“各持一说，以争鸣天下”的学术民主与思想自由的大纛。就哲学家个人言，其本身的政治观点，势必对他的哲学思想的形成有着重要的作用。黄宗羲对文化专制主义的批判，与对百家争鸣的民主风气的向往，是同他本人政治观点相互匹配的。

【作者简介】朱义禄，同济大学教授。

① 参见朱义禄《论黄宗羲“公天下”观念与民生思想》，《中共宁波市委党校学报》2013年第6期。

论黄宗羲的生态思想

董根洪

摘　要　黄宗羲以“通儒”心智，提出了天地人万物生生一体之仁的生态世界观、道德观。其提出的“天地之生万物仁也”的生态价值观、“胜残去杀”的生态事功论、生态化的“崇本抑末”论、诗文山水“相表里”的生态文化论，以及低碳绿色的丧祭文化论等，都完善和深化了儒家的生态思想。其重视自然资源的保护、重视美丽庭院建设、重视诗文生态文化建设等，都对今天我们坚持人与自然和谐共生，促进美丽中国建设具有重要的启迪意义。

关键词　生生之仁　禁绝奢侈　景意不分

中国传统文化中包含着丰富深邃的生态思想，正如习近平总书记在2018年的全国生态环境保护大会上指出的：“中华民族向来尊重自然、热爱自然，绵延5000多年的中华文明孕育着丰富的生态文化。”① 中国传统的生态文化主要包含在儒家的思想体系中，特别在儒家经典的《周易》和《中庸》中。儒家生态思想体系本质上是一个以天地人万物生生一体为核心的大生态主义②，其基本内容为“十一观”：天地生生的生态世界观、阴阳五行八卦的生态平衡论、生生合德的生态价值观、厚德载物的生态道德观、致中和育万物的生态方法论、万物并育的生态平等观、顺应时中的生态实践观、利用厚生的生态发展观、存性事天的生态修养论、节用寡欲的生态生活观、以时禁发的生态管理论。作为明末清初著名的思想家，黄宗羲继承了儒家优秀的生态思想文化，在其博大精深的思想文化中，提出了具有自己特色的生态思想，展现了具有中国特色的生态智慧，构成中国传统生态文化的重要内容。

一

黄宗羲是被时人称为“所谓通天地人之儒也”③ 的一代“通儒”，作为“通天地人

① 《习近平出席全国生态环境保护大会并作重要讲话》，《人民日报》2018年5月19日。

② 具体见董根洪《“十一观论”——儒家大生态主义的生态思想体系》，《浙江学刊》2011年第6期。

③ 沈善洪主编：《黄宗羲全集》第九册，《〈历学假如〉序》，浙江古籍出版社2005年版，第283页。

之儒”的时代大儒，意味着黄宗羲是以深究和追求建立天地人万物一体之仁为宗旨境界的儒家哲人，意味着黄宗羲是一个具有丰富的自然天文地理山川历算知识、广博的社会政经名物制度认知和深刻的人类历史治乱之道认识的博物学家、历史学家和思想家，表征着黄宗羲是一个能够准确理解天道、地道和人道的关系，深刻把握人与人、人与自然、人与社会关系的时代智者。也就是说，“通天地人之儒”的身份，表明黄宗羲深谙人与自然和谐共生之道的生态世界观。

我们知道，儒家提出以天地为本位的世界观，它本质上也是一个以生态为本位的世界观。儒家的世界观以天地为本体，这一本体的实质就是生命万物之本。天地的本性就在于生生日新，天地之道根本上就是生生之道，就在于不断地形成和推进一个富有生命特性的生机勃勃的生态世界。儒家的这一世界观集中体现在奉为祖籍的《易传》中。《易传·系辞》提出“天地之大德曰生”“日新之谓盛德，生生之谓易”。天地以生生万物为德性，天有“大生”之德，地有“广生”之德。朱熹解天地之生德：“天地以生物为心。天包着地，别无所作为，只是生物而已。”（《朱子语类》卷六《性理三》）《易传》外，《中庸》也揭明：“天地之道，博也，厚也，高也，明也，悠也，久也。……博厚所以载物也，高明所以覆物也，悠久所以成物也。”天地之道全在覆载万物，生成万物。

对于这样一个儒家的生生世界观，黄宗羲高度肯定，在他的文章中，处处体现出这一思想：天地自然是一个生生大化的世界，天地的本心就在于“生物”，天地之道就是生生之道，天地的德性就在于生化出一个生机洋溢、生意盎然的生命世界，如“天地以生物为心”①、“天以生物之心”②、“此生生不已天地之心也”③、“天以气化流行而生人物，纯是一团和气”④、“天地间只有一气充周，生人生物”⑤、“盖生生之机，洋溢天地间，是其流行之体也”⑥。

值得注意的是，黄宗羲的思想体系中，天地的生生之德，总是被赋予儒家的核心价值，往往以儒家核心的“仁”概之为天地之心，赋予天地生生之德为生生之仁。所谓“天地以生物为心，仁也”⑦、“天地之生万物，仁也”⑧、“天心仁爱之至”⑨。这种以儒家核心价值原则的“仁”赋予天地的生生之德，表达了在黄宗羲看来，“仁”不仅具有了宇宙本体的意义，而且具有了生态本体的价值。以“仁”贯通生生，使“仁”通达天地“大生”“广生”，促进万物生意盎然，推动宇宙生机勃勃，赋予“仁”最广大的生命本性，赋予儒家将尊重生态、珍惜生命、呵护生物作为最高使命和最元初心，也使尊重自然、顺应自然、保护自然具有最高的正当性、合理性。黄宗羲这里提出从客体化的天地生

① 沈善洪主编：《黄宗羲全集》第一册，第49页。
② 沈善洪主编：《黄宗羲全集》第十册，第611页。
③ 沈善洪主编：《黄宗羲全集》第七册，第730页。
④ 沈善洪主编：《黄宗羲全集》第一册，第111页。
⑤ 沈善洪主编：《黄宗羲全集》第一册，第60页。
⑥ 沈善洪主编：《黄宗羲全集》第八册，第4页。
⑦ 沈善洪主编：《黄宗羲全集》第一册，第49页。
⑧ 沈善洪主编：《黄宗羲全集》第一册，第90页。
⑨ 沈善洪主编：《黄宗羲全集》第八册，第706页。

生之德到主体化的天地生生之仁，本质上是王阳明开始的儒家“天地人万物一体之仁”的本体化体现，它建构并实现了生态文明意义上的天人合一，具有重要的意义。

我们知道，“孔子贵仁”，以孔子为代表的儒家思想的核心就是“仁”，“仁者人也”，“仁”是人之为人的本质，而其内涵在“爱”。在孔孟那里，其仁爱对象还是人。所谓“仁者爱人”，以后在宋儒那里，就开始“仁者天地万物一体”的理学化进程，开始赋予“仁”与天地生生之德的贯通，开始生生为仁的新使命，仁爱的终极体现就表现为使所仁爱之人物能够充分展现其应有的生命本性及历程。朱熹就说：“仁是个生的意思。”“只是从生意上说仁。”（《朱子语类》卷六《性理三》）而到明儒那里，就进一步将天地生生与仁相贯通，如明儒罗汝芳说：“天地之大德曰生。夫盈天地间只是一个大生，则浑然亦只是一个仁，中间又何纤毫间隔？故孔门宗旨，惟是一个仁字。”天地之大德在大生，这大生亦即是仁，只是追求世界上的人和万物能够顺利生生，这就是“孔门宗旨”，是典型的儒家大生态主义精神。显然，黄宗羲的天地生生之仁的思想直接渊源于此，其更加概括性的“天地之生万物，仁也”的命题，更加体现出了新儒家打造天下生命共同体的大生态主义宏愿。这一命题包含着世界本来是（必须是）也应该是一个人与万物和谐共生的充满活泼泼生机的美丽世界。

由天地生生之仁而来，人类有价值、有道德的人生和追求，必然也以“生生”为本质、为核心。也就是说，天地以生生为德，以生生为仁，人与天地合其德，“仁以为己任”，因此，人类的价值使命也在于以生生为德为仁，人类的价值观、道德观就在生生，就在于能够促进人和万物生生的行为就是有价值的，就是合乎道德的，一切违背生生原则、残害人和万物生命的行为就是有害的，就是违背道德的。这一立场态度构成了黄宗羲的生态价值观和生态道德观的基本思想。黄宗羲非常敬爱其师刘宗周，非常赞赏刘宗周的观点：“天地以生物为心，仁也。万物资生，人与万物皆生于仁，本是一体。故人合下生来便能爱，便是亲亲。由亲亲而推之，便能仁民，便能爱物。天地以生物为心，人亦以生物为心。”① 黄宗羲秉承其师的观点，主张人要以生物为心，以生物为仁。黄宗羲经常将人心表达为“不忍”之心、恻隐之心，视人心的本质就在以不忍之心对待生态万物，对于一切生命、生态的丧失伤害都怀抱一腔痛惜。“人之气禀，虽有清浊强弱之不齐，而满腔恻隐之心，触之发露者，则人人所同也，此所谓性。”②“故万物有万性，类同则性同。人之性则为不忍，亦犹万物所赋之专一也。物尚不与物同，而况同人与物乎？程子言性即理也，差为近之。然当其澄然在中，满腔子皆恻隐之心，无有条理可见，感之而为四端，方可言理。”③ 人人皆具不忍之心、恻隐之心，即生生之仁心，人人以此心对待生态万物，必是促进万物生生、推动人与自然和谐共生，即《中庸》和《周易》所说的“参赞天地之化育”“致中和，天地位，万物育”“天地间刚柔之气，自是各有至处，不涉以人欲之私，皆是参赞化育之人”。④ 人人皆做一个“参赞化

① 沈善洪主编：《黄宗羲全集》第八册，第989页。

② 沈善洪主编：《黄宗羲全集》第八册，第487页。

③ 沈善洪主编：《黄宗羲全集》第十册，第96页。

④ 沈善洪主编：《黄宗羲全集》第一册，第126页。

育之人”，就是黄宗羲对每一个人的期许和要求，而这样一个“参赞化育之人”，必定就是一个美丽生态人，是一个环境保护者、生态捍卫者、生命维护者！进而，黄宗羲还以有无对人与万物的“残”“杀”判定“事功”的品级高低，认为“三代以上之事功”不同于、超越于“汉唐之事功”的，正在于“三代以上之事功”具有“胜残去杀”①的文明特性，这一文明特性不仅包含社会文明，也内在包含生态文明，人类对待自然万物的文明态度也必须是“胜残去杀”。

这里，我们还必须注意的是，黄宗羲的上述生生之仁的生态世界观道德观，与其生命一体的生态世界观紧密相连。我们知道，儒家的世界观本质上还是一个天地人万物一体的生命和谐共同体的世界观，具有本然的生态世界观意义。在这一个世界观里，气是一元的，理是一元的，天地万物是和谐一体的，黄宗羲继承了这一世界观，他指出：“夫大化之流行，只有一气充周无间。时而为和，谓之春；和升而温，谓之夏；温降而凉，谓之秋；凉升而寒，谓之冬。寒降而复为和，循环无端，所谓生生之谓易也。圣人即升即降之不失其序者，名之为理。其在人者而为恻隐、羞恶、恭敬、是非之心，同此一气之流行也。圣人亦即从此秩然而不变者，名之为性。”② 天地万物一气生生流行，就内在决定了人性的本质和使命就在于促进天地人万物一体，即黄宗羲认为的“浑然天地万物一体者性也”③。也就是说，黄宗羲的世界观包含着一个基本生态原则，人性内在具有宇宙生命共同体的意识，也就是人与自然万物和谐共生的意识。由此而来，黄宗羲认为，人性修养其根本落脚点或目标就是克服“私欲”，去除“习气”，从而修成一颗天地生生一体之心，即生生仁爱恻隐之心，参赞天地之化育，辅助万物之生生：“夫人与万物并立于天地，亦与万物各受一性，……人之性则为不忍，亦犹万物所赋之专一也。……然当其澄然在中，满腔子皆恻隐之心，……晦翁以为天以阴阳五行化生万物，而理亦赋焉，亦是兼人物而言。……盈天地间，皆恻隐之流动也。”④ “盈天地间皆恻隐流动”的图景，就是天地人万物生生大化的生命共同体图景。显然，黄宗羲的修养论，包括宋明理学的心性修养论，其内在深处都包含着促进万物化生的生态文明的意义。

天地人万物生生一体之仁，就是黄宗羲提倡和坚持的儒家大生态主义立场，它包含着坚持人与自然和谐共存的基本生态理念。由此出发，黄宗羲认为，人类如果不能“满腔子皆恻隐之心”，没有生生之仁心，就必然会形成人与自然的对抗冲突，就必然会受到天地惩罚，遭受自然灾害。黄宗羲曾经对康熙二十九年余姚发生的特大洪灾进行了沉痛记载并分析，在其《姚沉记》中记有：“康熙二十九年，余姚大水，自七月二十四日，至八月十二日，平底水丈余，屋庐飘没，人民溺者无算，棺椁皆涌地而出，禾稼一空。”又说：“今人于山崩之处，皆曰出蜃，蜃即蛟也。读《水经》云：‘蛇雉相拘为蛟，出壳之日，洪水飘荡，吴人谓之发洪，皆龙之属。’《易》曰：‘龙战于野，其血玄

① 沈善洪主编：《黄宗羲全集》第五册，第225页。
② 沈善洪主编：《黄宗羲全集》第十册，第152页。
③ 沈善洪主编：《黄宗羲全集》第十册，第150页。
④ 沈善洪主编：《黄宗羲全集》第十册，第96页。

黄。'解者以为卦影虚设，岂知山崩则水出皆黄，海溢则水上皆玄，玄黄夹杂，象皆实事也。有疑天岂无权，顾令孽龙肆毒至此？年来人心败坏，通都穷谷，黄童白叟，无不以机械为事，闪尸鬼魅，不可方物。五行于智属水，智既邪出，水亦横行，一气之感召，天亦不能如之何矣。人诚有鉴于此，则风雨雷电，无非教也。"① 显然，鉴于当时的生产力水平和科学发展条件，对于造成如此巨大破坏性的洪水，黄宗羲自然不能有多少科学的分析评断，但其中有的观点还是可以带给人启示启迪，这即是人与自然必须和谐共生，人类不能过分自私，过分"以机械为事"，"智既邪出"，过分掠夺性地利用自然，否则，大自然就会惩罚人类，就会"水亦横行"。因此，自然灾害，一定意义上就是发挥了教材的作用，时时提醒着人类，即所谓"风雨雷电，无非教也"。人类必须重视自然灾害对人类的警示和警告，要"有鉴于此"，才能避免重蹈覆辙、再蒙灾害。这里，黄宗羲的剖析虽然形式上带有神秘主义的迷信色彩，但不失有其可鉴之处，特别是"风雨雷电无非教"的观点是非常深刻的思想，与恩格斯关于大自然无情报复的观点具有某种相通性，至今读来仍然具有警醒价值。

二

黄宗羲从天地人万物生生一体之仁出发，处处以生生之仁的态度对待自然万物、生产生活，提出了在今天看来颇具低碳绿色的生态生活方式和生态文化理念。

一是黄宗羲重视对于自然资源和动植物的保护。黄宗羲重视人与自然的和谐共生，表现在他重视土地资源的可持续节约利用，反对耗竭性利用资源环境。我们知道，中国古代作为农业社会，很早就总结出了一系列保持土地肥力的理论观点，强调坚持用地和养地相结合，重视采取多种多样的手段改良恢复地力、培植肥沃土地，实现土地的可持续利用。南宋著名学者陈旉的《农书》就提出了"地力常新壮"论，以实现农业可持续发展。黄宗羲熟知中国传统农学中的优秀思想，因此，他针对当时广大农村在重征厚敛下导致贫苦农民过度利用土地资源，耗竭性耕种土地，致使土地贫瘠，缺少肥力，成为"不毛之地"的破坏资源环境行为提出了深刻批评，他指出："今民间田土之价，悬殊不啻二十倍，而有司之征收，画以一则，致使不毛之地岁抱空租，亦有岁岁耕种，而所出之息不偿牛种。小民但知其为瘠土，向若如古法休一岁、二岁，未始非沃土矣。官府之催科不暇，虽欲易之，恶得而易之？何怪夫土力之力竭乎！吾见有百亩之田而不足当数十亩之用者，是不易之为害也。"② 呼吁能够创造条件，实行更具持续利用的休耕法，以更好地保护耕地、保护资源。

黄宗羲不仅重视土地资源的保护，而且重视保护动植物。他一直主张"无故不杀犬豕"，不能随意杀狗杀猪。他在《易学象数论》中，在释论"中孚""小过"卦之象时就指出："大道不行，鸟兽之卵胎既不可俯窥，飞而害之者至矣。故初为飞鸟之凶，

① 沈善洪主编：《黄宗羲全集》第十册，第144页。

② 沈善洪主编：《黄宗羲全集》第一册，第29页。

三之‘或戕’，四之‘往厉’，五为‘矰缴’，上为‘网罟’。人世之险，一之于此。”①认为大道不行，人世之险，一个重要表现就是对于动物飞鸟的无情捕杀，表达了衷心希望动物能够安全遂性生长的情怀。他要求家人改变惯常的杀牲祭祀的风俗，提出改革祭法，主张“春秋祭扫，……上坟须择天气晴明，第一不可杀羊。……能于坟上植梅五株，则稽首谢之”。② 显然，不杀生是保护动物，种植梅树是绿化森林，具有重要的生态价值。

总之，黄宗羲以生生之仁对待具有生生意义的土地资源和动植物资源，这种主张具有促进可持续生存发展的生态文明意义。

二是黄宗羲崇尚简单朴素的生活方式。黄宗羲作为一个“通儒”，通晓《易传》的天地“易简”本质，继承儒家节用寡欲的生活理念，崇尚简单朴素的生活方式，反对奢侈浪费性消费。黄宗羲深谙中国农耕社会历史治乱之道，他以思想家的深邃眼光，看到了当时社会民间那种“奢侈”民风带来的多方面危害。黄宗羲揭露当时民间盛行的奢侈弊端道：“宴者以之相高，贫者以之相勉也。何谓蛊惑？佛也，巫也。佛一耳，而有佛之宫室，佛之衣食，佛之役使，凡佛之资生器用无不备，佛遂中分其民之作业矣。巫一耳，而资于楮钱香烛以为巫，资于烹宰以为巫，资于歌吹婆娑以为巫，凡斋醮祈赛之用无不备，巫遂中分其民之资产矣。何谓奢侈？其甚者，倡优也，酒肆也，机坊也。倡优之费，一夕而中人之产；酒肆之费，一顿而终年之食；机坊之费，一衣而十夫之暖。”面对这种奢侈的浪费钱财资源的不良风气，黄宗羲坚决主张治理：“故治之以本，使小民吉凶一循于礼，投巫驱佛，吾所谓学校之教明而后可也。治之于末，倡优有禁，酒食有禁，除布帛外皆有禁。”“不切于民用，一概痛绝之，亦庶乎救弊之一端也。此古圣王崇本抑末之道。”③ 在这里，黄宗羲虽然是从减轻民众负担、敦化社会风俗的角度出发，主张禁绝奢侈，但客观上是提倡一种“切于民用”的朴素低碳的生活方式和消费方式，对于节约资源、保护生态具有重要意义。而且，这里还值得我们注意的是，黄宗羲赋予了“崇本抑末”以新的生态文化的含义，其崭新的“崇本抑末”论包含着大力发展经济的同时，必须大力杜绝和消除一切浪费性的消费内容，切实改变奢侈性生活方式，具有重要的生态价值。

黄宗羲低碳绿色的生态生活观还集中体现在其富有特色的丧葬祭祀文化上。我们知道，儒家自孔子开始，一直提倡的是厚葬，后来的孟子、荀子也一直非常强调厚葬重祭，使葬礼、祭礼成为儒家礼制的重要内容。然而，在现实中这一厚葬重祭的习俗往往造成许多贫苦人家的贫穷负担。连续多天大排场的葬礼、祭礼，有全村同族人参与，还要请法师做道场等，往往需要杀猪宰羊、山吃海喝，不仅对于当事人家是沉重负担，一场丧事所费，往往需要几年才能偿付，厚葬重祭还荒废农事，浪费粮食，伤残动物，破坏森林，造成一定的生态环境的破坏。儒家的这一厚葬重祭礼俗，历史上也受到不少批评，最早齐国的晏子就批评说：“崇丧遂哀，破产厚葬，不可以为俗。”（《史记·孔子

① 沈善洪主编：《黄宗羲全集》第九册，第123页。

② 沈善洪主编：《黄宗羲全集》第一册，第191页。

③ 沈善洪主编：《黄宗羲全集》第一册，第41页。

世家》）后来的墨子更是抨击厚葬习俗："厚葬久丧，重为棺椁，多为衣衾，送死若徙，三年哭泣，扶后起，杖后行，耳无闻，目无见，此足以丧天下。"（《墨子·公孟》）黄宗羲作为一个儒者，当然对于墨家的思想总体持否定态度，但在丧祭上，却更倾向于墨子的薄葬态度。他的儿子黄百家在《先遗献文孝公梨洲府君行略》中记载道："岁戊辰，（黄宗羲）自为生圹于王父垅畔，谕：吾死后，即于次日升至圹中，敛以时服，一被一褥，安放石床，不用棺椁，不作佛事，不做七七，凡鼓吹、巫觋、铭旌、纸钱、纸幡，一概不用。"① 黄宗羲死后，黄百家便"谨遵末命，于次日舁至安化山，不用棺椁，安卧圹中石床，前设石几，置所著述图书其上，即塞圹门"。② 只用石床，不用木质棺椁，就不用砍伐大树；不做佛事，不用纸钱纸幡，也可节约资源、保护环境。不仅如此，在祭祀上，也主张生态化的从简态度，这已如前述。显然，黄宗羲在葬礼祭礼上的态度，即使在今天看来，也是非常低碳绿色的，而在当时应该是骇俗之举。一定意义上，黄宗羲开了低碳绿色的生态化丧祭的风气。

三是黄宗羲热爱绿水青山的自然生态。黄宗羲非常热爱自然、尊重自然，对于祖国的山山水水怀着一份特别的崇敬之情。他曾经坦承："当余手钞《道藏》之时，方欲遍游天下名山，四明不过从此发迹。"③ 黄宗羲通过阅读和亲历的各种方式，对于我国的地理山水非常熟悉，也非常关注。黄宗羲曾经以他渊博的山水知识纠正了著名的《水经注》中的谬误。我们知道，《水经》一书"引天下之水，百三十七"，是中国第一部记述水系的专著。北魏晚期的郦道元著《水经注》，以《水经》为纲，详细记载了一千多条大小河流及有关的历史遗迹、人物掌故、神话传说等，是中国古代最全面、最系统的综合性地理著作。但黄宗羲认为，郦道元的《水经注》有不少的讹误，黄宗羲乃参考相关前人著述，"乃不袭前作，条贯诸水，名之曰《今水经》，穷源按脉，庶免空言"。④ 黄宗羲的《今水经》分"北水"和"南水"，分别系统梳理了我国北方和南方的各条水系的发源、流经、归宿。黄宗羲著《今水经》不仅表明了黄宗羲对于我国的大江大河非常熟悉，更由此可见其对于祖国大江大河的非常热爱，表达了其关心和保护祖国美好自然环境的一片丹心。

黄宗羲非常热爱自然的情愫，还可从其另一事例看出。黄宗羲非常热爱故乡四明山的自然山水，他曾经专门撰作九卷的《四明山志》，里面分别记载集录了关于四明山的历史名胜古迹、著名的寺院道观、历代歌咏诗集等，其中卷四的《九题考》，还专对由唐代著名学者陆龟蒙、皮日休所著的《四明山倡和》中所载之四明山九名胜，进行了详细考证。"后之言四明名胜者，莫不渊源于是。顾四明非九题所得尽，而寻九题者，又往往不得其处。"为此，黄宗羲"与山君木客争道于二百八十峰之间，而知所谓九题者"，认为是"石窗""过云""云南""云北""鹿亭""樊榭""潺湲洞""青櫺子""鞠侯"⑤。他指出"陆皮未曾身至，止凭（谢）遗尘（隐居南雷的唐咸通年的有道之

① （清）黄百家：《先遗献文孝公梨洲府君行略》，黄宗羲《南雷文定》卷四，清程志隆刻本。
② 沈善洪主编：《黄宗羲全集》第十一册，第 398、408 页。
③ 沈善洪主编：《黄宗羲全集》第一册，第 394 页。
④ 沈善洪主编：《黄宗羲全集》第二册，第 502—503 页。
⑤ 沈善洪主编：《黄宗羲全集》第一册，第 374 页。

士）之言，凿空拟议。”还为九处名胜作诗以颂，为《九题诗》，并寄与诸多友人传阅，有高士奇、靳治荆、李暾、李灼、金韵古等唱和，共歌浙东山水。其好友高士奇有《和梨洲先生九题诗》，他在《序》中就说：“九题始于陆鲁望，而皮袭美次之，二君当日实未至四明也。黄梨洲征君身履岩岫，考之书传，辨证详明，复为《九题诗》，正皮陆之误。”① 黄宗羲为了考证，曾经不辞劳苦，“争道于二百八十峰之间”，探踪访谈，多方考证，后又一一题诗讴歌，并传至多位好友，而多位好友也纷纷响应，在诗文往还传播中，扩大了美丽山水的知名度、美誉度。试想，如果没有对于四明山的一片热爱深情，又如何能够做到如此？显然，黄宗羲非常希望通过这些举措，能够很好地保留和保护这些自然遗产和美丽山水。

黄宗羲热爱自然，向往一种绿色生态的生活方式，他“尝入万山之中，茇舍独处。古松流水，布算簌簌，网络天地”。② 在万山之中，与古松流水为友，过着一种人与自然和谐一体的绿色生活。不仅如此，黄宗羲还非常重视绿化，喜欢种植各种花卉树木，精心打造美丽庭院。他曾经在自己的小小庭院中，积极利用空地，自己开垦翻土，种植了四五十种各色花树。面对一幅五彩缤纷、生机盎然的生命景象，不禁洋溢起喜不自禁、乐不可支的美好心情，于是，他写下了《小园记》，满怀兴奋记道：“黄竹浦轩之西，有隙地，纵二寻而强，横三寻而弱，辟以为园，用树花木，不过八九株而已。因买瓦盆百余，以植草花：水仙、艾人、芳洲、洛阳、茉莉、真珠、烟浦、石竹、辣茄、苦蒌、金灯、银合、黑牛、紫燕、虎刺、蛇床、铃儿、鼓子、忘忧、含笑、庭莎、路杞。秋萝似剪，荷包象形。《康成》书带，徐公剑脊。浓则牡丹、芍药，淡则春兰、秋菊。药品琐碎，皆为芳草。施以人工，则桃、李、梅、杏，金松、线柏，屈其干霄之姿，下同弱卉。至于丽春、款冬、丈红、段锦、雁来、燕麦、紫茉、秋棠、断肠、洗手、红姑、美虞，丛生彻下，递换瞬间，非盆盎之所收拾也。”③ 一个小园里，栽下了那么多形态各异、颜色多样的花草树木，简直是一个小型的植物园，其精心搜集、精心打理的态度和过程，要有一颗多么热爱自然生命的心灵才能达此?! 即使今天看来，黄宗羲的绿色小园也是一个建设美丽乡村、美丽庭院的最佳样本。

四是黄宗羲重视独特的诗文生态文化。黄宗羲热爱自然、尊重自然、保护自然的心衷和态度，还体现在其独特的诗词生态文化建设上。黄宗羲非常重视和提倡以诗的形式表达对于自然山水的热爱之情，激发和发挥保护美丽自然环境的作用。黄宗羲是非常重视诗的作用的，认为“夫诗之为道甚大，一人之性情，天下之治乱，皆所藏纳”。④ 由此而来，他就非常强调通过诗文的描写及其传播宣传，让更多的人认识美丽山水，进而增强热爱和保护自然环境的意识并付诸行动。他曾经说：“诗人萃天地之清气，以月露风云花鸟为其性情，其景与意不可分也。月露风云花鸟之在天地间，俄顷灭没，而诗人能结之不散。”“诗也者，联属天地万物而畅吾之精神意志者也。”⑤ “古人不言诗而有

① 沈善洪主编：《黄宗羲全集》第一册，第382页。

② 沈善洪主编：《黄宗羲全集》第九册，第283页。

③ 沈善洪主编：《黄宗羲全集》第十册，第129页。

④ 沈善洪主编：《黄宗羲全集》第十一册，第204页。

⑤ 沈善洪主编：《黄宗羲全集》第十册，第91页。

诗，今人多言诗而无诗。其故何也？其所求之者非也。上者求之于景，其次求之于古，又其次求之于好尚。以花鸟为骨，烟月为精神，诗思得之灞桥驴背，此求之于景者也。"① 这里，黄宗羲认为古诗具备景意不分、联属天地万物的特点，以月露风云花鸟为性情精神的强大生态功能，创新性地表达了"诗"是重要的生态文化形态的思想。正因如此，黄宗羲写下了《九题诗》等大量诗词，并惠赠诸多友人，以表达并传播对于家乡和祖国美丽自然景致的热爱呵护之情。由诗而来，黄宗羲还进一步表达了"文人与山水相为表里"的观点，认为："文人与山水相为表里，岂故标致以资谈助也，其相通之处，非徒有精灵，实显体状，此酬彼答，不殊形影，昧者以为山川不能语，藉语于文人，文人亦无不喜游山川，岂其然乎？……彼慧业文人者，即山川之神也。"② 黄宗羲在这里实际表达了中国古代生态文化的本质内涵，一是强调"诗"的生态属性，一是强调"文人"的生态属性。显然，黄宗羲上述关于诗词与保护自然环境的命题，具有重要的启迪价值，它客观上是对中国古代丰厚的诗文化的一个新概括、新揭示，它告诉我们，应该切实重视发挥诗词具有的优秀生态文化建设的重要功能。无疑，这一思想对于今天我们建设现代生态文化具有重要启迪意义，我们也应该在推进生态文明建设中，重视建设诗文形态的生态文化，充分发挥诗文独特的促进人们热爱自然、保护自然的积极作用。

总之，黄宗羲以其天地人万物生生一体之仁的"通儒"情怀，多方面丰富发展了儒家生态思想，包括"天地之生万物仁也"的生态价值观、"胜残去杀"的生态事功论、生态化的"崇本抑末"论、诗文山水"相表里"的生态文化论，以及低碳绿色的丧祭文化等，都具有完善和深化儒家生态思想的价值。其重视自然资源的保护和可持续利用，其美丽庭院建设，其重视诗文形态的生态文化建设，等等，都对今天我们坚持人与自然和谐共生，促进美丽中国建设具有重要的启示意义。

【作者简介】董根洪，浙江省委党校哲学教研部教授。

① 沈善洪主编：《黄宗羲全集》第十册，第92页。

② 沈善洪主编：《黄宗羲全集》第十册，第101—102页。

章学诚方志思想对同乡后辈学者的影响*

沈松平

摘　要　章学诚是中国古代修志流派中方志新派（或称撰著派、文献派、历史派）的代表人物，被公认为我国方志学学科的奠基人。其方志思想对身后的学者产生过一定影响，代有“传人”，其中绍兴或越地的学者受到的影响更为显著，如李慈铭、蔡元培、寿鹏飞等。即便是在民国成为“显学”之前也是如此。

关键词　章学诚　方志思想　同乡后辈学者

章学诚（1738—1801），字实斋，号少岩，浙江绍兴上虞道墟人，中国古代修志流派中方志新派（或称撰著派、文献派、历史派）的代表人物，被公认为我国方志学学科的奠基人。① 他所处的乾嘉时代，考据学已成为时代精神，在方志新派与旧派（或称纂辑派、考据派、地理派）的流派之争中，方志旧派占据绝对优势，其体例在全国范围内得到广泛推行，而以章学诚为代表的方志新派的主要特点，如认为方志是历史书，主张方志分立三书，套用史书的写法来修志，强调无一语不出于己，重视当代文献和地方档案，强调方志的实用价值，长于史裁而短于考据，不以征引见长，等等，不为当时的主流学风所接受，以至于曲高和寡，知音难觅，“撰著一派，则惟实斋为集成之祖，因此遂树无数之敌，到处皆受弹射以去”②，“当时人务反章氏修志之种种，可见方志学新派撰著家初倡时，大不容于世口矣！……此章氏孤行修志之高作，率绝迹于世之总因欤？”③ 事实也的确如此，章学诚受湖广总督毕沅之邀在武昌修《湖北通志》时，曾指

---

*　本文为浙江省哲学社会科学重点研究基地（绍兴文理学院越文化传承与创新研究中心）课题“越地方志发展史”（项目编号：16JDGH113）研究成果。

①　章学诚是我国方志学学科奠基人这个说法，也有少数人提出不同看法，如傅振伦认为中国方志学的创立者应是民国时期的李泰棻，其标志是1935年在上海商务印书馆出版了《方志学》一书，见傅振伦《方志学的创始人究竟是谁》，《方志研究》1993年第6期；王广荣则认为直至民国，方志学学科也没有诞生，见王广荣《章学诚有没有创立“方志学”》，《河北地方志》1997年第3期。

②　王葆心：《清代方志学撰著派与纂辑派争持论评》，朱士嘉编著：《中国旧志名家论选》，史志文萃编辑部1986年版，第120页。

③　王葆心：《清代方志学撰著派与纂辑派争持论评》，朱士嘉编著：《中国旧志名家论选》，第135页。

导过湖北的荆州、麻城、广济、罗田，湖南常德等几部府县志的总纂或裁定体例，但后来不仅《湖北通志》未能刊印，章学诚帮助裁定的这几部府县志的体例和篇目，也几乎无一不受到当地士人的强烈抵触。后来正式刊印的乾隆《荆州府志》、嘉庆《常德府志》、乾隆《广济县志》，章氏体例几乎都被窜改。乾隆《罗田县志》虽未刊印，但体例也遭窜改。《麻城县志》为章氏总纂，书成未及刊印而版毁，仅遗未校定之本，“至光绪初修志时犹存。其时纂《麻城县志》者，……因不满章书之故，并仅存未校之红本，但供取材，而不用其书焉。是章氏之方志学，至光绪初，犹被攻诘，此新派修志之所以终难推拓于时人也”①。周震荣（乾隆年间任直隶永清知县）在《书庚辛之间亡友传后》提到章学诚在修志上对张维祺（时任直隶大名知县）、周棨（时任直隶获鹿知县）的影响②，章氏本人也在《文史通义》中提及王维屏（时任湖北石首知县）接受了他的方志思想③。但是如果细究一下这一时期推崇章学诚的学者的背景，不难发现，其中多为章学诚的亲属及师友，抑或与章氏及其家属有较密切联系者，可见这一时期，章学诚虽非湮没无闻，但始终未能进入学术地图的中心。他本人也在穷困潦倒中度过自己的一生，去世后很长一段时间一直处于默默无闻、少为人知的状态。直到进入民国后，经胡适（1922 年完成《章实斋先生年谱》④ 一书，交由商务印书馆出版）和梁启超（1924 年出版《中国近三百年学术史》一书）对章学诚的推崇，章氏之学才瞬间成为显学，章学诚本人也获得了前所未有的关注，“章氏旦夕间变为中国史学界炙手可热的人物”⑤。在此之前，章学诚属于被忽视的学者，而在此之后，则一跃成为与戴震齐名的清代学术界著名人物，他的学术地位也一直居高不下，始终是学术界研究的热点人物，以致当时的西洋史学者何炳松担心“章学”过热，怕读者会因此看不起西洋史家，“我以为章实斋的学说，固然值得我们的研究，但是我觉得现在这样程度已经足够了。我们似乎不应该过分的热心。我以为过分了就有‘腐化’的危险。现在我们中国人有下面这种风气：就是凡是我国原有的东西，不管好坏总要加上一个很时髦的‘国’字来做保镖的武器。……我们倘使把章实斋的史学鼓吹得过分了，那不但要使章氏和我们自己都流入腐化的一条路上去，而且容易使得读者看不起西洋史家近来对于史学上的许多重要的贡献”⑥。方志学产生于清代乾嘉时期和章学诚是中国方志学奠基人的说法在民国以后遂深入人心，章氏之学俨然传统方志学的标杆，民国的方志学者，无论是继承或者批评、扬弃传统方志学理论，都言必称章氏之学。如吴宗慈在《修志丛论》的前言中说：“章学诚氏在方志学史上创一代宗风，虽时代不同，未能刻舟求剑以从事，第

① 王葆心：《清代方志学撰著派与纂辑派争持论评》，朱士嘉编著：《中国旧志名家论选》，第 134 页。

② （清）周震荣：《书庚辛之间亡友传后》，《章学诚遗书》，文物出版社 1985 年版，第 196 页。

③ （清）章学诚：《与石首王明府论志例》，《文史通义校注》卷八，外篇三，中华书局 2000 年版，第 861 页。

④ 民国学人为章学诚作的年谱主要有胡适著，姚名达订补的《章实斋先生年谱》，陶存煦的《胡适姚名达〈章实斋先生年谱〉举正》，吴孝琳根据孙次舟《章实斋著述流传谱》订补的《章实斋年谱补正》。

⑤ 杜维运著：《清代史学和史家》，中华书局 1988 年版，第 367 页。

⑥ 胡适著，姚名达订补：《章实斋先生年谱》，何炳松序，上海商务印书馆 1933 年版。

原则所存，实为现今修志者所不能外。平日阅《章氏遗书》时，其关修志讨论，偶有意见出入，辄随笔纪录。”① 黎锦熙也在《方志今议》序中，自述写此书是受到了章学诚方志学说的启发，“未冠时，习史地，研究章实斋氏之书，初读其《文史通义·内篇》，颇不喜之，但其文不但如戴东原氏之所讥：有八股气；且确有‘绍兴师爷’气也。及读至《外篇》创论方志之学，又读其《校雠通义》阐明目录之要，而所主修之方志，其‘艺文’一篇又便能打通而实践其‘校雠’之旨，则‘闻其风而大悦之’。自是好览方志。……民初入北平，教育部之图书室承清末学部之所藏，全国各省道府厅州县新旧方志殆无不备，一一览之，其修于章氏前者，真多不成东西，无怪章氏之奋起而改革也”。② 李泰棻的《方志学》、傅振伦的《中国方志学通论》、王葆心的《方志学发微》、寿鹏飞的《方志通义》、吴宗慈的《修志丛论》、瞿宣颖的《志例丛话》等专著，大都有专章论述章学诚的方志学理论，或表赞同，或提出质疑，间或也有批评者。万国鼎等学者在各自的论文中对章学诚的方志思想也有所论及。他们所修的志书，如余绍宋的《民国龙游县志》、吴宗慈的《民国江西通志》等，序例中也多次提及章氏之学。本文拟探讨清代和民国时期章学诚方志思想对其家乡绍兴地区后辈学者的影响。

一

我们知道，章学诚的家乡绍兴是中国历史文化名城，著名的“方志之乡”，文风鼎盛，地方文献丰富，绍兴的学者作为章学诚的同乡后人，是否受到的影响会更为显著呢？李慈铭、蔡元培、寿鹏飞是清代和民国时期绍兴地区与章学诚方志思想联系最为密切的方志学者或修志名家，皆为章学诚的后辈同乡，都研读过章学诚的《文史通义》，后来也都从事过修志活动。李慈铭承认章学诚是“志学专家”③，但总体上是批评多过肯定；蔡元培是章学诚方志思想的极力推崇者；而修志活动主要在民国的寿鹏飞则把章氏之学作为传统方志学的标杆，以章学诚方志思想为镜，对传统方志学理论作了全面扬弃。通过以上三人对章学诚方志思想态度的分析，可窥一斑而见全豹，大体梳理出清代和民国时期章学诚方志思想对绍兴地区学者的影响程度。

李慈铭是晚清集文学家与官员于一身的名士，平生著述丰富，在文、史、经、方志学等领域均取得了不俗的成就，著有《弟子职集解》《国朝儒林经籍小志》《元代重儒考》《越缦堂诗文集》《越缦堂读书记》等，他的《越缦堂日记》与《翁同龢日记》、王闿运的《湘绮楼日记》、叶昌炽的《缘督庐日记》齐名，并称“晚清四大日记”。此外，他还留心地方文献，治史工诗之余，潜心于地方志的整理、研究和编纂。同治六年（1867），因病归籍的会稽籍官员兼学者宗稷辰（字涤甫）拟修绍兴府志和山阴、会稽县志，李慈铭得与其事，因宗氏病，旋故，事终未成，“至修志之事，诚为当务之急，

① 吴宗慈：《修志丛论》前言，1941 年刊本。

② 黎锦熙：《〈方志今议〉序》，黎锦熙、甘鹏云：《方志学两种》，岳麓书社 1984 年版，第 17 页。

③ （清）李慈铭：《越缦堂日记》第 6 册，广陵书社 2004 年版，第 4353 页。

弟怀之久矣。丁卯之岁，涤老欲以府志及山会两县志并举，涤老自任府志，以山阴志属馥翁，馥翁转以属弟。涤老因告署，郡事李太守来请，而涤老旋病，事遂不果”①。光绪三年（1877）六月二十一日，顺天府尹彭祖贤议修《顺天府志》，又拟聘请李慈铭出任总纂，但李慈铭担心会被掣肘而无法实施自己的修志思路，没有答应，“余以修志事既匪易，而经费又甚绌，且余名为总纂，而共事者有一无知识之大兴陈某、狂谬自炫之同年生潘某，分纂者有终日淫昏之杭人姚某、著名轻妄之粤人张某，又总纂之上有监纂者，故按察谢膺禧等五人，意不得行，肘且多掣，已决计辞之”②。尽管两次修志，因缘巧合，李慈铭最终都没有参与，但他还是撰写了《乾隆绍兴府志校记》《嘉庆山阴县志校勘记》《拟修郡县志略例八则》等相关方志论著，对地方志的得失、体例、编纂原则多有评论。

李慈铭曾读过章学诚著作的抄本。同治八年（1869）二月初四日，他致信朱厚斋请求其转借《章实斋文集》的抄本。三月十二日，他就收到“钞本《章实斋杂著》十册”③。据他所说，此书系沈复粲从章学诚之子处所抄副本，“杂文及笔记错出无次，有随时札记它书不应存者，有零星无首尾者，有已刻入《文史通义》者，盖即其稿本未加甄录也。其中大半为湖北志稿”④。他打算“从朱氏转借得全稿后，并取其已刻者为之编次刊削，成一巨集，鸠同志刻之”。⑤ 章学诚之子章华绂于道光十二年（1832）在开封刻成《章氏遗书》之后，其板归于绍兴缙绅周以均，故印行绝少。周以均死后，其后人欲铲去章氏之文而刻周以均所做八股制艺文字，此事为谭献、陶方琦等人所知，加以阻止，后购归浙江书局，补刻印行，书刻好后，谭献还赠予李慈铭一部《章氏遗书》。⑥

李慈铭在研读了章学诚的《文史通义》等著作后，对他的批评要多过于肯定。虽然他也认为章学诚“于志学用力甚深，实为专家”，但对章学诚的许多学术观点并不理解和赞同。他在同治十三年（1874）五月初三日的日记里说：“卧阅章氏《文史通义》，其疵缪不胜指驳。”⑦ 在同治八年（1869）三月十二日的日记中，李慈铭更是全面地批评了章学诚的学术思想：“实斋于志学用力甚深，实为专家，而自信太过，喜用我法。尝言作史作志，须别有宗旨，自开境界，此固可为庸下针砭，而其弊也，穿凿灭裂尽变古法，终堕于宋明腐儒师心自用之学。盖实斋识有余而学不足，才又远逊，故其长在别体裁，核名实，空所依傍，自立家法，而其短则读书卤莽，糠秕古人，不能明是非、究正变，泛持一切高论，凭臆进退，矜己自封，好为立异，驾空虚无实之言，动以道眇宗旨压人，而不知已陷于学究云雾之识。后之不学之士，耳食其言，以为高奇，遂云汉后无史，唐后无文。持空滑之谈，以盖百家；凭目睫之论，以狭千古；自名绝学，一无所

① （清）李慈铭：《复陈书卿观察书》，《越缦堂文集》卷四，沈云龙主编：《近代中国史料丛刊》续编162，台北文海出版社1966年版，第112页。

② （清）李慈铭：《越缦堂日记》第10册，第7462页。

③ （清）李慈铭：《越缦堂日记》第6册，第4353页。

④ （清）李慈铭：《越缦堂日记》第6册，第4353页。

⑤ （清）李慈铭：《越缦堂日记》第6册，第4356页。

⑥ （清）李慈铭：《越缦堂日记》第9册，第6124页。

⑦ （清）李慈铭：《越缦堂日记》第9册，第6128页。

知，岂不大愚而可哀哉！大抵浙儒之学，江以东识力高而好自用，往往别立门庭，其失也妄。江以西涂辙正而喜因人，往往掇拾细琐，其失也陋。实斋之论史，尊郑樵，薄班固；论学以马端临《通考》为浅俗；论文以昌黎为不知义法，而尤诋半山；论校雠谓当取大小《戴记》，依类分编各部，如《汉志》别出《夏小正》、《弟子职》、《小尔雅》例，至谓《周易》上下经及十翼亦当分载，皆极谬妄。论国朝各省，当以总督巡抚部院标目，不当以布政司标目；又当称各省为各统部，力与洪北江辨其撰《湖北省志》，遂称为湖北统部志，则不古不今，不知遵何王之制，几于文理不通。至与戴东原辨言地志当以人物为重，不在考核疆域；与邵南江书，讥其于文漫不留意，立言宗旨无所发明；又谓其欲作《宋史》，成一家言，当以维持宋学为命意所在；又谓《周官》师儒本分，师者道学也，儒者儒林也，《宋史》分立《道学》《儒林传》为是。皆所谓好恶拂人之性。作文必寻宗旨，盖仍是时文批尾习气。其余谬论尚多，予已别有文论之，不具列。"①

为什么会这样呢？这与李慈铭在学术上承袭乾嘉汉学有莫大的关系。他推崇东汉的古文经学大师郑玄，崇尚汉学的实证方法与精神，接受了朴学的证据法，明确表示："夫事必两证而后是非明。"② 他晚年仍坚持张扬汉学，借抨击魏源时说："盖魏氏未窥知汉学涂轨，以为典物度数皆繁琐之事，声音训诂非义理之原，而不知一名物之沿讹有极害于政道，一音诂之失正有诒害于人心，学术不明遂致衅经离道者。乾嘉以来，诸儒固有掇拾细碎，病其委曲繁重，无与大恉，而即一物一事，推论精深，大义微言，亦往往而在，所当分别观之也"③，"儒之本在经，经之本在名物，名物之本在训诂。宋儒乃欲以禅为学，则何与?"④ 而相反的是，同时代的另一位浙江籍学者谭献因师从庄存与开创的清代常州学派，崇尚今文经学，好微言大义，与章学诚的学术风格有相通之处。他在研读了章学诚的《文史通义》后，马上成为章学诚学术思想的极力推崇者，"阅《文史通义·外篇》。表方志为国史，深追《官礼》遗意，此实斋先生所独得者。与《内篇》重规叠矩，读者鲜不河汉其言，或浮慕焉，以为一家之学亦未尽耳。悬之国门，羽翼六艺，吾师乎，吾师乎！"⑤ "章氏之识冠绝古今，予服膺最深"⑥。他是清代第一个为章学诚写传记的人，还私撰《师儒表》，将章学诚和庄存与、汪中、龚自珍四人并推为当代绝学。李、谭二人因各自学术路径的不同，而在对章学诚学术思想的评价上产生了天差地别的差异，正如钱钟书先生评说："李承浙西乡先生之绪，嬗崇郑、许，诃禁西京之学，以为不过供一二心思才知之士自便空疏。谭则以越人而颠倒于常州庄氏之门，谓可遥承贾、董，作《师儒表》引冠绝学；鄙陶子珍之流为经生孱守，欲以微言大义相讽谕。此学问径途之大异者一也。谭既宗仰今文，而又信六经皆史之说，自有牴牾，拳拳奉《文史通义》以为能洞究六艺之原。李则以章氏乡后生，而好言证史之学，鄙夷实斋，谓同宋明腐儒师心自用。此学问径途之大异者二也。李书矜心好

① （清）李慈铭：《越缦堂日记》第6册，第4353—4355页。
② （清）李慈铭：《越缦堂日记》第9册，第6617页。
③ （清）李慈铭：《越缦堂日记》第15册，第11255页。
④ （清）李慈铭：《越缦堂日记》第4册，第2220页。
⑤ 范旭仑、牟晓朋整理：《谭献日记·复堂日记》，中华书局2013年版，第21页。
⑥ 范旭仑、牟晓朋整理：《谭献日记·复堂日记》，第19页。

诋，妄人俗学，横被先贤。谭书多褒少贬，微词申旨，未尝逸口。虽或见理有殊，而此亦德宇广狭之大异者焉。”①

李慈铭在学术上承袭乾嘉汉学，自然对章学诚这位与主流学风（考据学）唱反调的同乡前辈没有多少崇敬之情。但不管怎么说，他毕竟还承认章学诚在方志学方面有专长，“实斋于志学用力甚深，实为专家”，“识有余而学不足，才又远逊，故其长在别体裁，核名实，空所依傍，自立家法”，“其学亦乡先生之卓然者”②，所以在修志理论方面两人也有共识。首先是编纂人员的选用。章学诚指出，要具备良史，光有刘知几提出的“史才”“史学”“史识”还不够，还要具备“史德”，“虽刘氏之所谓才、学、识，犹未足以尽其理也。夫刘氏以谓有学无识，如愚估操金，不解贸化。推此说以证刘氏之指，不过欲于记诵之间，知所抉择，以成文理耳。故曰：古人史取成家，退处士而进奸雄，排死节而饰主阙，亦曰一家之道然也。此犹文士之识，非史识也。能具史识者，必知史德。德者何？谓著书者之心术也”③。李慈铭也有类似的思想，主张方志的编纂人员不仅要精于考据，而且要有文笔，具有著作之才，此外还要有一个重要的条件，那就是人品，“人品一堕，万事瓦裂，所谓皮之不存，毛将焉附者也”④。其次是在志书的定位上，都主张方志为国史要删，负有为朝廷修国史提供资料的任务。章学诚指出：“比人而后有家，比家而后有国，比国而后有天下。惟分者极其详，然后合者能择善而无憾也。谱牒散而难稽，传志私而多谀，朝廷修史，必将于方志取其裁。而方志之中，则统部取于诸府，诸府取于州县，亦自下而上之道也，然则州县志书，下为谱牒传志持平，上为部府征信，实朝史之要删也。”⑤ 李慈铭也认为“志书非诸史钞节本也”⑥，“岂知地志、国史为体不同，述先贤之典刑为后生之矜式，宜与国史详略相补，巨细互稽，非取复载也”⑦，因此不能完全效仿史书，照搬照抄。他还认为某些在正史中划入附传的人物，在府志中应当立专传记述，与史有间，故遇史无传者，虽事迹寥寥，也必须一一立传。⑧ 两次是体例和篇目上，都承认方志属“史”的范畴，都重视金石和艺文。李慈铭认为，“夫志为官牍，非私书也，文有定体，非小说也，事必断制，非类林也，贤乃鸿偁，非谀具也”⑨，批评《嘉庆山阴县志》“以土地、人民、政事三目为全书之纲，既非志体，区别又多混淆”⑩，提出绍兴郡县志应该包括以下 8 个方面的内容：越中山

---

① 范旭仑、牟晓朋整理：《谭献日记·复堂日记续录》，钱钟书序，第 296 页。

② （清）李慈铭：《越缦堂日记》第 6 册，第 4353—4356 页。

③ （清）章学诚：《史德》，《文史通义校注》卷三，内篇三，第 219 页。

④ （清）李慈铭：《复陈书卿观察书》，《越缦堂文集》卷四，沈云龙主编：《近代中国史料丛刊》续编 162，第 113—114 页。

⑤ （清）章学诚：《州县请立志科议》，《文史通义校注》卷六，外篇一，第 588 页。

⑥ （清）李慈铭：《乾隆绍兴府志校记》，《中国地方志集成·浙江府县志辑》第 40 册，上海书店出版社 1993 年版，第 978 页。

⑦ （清）李慈铭：《拟修郡县志略例八则》，《越缦堂文集》卷十二，沈云龙主编：《近代中国史料丛刊》续编 162，第 339 页。

⑧ （清）李慈铭：《乾隆绍兴府志校记》，《中国地方志集成·浙江府县志辑》第 40 册，第 981 页。

⑨ （清）李慈铭：《山阴县志校记》，《中国地方志集成·浙江府县志辑》第 37 册，第 911 页。

⑩ （清）李慈铭：《越缦堂读书记》（中），中华书局 2006 年版，第 462—463 页。

水志、越州城坊志、越中经籍志、越中金石志、越中海防志、越中科第表、越中职官表、山会两邑先贤志。[①] 在《拟修郡县志略例八则》中，他又提到“越中金石志有杜氏专书在兹，志搜补所遗并及明代巨公碑志、名士题记，自唐以前全载其文，五代以还非关系文献者，惟载年月及书篆姓名、隶篆字迹并丈尺大小，完缺、存佚亦备书之”[②]，“乾隆两志艺文最疏，当为越中经籍志，稽其存佚，详记卷数，并略载书中大旨，如《崇文总目》、《四库提要》之例”[③]，这与章学诚主张“艺文考”当“详载书目，而不可类选诗文也”[④]，“取是邦学士著选书籍，分其部汇，首标目录，次序颠末，删芜撷秀，掇取大旨，论其得失，比类成编，乃使后人得所考据，或可为馆阁雠校取材，斯不失为志乘体尔”[⑤] 有相同之处。最后是在人物传的编写上，与章学诚一样，反对人物分类。章学诚强调“传人略以类次，不须明作标目，《忠孝》、《文学》、《仙释》、《艺术》数篇之外，概以名姓标题。盖人之行事，难以一端而尽，强作标目，则近于班氏之九品论人矣”[⑥]，李慈铭也主张“凡乡贤传，不当分立儒林、文苑、隐逸、忠义、孝行等名目，以一郡、一邑之中人物有限，一一区分，转觉减色，势必滥杂充数，分配不匀。惟列女、方伎、释老三类，则非乡贤，不得不别为一门，其他如孝行、义行之无事实者，当备举其姓名，而以一传总括之”[⑦]。他批评《乾隆绍兴府志》“于乡贤分理学、儒林为二卷，拾《宋史》之唾余，而不知钦定《明史》已订正其妄，是尤其谬之大者也”[⑧]，又认为该志在“乡贤”之外别立一门“宦迹”，以有官位而无迹者列之，但与“乡贤”无异，没能作区分人物，反而造成志书名目上的归属不当，“人物于乡贤之后，又列宦迹一卷，所载仍是郡人，其意盖以处有名位而无事实者。然佳传林立，与乡贤无异，其区分殊不可解，名目亦不伦”[⑨]。在人物的收录上，李慈铭力主严格甄别，第一强调人物的品行，第二看是否有事迹可载。无品行或无事可记载者，都不予收入，“有善可纪者，略其疵，恩桑梓也。无事可书者，贵弗录”[⑩]。但他又要求隐恶扬善，这与章学诚据事直书、善恶并举的主张有很大的不同。

至于章学诚撰著体的修志风格，以及因短于考据而造成的史实上的谬误，自然遭到崇尚汉学的李慈铭的大加挞伐，并反其道而行之。从李慈铭对旧志的点评看，作为汉学

---

① （清）李慈铭：《拟修郡县志略例八则》，《越缦堂文集》卷十二，沈云龙主编：《近代中国史料丛刊》续编162，第335—338页。

② （清）李慈铭：《拟修郡县志略例八则》，《越缦堂文集》卷十二，沈云龙主编：《近代中国史料丛刊》续编162，第337页。

③ （清）李慈铭：《拟修郡县志略例八则》，《越缦堂文集》卷十二，沈云龙主编：《近代中国史料丛刊》续编162，第337页。

④ （清）章学诚：《为张吉甫司马撰大名县志序》，《文史通义校注》卷八，外篇三，第882页。

⑤ （清）章学诚：《答甄秀才论修志第一书》，《文史通义校注》卷七，外篇二，第820页。

⑥ （清）章学诚：《湖北通志凡例》，《章学诚遗书》，第245页。

⑦ （清）李慈铭：《乾隆绍兴府志校记》，《中国地方志集成·浙江府县志辑》第40册，第988页。

⑧ （清）李慈铭：《越缦堂读书记》（中），第461页。

⑨ （清）李慈铭：《越缦堂读书记》（中），第461页。

⑩ （清）李慈铭：《拟修郡县志略例八则》，《越缦堂文集》卷十二，沈云龙主编：《近代中国史料丛刊》续编162，第339页。

家的李慈铭，当然不会认同章学诚的撰著体修志风格，因此两人的修志理念还是有很大的差异。李慈铭十分强调志书资料的考证订伪和补注，甚至到了严苛的地步。如他批评清严观所辑《元和郡县补志》“所采书目不列于前，据其例言据两《唐书》《唐会要》《通鉴》《通典》《通考》《通志》《玉海寰宇记》《九域志》及《史记索隐正义》《汉书后汉书注》《文选注》《北堂书钞》《艺文类聚》《初学记》《白氏六帖》《北户录》诸书。今考此外所引者，《太平御览》、胡氏《通鉴注》、王氏《通鉴地理通释》三书尤多，而引《括地志》《十道志》《元和郡国志》诸佚文者，往往不记其所出。其诸引书，自《御览》外皆不记卷数，而每州县下叙其沿革，俱首加一按字，不注其所引之书，自言援引既多，不能逐句备载，尤为非体”①，甚至对考据学大师洪亮吉所辑《乾隆府厅州县图志》也表达了不满，称其“所志沿革，亦多彼此失顾，时见柢梧。历代州县之名，脱载尤多。山川城镇，古今杂出，其所取舍体例，皆未画一。每省之首，各冠以图，仅见大意，既多疏略，又不计里画方，故无所折衷。盖其书成于未第客游之时，不无艸艸，通籍以后，又未暇审订校刊耳”②。在《乾隆绍兴府志校记》中，他又指出《乾隆绍兴府志》“进士”卷“所注某人孙子兄弟甚为挂漏，当细考各书及家谱硃卷等，广为补注，其官爵亦多误，宜改正”③，而较“进士”卷稍详的“举人”卷中“漏略者尚十之五六，宜一一补之”④。因此对于章学诚的修志风格大加挞伐，指责其“读书卤莽”“泛持一切高论”，也就不难理解了。平心而论，李慈铭的有些批评的确正中章氏之失，尤其表现在志书内容上的粗疏，故民国学者陶存煦尝言：“章氏之学，自清光绪以后，经谭献氏家湘麇公之表彰，四十年间，见知见仁，难者非一；就余所知：如李爰伯丈之《越缦堂日记》及《与谭仲修书》，王闿运氏之《湘绮楼日记》，樊增祥氏之《重修湖北通志商例》，黄绍基氏之《古文旧书考跋》，章炳麟氏之《与人论国学书》，张尔田氏之《史微明教篇》，陈斠玄先生之《诸子通谊原始篇》，以及近人刘咸炘氏之《续校雠通义匡章篇》，其评章氏，皆非无的放矢”⑤。但章氏之学重在论史，以体裁见长，核名实，崇尚独断之学，故其持论多有个人“孤诣宏旨”，有其独到的见解。李慈铭之失，在于对章氏之学的精深处缺乏足够的认识，没能领略章氏之学的“宏深义旨”，其近乎漫骂式的批评也不乏欠考虑之处。

二

如果说李慈铭是章学诚方志思想的批评者，那么，清后期章学诚的另一个后辈同乡

---

① （清）李慈铭：《越缦堂读书记》（中），第456页。

② （清）李慈铭：《越缦堂读书记》（中），第465页。

③ （清）李慈铭：《乾隆绍兴府志校记》，《中国地方志集成·浙江府县志辑》第40册，第973页。

④ （清）李慈铭：《乾隆绍兴府志校记》，《中国地方志集成·浙江府县志辑》第40册，第977页。

⑤ 陶存煦：《胡适姚名达章实斋先生年谱举正》，《光华半月刊》1932年第3期。

蔡元培则是他方志思想的极力推崇者。蔡元培（1868—1940），字鹤卿、孑民，浙江绍兴山阴县（今绍兴市）人，原籍浙江诸暨，进士出身，授职翰林院编修，后长期担任北京大学校长，是著名的学者、教育家，也是德高望重的资产阶级革命家、政治家。但他早年也参加过修志活动，在他中举人的第二年即光绪十六年（1890），参与过《上虞县志》的修纂。当时上虞知县唐煦春启动撰修《光绪上虞县志》，蔡元培被其聘为志书总纂，拟订了《重修〈上虞县志〉例言》，后因所订的编纂条例遭到分纂反对，例言也终不被采用，遂辞职离去，这是蔡元培仅有的一次修志经历。从他拟订的《重修〈上虞县志〉例言》看，受章学诚方志思想的影响非常大。

目前没有蔡元培阅读《文史通义》的直接记录，但他与李慈铭是相识相交。光绪十六年（1890），蔡元培第一次到北京参加会试，就登门拜访了李慈铭。这次拜访也让李慈铭对蔡元培印象深刻，在日记中评价蔡是年少知学的隽才。光绪十八年（1892），蔡元培到北京参加殿试，其间多次拜访李慈铭，来往频繁。光绪二十年（1894），蔡元培应邀到李宅教李慈铭儿子读书，还替当时兼任天津问津书院北学海堂山长的李慈铭评阅书院课卷，甚至蔡元培还可以随意翻阅李慈铭的日记，足见两人的关系十分密切。蔡元培曾在《自写年谱》中写道："莼客先生是我在徐氏的时候常常读他的诗文与尺牍的，又常听杨宁斋先生讲他的轶事，所以到京后，最崇拜的自然是他了。"① 蔡元培后来研读《文史通义》，并进而了解章学诚，多半是受了李慈铭的影响，但与李慈铭对章学诚批评多过肯定不同，他成了章学诚方志思想的极力推崇者和弘扬者。

蔡元培在他拟订的《重修〈上虞县志〉例言》中高度评价了章学诚在方志学上的贡献，"国朝乾隆间，会稽章实斋先生，崛起于百醉万梦之中，大声而震董之，推排群言，创定例目，胎义于《周官》，脉法于《春秋》，象形于太史，三条九贯，载之通义，言之重，词之复，其中必有美者焉。虽乡曲小儒，读其书，思其义，未有不心开目明，如腹中言也"②。在方志的性质、起源、体例、史家法度、文献征集等方面，他继承并发展了章学诚的修志理论，"习闻章先生文史之教，诚不宜因陋就简，违心徇俗。今因章氏成例而略变通之，以适事体。师古者得其意不必袭其貌，例因事而立，不疆事以就例，皆章先生家法也"③。

在方志的性质和起源上，蔡元培认同章学诚的判定，指出"方志，古侯国春秋之遗也，综古今之故，会治教之契，非如书林文薮，备文士来祭已也"④。在体例和史家法度方面，蔡元培拟订县志由地篇、吏篇、户篇、礼篇、兵篇、刑篇、工篇、学篇、书篇、碑篇、列传、士女篇、杂篇、文征组成，部分承继了章学诚"三书体"的思想。如他继承了章学诚志立六书的主张，"昔者实斋先生创为吏、户、礼、兵、刑、工六书，以破刻舟之成见，明从宜之大义。夫惟《大雅》，卓尔不群，后学所为法也，而其书体仿《通典》，掌故攸识，而事实不详，乃删约治谱，以为政略，政略之得体，与名

① 蔡元培著，崔志海编：《蔡元培自述》，河南人民出版社2004年版，第20页。

② 蔡元培：《重修〈上虞县志〉例言》，《蔡元培全集》第1卷，中华书局1984年版，第26页。

③ 蔡元培：《重修〈上虞县志〉例言》，《蔡元培全集》第1卷，第27页。

④ 蔡元培：《重修〈上虞县志〉例言》，《蔡元培全集》第1卷，第26页。

宦传之失体，相去不可里计也。而六书所著，皆天下大同，官书备录，纤悉求具，则移书一切，有同钞胥，揽取大要，则寥寥数言，徒张篇幅，左右佩剑，其失同同，次则章先生椎轮初定，未尽舆辂之制，蚕丛既辟，犹阙衢康之规者也。今将因先生未竟之绪，而大因而小变之，嬗《通典》之体，而行以太史八书、兰台十志之法，以备古今之故，铸正事之鉴，尊长官，合时宜，追古国史之遗意，诸义咸具，庶无懵焉”①；在志书中仿文选、文萃之例，设置“文征”；艺文志改“书篇”，只载书目，不及诗文，“《汉书》有艺文志，以部书目，而方志用以志诗文，此失其义也”②；人物列传只收录有操守并有事迹可记者，“其有名存诸史，事载前志，而行皆琐微，无与后法，言多浑敦，不见实事，都皆刊落，入士女篇”③，同时反对人物分类，“然则太史类传，非苟而作。后代史家，因仍增加，已有得名失意之弊。及方志人物，举一切所传而类之，遂成帖括之杼轴，非复撰述之体裁。至有一人行状，半入甲门，半归乙门，复重倒错，窦衅百出。今尽革陋规，不辞矫枉过正之诮”④。同时随着时代的进步，蔡元培也在章氏之学的基础上有所变化，按他自己的说法就是“师古者得其意不必袭其貌，例因事而立，不疆事以就例”⑤。表现在一是摈弃章学诚志首必冠以“皇言”“恩泽”二纪的做法，仿效《华阳国志》之例，以地篇居于志首；二是删去“政略”篇（名宦传），将其内容散录于户、兵、刑各篇。⑥

蔡元培的《重修〈上虞县志〉例言》还通篇贯穿着经世致用的思想。如“刑篇”要求“志历年断狱之多寡以观治”⑦；“兵篇”则要求详细记录近代西方列强和日本入侵中国、百姓惨遭压迫的情况，来激发人民的斗志。这些主张也和以章学诚为代表的浙东史学派和方志新派的思想相一致。

此外，受章学诚建立“志科”，专门掌管搜集乡邦文献的思想的影响，蔡元培后来在担任北京大学校长期间，为附设于北大的国史馆制订计划，将国史馆分成征集、纂辑两股，均从长编入手，并编历史辞典，“我是佩服章实斋先生的，那时候国史馆附设在北大，我定了一个计划，分征集、纂辑两股；纂辑股又分通史、民国史两类；均从长编入手，并编历史辞典。聘屠敬山、张蔚西、薛阆仙、童亦韩、徐贻孙诸君分任征集编纂等务”。⑧

三

寿鹏飞是民国著名的方志学者，他与方志结缘始于担任吉林省农安县知县期间，

---

① 蔡元培：《重修〈上虞县志〉例言》，《蔡元培全集》第1卷，第34页。
② 蔡元培：《重修〈上虞县志〉例言》，《蔡元培全集》第1卷，第32页。
③ 蔡元培：《重修〈上虞县志〉例言》，《蔡元培全集》第1卷，第25页。
④ 蔡元培：《重修〈上虞县志〉例言》，《蔡元培全集》第1卷，第31页。
⑤ 蔡元培：《重修〈上虞县志〉例言》，《蔡元培全集》第1卷，第27页。
⑥ 蔡元培：《重修〈上虞县志〉例言》，《蔡元培全集》第1卷，第33—34页。
⑦ 蔡元培：《重修〈上虞县志〉例言》，《蔡元培全集》第1卷，第24页。
⑧ 蔡元培：《我在北京大学的经历》，《蔡元培全集》第6卷，第355页。

1908 年编纂《奉天新志略》。1930—1939 年间，又在河北省易县纂修《易县志》。1941—1944 年间先后出版方志学理论专著《方志通义》《方志本义管窥》，创立了以救世兴邦为宗旨的具有民主主义思想特色的方志理论——志义说，在中国方志史上首次公开打出了志书“为地方人民而作”的旗帜，备受学界推崇。寿鹏飞何时阅读过《文史通义》，目前无从查考，但从其专著《方志通义》中专设“读实斋书质疑”一章看，显然他是读过《文史通义》的，与河北人李泰棻一道，成为民国时期对章学诚方志思想评析最为全面的方志名家。

作为民国的方志学者，寿鹏飞把章学诚方志思想看作传统方志学的标杆，在许多方面继承了章学诚的方志思想。如在方志性质上，寿鹏飞赞同章学诚的“方志为史”说，指出“况在志乘，为郡邑正史”①，“志者，史也。史以明治乱兴衰之故，志以补郡国利病之书。然为史者，但详以往之陈迹，为志者必兼条兴革之所宜，其指导政治之责，盖倍蓰于史也”②。由方志的性质出发，寿鹏飞也同意章学诚的看法，认为方志起源于春秋战国时期的古诸侯国史，“周官外史氏掌四方之志，是方志于古有之”③。在方志的体例方面，寿鹏飞承认“有例之胜于无例”，高度评价了章学诚自创体例在中国方志发展史上的重大意义。他说：“古于方志，无所谓例也，知有义焉耳，惟无例可循。故乾隆以前诸志，当时牧令，往往假手庸胥，杂取肤言，以塞斯责，实斋章氏，乃发明条例，以救其弊。二百年来，殆皆宗之。其间巨著名帙，先后相望，咸有仪轨，非俗子所敢率尔矣，是有例之胜于无例也。”④ 章学诚发明志例，在当时很大程度上限制了随心所欲、粗制滥造的弊端，这是章学诚对方志发展的一大贡献，也是寿鹏飞承认“有例之胜于无例”的原因。在人物传的撰写上，寿鹏飞也以章学诚方志思想为镜，赞同章学诚“记载人物不分类”“设置《阙访列传》”“《列女传》不专为贞节烈女而设”“列女要书写全名”等做法，其主张记载人物时应秉笔直书，善恶并书，“志人之篇，非为个人之表彰，以贻后来之模范。故其所载，但取事实，谀词溢美，既难逃秽史之讥，冗滥求详，尤足减昔贤之色。大抵志体非同家传，末世岂尽圣人？但取一二嘉言懿行，已足传信方来。若无美不臻，堆砌满纸，滋取后人疑厌耳！于此亦可见秉笔者用意之公私”⑤，也与章学诚的主张不谋而合。明康海《武功县志》中《官师志》褒贬并用，善恶并书。章学诚肯定其“惟《官师志》褒贬并施，尚为直道不泯，稍出于流俗耳”⑥，寿鹏飞也称其“义法最善”⑦。甚至是章学诚的史家法度，套用史书的写法来修志，包括运用“太史公曰”之类夹叙夹议的手法，造成事实上的以史代志、史志不分，也为寿鹏飞所继承，如寿鹏飞主张述而有作，认为方志“于纪载正确之余，宜参以指陈得失之论。盲左腐迁均有此例，而《资治通鉴》一书每附以臣光曰云云，所谓别嫌疑，明

① 寿鹏飞：《方志通义》，1941 年铅印本，第 2 页。
② 寿鹏飞：《方志通义》，第 7 页。
③ 寿鹏飞：《方志通义》，第 3 页。
④ 寿鹏飞：《方志本义管窥》，《国学丛刊》第 14 册，1944 年，第 43 页。
⑤ 寿鹏飞：《方志通义》，第 24 页。
⑥ （清）章学诚著，叶瑛校注：《书〈武功志〉后》，《文史通义校注》卷八，外篇三，第 906 页。
⑦ 寿鹏飞：《方志通义》，第 25 页。

是非，可以载道者此也。惟此乃不负作史修志之本旨，若仅案而不断，何以敷陈要义乎？是故无是非之心、褒贬之笔者，不足与论史；无爱民之心、利病之论者，不足与论志”①。

但是，章学诚所修志书长于史裁而短于考据（内容）的缺陷，则遭到了寿鹏飞的批评，认为这是知其例而忽视其义，舍本逐末，“然其弊也。科条多而不尽可遵，遵之者又多拘于墟而绝鲜精义”②，“方志起例之严，始于实斋章氏。实斋自负史学专长，欲以史法律志，但其所谓史法者，仅注重于古人师承家法，而于史家大义微言、劝惩法戒之精神，则略而不言。盖由其时汉学盛行，读经者竞为章句训诂之业，服膺汉儒师师相承、门分户别之说，而于圣贤立言，经世大猷，不加寻绎，释经而忘其本义，固已久矣。实斋生当其时，以经生研经之法，治史因以治志，所由重例而轻义也”③。寿鹏飞修志思想的核心无疑是他的志义说。而志义说的中心内容是阐述如何处理方志的“义”和“例”的关系。“义”即本义，指修志的宗旨；“例”则是修志体例。方志的“义”与“例”，实际上就是撰修方志的主旨与体例，而正确处理好两者之间的关系，是衡量一部方志的编撰是否得要的重要标志。在“义”与“例”的关系上，寿鹏飞认为，“义”的作用在于经世，属于精神范畴；“例”的作用在于救时，属于形式范畴。因此在两者的关系上，“义”始终是第一位的，“例”则是第二位的，“义”重于“例”，“是固谓义之尤重于例矣。义之不立，例于何有？所谓皮之不存，毛将焉附？”④“固无所谓志例，但以有当于治道与否为优劣，知以义为重而已。”⑤何为方志的本义？“方志本义果何在乎？曰在正人心，敦风尚，明正谊，垂治规，究兴衰之由，陈利弊之要，补救时政之阙失，研求民生之荣枯，……足为治理之龟鉴。”⑥又说，顾亭林所著《日知录》《天下郡国利病书》等书，“有体有用，非当于治道者弗录，此著作之体，亦即方志之本义也”⑦。由此可知，寿鹏飞理解的“志义”，就是研求救世兴邦之道以资治，志书只有对当今社会有用，做到为现实服务，才能算是达到了方志的“本义”。

自南宋有学者将方志的功能概括为存史、资治（资政）、教化三大功能以来⑧，资治一直是中国修志的指导思想，寿鹏飞所谓的志义虽也是为了资治，但又不同于旧志的资治思想，体现了民主主义思想的时代特色。章学诚等前辈志家所谓的“资治”“经世”，归根到底是为封建统治者服务，竭力宣扬帝王、官吏的功德，其内容“不外官吏政绩、绅士行为、寡妇贞操以及地方学者之著述或吟咏”⑨。而寿鹏飞则认为方志的本义应与民国民主共和的时代精神相符，以“民本”“专详民事”为方志的本义，志书不应再是代圣人立言，替君主歌功颂德，而应站在平民立场，为民立言，“方志立言，当

① 寿鹏飞：《方志通义》，第7页。

② 寿鹏飞：《方志本义管窥》，《国学丛刊》第14册，第43页。

③ 寿鹏飞：《方志通义》，第30—31页。

④ 寿鹏飞：《方志通义》，第1页。

⑤ 寿鹏飞：《方志通义》，第4页。

⑥ 寿鹏飞：《方志通义》，第2页。

⑦ 寿鹏飞：《方志通义》，第8页。

⑧ （宋）郑兴裔：《广陵志序》，《郑忠肃奏议遗集》下卷，影印文渊阁《四库全书》第1140册，台北商务印书馆1986年版，第216—218页。

⑨ 李泰棻：《方志学》，河北人民出版社1990年版，第81页。

从平民立场，乃得痛陈疾苦。盖志为地方人民而作，故其为体，勿染官气，勿尚时趋，勿导游观，勿导游观，勿贡谀佞，勿羼新奇学说，勿蹈文人习气，务在能见远大，有裨地方风俗、民生"①，第一个公开打出了志书"为地方人民而作"的旗帜。他指出，如果志书仅仅是为当政者歌功颂德、粉饰太平，就不成其为志书了，"乃为官中粉饰政绩，文士标榜风雅之工具，盖本义之已亡矣"②。义之既明，则因义选材，例因以生，也就是说志书内容的选材要符合"民本"的志义，有裨于民生实用，而体例作为志书内容的体现，要因时因地而有所变通。也正因为如此，所以寿鹏飞批评章学诚是知其例而忽视其义，舍本逐末。如他批评章学诚"作和州诸志，则溷食货于田赋之中，知有国赋而不知有民生，失其义也"③，要求有关国计民生的内容要占到志书篇幅相当的比例，且"有关民生实用，疾苦利弊，虽小必志，既志又必详且尽焉"④。即使是对于地理、名胜诸篇，其记载也是以是否有益于治道为标准，于志义不合，无助于治道，方志不必详载。对于诗文入志，他虽赞同章学诚名胜不宜杂缀诗文的观点，但又主张若"此非美其文词而存之也，盖以诸文悉寓讽规，不失古者矇诵工谏之义，可以匡时载道"⑤，就不必拘其例，诗文完全可以入名胜篇。中国旧志中"兵防"一门多有缺失，而近现代中国面临西方、日本步步入侵，山河破碎，寿鹏飞强烈地认识到地方保安对于国家的重要关系，提出志书必志兵制，"夫国防非下邑所可专，在拘守志例者，或以为出位之言矣，不知国为地方所积，地方之防守既固，即全国之七鬯无惊，筹边之策，正在当地官民平日之注意也"⑥。这些都体现了他撰志为现实服务的具有民主主义思想特色的志义观。

再者，寿鹏飞毕竟身处民国新社会，时代不同了，其方志思想虽承继于章学诚，却超越章学诚，更不必事事将章氏自创之体例奉为圭臬。随着时代和科学的进步，他对以章学诚为代表的传统方志学思想作了全面扬弃，指出"何况今日世事蕃变，日异月新，迥非曩例所能檃栝哉，抑吾非谓例之不必遵也，恶拘于例而或转削足以适履也。是故善言志例，不如先言志言义，因义生例，斯为得之"⑦。章学诚所主张的志书不僭列帝王后妃，以门第为氏族收录标准，作《望族表》或《士族表》，为世家大族服务等陈腐的封建旧思想被寿鹏飞扫进了历史的尘埃，"实斋章氏撰永清、和州等志，引用斯义，作氏族表，仅志缙绅，不及平民，而于永清志，又改氏族为士族，非青一衿以上，不得与焉，义益浅矣。……实斋此说，殊失作志用意"⑧。其20世纪30年代所纂河北《易县志》，在篇目设计上体现了民国的时代性和科学性，删去了旧志体现皇权特色的《诏谕》、《皇言》卷，以及荒渺无凭的星野说，涉及迷信的堪舆（风水）、祥异等内容，在

① 寿鹏飞：《方志通义》，第6页。
② 寿鹏飞：《方志通义》，第2页。
③ 寿鹏飞：《方志通义》，第32页。
④ 寿鹏飞：《方志通义》，第15页。
⑤ 寿鹏飞：《方志通义》，第31页。
⑥ 寿鹏飞：《方志通义》，第26页。
⑦ 寿鹏飞：《方志本义管窥》，《国学丛刊》第14册，第43页。
⑧ 寿鹏飞：《方志通义》，第22—23页。

志目设置上已是近代方志的分类方法。同时在“民本”“专详民事”的志义观指导下，新创了许多反映经济状况和普通老百姓日常生活的篇目。在志书具体篇目的撰写上，概括了“十四宜”“十三忌”的撰述原则。① 在具体编纂手法上，则受到民国时期“类不关文”“文不拘体”思想的影响，打破了章学诚纪传体志书体例的束缚，志书不再按文章体裁分类，文体与内容完全脱钩，志书每一门类可同时使用多种文体，如图照、表等，不同文体亦可随意插入文中，便于参览，如档案、章则等。

四

由以上对李慈铭、蔡元培、寿鹏飞等人的分析，我们可以看到，章学诚的方志思想确实对于其身后的一些学者产生过一定的影响，从地域上说，绍兴或者越地的学者受其影响更为显著，尤其是在民国以前。如《光绪上虞县志》编修时，虽然极力推崇章氏之学的原总纂蔡元培因分纂反对等原因辞职，但后来由当地士绅朱士黻等纂修的《光绪上虞县志》，虽志书的纂修者谦称“是书虽未尽合章先生之旨”②，但在体例上仍是类似“三书体”志书，全志由主体志和文征组成，主体志沿用章氏提倡的纪传体正史体裁，图、表、志、传一应俱全，与章学诚的标准“三书体”（即一部志书由主体志、掌故、文征三书组成）相比，仅仅是缺少了辑录原始典章文献的“掌故”。在具体门类的编写上，《光绪上虞县志》在某些方面也刻意模仿章学诚的做法。比如除名宦、寓贤、列女外，人物传不分类，以朝代为次立传；经籍志（即他志之艺文志）只载书目，而不载诗文，诗文一律移入“文征”编。章学诚在编撰《永清县志》时，本着善恶并书的宗旨，对历史上德行操守有亏的人物采取了暗贬的处理手法，“选举有表而列传无名，与职官有表而政略无志，观者依检先后，责实循名，语无褒贬而意具抑扬”③，笔法虽婉转，但褒贬抑扬，颇合史志义旨，《光绪上虞县志》也效法这种方法，“又章学诚先生曰：‘史之有表，乃列传之叙目，名列于表而传无其人者，乃无德可称，而书事从略者也’……今表后即继列传，于章先生之旨亦合”④。这可能是居处近而较易得到章学诚书稿抄本的缘故。进入晚清以后，随着章学诚学术地位的提高，其影响力得到提升，越地出现了像蔡元培、谭献这样的章学诚思想的极力推崇者，而寿鹏飞，其方志思想虽承自章学诚，却在民国新的历史条件下，实现了对以章学诚为代表的传统方志学思想的超越。此外，学者的治学风格也影响了他们对章氏之学的态度。谭献治今文经学，提倡微言大义，蔡元培、寿鹏飞都是中西兼修、趋向新学的近代学者，自然没有旧学的门户之见，因此他们对章学诚的思想可以欣然接纳，并极力推崇。而李慈铭因为崇尚汉学，对与乾嘉汉学主流学风唱反调的章学诚自然会本能地排斥，对其学术思想批评多过

---

① 寿鹏飞：《方志通义》，第15页。

② （清）唐煦春等修，朱士黻等纂：《光绪上虞县志》，唐煦春序，清光绪十七年刻本。

③ （清）章学诚著，叶瑛校注：《永清县志政略序例》，《文史通义校注》卷七，外篇二，第755页。

④ （清）唐煦春等修，朱士黻等纂：《光绪上虞县志》，凡例。

肯定也就是必然的事了，但即便是李慈铭，最终也还是不能忽视章学诚在方志学方面的专长，可见章学诚方志思想对其身后的学者尤其是越地学者是有一定影响的，这一点我们任何时候都不能低估。

【作者简介】沈松平，宁波大学人文与传媒学院副教授。

人世楷模，高山仰止*

——从蔡元培七辞北大校长说起

付八军

摘　要　古今中外名人能人乃至建立丰功伟绩者甚众，但被誉为人世楷模者寥寥无几。让蔡元培先生名垂千古流芳百世的履历，不是他担任中华民国第一任教育总长，也不是他担任国民政府委员兼监察院院长等职务，而是他担任北京大学校长。然而，作为北大校长第一次在任十年，他却七辞校长职务且都未获批准。沿着这个故事深入下去，我们能够发现，蔡先生七辞校长不表明他就是一个文弱书生，因为他还曾经为追求民族自强与独立担任过暗杀团团长；研制武器以图暴力推翻清王朝并不表明他就是一位冷面杀手，因为他豁达大度乐于助人充满了仁爱之心；兼容并包的办学理念与待人接物并不意味着他就是一位无主见与无立场之人，因为他在行为规范与家庭生活上体现出高度自律。这样的一位先生，是人世间不多的楷模，让我们高山仰止。宣传与弘扬蔡元培先生的全人精神，需要在家庭教育中传承这种高贵品质，培养有理想、有节制、有仁爱、有气节的下一代。

关键词　蔡元培　北大校长　光复会　兼容并包　民主自由　宽厚仁爱

我是历史学硕士、教育学博士，但讲教育人物的故事，并非我的特长。不过，如果要与大家分享蔡元培的故事，我很乐意。这是为什么呢？因为我来绍兴工作之后发现，许多人来绍兴旅游，从文化名人之旅的角度而言，好像奔鲁迅故居而来。这就可以看到，鲁迅故居那里，人来人往，络绎不绝，但蔡元培故居那里，游客不多，甚至有点冷清。为此，我经常思考一个问题，为何在今天鲁迅（1881—1936）的影响力比蔡元培（1868—1940）还要大呢？要知道，论学习经历，蔡元培16岁中秀才，22岁中举人，25岁中进士，28岁授翰林院编修，在那个时代的绍兴地区没有几人能出其右；论社会地位，蔡元培担任中华民国第一任教育总长、中央研究院院长等许多重要职位，1927

---

* 本文根据2019年7月6日应王阳明研究院邀请面向社会大众所作的一场“绍兴故事”讲座整理而成。

年蒋介石与宋美龄结婚时，蔡元培还被邀请担任主婚人，在那个年代蔡元培绝对称得上当时绍兴地区位高权重、声名显赫的标杆性人物；从德性修养而言，蔡元培可谓中国近代最为完美的人之一，1940 年蔡元培辞世时，蒋介石在重庆主持公祭，毛泽东在唁电中称其为“学界泰斗，人世楷模”，蒋梦麟的挽联是“大德垂后世，中国一完人”，吴稚晖的挽联是“平生无缺德，举世失完人”；论互助关系，我们不能说没有蔡元培对鲁迅的关心就不会有今天的鲁迅，但可以肯定地说没有蔡元培无私帮助，鲁迅的生活与事业不可能如此顺利，事实上，那个时期绍兴出现的一大批名士都得到过蔡元培的培养、奖掖、帮助乃至营救，这种绍兴人才群的出现被学界称为“蔡元培现象”①。那么，在今天作为旅游城市的绍兴，为何蔡元培故居反而显得冷清呢？我想，主要原因还是我们对蔡先生的认识与宣传不够。同时，针对一位伟大的人物，我们研究他、推广他本身不是目的，从他身上学到智慧与德性才是根本。作为一个面向社会大众而不是面向教育研究者的报告，我将从以下几个方面聊聊我们身边伟大的蔡元培先生。

一 七辞北大校长显示其刚毅正直秉性

蔡元培是伟大的教育家、革命家与政治家，他在许多领域为社会发展作出了重要贡献。但是，他给我们留下来的最大精神财富，则是他担任北大校长时期的办学理念及实践。应该说，这是蔡先生始料未及的。1916 年 6 月，袁世凯在一片讨伐声中病逝，黎元洪继任大总统，北洋政府教育总长范源濂（1875—1927，湖南岳阳湘阴县人）力邀蔡元培担任北京大学校长一职。蔡元培接到电报后，于 11 月从国外到达上海。他先到达家乡绍兴，然后再次回到上海，听听同盟会其他成员的意见。多数人建议蔡元培不要赴任，认为北京大学已经腐烂透顶，去那里任职有损蔡公名节。不过，孙中山极力主张蔡元培担任北大校长，因为这有利于在北方传播革命思想。蔡元培态度坚决，以“我不入地狱，谁入地狱”的担当与责任，接受了黎大总统于 12 月 26 日发布的任命状。那个时候的北京大学，是个什么样子呢？与其说这是大学，不如说这是“衙门”。学生多为“官二代”“富二代”，上课都有听差跟班，校工见到学生要称“老爷”。上体育课时，老师要恭敬地喊“老爷向右转，大人开步走”。课余时间，大批师生花天酒地。当时，地处北京最大红灯区“八大胡同”的妓院，都认为“两院一堂”是他们最好的上帝。所谓两院，即参议院与众议院；所谓一堂，即京师大学堂（1898 年维新运动的产物，原名京师大学堂。1912 年改为国立北京大学）。1917 年 1 月，蔡元培到达北京大学，以“学术自由，兼容并包”八字方针，正式着手改革北京大学。关于蔡元培的北大改革方略，我在此不想多讲，因为今天不是讲授他具体的办学理念。在蔡元培第一轮十年的精心治理下，北京大学焕然一新。至于其贡献与意义，作为教育思想坐标式人物——美国教育家约翰·杜威有过如此评价：“把世界各国的大学校长比较一下，牛

① 详见苏莉莉、徐嘉恩《蔡元培与近代绍兴人才群》，载《绍兴文理学院学报》（哲学社会科学版）2001 年第 1 期。

津、剑桥、巴黎、柏林、哈佛、哥伦比亚大学的校长之中，在某些学科上，有卓越贡献的不乏其人，但是，以一个校长身份，而能领导那所大学对一个民族、一个时代，起到转折作用的，除蔡元培而外，恐怕找不出第二个。”北大之大，首先是蔡元培之“大”。① 北大之父，中国高等教育之父，蔡元培先生当之无愧。但是，蔡元培先生前后两次担任北大校长，第一次从 1916 年 12 月至 1927 年 7 月，实际在校时间不足五年，其间却有七辞校长而不准②；第二次出任北大校长，是从 1929 年 9 月至 1930 年 12 月，任期较短，而且不参与北大具体管理工作，做了一位“遥领”校长，相当于北京大学的“精神领袖”。③ 那么，蔡元培为何在十年之际七辞北大校长呢？为此，我们不妨具体看看其因何而辞职。根据相关论述，我绘制一个表格，可以更好地了解七辞校长的相关信息。

表 1　蔡元培十年七辞北大校长一览

次序	时间	原因	经过	评价
第一次	1917 年 7 月 3 日	抗议张勋拥宣统废帝复辟	蔡元培提出辞职，并且离京到了天津，12 天后复辟闹剧结束，蔡先生随后返回北大	反对封建专制，追求民主进步
第二次	1918 年 5 月 21 日	反对学生运动未果而表现出来的无奈	北大学生为反对某个中日军事协议，准备去北洋政府请愿，蔡元培劝说不成，当天请求辞职	关爱学生，维护教育独立
第三次	1919 年 5 月 8 日	抗议政府逮捕学生	五四运动期间，北洋政府抓了许多在天安门前游行的北大学生，蔡元培奔走要求释放，在学生于 5 月 7 日释放出来之后，他于第二天就公开通电，引咎辞职	以辞职表示与北洋政府的不合作
第四次	1919 年 12 月 31 日	与教职员一道对教育部投不信任票	北京教职员因为不信任教育部，全体停止职务，他作为校长宣布辞职	以辞职表示与北洋政府的不合作
第五次	1922 年 10 月 19 日	不满意学生为讲义收费而闹事	北大学生因为对讲义收费不满而引发学潮，蔡元培对此非常愤怒，甚至对学生说，“我是从手枪炸弹中历练出来的，你们如有手枪炸弹，尽不妨拿出来对付我”。蒋梦麟记得他还说“我和你们决斗”。这次风潮由胡适调停解决	这次辞职取向虽然有争议，但亦体现蔡先爱莫能助的无奈
第六次	1923 年 1 月 17 日	抗议教育总长彭允彝干扰司法	曾在北大任教、时任财政总长的罗文干被冤枉逮捕，司法机关已将其释放。但是，教育总长彭允彝在国务院会议再次提案要将他抓起来。为此，蔡元培向总统和教育部提出辞职，并通过多种媒体披露。这次辞职反响巨大，导致彭的下台，总统黎元洪出面挽留。自此，他不再到北大工作，由蒋梦麟代理。尽管如此，政府始终没有免他的职	以辞职表示与北洋政府的不合作
第七次	1926 年 7 月 8 日	没有直接原因	三年半以后从欧洲回国，再次辞职，但没有获准，加上北大师生与北京 9 所学校的挽留，最后没有辞成。一直到 1927 年 7 月，由于张作霖取消北大，改为京师大学校，他的校长名义才取消	以辞职表示与北洋政府的不合作

① 赵恺：《北大校长蔡元培》，载《教师博览》2002 年第 6 期。

② 傅国涌：《蔡元培为何七辞北大校长职务》，载《同舟共进》2007 年第 6 期。

③ 详见肖伊绯《1930 年北大挽留蔡元培始末：曾组建“挽蔡”工作组》，载《北京晨报》2016 年 2 月 29 日。尽管是“遥领”校长，蔡元培后来仍坚持辞去校长职务，为此，北大师生组建了“挽蔡”工作组，极为挽留其“精神领袖”。不过，尽管工作组非常努力，蔡元培最后还是辞去了北大校长职务。如果加上这次，前后两轮任期内，蔡先生应该是八辞北大校长。

十年内七辞大学校长职务，而且没有一次获批准，这在中外古今历史上少见，在未来也不可能较多地出现。从历次辞职情况来看，原因主要体现在对政府某些行为的抗议，同时也有对学生某些行为的失望。一位老是因为不满意或者不愉快而撂挑子的人，会是一个什么样的人物呢？在我看来，这样的人往往属于理想主义，倾向于坚持自己的想法，同时，如果不向强权低头，从位高权重处下来，这样的人往往较为正直刚毅。据不完全统计，蔡先生一生的"公开辞职"就有 24 次之多。其中在民国初年请辞教育总长一职，最能说明蔡元培的人物性格与价值取向。1913 年，袁世凯窃取了辛亥革命的胜利果实而称帝，义愤填膺的蔡元培毅然辞去教育总长一职。当时，袁世凯极力挽留，说道："我代表四万万人坚留总长。"蔡元培亦强硬地回应："元培亦以四万万人之代表而辞职!"

二　仗剑天涯体现其追求民主与侠气冲天

从另一角度而言，因为不满意或者不愉悦而辞职也体现个人的无奈与软弱。那么，这是否说明蔡元培只是一个胆小怕事、不敢揭竿而起的文弱书生呢？如果这样认为，那我们就大错特错了。蔡元培还有许多不为人知的一面，例如他曾经是暗杀团的团长，亲自研制液体毒药，后来改为制造炸药，组织策划过多次暗杀，其目的是针对清朝大员尤其是慈禧太后。事实上，1902 年蔡元培等人在上海创办的中国教育会，就带有武装革命的性质。早年两次刺杀慈禧太后未果的陶成章（浙江绍兴人），亦是会员之一。蔡元培任会长的中国教育会，以"改良教育，以为恢复国权之基础"为宗旨，创办新式学校，印发革命刊物，组织学生义勇队，进行军事训练，而且研制炸药，准备暴动。据说，1905 年吴樾身绑炸弹炸出国考察的"制宪五大臣"，遭到盘问后引爆身亡，就是采用了蔡元培他们研制的炸弹。后来，蔡元培又担任爱国学社总理，协助陶成章、章太炎（浙江余杭人）等人于 1904 年创立光复会，并被推为会长，成为东南地区革命者的领袖人物。① 1905 年，由兴中会、华兴会、光复会合并而成的中国同盟会成立，光复会成为中国同盟会的"三驾马车"之一，以蔡元培为首的一大批光复会成员加入同盟会。以暗杀为手段的侠义型斗争，是光复会武装革命反抗满清的重要形式。1907 年 7 月 6 日，徐锡麟在安庆刺杀安徽巡抚恩铭②，随后被捕牺牲，殃及光复会发展武装力量的绍兴大通学堂，鉴湖女侠秋瑾英勇就义，陶成章再度流亡日本。1908 年，陶成章到南洋筹款收获甚微，后来公开谴责孙中山"贪污革命经费"等 12 项罪状，引发双方矛盾，并宣布脱离同盟会。此后，蔡元培与光复会的关系日渐疏远，最终离开了光复会，成为同盟会的要员。1910 年，章太炎、陶成章等人重组光复会，章太炎为会长，陶成章为副会长。1911 年武昌起义胜利后，同盟会与光复会的矛盾越发尖锐。1912 年 1 月，同

---

① 蔡元培为会长，陶成章为副会长。在后期活动中，主要还是陶成章、徐锡麟、秋瑾在负责，被称为"鉴湖三杰"。

② 恩铭是徐锡麟的恩师，对他极为欣赏，只因主义不同，最后割舍恩情。

盟会元老级人物陈其美（浙江湖州人）① 命令部下蒋介石②将陶成章在上海杀害，后葬于杭州，年仅34岁。对于陈其美其人，蔡元培曾称其可与历代侠士齐名列传，盛赞其为“民国第一豪侠”。陶成章死后，章太炎于1月28日在《大共和日报》发表《致孙中山公开信》，谴责同盟会与光复会之间相残。陶成章死后，光复会就解体了。作为光复会成员的鲁迅，最初还是勇敢地拿起了笔，对蒋介石口诛笔伐。

从蔡元培早期的革命活动可以看出，他并非一介只读圣贤书的书生，而是一手拿着笔，一手拿着剑，可谓侠气冲天。他的革命活动，与其他许多绿林好汉的革命不同，不是为了个人温饱，不只是为了改朝换代，而是为了心中向往的民主社会。要知道，他本属翰林院编修，进入士大夫阶层，在看到清政府的腐败无能无助之后，果断弃官返乡，兴办学校，乃至参与革命。可以说，以翰林弃官而闹革命，走上武力反抗清王朝的道路，蔡元培是中国历史上第一人。但是，我们一定要看到，蔡元培先生的革命，是资产阶级天赋人权式的革命。这就可以理解，他最后离开光复会，而完全选择了同盟会。因为同盟会的政治目标是要建立民主共和的资产阶级政体，而光复会定位于推翻清王朝，建立另一个封建王朝，致力于改朝换代式的革命。追求民主共和的理想信念，贯穿蔡元培先生一生。例如，蒋介石于1927年反共清党之际，蔡元培与蒋介石亲密合作，在道义乃至实际行动上对蒋予以重大支持。但是，在1928年之后，蒋蔡关系开始出现裂痕。例如，自1928年至1929年，蔡元培多次向蒋介石请辞监察院院长等职。1929年8月，蒋介石还专程去上海拜访，希望他继续担任监察院院长，但蔡元培还是坚决推掉了。不过，国民党没有批准其辞去国民政府委员。此后，他们两人的关系越来越疏远，仅仅维持表面的和气。1932年，蔡元培加入了由宋庆龄、杨杏佛等组织的中国民权保障同盟，其意旨在抗议蒋介石的独裁统治。1933年，杨杏佛被暗杀，实际上是对宋庆龄与蔡元培先生的警告，随后该组织也被迫停止了活动。1935年，蔡元培与鲁迅谈及国事，蔡认为蒋介石是袁世凯第二，万不可信任。③ 从蔡蒋的关系演变可以看出，蔡先生一生都在致力于民主共和，追求自由平等。

三　兼容并包与乐于助人体现其宽厚仁爱

敢于与政治强权叫板，敢于辞职以示抗议，敢于以大无畏的勇气执剑闯天下，这样的人物形象总体上呈现“强硬”“冷峻”的一面。但是，如果我们把这些当成蔡元培先生性格的全部，那又是大错特错了。相对于“硬”的一面而言，蔡先生其实更多地呈现了“柔爱”“仁慈”“善良”“宽容”“体谅”的一面。若要综合考虑，“侠骨柔情”用在这里最为恰当。正如冯友兰先生所写：“有一天，我从这位新校长身边走过，觉得

---

① 在辛亥革命初期，陈其美与黄兴同为孙中山的左右股肱。1916年，袁世凯派人将陈其美杀害。

② 在《事略稿本》中，蒋介石自言成功暗杀陶成章是获得孙中山信任的开始。

③ 详见罗水荣《反目成仇：蒋介石与蔡元培关系的演变》，载《绍兴文理学院学报》（哲学社会科学版）2015年第2期。

他蔼然仁者、慈祥诚恳的气象，使我心里一阵舒服。我想，这大概就是古人所说的春风化雨吧。”①

蔡元培担任北大校长期间，贯彻“兼容并包”的指导方针，广揽人才，不论政见，不论出身，将各派优秀人才引入北大，这是蔡先生在北大大刀阔斧进行改革的重要环节。对于其“兼容并包”的指导方针，学界从办学理念角度肯定其价值与意义。毫无疑问，这是非常正确的。“大学者，乃研究高深学问者也。”因此，只要具有真才实学，在不同学科领域出类拔萃，我们就应该不拘一格，把他们引入进来，提供尽可能优越的环境与待遇，让他们潜心于教学育人与科学研究。这既是高等教育的内在规律，也是社会发达的必由之路。但是，“兼容并包”指导方针的倡设与践行，我从这里更看到了蔡先生的人物性格，体现了他的豁达大度与仁爱之心。不具备这种性格的人，叫喊“兼容并包”一万遍，也很难在实践上做得好。例如，蔡元培聘请陈独秀（1879—1942）到北大担任文科学长，可谓一个永远值得传颂的美谈。1917 年蔡元培主政北大伊始，便想聘请《新青年》主编陈独秀到北大担任文科学长。不过，陈当初不是很愿意，原因在于编辑部在上海，妻小在安徽，如果自己去北大，来回往返多有不便。但是，最终还是被蔡元培先生的诚恳与仁厚打动了。在这个过程中，不仅刘备“三顾茅庐”的故事重演，而且蔡元培“虚构”履历，在报送教育部的报告中将陈独秀说成日本东京大学毕业、曾任芜湖安徽公学教务长、安徽高等学校校长，事实上，陈独秀既无“学位头衔”，也“没有在大学教过书”。② 试想，缺乏雅量与大爱，位高权重的蔡先生不可能去如此接近一位当时尚未形成影响的知识分子。而且，陈独秀先生虽然“学识渊博，懂日、英、法三国文字，工宋诗，写隶书，对旧学很有功底。新学造诣尤深。他才思敏捷，笔锋锐利。他待人处事，胸怀坦荡”，但是“脾气暴躁，喜怒形于色，也难以容人”。③ 这样的人，蔡先生一点也不忌讳，以己宽容之心化解一切。正如陈独秀后来回忆说，“这样容纳异己的雅量，尊重学术自由的卓见，在习于专制好同恶的东方人中实所罕见，这是老先生可令人敬佩的地方。”④ 又如，他聘请坚持君主专制的辜鸿铭⑤（1857—1928）担任英国文学教授，当时许多人反对。但是，蔡元培依然力排众议。确实，到了民国时期，在北大讲台上还拖着长辫一边讲课，一边抽烟，旁边还有一个仆人伺候泡茶，没有几位民国大学校长能够容忍。蔡元培先生的宽容大度也最终打动了辜鸿铭，1923 年蔡先生辞职后，辜也随即辞职。正应印了辜鸿铭自己总结的那句话，“全中国只有两个好人，一个是蔡元培，另一个就是我”。再如，梁漱溟报考北大没有考上，

---

① 详见冯友兰《我所认识的蔡孑民先生》，该文是冯先生于 20 世纪 20 年代写的一篇记人散文，资料来源于百度百科。

② 参阅祁文斌《蔡元培“造假”，让陈独秀进北大》，《文史博览》2018 年第 2 期。

③ 转引自吕腾飞、魏兆锋《蔡元培的人生经验》，载《文史天地》2018 年第 11 期。

④ 转引自吕腾飞、魏兆锋《蔡元培的人生经验》，载《文史天地》2018 年第 11 期。

⑤ 辜鸿铭学贯中西，号称“清末怪杰”，精通 9 种语言，获 13 个博士学位。1927 年，日本人推荐他担任张作霖的顾问。张作霖惊诧地看着这位身着清朝服饰、蓄着小辫的老古董，直截了当地问：“你能做什么事？”辜看了张一眼，找不到以前张之洞总督待人如宾的影子，便拂袖而去。1928 年，辜鸿铭被奉系军阀张宗昌约请担任山东大学校长，但还没有正式下文便染病身亡。个人觉得，有趣的学问人，辜鸿铭绝对算一个，他的故事实在太多、太精彩。

但蔡元培大胆聘请只有24岁的他担任北大教授，这也是中国近代教育史上的一段佳话。据说，当蔡先生要聘请他在北大任教之际，他不仅感到意外，而且不敢应聘。要知道，没有考上北大的人来做老师，教与他一起参加考试却考上北大的学生，这对老师而言会有无形的压力。蔡先生却如此鼓励与安慰他："你不要是当老师来教人，你当是来共同学习好了。"这不仅体现了蔡先生慧眼识珠的能力，也体现了蔡先生慈祥宽厚的品性。

蔡元培乐于助人，只要力所能及，且是正确的，他从不退缩。除了一大批知名人士例如陈独秀、鲁迅三兄弟、胡适（1891—1962）、梁漱溟、许寿裳（1883—1948，浙江绍兴人，鲁迅一生最好甚至唯一的挚友，经常批评国民党的法西斯教育改革，1948年于台北被暗杀）、毛泽东、刘开渠（1904—1993，江苏徐州人，雕塑家，为了缅怀蔡先生早期对他的无私帮助，他在上海三次为蔡元培塑像）外，还有许多未在史册上留下名字的帮扶对象，都得到蔡元培先生的无私帮助。例如，1932年，陈独秀因谴责蒋介石卖国独裁被捕入狱，蔡元培先生亲自奔走呼号，还于1933年前往苏州监狱看守所探望陈独秀，并且为《独秀文存》撰写序言，以示对逮捕陈独秀行为的抗议。① 又如，晚年移居香港期间，广东籍诗人廖平子时常给蔡先生寄送自己的作品，在得知该诗人家贫如洗却又不屑钻营之际，蔡元培在自己生活拮据的条件下，每月赠他法币10元，连续数年没有间断。再如，蔡元培大力扶植在美国获得博士学位的胡适，使他融入中国主流学术领域并逐渐获得广泛认同。他不仅为胡适的著作《中国哲学史大纲》以校长身份亲自作序大力推介，而且就像为陈独秀造假履历一样，误把徽州"解经三胡"说成胡适的老祖宗，以便让他获得"家学"的资格与影响。② 1921年，胡适公开发文质疑蔡元培在红学研究上的某个观点，同时，为了论证蔡元培的论述属于"大笨伯猜笨谜"，胡适到处寻找有关曹雪芹身世记录的《四松堂集》。正在胡适求而无果、准备放弃之际，蔡元培托朋友将书送给了胡适。将炮弹送给对手，对于知识分子而言，是需要度量与胸怀的。其实，在这里最值得提的，应该是蔡先生的老乡鲁迅。蔡元培对于鲁迅的帮助，那是"没世不渝"的。尽管如此，鲁迅时有微词与怨言，蔡元培却从未在乎。郭沫若曾说过，"影响到鲁迅生活颇深的人应该推数蔡元培！……鲁迅的进教育部乃至进入北京教育界都是由于蔡元培的援引。一直到鲁迅的病殁，蔡元培是尽了没世不渝的友谊"。鲁迅在教育部任职，同时又在北大兼课，再于1927年底起受聘"大学院特约撰述员"职位，乃至在鲁迅去世之后帮助出版《鲁迅全集》，蔡元培的身影无处不在，作用非同小可。在《鲁迅全集》即将付印之际，许广平希望蔡元培作序。蔡元培花了一个多月时间浏览鲁迅的主要作品，不仅为《鲁迅全集》写了序，而且为纪念本题了字。今天，如此作序的学者，恐怕再也找不到几位了。"大学院特约撰述员"这个职位，可谓天底下最好的岗位，不用上班，月薪300元大洋。鲁迅端着这个饭碗达四年多，共收获大洋一万四千七百元，折合黄金四百九十两。"特约撰述员"被裁撤时，蔡元培设法阻止，但未能成功。晚年之际，蔡元培在国民党执政时代的各种兼职达23项，由于前来上门求助的人太多，还要应付各种题字、稿约、写序等，他终于在1935年坚辞所有

---

① 赵恺：《北大校长蔡元培》，载《教师博览》2002年第6期。

② 详见李浴洋《蔡元培帮胡适"造假"的一段往事》，载《南方教育时报》2016年3月11日。

兼职，专任中央研究院院长，还在报上登了一个“三不启事”：一不兼职，二不写稿，三不介绍职业。①

越读蔡元培，越觉得他宽厚仁爱。他的两次落泪，再次呈现他的慈爱形象。“五四运动”时期，当被逮捕的学生获释后，蔡元培率领北大全体师生迎接。当学生们禁不住哭起来之后，他劝同学们不要哭，应该高兴才对，而自己也流下了眼泪。“九一八事变”后，汪精卫邀请蔡元培共进西餐。席间，蔡先生苦口婆心地劝汪改变亲日政策，坚定爱国立场。语至恳切处，潸然泪下，泪水滴入汤盘中，蔡先生将汤泪一并咽下。除汪精卫外，现场之人无不动容。②

四　行为规范与家庭生活体现其高度自律

北京大学郑也夫教授说过一句话：“人的一生，不外乎追求三种状态：舒服、刺激与厉害。”我觉得，这句话非常经典，概括了芸芸众生的普遍追求。从以上几点来看，蔡元培先生追求民主自由、大学独立、人间友爱，时而烈胆豪情仗剑闯天下，时而满腔温情怀柔天下，更多的是从国家、民族、社会、朋友等对象考虑，就是很少从自己的舒服、刺激与厉害来考虑。也许，心怀天下，就是他的“舒服”。这种“无我”的境界，还可以从他的行为规范以及家庭生活体现出来。

1918年蔡元培在北大成立进德会，该会成员根据所戒的内容分三种类型：甲种会员，不嫖、不赌、不娶妾；乙种会员在前“三戒”的基础上，加不作官吏、不作议员；丙种会员在前“五戒”的基础上，加不吸烟、不饮酒、不食肉，共“八戒”。该会成立三个月，甲、乙两种会员合计达437人，而丙种会员只有24人。其中，马寅初、胡适等人选择甲种会员，蔡元培和傅斯年等选择乙种会员，李石曾、梁漱溟等选择丙种会员。“平生无多好，只近绍兴酒”③，这也许是蔡先生没有选择丙种会员的主要原因。蔡元培先生从1909年始，有过12年的素食生活，后来由于身体原因，其夫人规劝他放弃“素食主义”。在家庭婚姻方面，蔡元培虽然一生有过三次婚姻，但仍然较好地履行了他的约定，这与胡适先生不断传出风流逸闻形成鲜明对比。蔡元培的第一任妻子叫王昭，与鲁迅的原配夫人朱安一样，都属于父母包办的封建旧式婚姻。但是，随着他们两个孩子的相继出生，蔡元培努力改善了与王昭的关系，甚至还起草过当时轰动一时的《夫妻公约》，让他们有过一段美满的婚姻。然而好景不长，与蔡元培相伴11年的王昭于1900年因病去世。那一年，蔡元培32岁，孩子还年幼，家庭需要有人照顾。由于蔡元培的地位与影响，前来说媒的人踏破了门槛。鉴于此，蔡元培写了一则征婚启事，贴在墙壁上。该启示提出了五个条件：第一，是不缠足的女性；第二，是识字的；第三，是男子不得娶妾、不能娶姨太太；第四，如果丈夫先死，那么妻子可以改嫁；第五，意

---

① 傅国涌：《蔡元培为何七辞北大校长职务》，载《同舟共进》2007年第6期。

② 详见孟祥海《蔡元培的两次落泪》，载《杂文选刊（下半月版）》2014年第2期。

③ 赵恺：《北大校长蔡元培》，载《教师博览》2002年第6期。

见不合可以离婚。在那个年代，不缠足的女子很少，识字的也不多，再加上允许离婚，也就没有哪个人敢来提亲了。后来蔡元培在杭州办学，无意中发现江西某名士之女黄仲玉符合自己的择偶标准，便主动请人做媒求婚。1902 年，他们在杭州举行婚礼，两人幸福相伴 18 年。1921 年 1 月，相伴 18 年之久的黄仲玉因病去世，蔡元培悲伤不已，写了一篇《悼亡妻黄仲玉》，成为抒情散文的典范，后来被收入中学课本。两任妻子先后因病辞世，蔡元培一度怀疑自己“天生克妻”，不打算再娶。但是，面对繁重的工作以及众多的子女，此时 54 岁的蔡元培再次打出一则征婚广告，提出三个条件：一、具备相当的文化素质；二、年龄略大；三、熟谙英文，能成为研究助手。有人调侃，这不是征婚，而是招助手。但是，蔡元培曾经的学生、33 岁仍属于单身的画家周峻走了进来。1923 年 7 月 10 日，蔡元培与小他 22 岁的周峻在苏州留园隆重地举行了婚礼。婚后，周峻为蔡元培先生再添 3 个孩子。1940 年，蔡元培先生在香港辞世，距周峻 50 岁生日还差 2 天。蔡先生辞世之际，没有自己的房产，连欠下的医药费和棺木，都是商务印书馆王云五代筹。1941 年，日军轰炸香港，周峻冒着生命危险抢救蔡先生手迹遗作，自己的金银首饰全然不顾。蔡先生去世后，周峻终日素衣素服，没有再嫁，而是按照蔡元培希望的生活方式，精心照顾与培养孩子。

五　思考与启示

听完这些故事，大家应该能与我一样，理解毛泽东等人对蔡先生的高度评价，不愧世人楷模，让我等望尘莫及，敬仰不已。2014 年我刚来绍兴工作之际，陪一位教育界前辈拜谒蔡元培故居，我特意问了导游关于蔡氏家族的情况。因为在我看来，一个人要拥有如此好的品性并且在事业上取得如此大的成绩，需要几代人的努力，贵族往往不是一代人成就的。但是，从导游那里以及后来我个人的有限查阅，发现蔡元培家庭对他的外显帮助，没有我最初想象中的那么大。蔡元培的父辈，以经商为业，但在蔡元培 11 岁之际，父亲病故，家道衰落。他的两个姐姐，因为无钱治病而先后离世。蔡元培 18 岁之际，母亲病故。这样的家庭，为何能够走出一位如此完美的人物呢？在人的成长上，真的教养不如天性吗？蔡元培的成长故事，否定了我近年概括与坚守的一个观点，即“家庭不仅成为孩子成长的起跑线，而且属于孩子发展的天花板”。认真梳理，我发现蔡元培先生的成长，固然有其天赋因素，但同样与家庭环境密不可分，并不否定我推崇的那个观点。在此我从以下三点略作分析，也希望我们多从这里引领孩子成长。

其一，母亲的德性至关重要。父亲去世之后，年幼的蔡元培与母亲相依为命，其秉性、爱好与习惯均深受母亲影响。在此，我不想过多地介绍他的母亲周氏，只简要说说她的教子方法。例如，周氏不会打骂孩子，而是以理服人，肯定成绩，指出不足，但如果蔡元培做了坏事且屡教不改，便会在没有旁人的时候狠狠地抽打，既不伤孩子面子，也达到教训目的。又如，在深夜写不出文章的时候，周氏便会催促孩子睡觉，第二天早点起来再做功课，使蔡元培养成“晚睡不如早起”的生活习惯。再说，周氏经常告诫孩子并且以身作则率先垂范，“说话一定要谨慎，当讲则讲，不该讲的话，一句也不能多说”。蔡元培先生在回忆中指出，他的母亲要比父亲的影响大得多。他在其著作《中国人的修养》中指出，“决定孩子一生的不是学习成绩，而是健全的人格修养”。我想，蔡元培先生高尚的人格修养，在很大程度上源于母亲的影响。不过，在场的朋友要知道，我只是从蔡先生的家庭实际角度讲述，并不意味着在孩子的培养过程中，父亲没有母亲那么重要。事实上，父亲同样不能缺位，父母共同努力正向引导，更有利于培养人格完美的孩子。

其二，身边的榜样激发力量。榜样的力量是无穷的，不仅能给我们指引方向，而且带给我们前进的动力。在一个家庭，一个孩子有出息，其他孩子往往会向他看齐；在一个地方，一个人从事某项业务并且取得成功，就会带动周边一群人进行相应的工作。浙江的经商文化，其实是环境的力量。蔡元培在学业上一路凯歌，与其家族中的榜样人物分不开。这个人物，就是蔡元培的六叔蔡铭恩（1856—?）。蔡铭恩博览群书，博古通今，工于制艺，善诗缀文，性喜藏书，治学严谨，① 虽然比蔡元培晚了4年（即1894年，六叔约38岁之际）才中举人，但六叔的精神影响、学业指导与方向引领极为重要。比蔡元培约大12岁的六叔，是蔡元培的启蒙老师，② 在蔡元培父亲去世之后，六叔更是倾注了大量心血，对蔡元培的科举人生给予了重要指引，提供了巨大帮助。正如蔡元培在自传中所言，碰到重要考试，都是母亲半夜烧饭，六叔送我进考场，第一次离乡去杭州乡试时，六叔全程陪同。③ 当然，蔡元培儿时的榜样人物，也许不只有六叔，还有更多优秀的精神偶像。但是，凭我个人的成长感受而言，身边的榜样人物要比遥远的精神偶像产生更加强大与持久的影响。

其三，高人的指点不容忽略。在蔡先生那个年代，母亲往往不识字，无法在学业上予以指导。但是，仅仅依靠母亲的德性，哪怕身边还有榜样人物的方向指引，如果没有高人指导，在竞争如此激烈的科举时期，要在25岁之际考上进士是相当困难的。正如有文指出的，如果说鲁迅成为伟人，与幼时三味书屋寿镜吾先生和日本藤野先生的教育是分不开的话，那么蔡先生成为学界泰斗、人世楷模也与当年的良师严师是密切相关的。④ 六叔不仅是蔡元培的榜样人物，也是蔡元培的第一任教师。除此以外，王子庄先生对蔡元培的学业影响甚大。据蔡先生回忆，那时蔡元培读《三国志演义》，王先生见了，忙说“看不得看不得，因为演义里边真伪参半，不看为妙”；当蔡元培读《战国策》时，王先生看见了，又说“看不得看不得，因为考秀才时，用字都要出于经书，若把《战国策》一类书中的词句用进去，一定不为考官所取”。⑤ 不过，王先生自己却博览群书。王先生只让蔡元培读“四书五经”，用我们今天的话来说就是应试教育。这种教育方式在当前肯定不合适，但在那个时期具有高效率。只要养成了好习惯，知识面

① 钱茂竹：《蔡元培在绍兴若干史迹考释》，载《绍兴文理学院学报》（哲学社会科学版）2000年第2期。

② 详见徐嘉恩《蔡元培的启蒙老师蔡铭恩》，载《绍兴师专学报》1992年第4期。

③ 参阅《蔡元培选集》（下卷），浙江教育出版社1993年版，第1358页。

④ 钱茂竹：《蔡元培在绍兴若干史迹考释》，载《绍兴文理学院学报》（哲学社会科学版）2000年第2期。

⑤ 参阅《蔡元培选集》（下卷），第1338页。

的拓展，在以后有大把时间。1896 年清明时节，刚荣升翰林编修的蔡元培回到家乡，拜谒王先生的墓地，并且写下《展先师王子庄先生墓记》，寄托了自己对王先生的感谢与怀念之情。可以说，蔡元培先生辉煌而又高尚的一生，既离不开伟大母亲的德性熏陶，也离不开六叔与王先生的帮助、指点与鞭策。当一个人养成了良好的品性以及习惯，后面的事情就能够顺理成章，所谓的成功只差时运罢了。

最后我想说的是，缅怀蔡元培先生的最好方式，就是将他的高贵品质内化为我们自身的个人素质，在实践中做一个有理想、有节制、有仁爱、有气节的人，并且把这种高贵品质一代一代地传承下去。

【作者简介】付八军，绍兴文理学院教师教育学院教授。

从乡土到都市的启蒙与革命*

——再论鲁迅戏剧观及近现戏曲生态嬗变

吴　民

摘　要　鲁迅先生作为中国现代文化史上最具影响力的文化启蒙者，其一生的奋斗，紧密围绕民族解放和国民性改造两大主题。在论述这两大主题的过程中，戏剧艺术成为鲁迅一再引证的文艺样式。在引证过程中折射出的鲁迅对于戏剧艺术的观念，近乎完美地诠释了鲁迅的文化启蒙观念的源头、发展和旨归。即从乡土而发源，历经了由乡土而都市的困惑与苦痛，最后走向成熟和出路。半殖民地半封建的乡土与都市，带有畸变的文化生态特质，这一特质在戏剧艺术上的体现，尤为鲜明。鲁迅先生的戏剧观便是在由乡土而都市的现代戏曲生态嬗变格局下，一针见血，指出民族解放与国民性改造的出路所在。出路之唯一，在于变革，即民族革命，由艺术审美而人生观念，进而社会体制与民族信仰。而此出路，也是中国现代戏剧生态嬗变与突围的唯一选择。

关键词　乡土　都市　鲁迅　戏剧观　戏曲生态

前　言

艺术从来不可能孤立存在，必然在大的社会文化的生态系统中获得自洽地位。20世纪初期的中国戏剧生态格局，在外部深受社会文化动荡之变革影响，发展出了新戏、旧戏，乡土戏剧、都市戏剧的分野。在中国戏剧艺术的内部生态体系中，传统的旧戏也不断发生变易，其中诸如梅兰芳先生的都市京剧，最具代表性；此外还有诸如易俗社、三庆会等民间艺术团体的改良和变革。旧戏变革的场域，主要是在都市；乡土社会，则

* 本文为2018年度国家社科基金艺术学项目“戏曲生态学论纲——20世纪中国戏曲生态格局变易及美学体系嬗变关系研究”（批准号：18CB167）阶段性成果。

保留了一些原初的文化戏剧因子，是为母体戏剧文化生态因子，但无论观演格局，都悄然发生了变化。其中一个最大的变化动因，便是乡土始终在努力靠近都市。然而都市并非戏剧艺术的归宿，除了改良和变革后的都市旧戏外，都市新戏、影戏蔚然成风，无可避免地冲击着传统乡土戏剧母体生态以及由乡土而都市的新兴戏剧改良生态。在此生态格局下，乡土母体戏曲生态、乡土到都市的嬗变过渡生态、都市戏剧新生态，都无法引领文化的潮流并成为主流和未来。戏剧艺术的出路问题，是20世纪中叶中华人民共和国成立以后，最大的一个戏剧发展命题。在此问题上，我们一直忽略了鲁迅先生对戏剧艺术的真知灼见。笔者曾经就文化启蒙等问题，撰写了《鲁迅戏曲观及其对当下的启示——兼与南京大学陈恬商榷》一文，初步涉及了鲁迅戏剧观。然而当时并未深入展开，此篇“再论”，力图更为全面地呈现鲁迅戏剧观的体系和脉络。

一　生态嬗变的前提——乡土戏剧与民族文化心灵寄托

20世纪中国戏剧的起点是乡土，是乡土旧剧，此旧剧与宫廷精致化的京剧还有差别，后者是后来都市戏剧的原初形态。这一论断，在很长时间内，并未得到统一之体认。在混乱不清中，旧剧或曰旧戏成为改良甚至是被攻击的对象。而无论改良或攻击，其对象往往是京剧，甚至在某些文艺启蒙者眼中，旧剧或旧戏就是京剧，这是大错而特错的。由于这前提的不准确，必然导致攻击或变革的结果，难餍人意，甚至南辕北辙。

1. 乡土戏剧与革命戏剧的隔膜

20世纪初，中国戏剧占据了重要的历史位置，革命者以革命戏剧发出时代呼喊。光绪二十八年（1902），梁启超在《新民丛报》创刊号上发表传奇《劫灰梦》，后陆续发表“以中国戏演外国事”的传奇剧《新罗马》《侠情记》。光绪三十年（1904），陈巢南等人创办了中国历史上第一个戏剧刊物《二十世纪大舞台》，他们标举“以改革恶俗，开通民智，提倡民族主义，唤起国家思想为唯一之目的”的旗帜（《简章》），柳亚子在《发刊词》中撰文，高张“梨园革命军”大纛，呼吁“建独立之阁，撞自由之钟，以演光复旧物推倒虏朝之壮剧、快剧”，揭开了戏剧史上新的一页。[①]《苍鹰击》《六月霜》《爱国魂》《风洞山》《悬岙猿》，以及取材于国外民族英雄题材的《新罗马》《断头台》《血海花》等剧作，“皆激昂慷慨，血泪交流，为民族文学之伟著，亦政治剧曲之丰碑”[②]。此外，严复、欧榘甲、王钟麟、陈独秀、柳亚子、陈去病、汪笑侬、蒋观云、李桐轩等人，都是这个“阵营”的中坚分子。他们“隐忧时事”，面对“外夷交逼”，“瓜分豆剖”[③]，“欲救亡图存，非仅恃一二士所能为也，必使爱国思想普及于最

① 柳亚子：《二十世纪大舞台》发刊词，阿英：《晚清文学丛钞·小说戏曲研究卷》，中华书局1960年版，第176页。

② 郑振铎：《晚清戏曲录叙》，见《郑振铎古典文学论文集》，上海古籍出版社1984年版，第1005页。

③ 康有为：《上清帝第五书》，汤志均编：《康有为政论集》，中华书局1998年版，第205页。

大多数之国民而后可"①。

这些戏剧的主创者，都是时代与革命的先锋，但在戏剧意义上的构成不尽相同。主要可以分为三类，一类如梁启超，在革命的意义之外，并未曾涉足戏剧，尤其是旧剧；一类如蒋观云，受过西方戏剧思潮的熏陶和锻炼；一类如汪笑侬、李铜轩，乃戏剧中人。由此，在革命改良戏剧的大阵营中，首先要区分这些主张者的戏剧身份定位。纵观上述革命改良剧目，真正意义上的乡土戏剧并不多，真正具有中国古典戏剧审美品格和趣味的作品也很少。乡土性的缺失，让这些戏剧成为无根之木；艺术本体上的缺失，让这些作品艺术性注定无法持久。这显示出革命改良戏剧与乡土戏剧的母体文化生态，以及传统古典戏剧审美本体属性的隔膜和偏离。

而最初注意到这一层隔膜的是拥有乡土生活体验和拥有传统旧剧的艺术体验的倡导者。前者如陈独秀和鲁迅，后者如李桐轩和汪笑侬，以及四川的三庆会同人等。因此，在世纪之初以及之后的戏曲改良实践中，这些人的声音和观念，一直成为不可忽视的现代戏剧生态嬗变动因。

尤为值得一提的是，陈独秀基于安徽乡土生活体验创办的《安徽俗话报》，揭示了乡土戏剧、古典旧剧（以京剧为代表）与革命戏剧的隔膜。如果说乡土戏剧以母体文化取胜，能够感化人心，古典旧剧则以自洽的艺术体系获得艺术上的至高无上之地位，这二者的结合才是中国戏剧生态嬗变的真实动因。而革命的呼吁，只能是在此二者基础上的进一步注入。陈独秀鲜明地认识到了这一点，他提出的改良主张，便是充分体认隔膜之后的变革。

陈独秀在《论戏曲》中，提出了五项改良戏曲的方法：一、宜多新编有宜风化之戏，把荆轲、岳飞、文天祥、史可法等英雄的事迹排成新戏；二、采用西法，戏中有演说，最可长人之见识，完全可以为我们借鉴；三、不可演神仙鬼怪之戏；四、不可演淫戏；五、除富贵功名之俗套。并强调说："我看惟有戏曲改良，多唱些谙对时事、开通风气的新戏，无论高下三等人，看看都有可以感动。便是聋子也看得见，瞎子也听得见，这不是开通风气第一方便的法门吗？我很盼望内地各处的戏馆，也排些开通民智的新戏唱起来。"② 陈独秀在《安徽俗话报》的创办中努力实践他的戏曲改良理论，非常重视对优秀剧本的刊发，从第3期开始开辟了戏曲专栏，前后共发表了六个戏曲剧本。第3期《睡狮园》，第9期《团匪魁》，第10期《康茂才投军》，第11期和第13期《瓜种兰因》连载，第14期《薛虑祭江》，第18期和第19期《胭脂梦》连载。张湘炳曾考证，这六本新戏中，除了《团匪魁》为春梦生作、《瓜种兰因》为汪笑侬作，《胭脂梦》作者无考外，没有署名的《睡狮园》、《康茂才投军》和《薛虑祭江》，实际都是陈独秀创作的。

可见，在对戏剧的体认上，陈独秀和汪笑侬这一对行外、行内人，达成了共识，成为同志。他们的同志还有鲁迅和易俗社，这一点，后文将会进一步阐述。

① 天谬生：《论小说与改良社会之关系》，转引自阿英《晚清文学丛钞·小说戏曲研究卷》，第52页。

② 三爱：《论戏曲》，阿英：《晚清文学丛钞·小说戏曲研究卷》，第54页。

2. 鲁迅的背道而驰——启蒙者与旧剧的隔膜

事实是，20 世纪初的革命者，并未能够成功地通过戏剧唤醒沉睡的民族，“革命尚未成功”，如果说，世纪之初的革命者，对旧剧虽然隔膜，但毕竟努力编演、改良，也不乏理解和认同者，如陈独秀、汪笑侬等，但五四新文化运动以后，这一层隔膜便几乎成为决裂。

首先表达决裂态度的，居然是陈独秀。“剧之为物，所以见重于欧洲者，以其为文学、美术、科学之结晶耳。吾国之剧，在文学上、美术上、科学上果有丝毫价值耶?”① 钱玄同谓：“若今之京调戏，理想既无，文章又极恶劣不通，故不可因其为戏剧之故，遂谓有文学上之价值。”② 傅斯年所述：“可怜中国戏剧界，自从宋朝到了现在经七八百年的进化，还没有真正戏剧，还把那‘百衲体’的把戏，当无情做戏剧正宗!”③ 胡适则认为戏曲不过是文学进化过程中无用的“遗形物”，“这种‘遗形物’不扫除干净，中国戏剧永远没有完全革新的希望”。④ 是为所谓文学进化的戏剧观。

此外，则是认为旧剧过俗，俗而且低下。胡适还认为中国戏曲低俗，源于中下层社会，“编戏做戏的人大都是没有学识的人”，因此“戏中字句往往十分鄙陋，梆子腔中更多极不通的文字”，“俗剧中所保存的戏台恶习惯最多”，为“既不通俗又无意义的恶劣戏剧”。此外，刘半农、傅斯年也是激烈批评旧剧。刘半农认为戏曲就是“一人独唱，二人对唱，二人对打，多人乱打”；傅斯年则批判京戏“穿不是人穿的衣服……作出人不能有的粗暴像……因为玩把戏不能不这样”。

再次，陈独秀、傅斯年、周作人还从道德角度对戏曲进行了否定，陈独秀认为“旧剧助长淫杀心理”⑤。傅斯年也持此论，认为“中国戏剧最是助长中国人淫杀的心理”，因为“中国戏曲，全不离物质上的情欲”。周作人认为旧戏“有害于‘世道人心’”，于是有“淫，杀，皇帝，鬼神”⑥。

不得不说，文学进化观完全无视文学艺术自身嬗变的规律，完全是西方所谓进化论的武断运用；而所谓的俗，又难以与乡土文化中的素朴民间趣味区别开来，否定了一切；而道德之论就更加透露出了启蒙者高傲的文化心态。总之，这又是一层新的隔膜，启蒙者与旧戏的彻底隔膜，而这一次隔膜的主体，则包含了乡土旧戏、京剧等一切戏曲生态形式，其后果是形成了 20 世纪中国戏曲生态发展的极大阻力。以至于中华人民共和国成立之后，戏剧的含义几乎等同于话剧，而戏曲长期以来都是难登大雅之堂的俗艺。当然，这又有后来苏联戏剧的影响，当另行论述。

关于这个问题，事实上同时代的张厚载、欧阳予倩等人都作出过符合戏剧艺术实际

---

① 陈独秀：《答张缪子（新文学及中国旧戏）》，任建树等编：《陈独秀著作选》第 1 卷，上海人民出版社 1993 年版，第 380 页。

② 钱玄同：《反对用典及其他》，《钱玄同文集》第 1 卷，中国人民大学出版社 1999 年版，第 9 页。

③ 傅斯年：《戏剧改良各面观》，《新青年》1918 年第 5 卷第 4 号。

④ 胡适：《文学进化观念与戏剧改良》，季羡林主编：《胡适全集》第 1 卷，第 145 页。

⑤ 陈独秀：《通讯栏》，《新青年》1918 年第 5 卷第 5 号。

⑥ 周作人：《论中国旧戏之应废》，《新青年》1918 年第 5 卷第 5 号。

的回应。其中张厚载在《我的中国旧戏观》说："前天胡适之先生写信来要我写一篇文字，把中国旧戏的好处，跟废唱用白不可能的理由，详细再说一说。"① 不仅如此，张厚载对于脸谱、打把子等问题，都有论述。② 欧阳予倩③，以及后来的余上沅④等戏剧家，则从实践层面，回应了启蒙者对旧戏的诘难。事实上这种诘难，本身已经脱离了戏剧艺术的范畴，沦为政治攻讦的工具。⑤ 而以张厚载为代表的保守派，从审美的角度为戏曲辩护，则更具有内在学术理路的合理性。⑥

在这种背景下，鲁迅先生的态度就显得尤为难能可贵。对于乡土旧剧，鲁迅是抱亲近态度的，因此在论证中，鲁迅的发言就不多。然而作为启蒙者，亲近未必就是拥护和赞同，相反，鲁迅对中国戏剧的变革之呼声，从来都是十分高涨的。然而他认识到中国戏剧生态嬗变的前提，是必须承认乡土戏剧的地位，乡土戏剧是民族审美和文化心灵期待与寄托。而绝大多数的启蒙者，忽视了这个从乡土到都市的启蒙变革过程，占据所谓西方或都市知识精英的立场，甚至沦为政治帮闲的工具，这一点是十分可悲的。

二　生态嬗变的过程——必经之都市化道路与不必的梅兰芳主义

1. 鲁迅的乡土戏剧观

鲁迅先生笔下的《社戏》《无常》《五猖会》等篇什，都是乡土戏剧的重要代表，对于这些所谓的"俗"戏，鲁迅是给予了深切的理解甚至是关爱的。在《五猖会》中，鲁迅不厌其烦地引用张岱《陶庵梦忆》中关于乡土戏剧的描述：

> 分头四出，寻黑矮汉，寻梢长大汉，寻头陀，寻胖大和尚，寻茁壮妇人，寻姣长妇人，寻青面，寻歪头，寻赤须，寻美髯，寻黑大汉，寻赤脸长须，大索城中……⑦

这就是越中的乡土民俗，是无法断然抛弃的。事实上，张岱的《陶庵梦忆》就是

---

① 参见张厚载、钱玄同、刘半农《通信栏》，《新青年》1918 年第 4 卷第 6 号。

② 张厚载：《"脸谱"——"打把子"》，《新青年》1918 年第 5 卷第 4 号。

③ 欧阳予倩：《予之戏剧改良观》，《新青年》1918 年第 5 卷第 4 号。

④ 余上沅：《中国戏剧的途径》，《戏剧与文艺》1929 年第 1 卷第 1 期。余氏极端的说法为："虽然这些作品的戏剧元素如此之弱，而旧戏还是能够站立如此之久；它的原因，不在剧本而在动作，不在听而在看。"

⑤ 张婷婷：《回到"五四"戏剧论争的现场》，《戏剧》（中央戏剧学院学报）2008 年第 2 期。

⑥ 以如今之观念看来，胡适等人之观点难掩极端偏激，其中以"精英分子"自居，视戏曲为"中下层社会"的东西，是"下等的歌谣……下等人歌唱的款式……全不脱下等人的贱样"。这场论战后来渐渐超出文学范畴，甚至变成人身攻击和政治闹剧。在种种扑朔迷离的舆论谣言和政治压力下，1919 年 3 月，张厚载被北大勒令退学；4 月，陈独秀被解除北大文科学长职务，不久之后因散发反政府传单被捕，保释出狱后彻底脱离北大，南下广州。

⑦ 张岱：《陶庵梦忆》卷七《及时雨》，蔡镇楚注，岳麓书社 1986 年版，第 246 页。

吴越民俗风土的历史记录，“扬州清明”“二十四桥风月”“越俗扫墓”“绍兴灯景”“龙山放灯”“目连戏”“闰元宵”“西湖香市”等都是江南地区明末民俗的历史资料。鲁迅对乡土戏剧的亲近，源于他的乡土生活的生命体验，这一点对艺术的体察至为重要。而民间演目连戏，往往也是乐此不疲，“戏中套数，如《招五方恶鬼》《刘氏逃棚》等剧，万余人齐声呐喊”。这便是民众的狂欢。这种乡土民俗狂欢，不独吴越，其他广大地域，如巴蜀、荆楚、潇湘都是如此。其中“蜀中春时，好演《捉刘氏一剧”，“其剧至刘青提初生演起，家人琐事，色色毕俱，未几刘氏扶床矣，未几刘氏及笄矣，未几议媒议嫁矣，自初演至此，已逾十日”。①

鲁迅先生对家乡绍兴一带的目连戏、鬼神戏、社火戏与祭祀剧都寄寓着饱满的同情与理解。这真可谓与五四启蒙者的大多数背道而驰。鲁迅的态度并不说明他就不主张改变，只是在变与不变中间，不可全盘否定，有必要之前提、必要之保留。这第一层保留，便是乡土文化世界对人民的关怀和慰藉。

一出戏好不好，首先需要追问的是人民爱戴与否，他指出：

> 不过一到做“大戏”或“目连戏”的时候，我们便能在看客的嘴里听到“女吊”的称呼。也叫作“吊神”。横死的鬼魂而得到“神”的尊号的，我还没有发见过第二位，则其受民众之爱戴也可想。②

同样深受人民爱戴的还有目连戏中的“无常”。人民之于鬼物，“惟独与他最为稔熟，也最为亲密，平时也常常可以遇见他”，这就是“一顶白纸的高帽子”和拿着“破芭蕉扇”的无常。③ 与其说是熟稔，不如说就是爱戴。这种爱戴，是源于人民的生活和生命体验，这种体验通过乡土戏剧的仪式性获得崇高的信仰地位，慰藉着底层人民的心灵，寄托着底层民众对于真、善、美的期待和希望。这种期待，借助“一个带复仇性的，比别的一切鬼魂更美的，更强的鬼魂”④ 的形象来展现，就会获得一种崇高和仪式性：

> 凡做戏，总带着一点社戏性，供着神位，是看戏的主体，人们去看，不过叨光。但“大戏”或“目连戏”所邀请的看客，范围可较广了，自然请神，而又请鬼，尤其是横死的怨鬼。所以仪式就更紧张，更严肃。一请怨鬼，仪式就格外紧张严肃，我觉得这道理是很有趣的。⑤

这种仪式性又是通过饶有民间趣味的戏剧形式展现，成为底层人民精神文化生活的重要组成。这种民俗与民间仪式性的乡土戏剧，娱神，也娱人，至少在没有新的艺术形

---

① 徐珂编纂：《清稗类钞》，中华书局1984年版，第5016页。
② 鲁迅：《女吊》，《鲁迅全集》第六卷，人民出版社2005年版，第637页。
③ 鲁迅：《无常》，《鲁迅全集》第二卷，第277页。
④ 鲁迅：《女吊》，《鲁迅全集》第六卷，第637页。
⑤ 鲁迅：《女吊》，《鲁迅全集》第六卷，第638页。

式可以取代的情况下，绝无断然舍弃的可能。当然，这其中所谓的俗陋和鄙下是必然会存在的，比如所谓的“讨替代”，就是偏狭的小农希望将自己的痛苦转嫁给他人。然而在鲁迅看来，这未必是俗陋的小民的错，更不是乡土戏剧的错，这与剥削阶级的诡计相比，不过是一种消极的抵抗罢了：

> 被压迫者即使没有报复的毒心，也决无被报复的恐惧，只有明明暗暗，吸血吃肉的凶手或其帮闲们，这才赠人以“犯而勿校”或“勿念旧恶”的格言，——我到今年，也愈加看透了这些人面东西的秘密。①

与俗陋和偏狭相比，民间的同情和温情，简直令人惊诧。一切善的、美的因子，在艺术的感染与共鸣中得以生成，素朴的正义的渴求在戏剧的展演中，得以呼唤。“奴奴本身杨家女，呵呀，苦呀，天哪！”② 这苦楚，拥有极为广泛的民间共鸣基础，这与启蒙者空洞地谈道德、谈艺术有本质不同。如果说《女吊》反映的是对民间的苦楚的同情与共鸣，那么《无常》则反映了民间的心灵慰藉的诉求以及对于素朴正义的渴望。

> 敝同乡“下等人”——的许多，活着，苦着，被流言，被反噬，因了积久的经验，知道阳间维持“公理”的只有一个会，而且这会的本身就是“遥遥茫茫”，于是乎势不得不发生对于阴间的神往。③

这种神往在大多数启蒙者看来，自然是愚昧不堪的，然而用鲁迅先生的话说，这愚昧的神往的对象，或许是他们生命中唯一的“真正主持公理的角色”。如果说要改，改的不是这旧戏，而应该是社会，是体制，是给人民以新的希望的社会和制度。何况，所谓看戏，在乡土，或许本来也并没有那么多的诉求，不过是好看，闹热，有趣而已。所以鲁迅先生说，最好是去看戏。但看普通的戏也不行，必须看“大戏”或者“目连戏”：

> 目连戏的热闹，张岱在《陶庵梦忆》上也曾夸张过，说是要连演两三天。在我幼小时候可已经不然了，也如大戏一样，始于黄昏，到次日的天明便完结。这都是敬神禳灾的演剧，全本里一定有一个恶人，次日的将近天明便是这恶人的收场的时候，“恶贯满盈”，阎王出票来勾摄了，于是乎这活的活无常便在戏台上出现。④

如果说对所谓正义的渴求是民间的心理诉求，那么对于热闹、奇趣、好看的追求则是对于文化的诉求；此外还有情感和道德诉求。因此这些乡土戏剧，都是十分具有人情

---

① 鲁迅：《女吊》，《鲁迅全集》第六卷，第642页。
② 鲁迅：《女吊》，《鲁迅全集》第六卷，第641页。
③ 鲁迅：《无常》，《鲁迅全集》第二卷，第278页。
④ 鲁迅：《无常》，《鲁迅全集》第二卷，第280页。

味的，比如无常的人情味“生人走阴，就是原是人，梦中却入冥去当差的，所以很有些人情”。在普通观众，则在于他爽直，爱发议论，有人情，——要寻真实的朋友，倒还是他妥当。无常从某种意义上说，成了人们心灵深处的朋友。而这朋友，在启蒙者的理论世界，无从出现。鲁迅对于这种人情味甚至一直都十分怀念：“真的，一直到现在，我实在再没有吃到那夜似的好豆，——也不再看到那夜似的好戏了。”① 因为这人情，已经超出了戏剧的范畴，进入了观者的生命和情感体验，成为滋长人生的重要因子。20 世纪初，中国戏剧领域出现了大量由“小戏”发展形成的新剧种，形成一场声势浩大的“新剧种运动”②，从另一个层面，反映了乡土戏剧的永恒生命力。

2. 鲁迅的都市戏剧观——梅兰芳的歧途

然而，乡土社会毕竟在渐次瓦解，就如鲁迅笔下的《祝福》《故乡》，再也回不去了。

回不去的除了鲁镇，还有一个拥有乡土生命体验之人的精神家园。这个问题是 20 世纪后半叶中国人普遍面临的重要问题。因此，从乡土到都市，在都市重构一个精神家园，成为重要的文化共识。艺术，无疑是都市文化建构的重要方面。然而 20 世纪上半叶的中国，都市是无法脱离乡土而存在的，因此独立化的都市艺术诉求，无疑是以脱离乡土母体文化生态为代价的。这是为戏剧由乡土而都市的难题，也是梅兰芳误入的歧途之一。事实上，并不是梅兰芳，而是 20 世纪初的京剧，从宫廷走出来，已经渐渐失去了乡土戏剧的文化因子，沦为供人消遣、赏玩的工具。

因此，鲁迅先生是不喜看京戏的。“对于京戏是仁者见仁，智者见智，难得一致，而鲁迅是不喜欢京戏的”③。因为京剧的都市化，从根本上脱离了人民的文化。其中，“鲁迅先生通过对梅兰芳的评价，揭示了都市京剧的问题所在。”④ 那就是脱离乡土与人民的创造，必将远离人民的情感和生命期待。比如，梅兰芳先生塑造的林黛玉，就已经并非那个人民心中的林黛玉了：

> 我在先只读过《红楼梦》，没有看见“黛玉葬花”的照相的时候，是万料不到黛玉的眼睛如此之凸，嘴唇如此之厚的，本以为她应该是一副瘦削的痨病脸，现在才知道她有些福相，也像一个麻姑。然而只要一看那些继起的模仿者们的拟天女照相，都像小孩子穿了新衣服，拘束得怪可怜的苦相，也就会立刻悟出梅兰芳君之所以永久亡故了。其眼睛和嘴唇，盖出于不得已，即此以证明中国人实有审美的眼睛……⑤

人民心目中的戏剧，是有情感、有温度，夹杂着生命体验和生命仪式与信仰的。用五四时期的常用语来说，是为人生的。然而梅博士扮演的林黛玉虽美则美矣，但乃是冷

---

① 鲁迅：《社戏》，《鲁迅全集》第一卷，第 597 页。

② 傅谨：《“小戏”崛起与 20 世纪戏剧美学格局的变易》，《戏剧艺术》2010 年第 4 期。

③ 王尔龄：《鲁迅与戏曲》，《上海戏剧》1961 年第 10 期。

④ 张新元：《中国戏曲发展道路的哲人思考——鲁迅三十年代论梅兰芳》，《四川戏剧》1995 年第 1 期。

⑤ 张效民主编：《鲁迅作品赏析大辞典》，四川辞书出版社 1992 年版，第 397—400 页。

冰冰的刻意的装扮，迎合的是都市的有钱、有闲阶级的审美诉求。鲁迅反感的不是梅博士的“丑陋”，恰恰是梅博士过分执着和追求的美，以及由此而丧失的艺术的母体本源和人情温度。用鲁迅惯常的批评话语而言，是简直“为艺术而艺术”了。至少在鲁迅时代的都市环境下，内忧外困，断然没有纯粹的艺术之空间，艺术脱离了人民和母体文化，即便本体再精致，也会失去生命的光泽。因此，对于梅兰芳，鲁迅批评他最为激烈的，还有所谓的“雅化”。

> 京剧是由俗变雅的典型，雅是雅了，但多数人看不懂，不要看，还觉得自己不配看了。①

事实上，这就是因为脱离了人民，犹如“士大夫常将《竹枝词》改为文言，将‘小家碧玉’作为姨太太，但一沾着他们的手，这东西也就跟着他们灭亡”。鲁迅尤其不能接受的是为了所谓精致和漂亮而兴起的“男人扮女人”，因为这从根本上就割裂了戏剧与人民生命体验的联系。因为一旦“男人扮女人”，都市所谓“士大夫”是觉得美了，但对于普通民众而言，男人看到“扮女人”，女人看到“男人扮”，终究看不到那个本真的“男人”和“女人”了。这样的脱离底层大众的艺术，并非中国戏剧的通途。鲁迅也讽刺道：我们中国的最伟大最永久的艺术是男人扮女人。

事实上，梅兰芳早先的戏也是“俗的，甚至是猥下，肮脏，但是泼刺，有生气”②，但编戏的“士大夫”夺取了民间的东西，就变得“死板板的，矜持得可怜”。这样的都市戏剧，是断然无法表达人生情感和生命体验的，据郁达夫回忆：“在上海，我有一次谈到了茅盾、田汉诸君想改良京剧，他（鲁迅）根本就不赞成，并很幽默地说，以京剧来救国，那就是‘我们救国啊啊啊’了，这行吗?”③ 这个论断饶有趣味地回答了20世纪初革命者的改良问题，因为当时用以改良的是都市京剧，脱离了母体乡土文化，注定无法成功。而乡土戏剧因为保留了民俗仪式性、闹热性以及民间趣味性，可以从内容、情感、仪式等多方面达到与人民的共鸣，从而起到潜移默化的艺术感染和生命慰藉功效。这一点，是梅博士注定无法完成的，因为他已经不自觉地在歧途之上。

饶有趣味的是，当是时，当年攻击旧戏的启蒙者，居然态度纷纷发生了微妙的变化。1928年，胡适在一次演讲中说：“社会上无论何种职业，不但三十六行，就是三万六千行，也都是社会所需要的。梅兰芳是需要的！小叫天（谭鑫培）是需要的!”胡适还为梅兰芳访美出力，甚至亲自迎送。这说明，胡适将中国戏剧的希望寄托于梅兰芳等都市京剧艺人，这一次又在戏剧观念上落于鲁迅先生下风。鲁迅的弟弟周作人，则采取了折中的态度，在《中国戏剧的三条路》中说：“旧剧是民众需要的戏剧，我们不能使他灭亡，只应加以改良而使其兴盛。”而这种折中，恰恰也是鲁迅先生最深恶痛绝的，等于什么也没说。

---

① 鲁迅：《略论梅兰芳及其它》，《鲁迅全集》第五卷，第580页。

② 鲁迅：《略论梅兰芳及其它》，《鲁迅全集》第五卷，第580页。

③ 郁达夫：《郁达夫文集》，人民文学出版社1982年版，第97页。

三　生态嬗变的旨归——“看客态度”“国民性”之变革

既然乡土社会渐次瓦解，也绝不可能退回到那个素朴的艺术世界，那么由乡土而都市，便是必然之路。换言之，戏剧变革是必须执行的选择，对此，莫非鲁迅先生会熟视无睹吗？当然不是，鲁迅先生对戏剧生态嬗变的态度和观念，可以说是启蒙者中最具深刻洞察力的。首先，当然对承载着人民文化的艺术审美以及对生命情感价值的乡土戏剧的母体文化因子的保留。此外，当然应该摒弃梅兰芳的精致主义的都市化路线。在鲁迅的观剧生涯中，如果说对乡土戏剧是一种怀念，但毕竟无法继续支持和留恋；对都市京剧与梅兰芳是排斥，那么他有没有真心喜爱并竭力支持的戏剧样式？

1. 乡土而都市的范本——鲁迅与易俗社的不谋而合

1924，鲁迅在陕西易俗社看戏5场，“对其办社宗旨、训练方法、管理制度、舞台演出，颇为赞赏，除向该社捐赠部分讲学金外，还亲题‘古调独弹’匾额以志庆贺”①。据易俗社藏资料记载：

> 鲁迅1924年夏来西安，原是应邀讲学，勾留的时间也不长，并不是千里迢迢来看秦腔，但是他忙里偷闲，五次到易俗社观剧。《易俗社七十周年大事纪》载，鲁迅所观剧目有《双锦衣》前后本、《大孝传》全本、《人月园》全本和折子戏，时间分别是当年7月16日、17日、18日、26日和8月2日，邀请并作陪的有孙仁玉、范紫东、高培支、吕南仲等人。鲁迅题赠“古调独弹”是在8月2日。那天晚上，陕西省长刘镇华为到西安讲学的鲁迅先生一行饯行，在易俗社设宴、招待演出。②

又，孙伏园《鲁迅与易俗社》记载：“先生在西安有个观点：取之于陕，用之于陕，因此捐助了易俗社五十元。”③ 这一点，在鲁迅先生的日记中可以得到印证：

> （七月）十六日……晚易俗社邀观剧，演《双锦衣》前本。
>
> 十七日……夜观《双锦衣》后本。
>
> 十八日……夜往易俗社观演《大孝传》全本。月甚朗。
>
> 二十六日……晚王捷三邀赴易俗社观演《人月圆》。
>
> （八月）三日……午后收暑期学校薪水并川资泉二百，即托陈定漠君寄北京五十，又捐易俗社亦五十。④

---

① 曲象艳：《鲁迅“古调独弹”匾真伪小考》，《陕西档案》2000年第4期。

② 秦力：《“古调独弹”溯源》，《金秋》2012年第11期。

③ 参见《人民日报》1962年8月14日。

④ 鲁迅：《鲁迅全集》第十五卷，第523页。

透过鲁迅先生的日记不难发现，易俗社的观剧体验十分美好。所谓“月甚朗”表明观剧后的心境极好。“又捐易俗社亦五十”，所谓“亦”就是也，如果联想到鲁迅另外的五十是寄给北京的家中，那么这个“亦”，简直是把易俗社和北京的家相提并论，是何等亲切而亲近之感。这种美妙的感觉，今天读来，依旧觉得十分有趣而令人惊喜。实际上鲁迅先生一直在关注这个剧社。1920 年教育部通俗教育研究会奖给易俗社的金色褒状，就有鲁迅的举荐成分，因为彼时节鲁迅正在教育部任职。

鲁迅先生何以对易俗社如此情有独钟，究其原因，恐怕就是因为易俗社的戏剧改良观念与鲁迅先生不谋而合。而最能反映易俗社的戏剧改良观念的是李桐轩《甄别旧戏草》。简而言之，这份宣言与鲁迅由乡土而都市的戏剧嬗变主张十分一致：既要保留乡土母体文化因子，即鲁迅所谓的“生气”，又要符合新的时代和都市文化诉求。

1913 年李桐轩写出推动戏剧改革的论著《甄别旧戏草》，1917 年出版发行。李桐轩的《甄别旧戏草》的首要功绩，就是尊重并保留了戏曲生态体系的整体和自洽。书中列举大量事实，将当时戏曲分为三大类：“可去之戏分六类：一曰诲淫；二曰无理；三曰怪异；四曰无意识；五曰不可为训；六曰历史不实。（例证 158 种）可改之戏分三类：一曰善本流传失真者；二曰落常套者；三曰意本可取而抽象者。（例证 43 种）可取之戏大致分为四类：一曰激发天良；二曰灌输知识；三曰武打之可取者；四曰诙谐之可取者。（例证 130 种）”先生的目的在序言里表达得很清楚：“由是言之，戏曲之改良，俱以膏粱易藜藿，此外固无多事也。拟人亦有言曰：‘推其陈，出其新，病乃不存。陈之不推，新将焉出？’不揣固陋，特甄别旧戏以贡献社会，以就正于教育大家。”为什么能够得出这个结论呢？

> 我国人知书者百只一二，戏则自士君子，下逮皂隶、愚氓、巷间妇孺，无不知也。善者可以感发人之善心，恶者可以惩创人之逸志。是为普及教育之天然机关，已为世界所公认。故曲本之作，不可不慎。慎之如何？当以影响于人心为断。吾得准是以甄别旧戏，分之为可去者，可改者，可取者。可去之戏，分六类：一曰诲淫，二曰无理，三曰怪异，四曰无意识，五曰不可为训，六曰历史不实。①

在《甄别旧戏草》中，李先生通过阐释新剧与旧戏不同的艺术特征及社会效用，论证了旧戏改良的必要性。他认为，新剧一洗旧戏之陋习，务求“传神写真”“感人易入”，可谓戏剧改良之“极轨”。然而，新剧普及需要观众有一定文化水平：“必学有程度而后可”，在当时文盲充斥、民智锢蔽的社会历史环境下，“安得如许有程度之人遍满伶界，为全国人民一新其知识哉”？由于旧戏的普及性及在普通百姓中的影响力，故为达到思想宣传、文化传播的目的，又不得不用旧戏。他认为，旧戏虽有“不合人世之真相”的瑕疵，然而，为了“补不善传神者之阙”，除了用说白外，又借用长须、涂面、舞蹈、歌唱以及丝竹鼓铙等，来“促人注意”“动人视听”，凡此数端，“借前人几经研究而得之”，即学无程度之童子亦堪可“规矩准绳”。因而，为了谋求社会教育之

① 李良材：《甄别旧戏草》，原载 1913 年《易俗杂志》，单行本 1917 年由陕西易俗社出版。

普及，必须采取旧戏，于是得出旧戏乃为“普及教育之天然机关”的结论。

然何为“诲淫”？

> 国风贞淫、正变所以兼收者，有美有刺也。戏曲虽有戏戒，恒在末场。而贱伶每节取中场男女相悦之词，且极意形容，以迎合斯世下流社会。恶乎知所惩戒哉？风俗之靡，为国家忧，与其因戒以生弊，不如尽去之为得也。其蓝本如：《金瓶梅》本戒多妻，然编为戏曲，则意不可见，而但见其淫。《肉蒲团》等，俱不可用。①

可见没有情感的“非风情化的”肉欲则为“淫”。此外，“浅陋之夫其所意造，齐东野人或信之，而不知乃事之所必无者也。以之反训，则人民智识愈蔽；人民智识蔽，则国家无进步之希望矣。此为无理。鬼神吾不谓其有无也，古人神通设教，足以助法律所不及，以其人犹有醇朴之风焉。今人心渐漓，往往假之以作奸犯科，得收其效者，盖寡矣。义和拳之祸，世谓由戏产出，实非妄评。故务民之义者，宁勿语之为得。此为怪异。凡书史所载者，皆传奇也。是故奇则传，不奇则不传。不遇顽父嚚母，虽大舜之孝，亦无得而称，况小说戏曲尤以传奇为义者哉！日用寻常之事，编为戏曲，故不害道，究亦无益，作无益则害有益。故不如其已。此为无意识。可与人共由之谓道，以道率人而莫之应，谓非率者之咎可也。若陈义过高，不可仰企，或放诞风流，逾越礼法而传为佳话，是贤智之过，与愚不肖等何取乎？此为不可为训。”② 最后还有历史不符者也应该被禁止。

不难看出，由于李良材先生本身就是一位戏曲作家，具有丰富的戏曲实践经验，他所提出的观点不仅切合当时戏曲生态实际，因此在审美价值上，保留了戏曲本体的美学特色。比如对于诙谐、动作戏的肯定，其实质就是对传统戏曲生态的“闹热、趣味、风情”的尊重。

综上，李良材在其《甄别旧戏草》中，提出戏剧的“谋社会教育”作用，并把新旧戏作了比较，提出了改革剧本等问题，对传统剧目要“逐目甄别改编上演”，以符合时代需要。从这个意义上而言，易俗社堪称乡土而都市的范本。

2. “国民性”之变革——奴性、看客态度及其他

如果说，李桐轩改的是戏，那么鲁迅还进一步提出改变“观者”，即看戏的人。鲁迅的态度十分明确，从两方面入手，一是改变“看客态度”；二是改造“国民性”。事实上，关于戏剧的国民性问题，最先提出的是胡适。胡适说：“大概人生现实底缺陷，中国人也很知道，但不愿意说出来；因为一说出来，就要发生‘怎样补救这缺点’的问题，或者免不了要烦闷，要改良，事情就麻烦了。而中国人不大喜欢麻烦和烦闷……所以凡是历史上不团圆的，在小说里往往给他团圆；没有报应的，给他报应，互相骗

① 李良材：《甄别旧戏草》，原载1913年《易俗杂志》，单行本1917年由陕西易俗社出版。

② 李良材：《甄别旧戏草》，原载1913年《易俗杂志》，单行本1917年由陕西易俗社出版。

骗。——这实在是关于国民性底问题。”①

然而在戏剧观念上，将国民性改造提到最重要的位置的人，却是鲁迅。鲁迅常常借助文字，“使他的类型在戏台上出现”，以此对“国民的劣根性”进行批判。② 国民性的变革，首先应该从看客态度改起。而这种看客态度，与中国民众身上的奴性是分不开的，也要一并除去。

1923 年，鲁迅在《娜拉走后怎样》中说永远是“戏剧的看客”；1925 年，鲁迅在《示众》中说“麻木的群众既是示众材料无聊的看客，又是无聊的被示众的材料”。

> 群众——尤其是中国的——永远是戏剧的看客。牺牲上场，如果显得慷慨，他们就看了悲壮剧；如果显得觳觫，他们就看了滑稽剧。
>
> ……
>
> 只是这牺牲的适意是属于自己的，与志士们之所谓为社会这无涉。群众——尤其是中国的——永远是戏剧的看客。牺牲上场，如果显得慷慨，他们就看了悲壮剧；如果显得觳觫，他们就看了滑稽剧。③

因为看客的态度，所以人民永远只能是奴性的所谓忠仆、义士、好人。诚如鲁迅曾对传统剧目《一捧雪·代主受戮》的评价：“一个大官蒙了不白之冤，非被杀不可了，他家里有一个老家丁，面貌非常相像，便代他去‘伏法’……为要做得像，临刑时候，主母照例的必须去‘抱头大哭’，然而被他踢开了，虽在这时，名分也得严守，这是忠仆、义士、好人。”

不仅如此，牺牲者也将白白牺牲。《二心集·新的“女将”》中鲁迅提出“看客”们的麻木心态，甚至将民族女英雄的牺牲，也作为“天地大戏场”。甘于被压迫，被迷惑，对于“而那些想要揭穿做戏的人”却麻木不仁。奴性和愚昧，让“群众——尤其是中国的——永远是戏剧的看客”。隐藏在国民性背后的文化劣根不改，中国就不会有真正的前途和未来。为此，鲁迅在《“以眼还眼”》（见《且介亭杂文》）和《又是“莎士比亚”》（见《花边文学》）中，以莎士比亚历史剧《裘里斯·凯撒》为例，说明，一旦观者不再麻木，将迸发出巨大的力量。

因此，在戏剧上，只要观者去除奴性和看客的麻木不仁，自然能够去芜存菁，分辨艺术的好坏优劣。当然更重要的就是能够识破压迫者的诡计。鲁迅在《宣传与做戏》（《二心集》）中说：

> 杨小楼做《单刀赴会》，梅兰芳《黛玉葬花》，只有在戏台上的时候是关云长，是林黛玉，下台就成了普通人……④

---

① 参见胡适《文学改良刍议》，季羡林主编《胡适全集》第一卷，第4—15页。

② 鲁迅：《鲁迅全集》第八卷，第331页。

③ 鲁迅：《娜拉走后怎样》，《鲁迅全集》第一卷，第180页。

④ 鲁迅：《鲁迅全集》第四卷，第345页。

除此之外，要打破，要改造：

> 不过在戏台上罢了，悲剧将人生的有价值的东西毁灭给人看，喜剧将那无价值的撕破给人看。讥讽又不过是喜剧的变简的一支流。但悲壮滑稽，却都是十景病的仇敌，因为都有破坏性，虽然所破坏的方面各不同。中国如十景病尚存，则不但卢梭他们似的疯子决不产生，并且也决不产生一个悲剧作家或喜剧作家或讽刺诗人。所有的，只是喜剧底人物或非喜剧非悲剧底人物，在互相模造的十景中生存，一面各各带了十景病。①

打破不能是盗寇式的破坏，更不能是奴才式的破坏②，而应该是人民式的，与一切非人民的、反动的“瞒骗”③ 和“压迫” 做斗争。要摒弃传统戏剧舞台上的虚假的团圆，因为“没有冲破一切传统思想和手法的闯将，中国是不会有真的新文艺的”④。然而事实是，当时除了旧戏，现代戏不过是加上海洋场式的狡猾；影戏即电影，无非仍然是“加上些旧式戏子的昏庸”，因为国民性不改，艺术没有前途，民族也必将暗淡无光。人们看电影、新戏的时候，只不过是另一种形式的看客。⑤

这本是鲁迅讽刺的所谓新的文学艺术，不过当局仍旧惯于虚假宣传，自欺欺人，因此只有抛弃看客心态，才能辨别这虚假和欺骗，否则只能继续被骗，继续麻木。然而，可悲的是在《看萧和“看萧的人们”记》中，中国的民众依旧是看客，可见鲁迅先生的戏剧变革之路任重而道远。

除了看客态度和奴性，国民性的弱点还包括病态的人格。比如《论照相之类》（见《坟》）一文中，“男人扮女人”，此外还有诸如咳一口血，去看秋海棠。⑥ 1933 年，鲁迅在《最艺术的国家》（见《伪自由书》）一文中说：“我们中国的最伟大最永久，而且最普遍的‘艺术’是男人扮女人。这艺术的可贵，是在于两面光，或谓之‘中庸’！男人看见‘扮女人’，女人看见‘男人扮’，表面上是中性，骨子里当然还是男的。”这种病态的中庸或者骑墙态度，是国民性的巨大弱点。这种畸变的人格，在鲁迅看来，就是所谓的“二丑”：

> 这最末的一手，是二丑的特色。因为他没有义仆的愚笨，也没有恶仆的简单，他是智识阶级。他明知道自己所靠的是冰山，一定不能长久，他将来还要到别家帮闲，所以当受着豢养，分着余炎的时候，也得装着和这贵公子并非一伙。⑦

---

① 鲁迅：《再论雷峰塔的倒掉》，《鲁迅全集》第一卷，第 216 页。
② 鲁迅：《再论雷峰塔的倒掉》，《鲁迅全集》第一卷，第 216 页。
③ 鲁迅：《论他妈的》，《鲁迅全集》第一卷，第 260 页。
④ 鲁迅：《论睁了眼看》，《鲁迅全集》第一卷，第 266 页。
⑤ 鲁迅：《略论中国人的脸》，《鲁迅全集》第三卷，第 442 页。
⑥ 鲁迅：《病后杂谈》，《鲁迅全集》第六卷，第 167 页。
⑦ 贾植芳：《现代散文鉴赏辞典》，上海辞书出版社 2003 年版，第 50—51 页。

如果说奴性是看客们的至劣本性，那么二丑就是帮闲们的最恶品质，都是必须摒除的。这种畸变的人格，恰如"男人扮女人"的梅兰芳。"最艺术的国家，最中庸的民族"，艺术没有烟火生气，只有病态的人格和所谓美感，病态的"男人扮女人"。可见鲁迅对梅兰芳的态度，并非诘难梅博士，而是对民族国民的劣根性的怒其不争。因此，鲁迅常常一听到梅兰芳，就要生抵触情绪：

> 前几天的夜里，忽然听到梅兰芳"艺员"的歌声，自然是留在留声机里的，像粗糙而钝的针尖一般，刺得我耳膜很不舒服。于是我就想到我的杂感，大约也刺得佩服梅"艺员"的正人君子们不大舒服罢，所以要我不再做。①

然而，鲁迅所真正不屑的，并非梅兰芳，而是那些捧梅的"正人君子"，实则是帮闲、看客或畸变的人格。

国民性的弱点，还在于玩与被玩。中国的士大夫惯于将一切都变成趣味，变成清玩，一旦"罩上玻璃罩，做起紫檀架子来"，往往会促其灭亡。而梅兰芳"竟没想到从玻璃罩里跳出"而"老十三旦七十岁了，一登台，满座还是喝彩。为什么呢？就因为他没有被士大夫据为己有，罩进玻璃罩"。这一点，田汉在中华人民共和国成立前也曾说过："京戏走上'内廷供奉'的道路之后，脱离民众。"② 与鲁迅的观点惊人的一致。鲁迅还断言："梅兰芳的游日，游美，其实已不是光的发扬，而是光在中国的收敛。"这句论断，今天看来，真是振聋发聩。事实上，戏曲在尊重母体文化，实现对人的尊重和理解；在接受启蒙和现代文化，实现对人群和民族的教化的基础上，还要不断同戏曲生态以外的生态要素发生联系，在联系过程中，必须保持艺术本体的独立性和品格，不能沦为玩物、工具，从而堕入歧途。

试想，观者不麻木，不劣根，有智识和信仰；演者有生气，有生命，不沦为玩物，这样的戏剧生态，才算是有前途的。这样的判断，对今天的中国文艺，不单单是戏剧，也有十分重要的启示意义。

结　语

鲁迅自谦是戏剧的"门外汉"，然而他在传统戏剧的继承和批判、在翻译介绍国外优秀戏剧作家及作品的过程中，不断丰富自身的戏剧观。对于戏剧功用、戏剧审美、戏剧与人生等方面的意义的认识，都可谓达到了思想的高峰。

鲁迅戏剧观的高度，源于他对人民的深切情感。因为人民的"辛苦麻木"，所以，其题材多采自"病态社会的不幸的人群"，以"揭出病苦，引起疗救的注意"③。也正

① 鲁迅：《鲁迅全集》第三卷，第388页。

② 见《田汉论越剧》，《大晚报》1946年9月19日。

③ 鲁迅：《我怎么做起小说来》，《鲁迅全集》第四卷，第526页。

是这个原因，当今有评论者认为：鲁迅在旧戏曲与新文化之间架起了一座桥梁。① 然而这新文化已经是无产阶级新文化，并非五四新文化，因为从人民性而言，无产阶级新文化与乡土文化是一脉相承的。这也是为什么延安的秧歌剧运动、京剧改革能够取得一定成功。当然也是为什么中国古典戏剧在中华人民共和国成立后未受到政治干预的历史时期，得以迅速复兴和繁盛。换言之，按照鲁迅的戏剧嬗变观念指导今日之中国戏剧发展，将有重大裨益，这也是鲁迅先生不经意间留给中国戏剧的最重要财富。

【作者简介】吴民，四川大学文学与新闻学院副教授、博士。

① 张新元：《简论鲁迅与中国戏曲》，《鲁迅研究月刊》1991年第12期。

新论歌剧《伤逝》的“誊写式”改编*

苏　冉　卓光平

摘　要　歌剧《伤逝》作为纪念鲁迅诞辰一百周年而改编的同名歌剧，是一部向原著致敬的“誊写式”改编作品。该剧在形式与结构等方面均借鉴了西洋歌剧的创作方法，其强烈的抒情性与独特的音乐结构使得歌剧《伤逝》成为借鉴西洋歌剧创作表现原著精神内涵的优秀歌剧作品之一。本文旨在对歌剧《伤逝》进行整体性把握的基础上，将歌剧《伤逝》与小说《伤逝》进行对比分析，研究歌剧《伤逝》是如何“誊写”原著的。

关键词　歌剧《伤逝》　“誊写式”改编　《伤逝》

“誊写式”改编是一种“保留原著中绝大部分故事元素，只删除或增加很少部分元素，改动幅度很小”① 的改编方式。它力求与原著在主题思想、故事情节以及艺术风格等方面保持一致，但这并不是要求改编者对原著亦步亦趋，而是强调对原著精髓的把握，并在此基础上完成从文学到其他媒介的转换。施光南的歌剧《伤逝》是为纪念鲁迅诞辰一百周年而改编的同名歌剧，是中国音乐史上第一部由文学名著改编而成的歌剧作品，同时也是中国歌剧创作史上的分水岭，有着跨时代的意义。这部歌剧借鉴了西洋歌剧的创作方法，在创新的同时也用自己的方式向原著致敬。在形式方面，歌剧《伤逝》大胆吸取西洋歌剧“正歌剧”的艺术表现形式，采用了大量咏叹调、宣叙调等声乐题材并与剧中人物内心情感紧密地结合在一起，主人公的多段咏叹调更是在歌剧中占有重要地位，真实地还原了原著中所体现的抒情、凝重、悲伤的风格特点。在结构方面，施光南采用了西洋歌剧中的“四季”布局，与原著“春夏秋冬”再回到“春”的时空结构高度一致。歌剧《伤逝》强烈的抒情性与独特的表现结构使其成为借鉴西洋歌剧创作表现原著精神内涵的优秀歌剧作品之一。笔者在对歌剧《伤逝》进行整体性把握的基础上，将歌剧《伤逝》与小说《伤逝》进行对比分析，研究歌剧《伤逝》是如何“誊写”原著的。

---

* 本文为2020绍兴市社科规划重点项目“《伤逝》改编作品的类型与风格研究”（批准号：135D035）。

① 孙淑芳：《鲁迅小说的戏剧改编方法研究》，《华中学术》2017年第1期。

一　歌剧《伤逝》对原著结构的“誊写”

“小说《伤逝》与歌剧《伤逝》内容结构上有着高度的一致性。”① 歌剧《伤逝》是一部引起社会各界广泛关注的“誊写式”改编作品。施光南根据原著叙事结构中的时空转换顺序，巧妙地设计出了一种四季轮回结构，即从“春”开始经历“夏”“秋”“冬”最后再回到“春”。作曲家施光南将这种音乐结构特点归结为“奏鸣曲式原则”：“春”“夏”为呈示部，表现子君与涓生二人情感逐渐升温的过程，“秋”“冬”为展开部，是二人情感出现危机，婚姻摇摇欲坠的舞台呈现，同时也是戏剧矛盾冲突的发展，而后通过双人舞进行过渡，最后回到“春”，作为再现部。这种“四季”布局结构不仅符合该剧音乐发展的逻辑，同时也更加贴合原著情节的发展——“四季”结构正是子君与涓生爱情过程的真实写照。无论是在小说抑或是歌剧中，子君与涓生的爱情都在一年中经历了从萌芽到死亡的过程。

		原著	歌剧《伤逝》
呈示部	开头	“如果我能够，我要写下我的悔恨和悲哀，为子君，为自己。”②	“春”第1—2曲 序奏与《沉重的往事涌上心头》
	春	“去年的**暮春**是最为幸福，也是最为忙碌的时光。”③	
	夏	爱情不断升温 “那是怎样的宁静而幸福的夜呵！”④	“夏”第3—12曲 《迷人的夏日黄昏》 涓生的咏叹调《她夺走了我的心》 子君的咏叹调《一抹夕阳》 《我们的未来是美好的》 《让爱的春潮涌出心房》等曲目
展开部	秋	涓生被局里辞退，二人婚姻出现危机 “我所豫期的打击果然到来。**双十节**的前一晚，我呆坐着，她在洗碗。”⑤	“秋”第13—30曲 《一阵阵凄风一阵阵秋》 《秋夜曲》 子君的咏叹调《风萧瑟》 涓生的咏叹调《金色的秋光》等曲目
	冬	“**冬季**又逼近得这么快。”⑥ “人的生活的第一着是求生，向着这求生的道路，是必须携手同行，或奋身孤往的了，倘使只知道槌着一个人的衣角，那便是虽战士也难于战斗，只得一同灭亡。”⑦ 涓生说出“不爱了”的谎言	“冬”第31—44曲 涓生的咏叹调《生活啊生活》 子君的咏叹调《不幸的人生》 涓生的咏叹调《刺向心头的一把利剑》 涓生的咏叹调《告诉我》等曲目
再现部	春	“**初春**的夜还是那么长。”⑧	《古城默默盼春来》

① 王永慧：《艺术形象从客体到主体的转换和升华——解读小说〈伤逝〉到歌剧〈伤逝〉的重塑模式》，《四川戏剧》2011年第3期。

② 鲁迅：《彷徨·伤逝》，《鲁迅全集》第2卷，人民文学出版社2005年版，第113页。

③ 鲁迅：《彷徨·伤逝》，《鲁迅全集》第2卷，第116页。

④ 鲁迅：《彷徨·伤逝》，《鲁迅全集》第2卷，第118页。

⑤ 鲁迅：《彷徨·伤逝》，《鲁迅全集》第2卷，第119页。

⑥ 鲁迅：《彷徨·伤逝》，《鲁迅全集》第2卷，第123页。

⑦ 鲁迅：《彷徨·伤逝》，《鲁迅全集》第2卷，第126页。

⑧ 鲁迅：《彷徨·伤逝》，《鲁迅全集》第2卷，第132页。

春天万物复苏，在明媚的春光中，涓生想起了他死去的爱人，原著以涓生第一人称内心独白的方式追悼子君——“如果我能够，我要写下我的悔恨和悲哀，为子君，为自己”①。歌剧则通过主题曲《紫藤花》中的一段音乐作为音乐序曲，渲染悲伤、悔恨的气氛。随后男歌者演唱《沉重的往事涌上心头》，感叹“如今只剩下悔恨和悲哀……现在又是那样空虚寂静，子君她永远不会归来”。

夏天是一个明媚而充满活力的季节，子君和涓生的爱情也快速升温。歌剧与原著一样，两人在夏天的吉兆胡同度过了一段甜蜜而美好的幸福时光。涓生的咏叹调《她夺走了我的心》直白地诉说着他对子君的爱：“美丽的紫藤花呀，你可知道吗，她扰乱我生活的平静，夺走了我的心……今天我要抛掉，这空虚和那寂寞，为了高尚的爱，勇敢地向她倾吐衷情。”而子君的咏叹调《一抹夕阳》则是一首子君的爱情独白。在天边的那一抹夕阳下，子君望着窗外那一串串紫藤花，“思绪纷纷”，自己仿佛“破网的鱼儿游向大海，出笼的鸟儿飞向天空”，只有“冲开封建家庭的牢笼，去寻求自由的爱情”才是自己最终的归宿。这一唱段唱出了子君渴望美好爱情却被旧式家庭所束缚的矛盾心情，充分体现了原著中子君对幸福的追求以及对自由的渴望。接下来，歌剧在子君与涓生的对话中展开，子君喊出了原著那句经典的台词：“我是我自己的，他们谁也没有干涉我的权利。”正是这句话深深震动了涓生的内心，成为他告白的动力。随后，歌剧以《我们的未来是美好的》与《让爱的春潮涌出心房》两首曲目，来表现男女主人公经历表白时内心各自的矛盾与紧张，在子君的一曲咏叹调《我看见了什么》中，结束了歌剧“夏”的部分。至此，子君与涓生明确心意，完成了他们情感的奠基，准备“荡起那自由的扁舟，把那幸福乐园寻找”。

秋天本应是收获的季节，但是子君与涓生的爱情却在此时遭遇重创。歌剧《伤逝》“秋”的幕前曲承接“夏”的情绪，热烈而欢快，象征着子君与涓生对爱情的期盼。子君的短歌《欣喜的等待》描绘出子君等待涓生下班回家的欣喜，两人用丰盛的晚餐庆祝当初的相识相知，也感慨生活的美好。然而平静美好的生活并没有持续多久，涓生面临失业的困境，这无疑让本就不富裕的小家庭雪上加霜。女歌者一曲《一阵阵凄风一阵阵秋》，用低沉凄婉的调子把舞台气氛降至冰点。男歌者的《人生的路上步履艰辛》则叙述了涓生四处讨生活的艰辛：“一次次投寄稿件，一次次书稿退还，一天天奔走寻求，一天天希望遥远。”歌曲问出了观众的心声：“年轻人啊怎经得住社会上的百般刁难，生活中的柴米重担。”为了表现原著中主人公爱情的变化，歌剧《伤逝》在“秋”的后半部分通过《金色的秋光》和《风萧瑟》两个唱段展现子君内心情感的突变和命运的转折，塑造出了一个充满悲剧色彩的子君形象。在《风萧瑟》这一唱段中，子君向落叶与秋风表达了自己的疑惑：“秋风啊请你告诉我，在人生的长河里，为什么尽是风急浪险的旋涡，落叶啊请你告诉我，在生活的枝头，为什么结下的尽是苦果。”面对怒号的秋风和纷飞的落叶，她孤独地诉说着自己的苦闷，此时的子君与最初天真、快乐、沉溺在幸福中的子君形成了鲜明的对比。

严冬将至，两人的感情也随着气温的降低而达到冰点。幕前曲以沉重的音响，描绘

---

① 鲁迅：《彷徨·伤逝》，《鲁迅全集》第2卷，第113页。

了冬天的来临。涓生觉得："眼前是冰冷的生活，消失了当初的性味，生命在这里慢慢消磨，她又是那一张凄伤的脸，这里只有无聊和寂寞。" 子君还不知道涓生内心的巨变，她只是觉得："他的目光是那样冷漠，像那凝固的乌云，堵在冰冷的心窝。" 原著中，涓生在经过思考后，虚伪地表示"人的生活的第一着是求生，向着这求生的道路，是必须携手同行，或奋身孤往的了，倘使只知道槌着一个人的衣角，那便是虽战士也难于战斗，只得一同灭亡"①。而在歌剧《伤逝》中，涓生同样抛弃了子君，说出"我，已经不爱你了"的谎言。子君此时的心情是绝望而疑惑的，但更多的还有对未来生活的茫然。对于已经逝去的爱情，子君只能选择离开："也许他是对的，我们该分开了。"子君永别了她的天真、她的爱情，也完成了她在这部歌剧中的最后一首咏叹调《不幸的人生》。正如有学者评价的那样，歌曲《不幸的人生》"以低沉、呻吟、叹息的旋律为主来表现子君经过一番抗争后，对生活和爱情极度悲观绝望，这段咏叹调既是子君对爱情生活的总结，也是整部歌剧的总结"②。

歌剧《伤逝》中的"四季结构"，保持了原作情节的时间顺序，将子君与涓生从相识到热恋，从不顾世俗反对毅然结合再到婚姻归于平淡，最终分手的爱情历程生动地展现出来。

二 歌剧《伤逝》对原著抒情风格的誊写

歌剧《伤逝》是施光南在歌剧创作领域的一次成功探索，它在遵循原著的基础上向西洋歌剧学习并融合了民族歌剧的风格特点，被誉为中国第一部抒情心理歌剧。施光南认为，歌剧创作的核心就是通过音乐进行充分的抒情，所以一部好的歌剧作品必须使其抒情性在剧中得到充分的发挥和体现。原著小说以涓生第一人称的内心独白呈现他与子君的爱情历程，用诗化的语言展现涓生复杂的内心世界，极具抒情色彩与心理分析效果。歌剧《伤逝》中的唱段则充分展现了施光南歌曲的抒情性格，鲜明地体现了施光南音乐的审美特征。该剧由45段音乐组成一个完整的音乐结构。器乐曲目，诸如幕间曲、幕前曲、场景音乐等8曲。声乐曲目，如咏叹调、宣叙调、重唱、对唱、合唱等有37曲。其中，女主人公子君的唱段7首，男主人公涓生的唱段7首，二重唱或二人宣叙调16首。该剧运用了大量的咏叹调、宣叙调、重唱与合唱等，通过多种体裁展现人物的心理活动，营造出浓厚的抒情氛围，在多彩的演绎中烘托场景气氛，将全剧带向高潮，同时也将歌剧的抒情性与戏剧性有效融合在一起。

被誉为歌剧《伤逝》爱情三部曲的《一抹夕阳》《风萧瑟》《不幸的人生》，其抒情意味最为明显。《一抹夕阳》是少女对美好爱情的憧憬，也叫《子君浪漫曲》。歌曲一开始是子君站在窗前，对着夕阳抒发自己苦闷与彷徨的心情："一抹夕阳……我的心

---

① 鲁迅：《彷徨·伤逝》，《鲁迅全集》第2卷，第126页。

② 郑晓燕：《论歌剧演唱中角色的情感转换——歌剧〈伤逝〉中的子君形象》，《艺海》2010年第6期。

啊思绪重重。"面对窗外广阔的世界，子君感觉自己像"破网的鱼儿游向大海，出笼的鸟儿飞向天空"，只有"冲开封建家庭的牢笼，去寻求自由的爱情"才是自己最终的归宿。此时演唱者的情绪越来越高，表现出子君对自由的向往以及对爱情的渴望。随着旋律的推进，音乐高潮随之到来——子君想到与涓生未来的生活，不由得喜悦而激动："我的心啊，难以平静。"这是她对未来生活的想象，也是一个天真少女对爱情最美好的幻想。总体来说，这首咏叹调的旋律较为平稳流畅，平缓的旋律表现出子君对新生活的热情与克服困难的决心。同时，诗情画意的歌词也刻画出子君此时的纯真与美好，带给观众明朗纯净的美感。

《风萧瑟》被安排在"秋"中，是公认的整部歌剧中最能代表子君情绪的咏叹调，讲述了生活拮据的二人通过变卖衣物维持生活的心酸。子君此时不再是单纯、不谙世事的无知少女，而是一个为生计发愁的操劳妇人，向秋风与落叶诉说自己的不幸，生动地塑造出一个被家庭"埋没"了的女性形象，将歌剧的抒情性充分发挥了出来。音乐刚开始是一段旋律流畅的高音，如同呼号的秋风横扫落叶，表现出子君对人生的迷茫："秋风啊请你告诉我，在人生的长河里，为什么尽是风急浪险的旋涡，落叶啊请你告诉我，在生活的枝头，为什么结下的尽是苦果。"子君难以理解为何生活会如此艰难，为什么勇敢的爱情会是"盲目的牺牲"。她向上天认罪，却不知自己何罪之有，情绪在痛苦的压抑中得到爆发——歌者以饱满的激情演唱："啊，生活啊生活，我为你苦苦的思索"，此时子君情感达到了顶点，体现出子君与生活对抗、呐喊后内心的痛苦与不甘。待歌者演唱情绪爆发后，音乐则随之舒缓，进入尾声。《风萧瑟》选段歌曲情感强烈，表达了子君对世界的茫然，是"全剧的高潮所在，是子君的呐喊和对生活的抗争"①。

《不幸的人生》是子君被抛弃后内心绝望的呼喊，低沉的旋律奠定了全曲悲伤的情感基调，给人以强烈的感伤和压抑之感。歌曲一开始是一段抒情性音乐，"又是死一般的寂静，又是冰一样的寒冷，我的心啊被撕裂，阵阵剧痛斑斑伤痕"。两个"又是"，展现子君在感情破灭后的无奈与绝望的心情。失去爱情的子君同时也失去了面对生活的信心，歌曲旋律开始紧凑急促起来，象征着子君此时情绪从悲伤到崩溃的过程："别了，幸福的回忆，少女的痴情，别了，渴望的理想，心头的美梦，别了，天真的爱情，别了，盲目的牺牲。"四个排比句由弱到强，把主人公的情绪也推上高潮，子君含泪唱出："我的眼泪啊，滴滴洒在自己掘下的坟茔。"随着情感的爆发与旋律的过渡，子君的情绪慢慢平静下来，歌剧的旋律也不再似前面激昂而是充斥着浓郁的哀伤。子君已经彻底绝望了，她只能用低声哭泣申诉自己不幸的人生，从歌者越来越轻的演唱中，观众更能体会到子君此时的无奈。带着对涓生的眷恋，子君默默告别了她不幸的人生。

在歌剧45段的乐曲中，子君参与的唱段有23首，占总数的一半，其中，子君的独唱部分有7首，均占有重要位置。这意味着"在歌剧《伤逝》的音乐结构和戏剧结构

---

① 史春梅、史咏梅：《歌剧〈伤逝〉中三首咏叹调艺术特征分析》，《伊犁师范学院学报》（社会科学版）2010年第3期。

中，子君唱段具有重要的音乐结构功能和艺术表现意义”①。这也是歌剧《伤逝》值得注意的一点。歌剧《伤逝》通过让子君直面观众，构建了一个清晰、完整的子君形象。相较与原著，歌剧中的子君不再是仅存在于涓生叙述中的模糊的影子，而是从幕后走上了台前，成为整部剧不可或缺的艺术形象。这三首具有代表性的咏叹调将子君从最初的充满希望与激情到组建家庭后的迷茫再到被抛弃后的绝望通过音乐淋漓尽致地表现了出来，展现出歌剧《伤逝》在抒情性与戏剧性方面的完美结合，体现了歌剧本身的音乐特点。

歌剧《伤逝》成功地运用音乐，特别是歌曲演唱的手段，推动剧情的发展，表现人物的内心，有效地发挥了音乐的抒情性。正如有学者评价的那样：“歌剧《伤逝》是中国歌剧史上一部最为著名的抒情性比较强的剧作……它的整个剧本情节创作都忠实于小说家鲁迅先生原著中所体现的抒情、凝重、悲伤的精神和风格特点。”②

三　歌剧《伤逝》对原著物象的“眷写”

歌剧《伤逝》与原著高度契合，无论是歌剧的抒情性表达还是四季结构的呼应，甚至于代表主人公爱情的物象，都体现出施光南对鲁迅的尊敬。“紫藤花”这一物象象征着子君与涓生的爱情，在原著中曾出现过三次，而在歌剧《伤逝》中，“紫藤花”作为主题曲也出现了三次，这不仅与原著情节相呼应，同时也在一定程度上反映了歌剧主人公的情感变化。

	原著	歌剧《伤逝》
第一次	“她又带了窗外的半枯的槐树的新叶来，使我看见，还有挂在铁似的老干上的一房一房的紫白的藤花。”	第12曲《紫藤花》二重唱
第二次	“蓦然，她的鞋声近来了，一步响于一步，迎出去时，却已经走过紫藤棚下，脸上带着微笑的酒窝。”	第17曲《紫藤花》之二
第三次	“依然是这样的破屋，这样的床板，这样的半枯的槐树和紫藤，但那时使我希望、欢欣，爱，生活的，却全部逝去了，只有一个空虚，我用真实去换来的虚空存在。”	第40曲《紫藤花》之三

原著中前两次紫藤花都出现在子君与涓生的热恋期，象征着两人此时恋爱的甜蜜与对美好爱情的憧憬。第三次紫藤花出现在子君去世后，涓生故地重游时悔恨的自白中，象征着爱情的紫藤花已经枯萎，留下的只有空虚。歌剧中的主题曲《紫藤花》虽然出现的位置与原著不是一一紧扣，却与原著中的紫藤花承担着同样的作用。

第一首《紫藤花》（第12曲）从结构上看，出现在“夏”“秋”之交，隶属歌剧的呈示部，表现子君与涓生情感不断升温的过程。第一首《紫藤花》在歌曲《我把她

① 赵娜：《歌剧〈伤逝〉中子君形象的音乐表述——以鲁迅同名小说为参照》，《音乐创作》2016年第4期。

② 倪静：《歌剧〈伤逝〉音乐作品及演唱分析》，《楚雄师范学院学报》2014年第12期。

送给你》之后，对应原著中子君变卖首饰，与涓生共筑家庭的情节。在歌剧《伤逝》中涓生与子君打算"结束这会馆生活的空虚寂寞，从这里搬走，去建立我们理想的家庭"，于是子君将自己的首饰取下给涓生，认为"这个家庭也有我一份"，希望自己也能为建立两人的家庭出一份力，这与原著中的子君形象是重合的。紧接着子君恳求涓生："涓生，快带我走吧"，可以看出，子君送的不仅是她的首饰，更是她自己，她沉溺在与涓生组建家庭的喜悦中，已经做好了与旧家庭决裂的准备。主题曲《紫藤花》的旋律在此时响起，紫藤花成为二人定情的象征，子君深情地演唱："紫藤花，紫藤花……爱情的见证心灵的花，凝聚着多少热泪欢歌，永在我记忆里垂挂……"紫藤花这一物象不仅是两人爱情的见证者，同时也象征着两人热烈而真挚的感情，表现了主人公为争取爱情自由的勇气与决心。

第二首《紫藤花》（第 17 曲）出现在"秋"的前半部分，承接子君的短歌《欣喜的等待》和宣叙调《今天是什么日子》。虽然第二首《紫藤花》出现的位置与原著有所不同，但紫藤花此时所代表意义并没有改变。《欣喜的等待》与《今天是什么日子》讲述的都是两人新婚的甜蜜：在这个特殊的日子，子君做好丰盛的饭菜等待涓生回家，涓生也特地为子君买了礼物——一件紫色背心，一切都是美好的。当子君穿上新衣，《紫藤花》的旋律再次响起："紫藤花，紫藤花，洁白绛紫美如云霞……永在我记忆里垂挂。"这一场景与原著中他们成婚初期的幸福相对应，象征着两人爱情的美好。

第三首《紫藤花》（第 40 曲）出现在"冬"的尾部，属于歌剧的展开部，反映两人即将破碎的婚姻。《紫藤花》之三出现在子君的咏叹调《不幸的人生》之后，子君已做好准备与涓生诀别："别了，幸福的回忆，少女的痴情，别了，渴望的理想，心头的美梦，别了，天真的爱情，别了，盲目的牺牲。"四个别了，感情层层递进，表现出子君被所爱之人抛弃后的绝望与无助。子君不禁向天发问："哪里是我的归宿，我将回去，哪里是我的路程?"父亲的严威，路人的嘲讽，都让子君觉得这世间已无自己的容身之处，她只能"默默哭泣着不幸的人生"。此时象征爱情的《紫藤花》再次响起，歌曲旋律较前一首《紫藤花》慢了许多，子君含泪环顾这个昔日欢声笑语的小家，充满对往昔的不舍与而今的无奈。舞台灯光一暗，子君慢慢向黑暗隐去，作为背景音乐的《紫藤花》象征着子君与涓生的爱情之花彻底枯萎，"只有一个虚空"存在。

三首《紫藤花》主题曲不仅与原著相呼应，同时也在一定程度上反映了歌剧主人公的情感变化。第一首《紫藤花》在"夏""秋"之交，反映了子君与旧家庭反目并与涓生组建新家庭的情感转变。与涓生确定恋爱关系后，子君打算离开叔父的封建大家庭与涓生共筑爱巢，为了建立新家，子君将自己的首饰交给涓生，主题曲《紫藤花》在此时响起。这时的子君一心与旧家庭决裂，心中充满着对未来美好生活的向往。第二首《紫藤花》在"秋"这部分二人情感出现转折的时候，上承《今天是什么日子》下接《温习旧课》。婚后的子君与涓生度过了一段幸福而甜蜜的时光，他们共进晚餐，庆祝生日……主题曲《紫藤花》就在这样温馨的氛围下响起，一切仿佛梦幻般美好。但是，晚餐还没结束，涓生就接到了解雇信，舞台上的气氛又蓦然沉重了起来。第二首《紫藤花》将主人公的幸福生活推向高潮，与后面涓生被辞退的低落气氛形成鲜明对比，增强了歌剧舞台的张力。第三首《紫藤花》则在子君宣布"涓生，我，我走了"

之后，将子君被抛弃后的孤寂、悲伤通过主题曲表现出来。这也是唯一一首没有歌词的主题曲。为了衬托子君被抛弃后环境的萧索，第三首《紫藤花》不仅没有歌词，节奏和速度也都有意识地放慢。此时主题曲《紫藤花》作为背景音乐响起，与前两次欢快昂扬的曲调截然不同，象征着主人公爱情的结束，同时也从侧面完成了对前两次《紫藤花》的反讽。三首《紫藤花》自然地衔接了主人公的情感变化，成为贯穿歌剧《伤逝》的主题曲。

综上所述，歌剧《伤逝》借用原著中的"四季"结构，既符合音乐的发展逻辑，又促使歌剧更加贴合原著情节的发展。主题曲《紫藤花》虽然出现的位置与原著不是一一紧扣，但与原著中的紫藤花承担着同样的作用，同时还在一定程度上反映了歌剧主人公的情感变化。除此之外，歌剧《伤逝》还借鉴了西方音乐剧的演唱方法，大量运用咏叹调、宣叙调、合唱以及重唱的表现方式，充分发挥了歌剧的抒情性质，表达了主人公丰富的内心情感，真正做到了使戏剧与音乐融为一体，为我国民族歌剧借鉴西洋歌剧的创作手法作出了有益的尝试。

【作者简介】苏冉，绍兴文理学院人文学院研究生；卓光平，绍兴文理学院人文学院副教授。

近代宁波总商会概述

孙善根

摘　要　成立于1905年的宁波总商会一度是近代宁波最具实力的社会团体，在近代宁波社会变迁与发展中有过重要的影响。对近代宁波总商会的研究可以丰富宁波近代史特别是宁波近代经济史的主题。文章从宁波总商会沿革、参与反帝爱国活动、经济与会务活动、总商会与宁波地方社会等方面描述了近代宁波总商会的概貌，指出近代宁波总商会对近代宁波社会的发展与进步作出了一定的贡献。

关键词　近代　宁波　总商会　社会　经济

成立于1905年的宁波总商会一度是近代宁波最具实力的社会团体，在近代宁波社会变迁与发展中有过重要的影响，并借助于强大的近代宁波商帮对全国性事务发出自己的声音。特别是在反对帝国主义的经济侵略与军阀政府的苛捐杂税、维护宁波市场秩序、推动工商业发展以及保障工商业者权益等方面都发挥过重要作用，同时，宁波总商会还积极参与地方社会各项事业，努力维护地方社会秩序与安宁，成为地方社会发展与进步的重要推动力量。

一　宁波总商会沿革

光绪三十一年（1905），抵制美货运动在宁波如火如荼，使宁波商人的群体意识大为增强。以此为基础，绅商王月亭、吴葭窗、汤仲盘等发起成立宁波商务总会，其会所在鄞城东后市茶场庙侧（今宁波海曙区苍水街）。商务总会实行业董制，设总理、协理、议董、业董。初始议董以上都是由带官衔的绅商充任，业董由各业领袖担任。总理、协理、议董、业董需经地方官府委任，经费由各业捐助。宁波商务总会首任总理吴葭窗系干丰钱庄经理，常参与地方事务，人称“仁厚长者”，上通官府，下达群商，连任两届。董事者以钱业、典当业为主，因为钱业在当时宁波商界实力雄厚，号称百业之首，故钱业一直在商务总会以及后来的总商会中占据举足轻重的地位，其次典当业代表也有一定地位。

宁波商务总会成立后，宁波府属奉化、慈溪、镇海、象山、定海各县以及柴桥、石浦等镇，依宁波例，先后组织商务会。商务会虽与宁波商务总会没有统属关系，但在实际工作中，都唯宁波商务总会马首是瞻。成立之初，比邻宁波的绍兴各县商会一度也“归入”宁波商务总会，“以便容易联络”①。

1916年，奉工商部令改“宁波商务总会”为“宁波总商会”，“总理”亦改称“会长”。各县、各镇商会，也相继改正名称。宁波总商会第一任会长费绍冠，初任源丰顺银号经理，后任四明银行经理。他热心社会公益事业，辛亥革命时，曾参加保安会，宁波光复后，曾以商务总会总董身份担任宁波军政分府财政部部长，1916年成为改名后的宁波总商会首任会长。

1927年初，北伐军占领宁波。5月，宁波市市政府成立。不久主持商会工作的陈南琴发起筹建商会新会所，经赴省陈情，得省政府拨还前军需借款银圆3万元，又筹建3万购得今中山公园东侧地5亩建造新会所。12月开工，至次年6月竣工，设议事厅、休憩室、会客厅、膳室等，为全省商会会所之冠。

1928年12月，宁波总商会根据国民政府工商部商会改组大纲，改为委员制。20世纪30年代初，改名为宁波商会。

二　参与反帝爱国活动

产生于1905年抵制美货运动的宁波商务总会对外积极参加宁波历次反帝爱国活动，并在其中发挥了举足轻重的作用，有力地推动了反帝爱国运动在宁波的开展。

（一）清末时期

宁波总商会积极参加反帝爱国活动，早在筹备与成立之初，宁波商务总会就积极参与抵制美货与争取路权等反帝爱国运动。

美国长期歧视、排斥在美华工、华侨，激起国人义愤。1905年5月，上海商务总会召开会议，抗议美国迫害华工的决定，以两个月为期限，如果到时美国不肯删改苛例，仍强迫续订华工条约，就实行“全国暂不运销美货为抵制”，并呼吁全国商界一致行动。宁波商务总会纷起响应，并与宁波学界发起成立抵制美约社。在该社推动下，不仅召开动员大会，而且积极开展宣传抵制美货活动。8月1日，商学两界联合在城内孝廉堂召开抵制美货特别大会，著名小说家吴趼人和李毅轩也远道而来予以声援，大大推动了宁波一地反美爱国运动的开展。商务总会发起人王月亭、汤仲盘尽管都从事洋货业，也都表示不买卖美货。宁波抵制美约社还派人到上海参加活动，表示对这场爱国运动的支持态度。

1907年10月，清政府决定以路权作押，向英国借款修筑苏杭甬铁路。对此宁波人民坚决反对。10月7日，宁波学界在师范学堂召开第一次拒款大会。10月9日，又在

---

① 《商会归入宁波》，《绍兴白话报》1905年第121期。

商务总会召开第二次拒款大会。此次会议由商务总会总理吴葭窗主持，主要讨论拒款和筹款具体办法。最后决定，筹款归商界，拒款归学界，“凡事有专属，责无旁贷”。在反对借款的同时，宁波各界出于炽热的爱国热情，出现了一场认股保路的运动。特别是商界人士，踊跃认股，用集股、抽股、认股等办法进行保路斗争。运动还得到旅外宁波商人的大力支持，最后在江浙人民的坚决抵制下，清政府被迫作出让步，同意苏杭甬铁路收回商办。

（二）民初时期

1919 年五四运动爆发后，宁波工商业者纷纷起来反对帝国主义与北洋军阀，支持学生爱国行动。宁波总商会积极行动起来，邀集各界代表召开紧急会议，反对北洋政府逮捕学生的举动。6 月 8 日宁波罢市后，宁波总商会致电北京政府：“午后 2 时，宁波全埠一律罢市，人心浮动，祸在眉睫。商会极力劝谕无效，迫恳俯念地方治安，将被捕北京学生迅予释放，以维危局，不胜迫切待命之至。”① 而此前宁波各商号已行动起来。宁波总商会于 5 月 17 日开会讨论提倡国货、抵制日货问题。各业商人 200 多人到会，认为当时“外交失败，祸患日近，亟宜提倡国货，藉谋抵制”。许多行业团体纷纷表示要坚决抵制日货，提倡国货。糖业代表明确表示愿意抵制日货，“糖业中向某洋行预定之货，尚未运到者，约计 10 余万元，正拟设法解约。嗣后不再定货，以表决心”。洋布行业也谈到该业已经同业决议，“准明日到洋货公所集商妥善办法，再行报告。嗣经到会同人决议，此事既由本会提倡，更应由各业自行设法劝勉，期达实行抵制之目的”②。

1922 年初，上海各界为赎回被日本占据的山东胶济路而发起筹赎胶济路活动。宁波一地迅速响应，各界发起成立“赎路筹备会”。4 月 15 日，筹备会致函各界“赎路事急，凡我国民，皆当同舟共济，共赴救亡之则”。4 月 17 日，宁波总商会召集职员常会，商讨上海赎路委员会主任余日章来函，决议致函教育会和各银行经理，联合组织“赎路机关”。5 月 7 日，浙江筹赎胶济铁路会宁波事务所正式成立，公推总商会会长屠鸿规为主席，决议致函各团体、军警、行政各长官及商会会董、教育会之评议员、各学校校长、各绅富、报界等共同筹款赎路。5 月 31 日，召开各界联合大会，将筹款赎路活动推向高潮。在全国各界共同努力下，1923 年 1 月 1 日，根据 1922 年 12 月 5 日签订的《山东悬案铁路细目协定》，在交付 4000 万日元赎金后，中国收回胶济铁路及支线并一切附属财产。

1925 年上海“五卅”惨案发生后，各地迅速掀起反帝斗争高潮，宁波总商会积极响应。6 月 3 日，宁波总商会召开职员临时会，决议：1. 电请执政外交、农商部，提出严重交涉；2. 电请旅沪同乡会就近设法援助；3. 通告各工厂、商店于 5 日一致休业，加入宁波学生会组织的示威游行。同时，宁波成立“各界五卅惨案后援会”“各公团联合会”，总商会均派员参加，并负责其中总务、宣传、调查三股工作，发动商界抵制英货、日货。6 月 6 日，宁波总商会响应杭州总商会，电呈政府，要求与英日两国经

① 《宁波罢市志》，《申报》1919 年 6 月 9 日。

② 《总商会开会结果》，《申报》1919 年 5 月 21 日。

济绝交，严厉交涉惩凶，以维护国家主权。8 日、9 日宁波总商会两次召开各会董、业董会议，商讨对上海罢工工人经济援助方法，决议各业通过募捐、节筵等方式募集款项援助上海“五卅”罢工之工人。据后来统计，在宁波总商会的积极组织下，宁波一地是各地援助上海“五卅”罢工工人募集款项最多的城市。

6 月 15 日，宁波总商会接杭州总商会有关对英日经济绝交办法 6 条：“1. 不进仇货（英日两国货）；2. 不与仇人交易；3. 不用仇人纸币；4. 推举调查员检查各店仇货；5. 各店门首贴不进仇货、不与仇人交易字样以表决心；6. 各业董事在会馆或其他地点邀集同业，明白宣布，五日内将仇货种类报告商会”。同一日，宁波总商会即召开职员常会，讨论 6 条办法，决议除第 5 条外坚决执行。① 16 日，宁波总商会向各业发函：“上海五卅惨案发生，全国激愤，一致主张经济绝交”，“各业速组织同业协助会，制订简章，推定职员，于 5 日内将各号，所有仇货存数及未到定货数目分别详细开单报告本会”。19 日，宁波总商会再次致函各业，劝导各商号：“放大眼光，各本爱国天良。”22 日，总商会又致函本埠各业领袖，要求在五月初五日前将英日存货及订货分别详细造册报告商会。29 日，总商会职员临时会决议：30 日各界之游行商界自由加入，各商号下半旗，以表同情。9 月 16 日，为防止私运外货，宁波总商会通告各商号，各业运货进口须各公团联合会给予通行证，加盖关防。

在抵制英日货的同时，宁波总商会大力提倡国货，于 9 月开办宁波第一国货商场，本埠各国货厂号纷纷报名入册，同时还吸引了宁波以外各国货厂号加入。

三　经济与会务活动

宁波总商会成立后，积极履行商会职能，开展各项会务活动，特别是在抵制军阀政府的苛捐杂税、维护市场秩序与经营环境、推动工商业发展以及保障工商业者权益等方面发挥了重要作用。

（一）抵制政府苛捐杂税

北洋军阀时期的宁波与其他地方一样，捐税名目繁多，关税、厘金、营业税、印花税、所得税、渔税、花纱捐、棉花捐、糖捐、土布捐、各类附加捐、码头捐……税捐征收极端苛刻。北洋政府采取的办法主要是加征旧税、实行新税、滥征苛杂税等三种，这严重阻碍了宁波工商业的发展。在协助地方政府征收赋税的同时，宁波商务总会对于政府随心所欲的征税持坚决反对态度，尽量防止政府随意征收营业税、奢侈品税，对已开征的税收，则竭力反对提高税率、滥设关卡，要求放宽交税期限，居间调节商人和官府的冲突。

1. 反对设立统捐局

1911 年宁波光复后宣布废除厘卡，但是因浙江省经济萧条，当局又决议征收统捐，

---

① 《总商会职员常会纪事》，《时事公报》1925 年 6 月 16 日。

为此，宁波在北门卡旧址开办统捐局。由于统捐细则烦苛，过往船只和信班均拟停业（其中主要是慈城之船），对此慈城人民“大起恶感”，于1912年3月19日午后3时，全城一律罢市，抵制征收统捐，并派代表赴宁波请求撤销统捐局。但局长郑衡避而不见，还派兵恐吓。在此情况下，宁波商务总会一方面派代表与郑衡商讨办法；另一方面派代表劝导商民船户，还急电杭州督军、财政司长：“统捐细则繁苛，稽征多处，将来留难更甚，旧清厘金，商民惶惧，东日慈城罢市，今日北局聚集商船百余号，汹汹滋扰，已肇祸萌，万一激成巨变，何堪设想，请将统捐暂行停止。召集各商，另订妥章，以恤商艰而弥后患。”① 3月24日，北门统捐局被迫先行停止征捐，随后濠河、倪家堰、大西坝、新坝、蟹浦等分所亦一律暂行停办。此后商务总会继续开会集议办法，决议晋省交涉。3月27日，在宁波商务总会的强烈要求下，浙江省当局决定变通统捐征收办法。

2. 反对滥征印花税和所得税

1913年，印花税由北京至各省次第开征。1914年又公布参议院修正的印花税法13条。1916年中央和各省设立印花税处及分处，开展征收工作。浙江省印花税处规定各商号簿据、三节账单、婚书、横单等一律依照印花税法，贴用印花，不得遗漏，印花税处每年定期派印花税督察员对之进行大范围检查，若有遗漏者，依法严惩。对此，宁波总商会一方面劝导各商号依法贴用印花，及时上缴印花税，各县印花税也由宁波总商会代缴。如1925年8月25日，宁波总商会致函省印花税处：“兹查七月份计销票面额1836.55元，扣征费减计银367.31元外，应解实银1469.24元。”② 另一方面维护商人的正当权益，特别是在政府无理要求加贴印花时，总商会总是站在各商号一边，反对政府随意加征。如1920年宁波总商会与各县商会接省令，“于民国十年一月一日起，凡向贴印花2分之簿据等件改为贴1角”。各商会哗然，商民情绪高涨。鉴于此，宁波总商会致电北京国务院及财政、农商两部，要求收回成命。省议会收到宁波总商会函后，专门召开讨论会，于12月20日致电全省各商会，认为“是以不合法命令，变更法律，人民断难承认，应由部取消该议，以符约法”。但对此要求，北洋政府加以婉拒。在此情况下，宁波总商会继续进行斗争，一方面致电省印花处，要求暂缓实行；另一方面，与全国商会联合会等组织取得联系，争取他们的支持，寻求有效解决方法。

1920年9月，北洋政府总统徐世昌命令于次年1月1日实行所得税，遭到全国各商会反对。宁波总商会也立即致电国务院及财政、农商两部，要求暂缓实行，但是未得到回音。③ 于是，宁波总商会即致电杭州总商会，请求援助。1920年12月24日，杭州总商会联络嘉湖绍各处商会在杭州召开有关所得税问题会议。当时，宁波总商会因改选问题来不及派代表参加。这次会议决定由杭州总商会与上海总商会联系，争取后者支持；同时，再次致电国务院及财政、农商两部，称“实行所得税暨印花税簿据加贴四倍，旧税未除，新税重叠，前因电明各商力已竭，无力负担……对于所得税，商力已

① 《宁波罢市续纪》，《申报》1912年3月23日。

② 《函解印花税银》，《时事公报》1925年8月26日。

③ 《所得税难缓实行》，《时事公报》1920年11月20日。

竭，万难负担……中央顾念商艰，必蒙逾体恤，否则亦惟有待罪候命”。对此，北京政府在致浙江省省长电文中明确：“所得税实行日期万难改变。”① 但商会抵制所得税的斗争也没有停止。

3. 抵制苛细杂捐

在征税之外，北洋政府还临时设立各种杂捐。面对多如牛毛的苛细杂捐，广大商民怨声载道。在商民与政府的斗争中，宁波总商会尽力维护商人的权益，努力争取撤销或减免杂捐。

（1）花纱捐。江浙为棉花、纱布产地，棉纺业发达，花纱捐自然成为历届政府都不会放过的捐收项目。1920年，浙江省花纱捐率高于江苏省三分之二以上，商民反响强烈。为此宁波总商会致电省议会，要求减轻花纱捐，并在6月经宁属议员张原炜等提出减轻理由，请求议会公决。但时过数月仍无下文。8月下旬，宁波总商会会长费绍冠再次致电询问省当局，但到11月仍无音讯，为此宁波总商会通过宁属议员再次向省当局提交质问书。在宁波总商会和宁属议员坚持不懈的努力下，11月21日，“据财政厅遵令议复，拟将净棉花原定捐率8角减去1角，为每百斤7角，黄棉、花带子棉捐率依此遂减，定为花棉花每百斤3角5”。至此，反对花纱捐斗争以胜利告一段落。

（2）各类赈捐。赈捐是指国内出现自然灾害时，由政府规定从正税项下附加的临时税捐，如关税、厘金附加捐等。一般以半年或1年为期，期满结束。但常常是期满后迟迟不得结束，如百货厘金赈捐，正式宣布期满后又延长1年。另外还有由各省分别举办赈捐，救济本省灾荒。但赈捐名目繁多，实际上是军阀恶吏发难民财的良机，真正用于赈灾者无几。因此每当举办赈灾消息传出，商民惶恐，纷纷禀请商会力争减免。1922年3月底，宁波总商会据宁波猪业静澜公所董事反映，江苏省吴淞沙钓稽查局所收船、货两捐都是特别性质的，与普通货税情形不同，特于3月30日致电江苏财政厅询问，力争免去沙钓船附征赈捐。此外，如1922年元月总商会为酒业请命，免加附加捐；1922年12月，宁波总商会发起反对政府举办邮电加费；等等。

（二）大力提倡国货，组织厂商参加各种展销活动

1. 大力提倡国货

宁波商务总会成立之时正值上海总商会发起抵制美约运动之际，筹备中的宁波商务总会组织各商号一致抵制美货，并利用这个机会推广国货。五四运动期间，宁波总商会积极宣传抵制日货，致使日本商品在甬销售锐减。1921年7月中旬，宁波总商会为提倡国货香烟特致函各商店，介绍南洋兄弟公司出品的香烟，认为“溯自舶来卷烟输入吾国，囊吾金钱而去者，奚恒河沙数”，要求“以内国有用之金钱购买国产良好之卷烟，庶几力挽狂澜……”② “五卅惨案”发生后，6月3日，宁波总商会召开职员临时会，发动商界抵制英货、日货。9月，在总商会支持下，宁波第一国货商场成立，本埠各国货厂号纷纷报名加入。1929年3月31日，宁波总商会召集各业代表开会，决议组

① 《所得税难缓实行》，《时事公报》1920年11月20日。

② 《商会提倡国货香烟》，《时事公报》1920年7月18日。

织市县提倡国货委员会。

2. 组织厂商参加各种展销活动

第一次世界大战期间，宁波工商业有较大的发展，但好景不长，战争结束后，西方列强卷土重来，市场竞争日趋激烈。产品质量是市场竞争的利器，为提高产品质量，历届商会领导人在大力提倡国货的同时，组织厂商参加各种国内外的商品展销活动。其间，宁波商会积极发动各厂商，制作精良商品，并由商会进行初评后，送到主办单位参展。

1920—1922 年间宁波总商会组织各厂商参加的展览活动一览表（不完全统计）

参展时间	展览会类型	举办地点	获奖情况
1920 年 3 月 9 日	法国里昂陈列会	法国里昂	未详
1920 年 8—9 月	中华国货维持会组织的国货展	北京	未详
1920 年 9 月	国际联合会国际博物赛会	北京	未详
1920 年 10 月	杭州商品陈列馆组织的国货展	杭州	商品特等奖 4 张，一等奖 11 张，二等奖 10 张
1920 年 10 月	西班牙展览会	巴西洛纳省	未详
1921 年	万国工商品标本陈列展览会	米朗巴图	未详
1922 年 2 月	日本东京博览会	日本东京	未详
1922 年 4 月	爪哇各国商品展	爪哇	未详
1922 年 6 月	万国丝绸展览会	纽约	未详
1922 年 9—11 月	巴西百年独立纪念赛会	巴西	未详

1921 年，宁波如生罐头厂生产“宝鼎”牌油焖笋，获上海总商会商品陈列所首次展览会金质奖凭、1926 年美国费城博览会特等奖证、1927 年莱比锡博览会金质奖章。

（三）推行规章制度，维护市场公平竞争

清末，商部在《商会简明章程》第十五款明确规定商会具有商事仲裁权：“凡华商遇有纠葛，可赴商会告知，总理定期邀集各董秉公理论，从众公断。如两造尚不折服，准其具禀地方官核办。”其间，宁波总商会积极主持调解各类商务纠纷，使商业活动中的各种矛盾与问题得到了较好的解决，从而使宁波一地的经营秩序与环境得到维护。与此同时，宁波总商会在规范、约束各同业公会、商号商业行为与竞争方面，致力于推行各业规章制度，确保各业公平竞争。

1922 年 2 月，宁波总商会接中华全国商会联合事务所通知，要求遵行农商部公布的《商标备案条例》，严格商标注册。总商会立即通知各商号，要求规范商标的使用。同年 7 月，交通部颁布商船公会设立的有关规定——《航业公会章程》。对此，宁波总商会遵照执行，要求按照其规定设立航业公会，督促公会以该《章程》为其运作的基础。除此之外，宁波总商会还参与一些行业规章制度的制定、修改，如 1920 年参与制定码头捐条例。

（四）维护工人正当权益

作为一个商人团体，宁波总商会对工人的正当权益也予以关注。1920 年 11 月、1922 年 9 月宁波总商会两次过问木工加薪问题，要求各会员厂商为木匠增加工资：“查

迩来米珠薪桂，百物维艰，该工匠等以工资菲薄，不能维持生活，确系实在情形，工人要求加工资事属可行，惟于社会经济方面，亦应兼筹并顾。兹原定工资2角5分外酌加大洋3分，合计木匠工资，每工定大洋2角8分。”① 1925年3月，宁波总商会又为之报道说：

宁波总商会为箔业公所箔业工人，因箔税新章实行，有碍生计，请收回成命，以示体恤一节，已迭志本报。兹悉该会昨呈税务处文云，总商会据宁波箔业公所略称（已见前报），并据箔工甬兴会合纸司代表俞林关、陈恒卿，重兴会劈剪司代表吴正芳、高全能，连主堂纸花司代表毛纪常、汤谒根，和义会刷黄司代表翁得祺、钟春生，鼎新堂机器司代表周忠乔、陈金云，得胜会造箔铺代表吴茂策、马谒生，永年会造箔司代表章功友、邵规才，打箔作坊代表徐顺生、尤家运，砑纸铺代表屠谒宝、张谒三，锭子司代表王谒顺、林小芳，燥纸司代表陈锡茂，晒纸司代表郭炳源，暨鄞县城区、江东，镇海北乡、南乡岭岩，慈溪西乡男女工人九万余人，联名略称（亦见前报）各等情。先后据此，调查宁属所产锡箔纸，其制造方法，乃以奉化土制劣纸，磨砑点锡一层于纸面，由箔庄运销南北各省，纯为加工制造，城乡男女赖以生活者，不下十余万人，而各邑多数纸工，亦赖以生存，至箔纸高次之别，则仅在含砑锡质之轻重，其他并无区分。若锡箔出口变更混合征税，向章复按含锡轻重而加税，是何异对于复出口点铜而重征，且是项锡箔纸，既为加工制造者，手续又是简单，他省劳工亦能仿造，则是宁属箔业因加税之结果，势必购运无人，多数劳动生活，行将尽绝。兹据箔庄箔工等联名陈述，情词迫切，总商会为宁属劳工生活起见，理合据情呈叩钧处察核，仰祈俯鉴工业生活，迅准转行总税务司，仍旧混合征税，以示体恤，无任公感。②

1925年9月，总商会接镇海县公署函，据公输殿船作工人反应，该作久未增加工资，工人实属难以糊口，请求将工资酌量增加，以维生计。总商会接函后认为工人要求合理，即要求该业顾主速予办理。

此外，宁波总商会还劝告工厂勿苛待工人，饬令各工厂对于工人应有公允切当之办法。1923年农商部颁布《暂行工厂通则》，规定工人因工作致伤病者，顾主应负担其医药费，并不得扣除其伤病期间应得的工资。对此，宁波总商会要求各厂通行遵照。商会还对各工厂是否遵守该通则进行检查劝导，“各工厂资本家，亦应体念物价工资，及早觉悟，万不可有苛刻工人情事”。若有工厂违反这一通则，致有工潮发生，厂主负全责。

1927年5月，宁波总商会积极筹备设立劳资仲裁会，以调节劳资问题。26日商会致函甬上各业，提出劳资仲裁委员的推选办法：“定委员总额9人，国家代表机关得3人，劳工方面得3人，资本方面得3人，并议定资本方面之委员3人，各商号经理推选

---

① 《商会对于木工加资之意见》，《时事公报》1920年11月2日。

② 《总商会又为箔业工人请命》，《时事公报》1925年3月5日。

1人，各厂家经理推出1人，各股商方面推出1人”。5月28日，各业商董及各厂经理开会，推选委员，其中股商方面委员由商会长任之。“劳资仲裁会”组建后，定期召开例会，商讨仲裁会规章，商议调解劳资纠纷。“劳资仲裁会”仲裁功能的发挥，弥补了商法的不足，是对商法的补充和完善。由于中国几千年封建专制制度的影响，法制观念淡薄，尤其是对被列为“士农工商”之末的商人利益更无健全的商法予以保护。长期以来，劳资与商人间的纠纷无商法可依，多照惯例调解。劳资仲裁会的设立，起到调息纷争、保护工商的作用。而仲裁的公正，有助于化解劳资之间的隔阂与矛盾，维护商人的正当权益，为工商业发展创造有利环境。

四　总商会与宁波地方社会

作为地方社会的领袖与代言人，宁波总商会积极参与地方社会各项事业，努力维护地方社会秩序与安宁，成为地方社会发展与进步的重要推动力量。

（一）解决民食问题

长期以来，宁波人多地少，粮食问题一直困扰宁波社会。谚语“宁波熟一餐粥”，形象地说明宁波本地出产粮食远远不能满足需求。近代以来，宁波每年都需要大量进口粮食，但从外运粮受到各种因素的影响与制约，从而造成宁波粮食市场的动荡。民以食为天，民食问题经常成为影响社会稳定的瓶颈因素。对此，当时财政拮据的地方政府难有作为。在此情况下，以宁波总商会为代表的民间社会积极行动起来，协助解决民食问题。

当时宁波总商会经常协助政府进行大规模粮食调查、预测粮价波动、通报粮情、平抑粮价、组织粮源、限制囤积等各项活动，尽力避免宁波粮食市场动荡，及时解决民食困难。

宁波地处海滨地区，属水灾、风灾多发地带。严重的水灾、风灾常常使宁波粮食问题雪上加霜。平粜粮食、解决粮荒是其间总商会最重视、花功夫最多的救灾行为。宁波粮食一向从湖南、镇江、芜湖、无锡等处采办。1920年，江苏省全境禁止米粮出口，致使宁波米源锐减，又逢上年粮谷歉收，入夏后，宁波米价飞涨，民心一片恐慌。为稳定粮价，接济民食，宁波总商会与宁波旅沪同乡会于当年6月邀集官绅组建接济公所，开展粮食平粜工作。7月1日，各区平粜局纷纷开办，宁波除南区由甬上大族秦氏承担外，江东、江北、西门外、天宁寺、万寿寺、贵神庙6区各开1局，规定“每局日粜50石，减价拟1元以上2元以下”。平粜工作一直延续到当年8月底。据总商会统计，平粜局共购米6356石，总计支出53514元，共粜出米6356石，总计收入41566.153元，实亏耗11947.357元，加上各项杂费，实际亏损不下两万元，所有亏耗都由宁波总商会负责筹募。经过商会与社会各界人士的努力，平粜工作结束时，共募集款项20366元，收息1346.556元，与亏耗相抵还净余5090元，平粜工作有效地控制了宁波米价的飞涨。①

① 《请拨还接济食米垫款》，《时事公报》1920年8月20日。

为有效解决粮源问题，宁波总商会还设法了解省内其他地区、邻省各地区本年粮食收获情况，然后筹集款项，组织本埠米商前往省内外粮食充盈地区采购。在平粜粮食过程中，不少商家企图以囤积粮食牟利。为此，每逢新谷登场，总商会就制订压平米价计划，禁止私自囤积粮食。如1920年9月秋收后，宁波粮价仍高居不下，宁波总商会与旅沪同乡会派员赴湘采米，同时在宁波设立食米半价局，压平高涨不落的米价。1925年12月，由于军阀混战，湘皖两地米源告绝，加之宁波秋收歉收，存米缺乏，而当年台属温岭等地收成较好，户有余粮。于是宁波总商会召集本埠各米商开会，商讨采米办法，同时致函鄞县公署并转呈会稽道尹核查，为米商申请购米护照。

粮食运输是平粜工作的重要环节，宁波商会十分重视粮食调运工作。对参与平粜的商人，商会为他们向政府申请专门护照，沿途捐税杂费以及商人购粮运输过程中遇到的各种问题与困难，商会也都出面与有关部门协商解决。如1921—1922年，宁属各县连遭两次大水灾，粮食歉收，而该省温台地区没有粮食接济，各米商只得远赴安徽芜湖采购，但是"沿途税厘复杂，深虑价格昂贵，贫民不堪负担"。1922年3月24日，总商会召开临时职员会议，提议设法，免去运米捐税。为此，总商会致电会稽道尹黄涵之，"请道尹转呈省长咨商安徽省长暨税务处财政部，对于甬商领照赴芜运米，准予豁免一切捐税以示体恤"。1925年宁波水灾奇重，总商会发起募捐，购买赈粮。为减少赈粮的运费，宁波总商会与农商部、交通部多次进行交涉，"所有运送赈品粜粮减费办法……赈品五折收费，粜粮七五折收费"，以尽可能降低运输成本。此外，粮食运输过程中，还会遇到米源地实行粮食禁运等事，如1920年江苏省全省米粮禁止出口，为此宁波总商会致函浙江省省长公署、农商部、江苏省省长公署等机构，力图全部或部分解除禁运。由于手续不全、运经地政策变化等，时有运粮船被扣事件发生。对此，总商会通过电函或派专员调节或通过旅沪同乡会等方式尽力平息事端，保证赈米能足量、及时地运到宁波。

（二）举办慈善赈济活动

清末以来，随着宁波城市化进程的加快以及自然灾害的频发，如何救助弱势群体，成为事关地方社会稳定与发展的重要问题。对此宁波总商会及其成员给予高度关注，大力参与或发起主持各类慈善救济活动。

1. 节筵助赈

20世纪20年代，宁波水灾、风灾频频发生，宁波总商会慈善赈济的方式多种多样，有抚恤贫民、慈善教育、救济灾民、预防疾病等方面，其中宁波商界特色的赈济方式是"节筵资赈"。在宁波总商会会员带动下，各行各业自觉节筵助赈。1922年8月后，前所未有的飓风多次袭击宁波，各地水灾成患，饥民嗷嗷待哺。按照旧制，旧历中秋，宁波各店铺"皆须置备酒筵，今遭此浩劫，何如省却此举，俾得将此款项补助灾区"。为此总商会负责人屠鸿规、严康懋特印传单，分发各店铺。① 传单一出，各商号众起响应，将中秋、重阳两节筵资缴到宁波总商会。此后一直到11月初，每天都有商

① 《劝节筵资救济灾民》，《时事公报》1922年9月28日。

号陆续将赈款缴到总商会，总额达数千元之多。

2. 劝募灾款、举办赈品售卖会

1922年水灾的赈济过程中，宁波总商会分发道尹公署捐启，函请各业董遍向各商铺广为劝募。到11月24日募集洋1500元，解缴四明银行。① 此外，总商会还同工商友谊会、基督教青年会等一起组织赈品售卖会，所得款项如数为赈济水灾所用。报道说："宁波总商会、工商友谊会、青年会、群学社、妇女益智会五团体所发起之振品售卖会，定于今日开筹备会。录其通函如下：谨启者，今秋风水为灾，损失殆难指数，转瞬冬令，前途益堪危虑。虽吾人所遭致损失，较之灾重区域，差强人意，而彼穷途无告之灾黎，则殊令人恻然心动也。第以至短之时间，募集巨大之赈款，翘足以待，颇匪易事。本会等援照二年前中西协赈会办法，发起振品售卖会，拟请各慈善家，尽出所藏旧物，廉价出售，即以得值助振，庶几一举两得，事半功倍，利莫大焉。兹定于本月四日下午四时，假座江北岸青年会开筹备会，商榷一切办法，事关赈济，谅苛赞同，届时务望莅临，从长计议，敬为七邑灾黎九顿首以谢（下略）。"②

3. 积极援助宁波以外受灾地区

当时宁波总商会不仅参与宁波赈灾活动，而且积极帮助其他地方募集赈款。1920年，省内温台地区频遭水灾，房田淹没将尽，灾民无衣无食。同一时期，国内顺、直、晋、豫、鲁五省也遭遇百年未有之奇灾，灾民颠沛流离，甚至易子而食。时届寒冬，灾区人民处境十分悲惨。其间，宁波总商会先后接到华北救灾协会、华洋义赈会、上海总商会求援电函，总商会闻讯后即积极响应。1920年9月，借华洋义赈会定期开会之际，宁波总商会与鄞县教育会、青年会等发函宁波各界人士，说明各地灾情，发动社会各界人士捐资赈济灾区饥民。费绍冠等总商会负责人都亲自劝募。最后在各界人士努力下，共募得1.7万余元，并以其中四分之三拨助温台赈灾，其余用于救助北方旱区灾民。

（三）积极参与市政建设与公共卫生事业

1. 市政建设

城市市政建设不仅事关一地公共事业，而且关乎一地经营环境，为此，宁波总商会主动介入，积极参与各项市政建设事业。

1922年9、10月间，宁波3次遭飓风袭击，特别是第2次风灾后，建于奉化江上的老浮桥失锚断链，巨石撼动，多人溺毙。由于修复无望又遭非议，浮桥厂董事在11月4日提出辞职。面对如此僵局，总商会当仁不让，一方面肯定浮桥厂董事提出的"拟以水门汀为桥基，以铁为桥梁"的改造方案，并极力挽留两位董事；另一方面，致函上海宁波同乡会，要求予以支持，同时集合宁波各界，分函各省同乡会，设法募款，改建老浮桥。在宁波总商会的带动下，各界出钱出力，纷纷参与到老浮桥的改建工程中来。总商会俨然改建老浮桥工程的中心。但此次修复限于经费，加之时局动荡，只得加固了事。1931年，宁波商会与旅沪同乡会又发起重建，最后在两地募集经费70余万元，于

---

① 《总商会解缴大批赈款》，《时事公报》1922年11月25日。

② 《五团体发起赈品售卖会》，《时事公报》1922年11月4日。

1936年建成“三联钢骨独孔下承式公路桥”，名曰灵桥，大大方便了宁波城内交通，成为宁波城市的标志性建筑。

1922年，宁波屡遭飓风袭击，宁波警察厅各属所房屋受损严重，用于消防的瞭望台也被吹倒，共计需要修理费大洋3500多元，其中瞭望台重修、消防水龙头及皮带等件购置费，需款1200多元。为此，宁波警察厅致函总商会，请求帮助筹集经费。总商会认为消防事关公益，立即行动，动员商界筹款。① 结果很快筹集所需款项，瞭望塔等消防设施得到修复。

2. 筹办公共卫生

1922年2月，宁波总商会接到中国卫生会筹备处筹备委员电函，要求举办公共卫生事业。对此，宁波总商会积极响应，按照卫生筹备处的要求与规定，分步实施，从而使宁波公共卫生事业迈出第一步。此外，如各公立医院的筹建以及时常举办的时疫医院等，宁波总商会作为社会主要团体，无不参与其中。镇海商会会员林凤来等于1920年7月在城厢成立水道会，清洁水道，并在各处设垃圾桶1只，清道夫数名，费用则由各会员暂垫。为清洁道路，改善城厢卫生，1926年6月，由多名商会成员发起在鄞县第一公立医院筹设公共卫生处，所列事业为清道、防疫、清洁饮料、处置粪厕以及其他公共卫生事宜。

此外，筹建四明孤儿院、四明贫儿院、华洋义赈会等当时甬上重要慈善机构，宁波总商会及其成员都在其中发挥了重要作用。

（四）公共安全与战争状态下的社会救助

1. 维护公共安全

对于地方公共安全问题，宁波总商会很早就予以关注。早在1905年宁波商务总会成立后不久，即发起在城区成立巡防局，随后，宁波城乡各地治安事务，以商人及其团体商会为代表的宁波民间社会无不参与其中。由于官方在经费与人员方面的严重短缺，民间力量成为各地公共安全的重要支撑乃至主导力量。其形式一般分为官民合办和民间自办警力两种。一般而言，前者规模较大而后者则较小，形式也比较多样化。官民合办形式往往由官方出面组织，由绅商出资。如1920年12月，奉化西坞地方警察分所警佐李汝生、商会分所所长郭佩锵及张芝亭、邹蓉江、邹雅仙等人“因近来抢案甚多，乡民受害不浅，特邀集绅商开会，议决加添警士10名，每夜分班梭巡，以为预防。若有警时，以鸣锣为号，使居民闻声齐集，所有经费由李警佐与郭会长向地方筹划”②。

至于民间参与或自办警力，名称各地并不统一，在宁波城区，则一般以商团的形式出现，早在宁波辛亥光复时，即组织有商团，成为光复宁波的重要力量，也是当时维持社会秩序的主要依靠。进入20世纪20年代后，宁波城镇各地也有商团组织，但时办时停，并没有成为常备性的治安力量。1924年4月底，城区江北“众商57家，因近日江北地方匪警频闻，特发起组织商团，以资自卫”。商会等社会团体也经常出面协商公共

① 《总商会劝募消防费》，《时事公报》1922年11月21日。

② 《闾阎防卫声》，《时事公报》1920年12月23日。

安全问题。如1928年11月23日，宁波总商会召集业董开会，讨论冬防办法，“议决冬防期内置办、手枪木壳枪100支，约价洋10000元，分配一区各警署应用；经费由商号、各殷实富户担任，各大商号、各大户均分装警铃，以期灵通消息”。①

2. 战时状态下的社会救助

进入民国以来，各地战乱不已，兵戈四起，但宁波一地的和平局面基本上得以保持。其中的原因固然得益于宁波偏于一隅的地理位置，更与以总商会为代表的地方社会的和平努力密不可分。

1917年11月，为响应在南方进行护法运动的孙中山，前浙江都督蒋尊簋、前督军参谋长周凤歧及第3旅旅长叶焕华等人以“浙人自治，浙人治浙”为号召，反对浙江都督杨善德，在宁波举兵独立。但是役先后仅5日，即事败。其间，宁波总商会会长费绍冠奔走于各方之间，竭力避免战事的扩大。先是因警察厅长周琮、外海水上警察厅长王萼中途变卦，刘炳枢“隐令其属，进薄湖西警察厅”。费绍冠闻讯，“长跽哀求，乃止”，继而蒋尊簋等退守江北岸，“欲凭城拒守，商民大恐，绍冠涕泣奔走，历昼夜赂凤歧、炳枢等，使之先循”，远走上海。最后，“溃兵入城者劫掠商肆，人心惶惶”。绍冠立即设法集资8万元，“在团部招溃兵，令缴军器衣，给资遣散”。“论者谓宁波商市不被兵灾者，实绍冠一人之力也。”②

1924年的江浙战争亦称齐卢之战，是直系军阀各派系为争夺地盘而爆发的，战火累及两省大部分地区，损失惨重。偏处一隅的宁波也有波及。其中10月宁波宣布自治的独立事件及11月14日小规模兵事变更是使甬城百姓饱受风鹤之惊。以宁波总商会为代表的民间社会对这场战争高度关注并为维持社会秩序、减少战乱造成的破坏作出了巨大努力。

当时宁波总商会利用自己的地位与影响力，运用各种手段或方法，包括派代表请愿，函电呼吁、提供军饷以及犒劳驻军等频频活动于各方之间，努力减少战乱对宁波的损害。进入1924年8月，江浙战争已是箭在弦上。8月29日晚，“突由厦门开来军舰四艘，停泊镇海关外三十英里的沥港海面”，引起甬城居民莫大恐慌。宁波总商会、鄞县议会闻讯后立即致电浙省当局，“请为厉行防守”。同时镇海商会召开各业董事会议“劝告商店，照常营业，力持镇静，切勿稍事张皇”。8月31日，总商会为筹备民团召开紧急会议，“结果议定经费、枪械筹备办法，不日即可实行矣”。同一天，宁波总商会、鄞县议会、镇海商会等团体又将此事电告旅沪同乡会，“乞速辗转设法，俾速靖甬海，以安人心”。接电后，同乡会立即召开紧急会议，决定一面致电海军总司令杜锡圭，恳切“调回闽舰，以安人心”；一面致函福建旅沪同乡会，请其设法相助，并要求甬地倡办民团以图自卫。③

9月24日，浙军第一师潘国纲部移师绍兴、宁波一带，宁绍各界人士在宁波公推陈南琴、田时霖二人赴省接洽，以求免除战祸。9月25日潘军抵甬。为安抚驻军，宁

① 《地方通信宁波》，《申报》1928年11月24日。

② 冯昭适：《民国六年宁波兵变记》，《宁波旅沪同乡会月刊》1922年第12期。

③ 《致宁波总商会县议会函》，《宁波旅沪同乡会月刊》1922年第15期。

波总商会迅速为潘军司令部筹措军饷14万元，并承诺“日后每月由商会供给6万元”。镇海县商会也邀集各董事及各商铺经理开会，摊派军饷35000元。与此同时，为求“军民相安无事”，宁属各地商界纷纷集资进行犒军活动。

地方社会安宁是当时的头等大事，对此总商会和其他社会团体十分关注。1924年9月13日，宁波总商会会董陈如馨等人在城区发起组织民团，招收团丁500名。宁波总商会对当时各种谣言保持高度警觉，并及时出面予以澄清。1924年9月20日晚，宁波城区谣言四起：“谓21日晨甬兴轮到埠，装有败兵3000来甬，于是商铺居民，辗转相传，莫不惊慌失措，所以银行、银楼、钱庄、绸庄一切店铺，咸将贵重对象黑夜搬运藏匿，一般居民亦将家内所有细软珍品，或托寄外人处，或雇船运至乡间，……自战事发生以来，甬埠商民之恐慌，以此次为最甚。”为安定人心，总商会即通告商铺云：今晨不知何人造谣，有溃兵之甬之说，顿时人心恐慌，各商铺遂纷纷关闭。查战事远在苏省，杭州秩序井然，各军政长官保护地方，断无溃兵入境之理，即或有少数兵队来甬，亦均有各级军官督率纪律严明，万无其他举动，凡我商人务各照常营业，幸勿无事自扰”。① 9月25日，浙军潘国纲部进驻宁波，引起甬地居民恐慌。宁波总商会立即致电军方，要求其严行约束兵士，以维治安。

10月初，宁波发生自治军独立事件，不久事败，甬人大起恐慌，宁波总商会即要求“第一旅前团长姚琮，一师刘参谋长，镇海炮台司令张伯歧、庄警厅长、江知事等共同维持秩序”。并要求各业恢复原状，照常开市。而总商会各会董更是不辞辛劳，奔走于各方之间，全力维护地方社会秩序，“敝会会长及各会董力竭声嘶，焦头烂额，虽饱受虚惊，尚不至为湖州菱湖之续”。②

战事结束，消除战争影响，恢复正常的社会生活秩序急不可缓。为此，宁波总商会、宁波旅沪同乡会又行动起来，参与善后工作，使战后宁波很快恢复往日生机和秩序。10月中旬自治军失败，各地游兵散勇成为社会治安与善后工作的大敌。宁波总商会予以高度重视，立即出面与各有关方面接洽并备资遣散非正式军队。据该会调查，自治军已招未编之兵有千余名，总商会“均与各该领袖妥商办理，分别缴械，遣散给资回籍，不得逗留”。后总商会又推代表与浙军第一师师长周凤岐接洽种种善后事宜，“蒙允照办”。③

10月21日，为襄办善后事宜，宁波总商会与宁波旅沪同乡会代表、县议会及各界士绅共同讨论甬地善后办法。“佥以地方善后，应分二步办理：1. 已招未编之兵，虽业遣散，恐尚有逗留在城者，应查验驱逐出境；2. 各乡治安问题，佥以冬令已届，难保无匪徒蠢动，应将出入要道派兵驻防，各紧要处并请警厅派保安队驻扎，以资保护。”④

对于宁波总商会对宁波地方的影响与作用，还可以从1922年12月7日宁波各界发起的宁波总商会前会长费冕卿追悼会上可见一斑。报道说：

---

① 《甬埠讹传之虚惊》，《申报》1924年9月24日。

② 《宁波总商会复函》，《宁波旅沪同乡会月刊》1922年第16期。

③ 《宁波总商会复函》，《宁波旅沪同乡会月刊》1922年第16期。

④ 《宁波善后之种种》，《申报》1924年10月24日。

宁波总商会前会长慈溪费冕卿先生，于本年阴历九月二十三日逝世。经沪甬等埠各团体发起，于本月二十四日在总商会开会追悼，详志如下：

先期由各团体推定职员，筹备就绪，东门城门及彩章弄口、二境庙弄口皆悬柏树扎成追悼会字样之匾额，会场门首高搭彩棚，遍悬花圈匾额，会场正中设灵座，四壁满挂诔挽，多至五百余件，布置极为整齐。至维持秩序则有巡防勇警察及青年会之童子军，分站头门，布满两街。到会之官厅团体及各界来宾为王镇守使、黄道尹、林厅长、姜知事、陈参谋长、道厅县各科长、三五分署杨顾尔署员暨宁波旅沪同乡会、城自治办公处、鄞县农会、鄞县参事会、鄞县教育会、宁波青年会、宁波商业联合会、宁波工商友谊会、宁波时事公报社、宁波四明日报社、宁波四明公所、宁波四明孤儿院、慈溪云华孤儿院、宁波总商会（以上为发起团全体）、鄞县劝学所、宁波学生联合会、宁波佛教孤儿院、浙江自治协会、鄞县地方自治协进会、宁波市政公会、鄞县市民公会、鄞县东部教育会、青年童子军、甲种商业学校、崇敬学校（均学生全体）、工商友谊会义务学校（学生全体）、鲜咸货公所、鲜咸货同志会、连山会馆、甘溪女校、丙庆女校、毛氏乐育女校、毛氏乐群学校、四明孤儿院（学生全体）、宁波四明银行、宁波救国十人团、温州四明公所、奉化县商会、黄岩县商会、宁波红十字会分会、慈溪县商会、柴桥镇商会、北号安庆公所、米业敦业公所、参业公所、钱业公所、新北号永安公所、糖行安澜公所、米厂敦义会、洋粉公会、八闽会馆、螟蜅公所、酱园公所、典业公所、永安救火会、拆兑业公会、棉业交易所、棉业公会、宁波证券花纱交易所、猪行静澜公所、第四中学校、第四师范学校、中工学校、洋布公所、绸业公会、水果公所、点锡公会、渔业公所、信局公所、履业公会、铁行同业及各界来宾，约千有余人。三时奏乐开会，首由主席梁廉夫报告开会辞，次由张纯馥宣读行状，次为官厅、团体、学校分期致祭，行鞠躬礼，读祭文或唱追悼歌，其次序：一、王镇守使黄道尹率阖城文武官员；二、总商会会长屠鸿规偕各团体代表；三、甲种商业学校学生；四、工商友谊会义务学校学生；五、四明孤儿院院生；六、崇敬学校学生。次为来宾演说：一、陈桐轩略谓费君生平，大有过人之处，无论办理何种事业，无不精神充足，于辛亥国是改革之际，及丙辰溃军回甬之役，斡旋大局，保全桑梓，精神尤为显著云。二、董世桢略谓莅会致祭者，官场而外，多为费君之亲友，或曾同费君办理公益及各种事业，若甲商、崇敬等校生及孤儿院生，且为费君所手自培植者也。第观诔挽之文句词意，可见人人同此哀悼。而某君诔词中有宽能容物等句，尤为切实。忆八年夏季，抵制劳怨，兼筹并顾，始终以和平为主旨。又某君诔词中有维善为宝等句，亦属信而有征。试阅沪甬各君乐善好施之事实以为材料，费君真不朽矣。三、汪讨笙略谓追悼二字之解释，追者，追溯既往；悼者，不胜哀悼也。费君已矣，诚属不胜哀悼，所愿后死者追念费君生平之急公好义，急起直追，以竟费君未竟之志也。四、胡咏骐略谓费君接物办事，仁厚诚笃，确是社会上之明灯，一旦熄灭，亦令人思念其光明，吾人光力不及，则宜合千百小灯以成一明灯，以费君作模范，为社会服务云。次为家属代表费星奎致答谢词。末乃合摄一影，及至散会，已五时矣。①

综上所述，清末民初，宁波总商会作为宁波最具实力的社会团体，活跃于宁波地方的诸多领域，影响甚至超出宁波一地。特别是在北洋时期，军阀混战不断，地方社会秩序时遭破坏，作为具有较强自我管理机制与能力的宁波总商会，积极行动起来，有效地填补了权力真空，使地方社会得以正常运转，从而为宁波社会的发展与进步创造了条件。

【作者简介】孙善根，宁波大学人文学院教授。

① 《没而可祭于社之费冕卿先生》，《时事公报》1922年12月9日。

绍兴文人雅集与结社的特点和意义

佘德余

摘　要　绍兴文人雅集与结社自东晋永和九年至近现代持续发展1600年，经历了东晋南朝滥觞期、唐宋发展期、宋末元代成熟期、明清兴盛期、近现代转型期等五个发展阶段；在文化交流方面，形成了东晋与唐宋时期以外籍文士唱和为主、本地文士为辅，元明清时期以本土文士为唱和主体、外来文士为配角，近现代本土文士走出绍兴，走向北京、上海、杭州等大中城市结社雅集，彰显了绍兴文士在全国巨大影响力的三种发展趋向，有力推动了绍兴区域文化和文学的持续发展，传承并发展了绍兴文化的优秀传统，凸显了“越台名士”之乡的巨大文化魅力。

关键词　文人雅集与结社　五个发展阶段　三种发展趋向　区域文化　优秀文化传统

《文化苦旅》的作者余秋雨曾这样说过绍兴：中国的历史文化名城很多，但是如果撇去皇城气象而仍然能保持高品位的，就少而又少了。在这中间，如果进一步要求这种非宫廷的高品位文化能够密切聚合，那就只剩下两三座城市了。在这两三座城市之中，如果能再进一步要求这种聚合一再延伸到近代，延伸到辛亥革命和五四新文化运动，那就只剩下一座城市了——这就是绍兴了。

所谓高品位的文化聚合，即指由文人群体参与的雅集和结社的文学活动。绍兴从东晋永和九年（353）王羲之兰亭雅集开始，至近现代1600年，文人雅集与结社活动从未间断。这里的“绍兴”不是指今日的地级市绍兴所辖的范围，而是指历史上由秦汉及六朝的会稽郡衍变而来的唐宋时期的越州、南宋至近现代的绍兴府所辖的区域，即原山阴、会稽、上虞、余姚、萧山、诸暨、嵊县、新昌等八县的地域，包含今天绍兴市所辖的全部、宁波市所辖的余姚市、杭州市所辖的萧山区的一个较大地区。

一　持续发展的五个阶段

关于中国古代文人社团发展研究，目前尚无一致认识。总体考察，绍兴文人社团经历了东晋会稽兰亭修禊，这也属于文人社集范畴，它是文人社团的初期状态①，可称为滥觞期；唐宋两代文人频繁联唱可称为发展期；宋末元代文人结社、雅集是结社成熟期；明清两代社团类型众多、雅集频繁可称为兴盛期；近现代结社目的、内容、方式皆与以往不同，可称为转型期。

（一）东晋南朝滥觞期

绍兴文人雅集肇始于东晋永和九年（353）王羲之与谢安等42人在山阴县兰亭举行的三月三日修禊活动，他们曲水流觞，临流赋诗，编为《兰亭集》，当场由王羲之作《兰亭集序》，孙绰作跋。其后南朝宋谢惠连、南朝梁庾肩吾先后于兰亭曲水雅集赋诗。

（二）唐宋发展期

越州唐代文人联唱和两宋文人的唱和是在东晋兰亭雅集活动影响下产生并发展的，一是越中山水美景的吸引；二是唐宋诗人仰慕魏晋风度、王谢风流的影响，追求游历之风，它主要表现在宦游于越州的官员和文士之间的联唱和唱和。

唐玄宗开元二十年（732）、唐肃宗乾元年间（758—760）皆有诗人于兰亭雅集。唐代宗大历年间（767—769），鲍防、严维、吴筠等35人，先后于鲍防宅、兰亭、镜湖、严氏园林、若耶溪、云门寺等8处雅集，世传“浙东唱和”，北宋欧阳修、宋祁等编撰的《新唐书·艺文志》记载《大历浙东联唱集》2卷。唐元和二年（807）至五年（810），李绅与薛苹于禹庙祈雨唱和，长庆年间（821—824）元稹出任越州刺史兼浙东观察使，与时任杭州刺史的白居易“竹筒酬唱”，又与幕府名士于兰亭唱和。唐咸通年间，方干隐居越州期间与当地州县官员及山阴诗人吴融频繁唱和。

两宋期间宦游于越的官员与文士之间的雅集唱和更是频繁，宋仁宗景祐三年（1036），蒋堂以吏部员外郎知越州，与僚属于“曲水阁”唱和；秦观于元丰二年（1079）春至越州探望祖父和做官的叔父，与时任越州知州程师孟、时任杭州知州赵抃唱和；南宋淳熙十三年（1186）陆游于张镃北园与杨万里、尤袤等集会酬唱；绍熙四年（1193）词人兼诗人姜夔，跟随南宋大将张俊之孙张鉴至绍兴，在绍整整一年，其间与张鉴、黄长庆等交游酬唱，写有《陪张平甫游禹陵》《同朴翁登卧龙山》《水龙吟·黄长庆夜泛鉴湖》等作品；嘉泰三年（1203）辛弃疾为绍兴知府兼浙东安抚使，虽然时间不长，只有短暂的七个月，但他曾于府城卧龙山东侧，蓬莱阁相向之地修建秋风亭，亭成，辛弃疾登临蓬莱阁和秋风亭，乘兴写下了两首千古绝唱《汉宫春·会稽蓬莱阁观雨》《汉宫春·会稽秋风亭怀古》词作。两词一出，立即引来了不少和作；姜夔随即依辛词原韵写了《汉宫春·次韵稼轩蓬莱阁》《汉宫春·次韵稼轩》两首和词；张镃写了《汉宫春》和词；丘密写了《汉宫春·和辛幼安秋风亭韵》。词人吴文英先后于淳祐四年（1244）、淳祐九年（1249）、宝祐四年（1256）、景定元年（1260）四至绍兴，与时任绍兴府官员史宅之、吴潜、嗣荣王赵与芮及文人钱德闲、尹梅津等交游

① 陈宝良《中国的社与会·文化生活型会社》认为：“兰亭修禊宴集可以称为诗文社的一个起源，虽无会社之名，却有会社之实。”中国人民大学出版社2011年版，第300页。

酬唱。

（三）宋末元代成熟期

由于民族矛盾的激化，这一时期的文人雅集与结社以沉抑下层的文士为主，即以本土的贵族子弟和没有科举功名的读书人的结社唱和，它与唐宋时期宦游于越的官员和文士之间的唱和不同，标志着社团发展进入成熟期。

文人结社与雅集、联唱来自同一源头，但在形成发展过程中的目的不同，它们之间的含义也有区别。联唱与雅集一样，人数可多可少，多则十余人，少则二三知己。绍兴的雅集受王羲之兰亭雅集的影响，后来的雅集往往具有纪念意义。兰亭雅集的时间主要在上巳节，以三月三日为多，称为春禊，还有秋禊，多在重阳日。地点一般在兰亭，但也有在天章寺和右军祠。而联唱随意，凡名胜之地，乘兴随时皆可举行。文人结社与雅集的区别，有人曾作过简要辨析：雅集的概念较为宽泛，结社则是从雅集分化出来的一种特殊形式。与雅集的随意性不同，结社则具有结盟的意义，组织形式更为严密，人员构成也相对固定，活动内容均有社规章程作为依归。还有结社的出现晚于雅集。

绍兴的文人结社肇始于至元二十二年（1285），有王英孙、王沂孙、周密、张炎、唐珏等 14 人，参与“冬青之役”，于绍兴的宛委山房、天柱山房、紫云山房等结“吟社”，他们分别以龙涎香、白莲、蝉、莼、蟹为题，结集《乐府补题》，运用比兴手法抒发民族的悲愤和反抗元蒙的强暴压迫。在此同时还有谢翱、林景熙、郑朴翁的“汐社”，黄庚、胡天放等人的“越中诗社”和“山阴诗社”。元代至正元年（1341）杨维桢闲居西湖期间，与茅山外史张贞居、苕溪郯九成辈为唱和交，首创“西湖竹枝词”唱和。至正八年（1348）到至正二十年（1360）的十余年中，参与顾瑛“玉山雅集”唱和。元至正年间（1341—1360）上虞人魏仲远于夏盖湖与乡人徐用章、徐惟章等十余人结“敦交社”，并经常邀集著名诗人李孝光、高明、朱右、唐肃、王冕等至夏盖湖雅集酬唱。至正二十年三月三日，刘仁本于绍兴路所属的余姚州州署龙山左麓的秘图湖上，邀请朱右、赵俶、郑彝等 42 人举行“续兰亭会”，并亲自写了《续兰亭诗序》。

（四）明清兴盛期

明清时期，八股科举的完善和绍兴众多世家望族的出现，把文人雅集和结社推向兴盛。文人社团类型众多。①怡老性质的耆老会社：一些致仕官员居家结社，如会稽漏瑜于宣德年间在湖州乌青镇结“九老会”，明成化年间山阴朱纯与罗颀结“鉴湖吟社”，隆庆年间山阴朱簦、朱箎、胡方山、黄涂峰结“山阴四皓社”，崇祯初年会稽陈治安、董懋中、陶奭龄、徐如翰等结“曹山八老社”；②诗社或词社：如嘉靖年间的“越中十子社”，万历年间的上虞“越中七贤社”，吕胤昌加入汪道昆“白榆社”、又在家乡结“上林诗社”，王思任于万历十六年（1588）在京城与张林宗、阮太冲结诗社，还有明季的“枫社”“文昌社”“云门十子社”“萍社”“雁社”，清初的“蓬莱社”“越三子社”，以王端淑为首的“名媛社”，康熙年间的“五云初社”和“端州词社”，雍正年间的“龙山诗巢二十子”，乾隆年间的“西园吟社”“越中七子”

等；③文社：崇祯元年会稽徐介眉于京城结“因社”，后又结“广因社”，明季至清顺治年间周懋谷等结“旧雨堂文会”“因社”，康熙五年（1666）金烺、姜垚、吴棠桢、罗坤等结“龙山观文堂会”；④讲学会社：以研习儒家经典、修身齐家为宗旨，学习内容、举会时间及纪律都有明确的规定，他们也参加科举考试，与文社有相通之处，如王阳明于正德十六年（1521）至嘉靖六年（1527）的七年里，于余姚龙泉山、南镇禹庙、阳明洞、山阴浮峰山结社讲学，周汝登、陶望龄于万历二十七年（1599）秋与同郡数十人结“证修社”讲学，崇祯四年（1631）刘宗周创建“证人社”，史孝威、黄宗羲、邵廷采等于顺治六年（1649）主持姚江书院讲会，董玚、张应鳌于康熙初年继续“证人社”讲学；⑤在职官员研习进修的会社：张汝霖于万历四十二年至四十五年（1614—1617）在南京结“读史社”；⑥消闲性质的文艺娱乐、饮食会社：如张岱创建的“丝社”“斗鸡社”“蟹会”“蕺山亭歌咏大会”；⑦秘密的政治会社：魏耕于清顺治十一年至十八年间（1654—1661），多次至山阴寓园与祁理孙、祁班孙、朱士稚等以结社为幌子，暗中组织扩展力量，传递信息，联络抗清志士，从事反清复明活动，史称“通海案”。

明清时期文人雅集也相当频繁，大型的兰亭修禊活动，如沈启于嘉靖二十八年（1549）三月上巳日举行了修禊活动，万历三十二年（1604）陶望龄任国子监祭酒在家休假期间，率领乡宦郑麟、吴显忠、何继高等绍兴名士及三十余位国子监生，在山阴羊山仿兰亭遗风举行雅集，其后，张岱分别于万历四十一年（1613）、清康熙十二年（1673）两次与友朋在兰亭天章寺雅集，崇祯初年陶氏族人陶祖龄率子弟于家庙举行新春雅集，顺治十八年（1661）屈大均与同志名流三十余人于山阴兰亭效王右军故事雅集。乾隆年间（1736—1795）的六十余年里，先后于乾隆八年、十三年、十六年、十八年、三十二年、五十七年六次兰亭雅集，参加人数众多，文化层次较高，雅集形式丰富多样，既有春禊，也有秋禊，还有冬禊；既有抽签分韵作诗，也有围绕一个主题，用同一诗韵，也有不限韵的。雅集之后往往绘图作记，并将雅集诗作结集刊刻。

（五）近现代转型期

近代至民国时期，少数社团如清咸丰年间李慈铭的“言社”，嵊县郭昭佐的“月楼吟社”；同治年间孙垓的“皋社”，嵊县的“鹿泉吟社”“同云文社”“鹿山吟社”，绍兴府城王子余、沈复生的“诗巢壬社”；民初周大树、陈福荫的兰亭雅集，民国 18 年绍兴袁天庚、上海孙玉声、杭城徐行恭等十九人在兰亭雅集，皆沿用传统的拈韵作诗方式。辛亥与民国时期，由于一批新型知识分子的产生，他们的结社方式以研究学术、砥砺德行、宣传变革、推行新式教育、出书办报刊为主，出现了与社会政治相关的文学社团。如嵊县谢飞鳞的“大同社”，绍兴府第五中学的“叒社”，张振滋的“螭阳诗文社”，宋紫佩和鲁迅等人的“越社”，以及诸贞壮、胡颖之、邵力子、陈越流兄弟等参加的“南社”。还有一批新型知识分子走出绍兴，走进北京、上海等大城市，如鲁迅、周作人参与“新青年”，罗家伦、孙伏园、周作人结“新潮社”，邵洵美、孙大雨、陈梦家结“新月社”，孙伏园、鲁迅结“语丝社”，鲁迅与尚钺、高长虹结“莽原社”“未名社”，周作人、陶亢德、邵洵美结“论语派”，董秋芳、许钦文等结“春光社”，夏丏尊、邱志贞、徐啸涛等于杭州结“乐石社”，经亨颐在上海结“寒之友社”，等等。

二 域外文化与绍兴文化交流的三种趋向

（一）东晋永和九年至唐宋时期以外籍人士唱和为主、本地文士为辅的趋向

王羲之在兰亭雅集的42人中，极大多数人是北方南来之士，他们大多在会稽郡及所属各县当官或游览，或者是王羲之的儿子；会稽本地文人只有郡功曹魏滂、郡府官佐谢绎、山阴令虞谷、镇军司马虞说、前余姚令谢胜等6人参与，当场作诗的只有谢绎、魏滂、虞说。出生于会稽始宁、长在建康乌衣巷的谢灵运于刘义符景平元年（423）“移籍会稽，修营别业，傍山带江，尽幽居之美。与隐士王弘之、孔淳之等纵放为娱，有终焉之志”。[①] 与族弟谢惠连、东海何长瑜、颍川荀雍、泰山羊璿之以文章赏会，共为山泽之游，时人谓之四友，这些人中也以中原籍为主。唐宋时期参与唱和及来越地做官的文士绝大多数是中原人，他们追慕晋宋高人逸士之遗风，纷纷入越探访，倡和蔚然成风。王勃说：“许元都之清风朗月，时慰相思；王逸少之修竹茂林，屡陪欢宴。加以惠而好我，携手同行，或登吴会而听越吟，或下宛委而观禹穴。”[②] 安史之乱后，中原战乱，南方安定，穆员《工部尚书鲍防碑》也说：“自中原多故，贤士大以三江五湖为家，登会稽者如鳞介之集渊薮。”[③] 唐代文人钦慕晋宋名士寄情山水的这份逍遥，希望通过山水游弋来体悟文献中的自然风光和实现人生境界。如唐代宗广德元年（763）袁修与皇甫冉、李嘉祐、刘长卿等于镇压台州爆发的袁晁农民起义后，以经过剡中山水为题的联唱，参与的几乎全是北方士人；大历年间以鲍防为首的“浙东联唱”，据贾俊华考证有57人之多，绝大多数是北方来越避乱之士，而本籍人士仅有严维、秦系等几个人；元和年间越州刺史杨于陵与其僚属王承郧、路黄中等于玉笥山石伞峰探望齐推的联唱；元和二年浙东观察使薛苹及其僚属崔述、李绅等十七人于禹庙祈雨的唱和。以上联唱几乎都是北方士人，本籍文士只是配角而已。

两宋时期参与唱和对象的结构几乎没有大的改变。宋仁宗景祐三年（1036），苏州人蒋堂以吏部员外郎知越州，亲写《题曲水阁》诗，僚属福州人林概、湖州人刘述、钱塘人唐询、丹阳人邵必皆作《和题曲水阁》诗。宋神宗熙宁四年（1071）临江新淦人孔延之以度支员外郎知越州军州事，其间与僚属于州城蓬莱阁雅集，历阳人沈立，晋江人赵诚，绛州闻喜人裴士杰，江苏仪征人孙昌龄，会稽人沈绅、顾临等皆作《和孔司封题蓬莱阁》诗唱和。南宋年间姜夔、吴文英来越唱和的对象，大多也是旅越的官员文士，参与唱和的本籍文士只占少数。

---

① 《宋书》卷六十七《谢灵运列传》，中华书局1974年版，第1754页。

② 《越州永兴李明府宅送萧三还齐州序》，《全唐文》卷一百八十一，上海古籍出版社1990年版，第810页。

③ 李昉：《文苑英华》卷八百九十六，中华书局1966年版，第4720页。

（二）元明清以本土文士为唱和主体、外来文士成为配角的趋向

南宋末年至元、明、清各代，绍兴出现了一批文化望族，如宋末元初山阴的王英孙，其父王克谦为南宋度宗朝的少保、端明殿学士，家资富裕，德祐年间任将作监簿，入元不仕。为人豪爽，尚义乐施，结纳四方名士如林景熙、郑朴翁、谢翱等，一时为士大夫所宗。景炎三年（1278）十二月，元僧杨琏真伽盗发会稽宝山南宋诸帝后妃陵墓，王英孙、王沂孙成为搜寻重葬陵骨的主使者，吟社、汐社的组织者。元末上虞魏仲远，名寿延，唐郑公二十四世孙，世居上虞夏盖湖上，绕屋植万竹。昆弟三人并嗜奇好古，仲远尤好诗。组织本地文士结“敦交社”，邀请名士雅集唱酬，一时贤士大夫过上虞者，如永嘉李孝光、高明，天台朱右，余姚郑彝、宋僖，山阴赵俶，会稽唐肃，诸暨王冕等必造其居，集倡酬之什，为《敦交集》。元末出身诸暨世家的杨维桢，在杭州首倡“西湖竹枝词”唱和，赓和者达上百人，其中有当时的诗坛泰斗“元末四大家”之一的虞集，蒙古色目诗人同同和郯韶、顾瑛父子等。他还参与了昆山顾瑛主持的“玉山雅集”，成为雅集的实际领袖。

明清时期绍兴涌现了一大批世家望族，八股科举的完善，催生了文人结社雅集的兴盛。会稽陶堰陶氏是一个文学世家，陶望龄于京城与袁宏道结“葡萄社”，在家乡缔结“证修社”，陶奭龄与乡人结“曹山八老社”，陶元藻结“泊鸥社”，陶方琦、陶仲彝、陶浚宣结“皋社”。陶氏族内组织了“阳辛文学社”、“丛云文学社”和家族子弟雅集活动。山阴状元坊张氏的张汝霖，万历四十二年（1614）担任南刑部郎期间，与黄汝亨拉同僚十余人于南京结“读史社”；其子张联芳天启四年（1624）与谭元春于京城结“长安古意社”，又结“噱社”；其长孙张岱参与“枫社”，又结“丝社”“斗鸡社”“蟹会”，创举“蕺山亭”歌咏大会。山阴梅墅祁氏的祁彪佳与同族兄弟祁骏佳、祁凤佳、祁豸佳等，创举“枫社”“文昌社”“萍社”“雁社”等，参与的人员大多是本地的文士，也有慕其名来参加的外籍文士，如杭州的王元寿、顾圤等。在提及绍兴文化望族的同时，余姚梅川孙氏和新河吕氏、王氏，也是明代中后期绍兴府最为显赫的家族。孙如洵、孙有闻父子于清初与上虞徐咸清、徐承清、徐允定兄弟结“蓬莱社”。吕胤昌明万历十一年（1583）出任宁国府推官期间，加入了声名籍甚的、由汪道昆主持的“白榆社”，其后又在家乡创办“上林诗会”；其孙吕师著与侄吕洪烈为两广总督吴兴祚幕府期间结“端州词社”。王阳明于正德八年（1513）于山阴牛头山创办“浮峰诗社”，又在余姚龙山寺结“龙山诗会”进行讲学活动。山阴后马周懋谷于明崇祯初年首创“旧雨堂文会”，并被推为“越士冠”而参加熊开元的复社尹山大聚会，后又与其兄懋宗、弟懋宜、祁熊佳、来集之等人结“因社”。水澄巷刘氏诸昆仲刘世贵、刘大申、刘大观、刘鸣玉、刘文蔚等结“西园吟社”。这些望族子弟纷纷结社，有力带动了一些出身于贫寒之家的文士也来参与社集活动。

元明清时期举行的雅集活动，虽然多数是由当时绍兴府或余姚州的长官召集主持，参加的人员也有外籍文士，但大多数是本地的文士。也有全由本地文士发起召开的，如陶氏家族“崇”字辈的新春雅集，张岱与友朋在天章寺的两次雅集。

这一时期文人结社与雅集的成员构成与前一时期明显不同，即本土文士占据主导地位，占人数的百分之九十以上，外籍人士只是配角。无论是元初的“吟社”“汐社”，

还是元末上虞的“敦交社”，其主持人都是本籍文士，参加人员也以本地文士为主。明清时期由于众多望族涌现，参加人员更是如此。外籍人士除了担任本府本县长官以外，其余只是被邀参与的对象。随着人员结构的改变，有力推动了绍兴文化艺术著述的兴盛和繁荣，也为当时朝代的文学艺术发展作出了卓越的贡献。

（三）本土文士走向北京、上海、杭州等大中城市结社雅集，彰显了绍兴文士在全国的巨大影响力

近代至民国时期，由于社会政治的剧烈动荡，绍兴文士中的一部分有识之士，纷纷由绍兴走向北京、上海、杭州等大中城市，或组织革命团体，或结社雅集，如上虞罗振玉、诸暨蒋伯斧于光绪二十二年（1896）在上海筹办农学会，创办《农学报》；胡道南、童亦韩于1897年在杭州创办《行世报》，1904年留学日本东京的绍兴学人蒋尊簋、许寿裳、陶成章、周树人、蔡元培等于上海成立光复会，推举蔡元培为会长，不久，徐锡麟、秋瑾也加入了光复会。诸宗元、胡颖之、袁天庚、徐道政、邵力子等大批文化人参与南社雅集。

五四前后至大革命时期，1915年周树人、周作人参加了李大钊、陈独秀在北京创办的“新青年”组织，1918年罗家伦、孙伏园、周作人、孙福熙在北京组织“新潮社”，1921年周树人、周作人、孙伏园、刘大白、周建人在北京成立“文学研究会”，1922年邵洵美、孙大雨、陈梦家在北京成立“新月社”，以1927年为界，前期在北京，后期移至上海。1924年孙伏园、周树人、章廷谦（川岛）、许钦文等在北京成立“语丝社”，1925年周树人与高长虹、黄鹏基、尚钺、向培良等于北京成立“莽原社”，又与其学生韦丛芜、韦素园、台静农、曹靖华、李霁野等组织“未名社”，1923年董秋芳、许钦文、何植三、顾仲雍、龚宝贤在北大成立“春光社”，1929年上虞经亨颐于上海与何香凝、姜丹书、张大千、丰子恺、黄宾虹、柳亚子等一批艺术家结“寒之友社”，1930年3月周树人与瞿秋白、夏衍在上海成立“左翼作家联盟”，1932年周作人、陶亢德、邵洵美等于上海结“论语派”，等等。

近现代文人结社与传统的文人雅集、结社不同。传统的文人雅集与结社是以诗会友，三五知己或更多气味相投的人员聚集在一起，通过吟诗临场竞技，临时发挥写诗的才能，以此交友，互相交流情感。有时他们也将雅集与结社活动写的诗篇汇编成册，予以刊印。而近现代的文人结社已与时俱进，它们不仅是文学社团，而且是文学流派，这往往与它们主张出版自由，宣扬民权、民主，彰显自己的政治观点和文学主张有关，以一个或数个刊物为中心而得名，刊物在这里起到了一种有力的组织作用。它们有发起人和基本成员，又有大量从读者中发掘出来的新生力量作补充，从而形成了一种文学的力量，在文坛上造就自己的或大或小的影响和声势。这种文学社团在初创时期，大都有明显的旗号，具有自己的思想倾向、文学观点和艺术追求，并以此形成自己的独特的文学风格和艺术素养。20世纪50年代中期以后，有些人把上述的文学社团视为政党组织、宗派门户，以至谈社团、流派，往往把政治和学术混为一体。其实这些文学社团或流派是中国现代文学在特定的历史时期产生，且具有代表性的文学主张、艺术特色，对于中国现代文学运动有其巨大贡献和影响，它们是中国现代文学大厦中的支柱之一。这些社团活动，造就了一大批的绍兴文士，如周氏兄弟、孙伏园、孙福熙、许寿裳、许钦文、蒋智由和蒋尊簋父子、诸宗元、经亨颐、刘大白、夏丏尊、章廷谦（川岛）、孙席珍、马寅初、马一浮、沈知方、陈梦家、沈钧业、陶治公、陶亢德、竺可桢、罗家伦、范文澜、蒋梦麟、徐懋庸、胡愈之、杜亚泉等。

在近现代绍兴文人走出绍兴，走进北京、上海、杭州等大中城市的趋向中，还产生了以蔡元培为首，以缔结政党（光复会、同盟会）为目的一大批绍兴文人，如陶成章、秋瑾、徐锡麟、王金发、邵力子、沈定一、邵元冲等。他们在推翻腐朽的清王朝统治，为建设民主共和的中华民国，其后又在新民主主义建设中作出巨大贡献，成为国共两党的政治家、活动家。他们虽然不在本文的研究范围内，但他们中有一部分人又与文人雅集与结社密切相关。1934 年 3 月 4 日，时任中央研究院院长的蔡元培，出席了南社于上海北四川路新亚酒店举行的临时雅集，柳亚子仿照《东林点将录》和《古乾嘉诗坛点将录》的办法，将蔡元培列为第一号“梁山开山头领托塔天王”，1936 年 2 月 7 日，南社纪念会在上海福州路同兴楼举行第二次聚会，函聘蔡元培为名誉会长，由此可见蔡元培在南社中的巨大影响。邵力子于 1923 年 5 月与柳亚子等发起成立“新南社”；蔡元培虽未参加南社，但与南社的许多成员有交往，并予以一贯支持。蔡元培不仅是一位伟大的政治活动家，而且是一位伟大的文化巨人。

三　有力推动了绍兴区域文学和文化持续发展

东晋永和年间以王羲之为首的兰亭雅集所咏的玄言诗和《兰亭雅集序》的美文，其后谢灵运歌咏浙东山水的山水诗派确立，有力推动了曲水流觞临流赋诗形式的流传和书法艺术、山水诗创作的深入发展。隋唐以后，文人士大夫“以三江五湖为家，登会稽者如鳞介之集渊薮”。① 据浙东唐诗之路首创者竺岳兵统计，仅唐代就有 420 余人。其中有来越地作官的士大夫如宋之问、刘长卿、鲍防、孟简、皇甫温、薛苹、李绅、元稹、白居易等；也有来越地旅游探亲的诗人如王勃、孟浩然、李白、杜甫、顾况、孟郊、方干、杜牧等。两宋年间先后来越做官的诗人有范仲淹、蒋堂、程师孟、曾巩、王十朋、朱熹、辛弃疾等；也有来越旅游探亲的诗人贺铸、秦观、曾几、姜夔、吴文英、周密、张炎等。而域外文人或宦或游与本土文士通过雅集联唱结社等进行文学交流，越地山水出色的风光魅力和深厚的文化内涵，还有越地文士的包容、尚义、好客，为外籍文士驰骋才情和文学创作提供了生动丰富的题材，同时也为绍兴区域文学增添华章，使绍兴区域文化（文学）在包容并蓄中不断衍生发展。李白一生曾三次入越，在越地创作的诗文就有 50 余首（篇），其中就有代表其思想品格和浪漫艺术特色的《梦游天姥吟留别》；鲍防、严维的“浙东联唱”创作了不同体裁的诗作达 37 首之多；方干长期隐居越州，与越地官员和友人酬唱，写有诗篇 60 余首；元稹在越任职七年，通过与白居易的竹筒酬唱和幕僚的雅集联唱，在《元稹集》中留下了有关越地山水人文之作 70

① 李昉：《文苑英华》卷八百九十六，第 4720 页。

余首（篇），其中《以州宅夸于乐天》“谪居犹得住蓬莱”之句，使晚唐钱镠于天祐元年（904）在州城龙山修建蓬莱阁，从此历代诗人登临联唱。北宋孔延之知越州军州事期间曾于蓬莱阁雅集，写有《题蓬莱阁》诗，僚属赵诚、吴可儿、孙昌龄、顾临等八人有和诗，诗存《会稽掇英总集》。其后又有王十朋、陆游、范成大、吴文英、周密、张炎，尤以辛弃疾《汉宫春·会稽蓬莱阁怀古》词著名，引来了姜夔、张镃、刘过等词人的唱和。清人还在蓬莱阁旧址上结“龙山二十子社”“蓬莱社”。秦观在越地停留只有八个月，与知州程师孟频繁酬唱，写有诗词文50余篇，其中有体现其后期词风的《满庭芳·山抹微云》，苏轼曾讥讽说：“不意别后，公却学柳七作词。”秦观此词作为恋情的长调，写得回环曲折，缠绵悱恻，增加了辞情的感发力量，《望海潮·秦峰苍翠》也另有妙趣。吴文英曾四次入越，通过与绍兴府官员和名人唱和，寻求经济资助，写有《丑奴儿慢·麓翁飞雪楼观雪》《绛都春·题蓬莱阁灯屏，履翁帅越》《齐天乐·与冯深居登禹陵》《高阳台·过种山》等39首之多，占《梦窗词集》341首的十分之一强。

上述雅集唱和的创作除了保存在作家诗文集中外，《会稽掇英总集》《会稽掇英续集》《嘉泰会稽志》《剡录》和后人编撰的《全唐诗》《全唐文》《全宋诗》《全宋词》皆有收集。元至明清由于八股科举制度的完善，绍兴八邑世家望族的涌现，将文人雅集和结社推向高潮，有力促进了本土文士的文学创作。据崔建英辑，贾卫民、李晓亚整理《明别集版本志》①，柯愈春撰《清人诗文集总目提要》②，袁行云著《清人诗集叙录》③，李灵年、杨忠整理《清人别集总目》④统计，剔除其中重复部分，绍兴地区作家诗文集共有560多种。此外还有沈复灿辑《山阴道上集》、商盘编辑《越风》和绍兴府志、各县县志辑录的大量诗词作品。

近现代走进北京、上海、杭州等大中城市结社发展的一批文人，其中尤以鲁迅产生的影响最大。鲁迅逝世以后，他的杂文创作在杂文领域开辟了一条革命现实主义的广阔道路。在上海“孤岛”时期，杂文的“鲁迅风”成为宣传抗战，歌颂进步文化人和前方将士坚强抗战的英雄行为，批判国民党反动派卖国投降、发动内战、镇压人民进步力量的倒行逆施种种无耻行径，揭露文化专制暴行和国民党御用文人的反动谬论及民主个人主义者错误论调的工具。以鲁迅为首的文学社团成为中国现代文学的主流，鲁迅也成为中国文化的巨匠，正如毛泽东主席在其《新民主主义论》中所评价的：“鲁迅是中国文化革命的主将，他不但是伟大的文学家，而且是伟大的思想家和伟大的革命家。鲁迅的骨头是最硬的，他没有丝毫的奴颜和媚骨，这是殖民地半殖民地人民最可宝贵的性格。鲁迅是在文化战线上，代表全民族的大多数，向着敌人冲锋陷阵的最正确、最勇敢、最坚决、最忠实、最热忱的空前的民族英雄。鲁迅的方向，就是中华民族新文化的方向。”

不仅如此，以鲁迅领衔的绍兴群体作家，“各自成为一个方面的领袖人物和代表人物”，构成一种“典型的具有区域特征的重要文学现象”。产生了以鲁迅为首的浙东乡

---

① 崔建英辑，贾卫民、李晓亚整理：《明别集版本志》，中华书局2006年版。

② 柯愈春：《清人诗文集总目提要》，北京古籍出版社2011年版。

③ 袁行云：《清人诗集叙录》，文化艺术出版社1994年版。

④ 李灵年、杨忠整理：《清人别集总目》，安徽教育出版社2002年版。

土作家群，如许钦文、王鲁彦，还有巴人、许杰等；会聚于上虞境内的白马湖作家群，如夏丏尊、朱自清、丰子恺等；以绍兴人为主体的语丝作家群，如“三沈”（沈尹默、沈远士、沈兼士），“三马”（马裕藻、马衡、马鉴）等；声势壮观的浙东左翼作家群，如柔石、殷夫、潘漠华、应修人等。越地作家群立足越地又超越越地，他们以其特殊品格及传统累积的先导性文学思想引领中国现代文学潮流，从而凸显于20世纪的中国文学史上。

四　构建并传承了绍兴文化优秀传统

绍兴地区在历史上具有优越的山川、物象、气候之类的自然条件，更有历史形成的人文环境的种种因素。从古越大禹巡狩会稽山，到越国崇武称霸，再到东晋南朝重文，南宋至明清既重文又兼武、通谋略的事功追求，在其累积相互作用过程中，总是不断地与其他因素“综合”而丰富其内涵，产生出新质。纵观越地文化发展历史，既有“远传统”的“越文化”精神积淀，也有“近传统”意义的“两浙文化”传统，尤其是启蒙传统的近现代延续的相互作用，从而影响并塑造了越地文士们的文化品格，形成自然传承的文化传统。

（一）开放包容的文化心态

绍兴本籍文化名人与旅越的外域文化名人长期相处交游，始终秉持开放、包容的文化心态，虚心学习，取长补短。六朝、唐宋时期本籍文人稀少时是如此，宋末元初绍兴文人成为社团主力后，仍然坚持开放包容的文化心态，王英孙交接四方人士如林景熙、郑朴翁、谢翱，王沂孙与周密、张炎等人唱和。上虞魏仲远兄弟三人皆善诗，为人轻财尚义，乐交文士，故四方文士亦乐与交游唱和，永嘉李孝光、安徽合肥潘纯、临海朱右、北平李延兴、杭州仁和凌彦翀等常参与唱和。明清两代，绍兴世家大族之间广泛的“地缘”“亲缘”“学缘”关系，成为重要的“黏合剂”，他们往往结成文学社群，经常举行雅集。如明嘉靖二十八年（1549）绍兴知府吴江人沈启重修兰亭，举行修禊活动，吴江名士文征明应邀参与，本地文士陈鹤、沈炼、徐渭也参与了此次雅集活动。清乾隆八年（1743）钱塘桑调元，秀水吴高增、吴高峻等与山阴刘鸣玉等一起参与兰亭修禊活动。

（二）以诗（文）会友，重在举业切磋、竞争的文化活力

“令甲以科目取人而制义始重。士既重于其事，或思厚自濯磨，以求付功令。因共尊师取友，互相砥砺，多者数十人，少者数人，谓文社。即此以文会友，以友辅仁之遗则也。好修之士，以此为学问之地；驰骛之徒，亦以此为功名之门。所从来旧矣。”①自文人结社形成风尚以后，大多结社似乎没有离开“以文会友、以友辅仁”的原则，他们相信朋辈结社，可以互相砥砺猎取知识，广博学问。这种情况以明嘉靖年间的

① 陆世仪：《复社纪略》卷一，《续修四库全书》第438册，第473页。

“越中十子社”“越中七贤社”和清初的“蓬莱社”“越三子社”，以及康熙年间的“龙山二十子社”，乾隆年间的“西园吟社”“越中七子”表现比较明显。当然，其中有些结社目的并非如此单一，如“越中十子社”有丁忧在籍的官员沈炼、朱公节，有致仕的乡绅钱楩、陈鹤，他们自然不必为制举业操心，其目的主要是结交联络朋友怡悦性情；其余如杨珂、柳文、徐渭等，则无学历功名，因而孜孜矻矻地用心揣摩八股制艺，以求进取。与已仕进的前辈结交，一者可以学习制艺，更主要的是通过他们的提携奖掖扩大社会知名度，加上沈炼等前辈也有意要识拔培养同乡后进。“龙山诗巢二十子”“西园吟社”的成员少数是致仕的官员或年高望重的宿儒，多数是没有取得功名的年轻人，为获得诸生和举人的晋身之阶而参加结社活动。“越中七子”则全是白衣秀士，除童钰、茅逸两人不屑举业外，其余皆渴望步人仕途。自然其中的少数通过结社的磨砺挤进了仕途，多数终因各种原因未能如愿，只能以“诸生”的头衔，甚至是“童生”终老。毋庸讳言，科举制度既造就了一大批人才，这抹杀不了，但同时也埋没了无数人才，然而又在幸与不幸的因果关系链中冶炼出大量的诗人、文学家、教育家。

（三）忧心为国的爱国情怀

时代的巨变与生存环境的恶化，导致许多生活在前朝的士大夫和文人留恋旧朝而仇视新朝。大多文人秀士虽然未能投笔从戎直接参与反抗新朝的斗争，但他们往往负荷着巨大的心理压力，因而以节操自励，隐逸不仕，或联络志同道合之士雅集结社，或依恋自然山水，以诗词等文学形式抒发国家兴亡之慨，痛斥新朝统治者野蛮残暴行为，表现了志士文人高昂的参与意识。这种留恋前朝的爱国情怀和节概可以追溯到越王勾践“卧薪尝胆”“十年生聚，十年教训”隐忍复国精神；曹魏时期嵇康“刚肠嫉恶”，拒绝与司马氏合作；嘉靖年间会稽人沈炼刚正不阿，指斥权相严嵩贪贿陷害忠良，以自己的血肉之躯，呼唤那个无道社会的道义与良知；明季，王思任怒斥奸相马士英“夫越乃报仇雪耻之国，非藏垢纳污之地”，在社稷沦陷之际，表现了崇高的民族气节。值得关注的是宋末元初、明末清初朝代的兴替，这是汉民族政权的消亡与异族统治的兴起。作为南宋贵族后裔的王英孙、王沂孙和唐珏、林景熙、谢翱、周密等爱国文士冒着结伙搜寻南宋皇陵遗骨重葬的危险，“吟社”抒发哀悼故国不存的民族感情，表现了他们赤诚的忠君爱国精神。明末清军进驻绍兴，鲁藩政权败亡，强征绍兴籍明朝官员入仕清政权，他们坚拒当朝延聘，“枫社”的王思任隐居孤竹庵祖墓旁，誓墓绝食而死；祁彪佳则沉水自尽；刘宗周绝食而死；余煌、王毓蓍也纷纷自尽。黄宗羲、朱舜水等组织地方武装与清军周旋。“云门十子社”的祁豸佳、陈洪绶等则毅然削发，“日与老衲蒲团相对，谈世外烟霞”，以示他们决不与清政权合作的鲜明立场，表现他们对故国的忠贞之情。张岱、黄宗羲晚年闭门著述，以遗民身份参与“存国史”即“存明”的文化壮举。朱彝尊曾至绍兴亲身参与魏耕的反清复明的秘密结社活动，亲身感受了绍兴文士坚贞不屈的民族气节，因而写下了“闭户坐忧天下事，临危真与古人同”“此地由来多烈士，千秋哀怨浙江东”① 的

① 《吊王义士毓蓍》，见罗仲鼎、陈士彪选注《朱彝尊诗词选》，浙江古籍出版社1989年版，第28页。

诗句。相反，清末民初腐朽的清王朝统治即将消亡，而民主共和的新政权即将建立，文人们或结社或雅集皆具有不寻常的意义。以鲁迅、宋紫佩为首的“越社”“叒社”建立于最后一个封建王朝行将灭亡和资产阶级共和政权即将诞生之际，他们结社的目的则是毫不留情地揭露批判封建政权的腐朽本质，以积极行动推翻它的统治，加速旧朝的死亡，欢呼资产阶级共和时代的新生。不仅如此，他们还为维护新制度的健全，大胆批判新政权中的落后势力与封建政权的妥协之举，表现了他们坚决彻底的反对封建制度的斗争精神和进步的历史观。

（四）缅怀先贤，继承发扬优秀文化传统精神

绍兴文人历来有重视发扬先贤优秀的文化传统。东汉山阴人赵晔所著《吴越春秋》，在人物记载上较《越绝书》尤胜，除了已见于《越绝书》中的人物外，还记载了越王勾践的其他重要名宦，完备而详尽。三国时期，山阴学者谢承撰有《会稽先贤传》，为会稽郡历来的著名先贤立传，供后人学习效法。晋代虞预撰《会稽典录》，贺循撰《会稽记》，钟离岫撰《会稽后贤传记》。北宋孔延之编纂《会稽掇英总集》。明末张岱著《于越三不朽图赞》，刘宗周撰《绍兴府乡贤考次》。清初余姚人邵廷采在其所著的《思复堂文集》中，大力表彰以忠烈学问闻于时的乡贤，如《王门弟子所知传》《刘门弟子传序》《宋遗民所知传》《明遗民所知传》等，也是如此。

由东晋永和年间王羲之开创的兰亭文人雅集活动，历代文人继承发展至今天。唐代宗大历四年（769）鲍防、严维等三十五人写下《经兰亭故池联句》，以每人吟诗一句，再由首唱者收结的形式继承发展兰亭雅集活动的方式；元至正二十年（1360）越帅刘仁本于余姚仿兰亭雅集，为当年未能写出诗作的十人各补四言、五言诗各一首的方式，称为“续兰亭会”。明清两代又有以王羲之《兰亭集序》中的“清流激湍，映带左右”或“崇山峻岭，茂林修竹”等字韵为诗的方式，从内容到形式多方面、多角度地发展丰富雅集活动。文人结社也是如此。从康熙年间的“龙山诗巢”至20世纪30年代的“诗巢壬社”，都是在“廉夫诗巢”遗址上葺庐结社，都以祭祀越中先贤贺知章、陆游、杨维桢、徐渭等六君子，并以陆、徐生日为社集之日。“西园吟社”以后又陆续增祀已故乡贤诗人，有姓名记载的就达四百余人。他们结社的主要目的正如“泊鸥社”杨檠《诗巢怀古》诗所云：“此六君者皆人豪，忠孝绪余兼多识。临崖结宇祀事崇，千载瓣香如可接。松风时作卧龙吟，长为诗人壮魂魄。”“言社”诗人陶仲彝撰写的楹联：“远溯盛唐两宋元明清，诗卷长留，各秉宗风辉祖国；兼考诸公之功勋气节，英灵不爽，应期后学还前贤。”缅怀先贤不仅可以增强域中人的身份认同感和凝聚力，让他们萌生以先贤为傲、以生长于斯自豪的感受，更是为了发扬遗烈，学习他们积极入世，参与社会民生活动的强烈的自信心和进取精神，深远的忧国忧民的思想意识，继承先贤坚韧、顽强、真诚的本性，在人生和文学的道路上脚踏实地的追求精神。

【作者简介】余德余，绍兴文理学院人文学院教授。

现代越地散文的地理叙事*

王黎君

摘　要　现代越地散文在中国的文学版图中有着重要的分量。以周氏兄弟为代表的越地作家，从越文化与传统散文中获得文学的滋养，在越地的山川河谷、民俗风情等地理元素的熏陶中形成他们的题材选择、审美习惯以及叙事方式。于是，从越地这一地理场域中生长起来的散文作家，所塑造的是带有越地烙印的散文空间，建构出的是深富地理特质的意象群体，也以对越地民俗事象的书写呈现出明显的地域性特质。文本中的地理叙事使越地现代作家的散文个性获得了充分的呈现。

关键词　越地散文　空间　民俗事象　地理意象

现代越地作家在越地文化与传统散文资源的滋养中获得文学的积累，在现代的语境中生成个性化的创造，以丰硕的成果和不俗的造诣成为中国现代散文的主要力量。这些作家生于越地长于越地，越地的文化精神已经内化为他们散文的气质，而越地的山川河谷、民俗风情等地理元素，也是他们笔端常常关注的事项。一方面是故乡的情缘难以割舍，无论行走多远，故乡的山水与人文，永远是回忆里最清晰最温情的部分，即使如鲁迅般背对故乡，也时时有着“思乡的蛊惑”，当他陷入内心的芜杂，想“在纷扰中寻出一点闲静来”时①，就自然回到了记忆中的故乡，故乡的人情物理构成了《朝花夕拾》里温暖的底色。周作人自称“我住过的地方都是故乡。故乡对于我并没有什么特别的情分”②，然而故乡的印记又渗透在人生里不能拔除，于是对越地的风俗和风物念念不忘，时时涌现于笔端。许钦文、川岛、文载道等越地作家也常常有对故乡的文学反顾。另一方面也与作者的文学观念有关。周作人在1923年的《地方与文艺》一文中就提出要关注“风土的影响，推重那培养个性的土之力”，文学创作“须得跳到地面上来，把

* 本文为浙江省哲学社会科学规划项目“‘越中文风’的现代承传：越文化视阈中的现代越地散文研究”（项目编号：17NDJC141YB）。

① 鲁迅：《朝花夕拾·小引》，《鲁迅全集》第2卷，第235页。

② 周作人：《故乡的野菜》，《周作人散文全集》第3卷，广西师范大学出版社2009年版，第393页。

土气息泥滋味透过了他的脉搏，表现在文字上，这才是真实的思想与文艺”①，这“土气息泥滋味”很多是来自故乡的风土之力。鲁迅在20世纪30年代也多次谈到木刻、文学的地方色彩，他说“现在的世界，环境不同，艺术上也必须有地方色彩，庶不至于千篇一律”②，地方色彩是文艺获得个性化的重要途径，因而主张创作当中“杂入静物，风景，各地方的风俗，街头风景”③，以地方特色的彰显推动文艺走向世界。推重地方性和割不断的乡土情结，使越地的现代散文作家自然地进入了故乡的回忆空间，书写地方的自然风物、民俗事象等，从而形成独特生动的富有浙东气质的地理叙事。

一　地理空间叙述

地理空间，是“指作家在文学作品中所创造的与地理相关的空间”④。越地作家的创作关注越地的自然人文地理和风物习俗节气，在文本之中建构起了独特的地理空间。鲁迅笔下，鲁镇、未庄、咸亨酒店、三味书屋、百草园等，建构出了一个S城，而这S城是鲁迅对绍兴常用的称呼，是他小说、散文中人物的生活空间和文化场域。周作人散文中则常常将绍兴称作“乡下”。无论是S城还是乡下，都是周氏兄弟在文学之中建构起来的独特的绍兴地理空间。这个绍兴空间与曹聚仁的兰溪、唐弢的镇海、文载道的定海等，又相互呼应形成了对越地的地理空间的书写。当然这种书写是具体的，在文本中主要呈现为自然地理空间和人文地理空间的建构。

1. 自然地理空间

越地作家生存于特定的地域空间之中，独特的山水自然等地理景观顺理成章地进入他们的文本和记忆，在散文之中形成富有地方色彩的自然地理空间。

越地面山背海，山水相依，“海洋与岛屿环绕其外，而内陆则是河湖与沼泽”⑤，形成“千岩竞秀，万壑争流”⑥、“山川自相映发，使人应接不暇”⑦ 的地理景观，早在唐代就成为文人墨客的向往之所。而马臻在永和五年（140）完成的南塘围筑，又形成了八百里鉴湖这一人工水库，不仅使民众远离了洪水之苦，获得了灌溉的便利，也以其青山叠翠、水波浩渺的秀丽风姿成为历代文人吟咏书写的对象。在鉴湖边建有“三山别业”“快阁”的陆游、辞官回乡居于鉴湖的贺知章等越地文人以近水楼台之利留下诸多诗文：“镜湖俯仰两青天，万顷玻璃一叶船”（陆游《渔父》）；“稽山罢雾郁嵯峨，镜水无风也自波”（贺知章《采莲曲》）。李白、杜甫、孟浩然、白居易、元稹等也曾游历

---

① 周作人：《地方与文艺》，《周作人散文全集》第3卷，第103页。

② 鲁迅：《340108致何白涛》，《鲁迅全集》第13卷，第5页。

③ 鲁迅：《340108致何白涛》，《鲁迅全集》第13卷，第81页。

④ 邹建军、周亚芬：《文学地理学批评的十个关键词》，《安徽大学学报》（哲学社会科学版）2010年第2期。

⑤ 陈桥驿：《越文化与水环境》，《吴越文化论丛》，中华书局1999年版，第506页。

⑥ （南朝宋）刘义庆著，黄征、柳华晔注释：《世说新语·言语》，浙江古籍出版社1998年版，第54页。

⑦ （南朝宋）刘义庆著，黄征、柳华晔注释：《世说新语·言语》，第55页。

浙东，有“越女天下白，鉴湖五月凉”“一泓镜水谁能羡，自有胸中万顷湖”等诗句流传于后世。张岱则在《明圣二湖》中将鉴湖喻为“名门闺淑”，突出其“淡远”①。由鉴湖水系滋养起来的越地现代作家，创作中当然很难撇开鉴湖。“若耶溪上的水声，秦望山头的云影”②，浮现在刘大白的创作之中，周作人《乌篷船》《苦雨》等小品也书写了乌篷船在鉴湖中穿行。不过，能细腻地建构起鉴湖这一地理空间的还是许钦文的《鉴湖八百里》和《鉴湖风景如画》，尤其是后者：

> 快阁所在，是爱国大诗人陆游写过“风吹麦饭满村香”的地方，大片银波粼粼的水，远处衬着青青的山，湖光山色依然。……一个魁星阁，一座三眼桥，几株柏树，一丛松树，砖墙的楼房，茅草的平屋，摇着橹的出畈船和供行人休息的路亭等等，分开来个别观看，没有什么特别，可是配置在稽山镜水之间，这就千变万化，形成了许多醒目的景象。……会稽山脉在鉴湖水上观望，似乎淡淡的几笔，远远的，只是衬托的背景。可是我能想见，那里禹陵、兰亭等古迹的所在，崇山峻岭之间长着茂林修竹，雄伟、庄严，也是秀丽的。③

在许钦文笔下，鉴湖的山光水色和稻穗树影连接在一起，伴随着船底挨过鱼荡的箔时发出的清脆悦耳的声音，呈现出一种秀丽而又悠然的姿态，湖岸边的魁星阁、三眼桥甚至出畈船和路亭，也那么妥帖地融入了鉴湖的山水之中，成为鉴湖风光里醒目的风景。而最让人心动的是作为鉴湖背景的会稽山脉，虽然只是淡淡的几笔，但是生于越地的许钦文深知，那一抹抹的淡色里，恰恰就隐藏着兰亭、大禹陵，他以一个熟知越地和鉴湖的故人的身份，读出了淡淡远山里的茂林修竹和雄伟庄严，这一份懂得和心意，是属于越地作家的。

风景如画的八百里鉴湖是绍兴的地标性景观，带着历史的沉积和众多诗文的附加，成为文人常常倾心的地理空间。绍兴的柯岩、东湖、香炉峰等也以类似的方式进入作家的文本。俞平伯笔下的东湖，“潭水深明浓碧。石壁则黑白绀紫，如屏如墙，有千岩万壑气象”④。任教于绍兴浙江省立第五中学的徐蔚南，以《山阴道上》写鉴湖的清冷幽妙，以《香炉峰鸟瞰》呈现香炉峰的峭拔壮丽，抓住的正是鉴湖和香炉峰的地理特点。在这些地理空间中，尤其值得关注的是白马湖，与鉴湖、东湖的名声在外不同，白马湖只是一个地处偏僻的普通的湖，“在北方说起这个名字，管保一百个人一百个人不知道”⑤，然而却因为春晖中学、白马湖作家群而声名鹊起，成为越地散文中一个颇为重要的地理空间。夏丏尊的《白马湖之冬》、王世颖的《既望的白马湖》《黄昏泛舟》、丰子恺的

---

① （明）张岱著，夏咸淳、程维荣校注：《明圣二湖》，《陶庵梦忆　西湖梦寻》，上海古籍出版社2001年版，第149页。

② 刘大白：《〈龙山梦痕〉序》，夏弘宁主编：《白马湖散文随笔精选》，中国文联出版社2001年版，第219页。

③ 许钦文：《鉴湖风景如画》，《许钦文散文集》，浙江文艺出版社1984年版，第101—102页。

④ 俞平伯：《山阴五日记游》，《俞平伯散文选集》，百花文艺出版社2009年版，第147页。

⑤ 朱自清：《白马湖》，夏弘宁主编：《白马湖散文随笔精选》，第8页。

《山水间的生活》《杨柳》、朱自清的《白马湖》《春晖的一月》、俞平伯的《忆白马湖宁波旧游》等散文，或以白马湖为书写对象，或与白马湖有关，或多或少地呈现出白马湖这一地理空间。然而无论白马湖在作家的文本中是主体还是配角，这湖都是雅致清淡、令人神往的："这是一个阴天。山的容光，被云雾遮了一半，仿佛淡妆的姑娘。但三面映照起来，也就青得可以了，映在湖里，白马湖里，接着水光，却另有一番妙景。……湖在山的趾边，山在湖的唇边；他俩这样亲密，湖将山全吞下去了。吞的是青的，吐的是绿的，……"① 这是朱自清第一眼看到的白马湖的样子，静谧、优美而又充满野趣，使作者不由自主地进入了物我两忘的境地。沿着如此优美的白马湖进入白马湖畔的春晖中学，开启朱自清的春晖中学教学生涯，似乎是一种非常完美的链接方式。王世颖的《既望的白马湖》则将笔墨转向月下的白马湖，一样的淡泊清幽、浑朴自然，和平宁静里透示出孤高娴静之气。

当然，现代越地作家笔下的地理空间，远不止此。曹聚仁将浙东兰溪称作生命史中"最值得记忆的一页"②，那里风景美丽："兰溪上接衢江，下连富春，如吴均所说的：'风烟俱净，天山共色。从流飘荡任意东西。……奇山异水，天下独绝，水皆缥碧，千丈见底。游鱼细石，直视无碍。'就是这样美丽的自然景色。"③ 风景里的兰溪女子、船娘、茶娘更是秀美温柔富有人情味，还有李渔和他的《闲情偶寄》；唐弢时时回顾位于东海之滨的故乡，因为故乡是在海边，所以海这一空间就是对故乡的最清晰的记忆，落潮的时候去"海滩上捉螃蜞，拾螺蛳儿"，晚上就"听风刮着海潮怒啸"④，是童年最深刻的印记，于是，作者在幽静和雄伟的大海里，回忆"黧黑而健康的童年"，只是这童年再也不能遇见。由此可见，生于斯长于斯的越地现代作家在捉笔行文之时，越地的地理景观就自然地进入了他们的文本，形成了文本独特的地方趣味。

2. 人文地理空间

每一个个体的生存环境，是由自然地理空间和人文地理空间所构成，这两个空间有时甚至是难以分割地交织在一起，共同对人的生命与生活形成影响，因而越地现代作家的散文建构中，同样有着人文地理空间的纳入。

百草园和三味书屋可能是越地散文中最为著名的人文地理空间。鲁迅笔下的百草园，虽然只是一个荒园，却充满着多元的色彩和无限的趣味，"我"可以去探索百草园的每一个角落，聆听每一种虫子的鸣叫，可以拍雪人、塑雪罗汉、雪地里捕鸟，当然，还有神秘的美女蛇故事。作为一个温情而自由的园子，当鲁迅反顾童年的时候，百草园就成了一个标志性的空间。其实，"百草园的名称虽雅，实在只是一个普通的菜园"。⑤ 这是周作人在《鲁迅的故家》里对百草园的再一次书写，显然这只是一个普通

① 朱自清：《春晖的一月》，夏弘宁主编：《白马湖散文随笔精选》，第12页。
② 曹聚仁：《兰溪——李笠翁的家乡》，云惟利编：《曹聚仁散文选集》，百花文艺出版社1991年版，第126页。
③ 曹聚仁：《兰溪——李笠翁的家乡》，云惟利编：《曹聚仁散文选集》，第124页。
④ 唐弢：《海》，中国现代文学馆编：《唐弢代表作：堕民》，华夏出版社2008年版，第224页。
⑤ 周作人：《百草园·后园》，《周作人散文全集》第11卷，第584页。

的后花园，这样的花园在越地是常见的，许钦文也写过《父亲的花园》《花园的一角》等散文，只是鲁迅在百草园中有着与自然贴近的自由和乐趣，许钦文却感慨鲜花盛开的父亲的花园因为家境败落父亲外出谋生而凋敝，其乐融融的家人也已经离散，心境是悲凉与无奈的，颠沛流离的许钦文只能在对曾经的父亲的花园这一空间的回忆里获得安慰。周作人补写百草园，也是因为“园属于一个人家，家里有人，在时代与社会中间，有些行动，……那么一个园，一个家族，那么些小事情，都是鸡零狗碎的，但在这空气中那时鲁迅就生活着”①，园和家、园和人是勾连在一起的，人生活在花园里，因而这个普通的花园又是一个不普通的花园。

鲁迅离开百草园之后就进入了三味书屋。周作人说：“自百草园至三味书屋真正才一箭之路，出门向东走去不过三百步吧，走过南北跨河的石桥，再往东一拐，一个朝北的黑油竹门，里边便是三味书屋了”②，老师是寿镜吾先生，“极方正，质朴，博学”，然而并不严厉，惩戒方式是瞪几眼以示批评，或者“拿戒方轻轻的扑五下，再换一只手来扑五下了事”。③ 另外，寿先生还一边读着“铁如意，指挥倜傥，一坐皆惊呢”，一边“微笑起来，而且将头仰起，摇着，向后面拗过去，拗过去”④，完全是尊而可亲的样子。所以周作人说“这书房是严整与宽和相结合，是够得上说文明的私塾吧”。⑤看似最严厉的私塾三味书屋里，充满着的是温暖的气息，虽与百草园有所不同，然而内蕴的温情是相通的，这可能也是鲁迅回忆三味书屋的原因。周作人也写过《三味书屋》《广思堂》等私塾主题的文章，并用广思堂私塾先生的严厉衬托出三味书屋的自由和温情。这些文本，以及陆蠡的《私塾师》、丰子恺的《子恺自传》中关于私塾的书写等等，共同建构起了越地私塾的常见样子，而且因为私塾的记忆都是童年记忆中的重要部分，回忆之中自然就夹带着情感，也显现出了私塾在每个作家记忆里的不同颜色和对作家人生的不同造就。

私塾是旧式的学校，与私塾相对的现代学校，也是越地作家多方塑造的空间。不少的越地作家做过中小学的教师，文本中自然会涉及学校的地理空间。尤其是夏丏尊、朱自清、冯三味、丰子恺等作家一度集聚于春晖中学，使春晖中学成为现代散文中一个颇为重要的人文地理空间。夏丏尊、朱自清等都有书写春晖中学的散文流传后世，张孟闻也在多年之后回忆春晖中学的任教经历：“春晖的校风朴实笃学，同学们对功课都很认真勤奋，课余师生们在一起游嬉，相处十分和谐。”⑥ 当然，对春晖中学形象建构上最突出与完整的应属朱自清的《春晖的一月》。在文章中朱自清梳理出了春晖给予他的三件礼物：“美的一致，一致的美”、“真诚，一致的真诚”和“闲适的生活”，这其实就是对春晖中学形象的完整建构。春晖中学位于景致优美的白马湖畔，外在环境的清幽雅致自不待言，校舍的格局和布置又是疏落有致，里面的用具颇具匠心，教师们

① 周作人：《百草园·关于百草园》，《周作人散文全集》第11卷，第577页。
② 周作人：《百草园·三味书屋》，《周作人散文全集》第11卷，第651页。
③ 周作人：《百草园·广思堂》，《周作人散文全集》第11卷，第655页。
④ 鲁迅：《从百草园到三味书屋》，《鲁迅全集》第2卷，第291页。
⑤ 周作人：《知堂回想录·三味书屋》，《周作人散文全集》第13卷，第161页。
⑥ 张孟闻：《白马湖回忆》，夏弘宁主编：《白马湖散文随笔精选》，第469页。

的居所清雅有序，校园与白马湖的环境是如此的妥帖与融洽，有着一致的美；春晖中学地处偏僻的乡间，简单而幽静，外人几乎不至，为闲适的生活提供了基本的条件；尤其是春晖的人文环境，在夏丏尊、经亨颐等的努力经营下，有着别的中学所没有的自由和真诚。散文从外在的环境、校舍的建筑、春晖中学的人文氛围三个层面，建构起了一个立体的春晖中学的空间，这样的学校，在越地甚至在中国的地理版图中都是有着独特气质的。

在越地，还有一类在散文中经常出现的空间是颇为独特的，即庵堂寺庙。越地自唐代以来佛教盛行，庵堂寺庙众多，这些庵堂寺庙成为越地普通民众的信仰空间。在鲁迅的作品中，明确提到的绍兴庵堂寺庙有十余处，最著名的一处恐怕就是《阿Q正传》里的土谷祠和静修庵，然后就是长庆寺，“我生在周氏是长男，‘物以稀为贵’，父亲怕我有出息，因此养不大，不到一岁，便领到长庆寺里去，拜了一个和尚为师了”①。这里的长庆寺在鲁迅故居的西北面，离都昌坊口仅百余米之遥，“是坐西朝东的一座大寺”②，俗称斑竹庵，据《嘉泰〈会稽志〉》记载：长庆寺“在府东南一里二十八步，宋永徽二年建”③，是一座有着千年历史的古寺。当地百姓常在寺里做法事，周作人曾回忆说“小姑母家在那里做过水陆道场，我住了好几天”④，可见香火之盛。长庆寺又附属有唐将军庙，是后人纪念南宋勇士唐琦而建造的。鲁迅《论照相之类》里提到的“眼光娘娘”则供奉在长庆寺斜对面的穆神庙。禹迹寺和梁朝遗物大善寺，也分别进入了周作人、王世颖的散文里，唐弢亦留下《化城寺》一文。这些庵堂寺庙存在于越地的乡间，是民间信仰的承载，作家以此为文，或只是将之作为文化的风景，或又寄寓着深刻的思考。《五猖会》专门提到了东关两座特别的庙，一是梅姑庙。据《聊斋志异》记载，梅姑守节而亡被立祠供奉，然而成神的梅姑却在死后违抗了封建的伦理，将一位书生招为夫婿，梅姑庙里塑着的便是一对眉开眼笑的少年男女。一是五猖庙，神像是五个男人，后面列坐着五位太太，也没有按照礼教的约束“分坐”，所以鲁迅说这两座庙的塑像是“殊与‘礼教’有妨”⑤ 的。然而自招夫婿的梅姑庙依然香火鼎盛，不合礼教的五猖庙每年都有庙会，表达的正是民众对于封建礼教的态度。

越地作家生存于越地这一片富有生机的文化地理区域，获得越地山水自然与人文环境的滋养，特定的地理时空不仅造就了作家的个性气质，也影响了作家的题材选择，越地的地理空间自然地进入了作家的文本，鉴湖、东湖、香炉峰等自然景观，三味书屋、春晖中学以及庵堂庙宇等人文空间，都呈现于作家的笔端，从而在散文之中建构起了一个相对比较完整的越地的地理空间。

---

① 鲁迅：《我的第一个师父》，《鲁迅全集》第6卷，第596页。

② 周作人：《随笔外篇·长庆寺》，《周作人散文全集》第10卷，第740页。

③ （南宋）施宿、张淏等撰，李能成点校：《（南宋）会稽二志点校》，安徽文艺出版社2012年版，第121页。

④ 周作人：《随笔外篇·长庆寺》，《周作人散文全集》第10卷，第740页。

⑤ 鲁迅：《五猖会》，《鲁迅全集》第2卷，第271页。

二　民俗事象叙写

地理空间叙述提供给文本的是物质形态化的环境，是一个框架，填充物应该是民俗事象。而从文化人类学的角度而言，最能体现地域文化个性的内容也是民俗文化，以“节庆、饮食、婚丧嫁娶、方言、宗教和民间信仰”① 等形式为每一个地域之“民”所习得、继承和拥有。民俗的形成是人类基于生存与发展的自然选择，又“极大地控制着个人与社会的活动，并且是它们孕育了人们的世界观和生活策略”②。从这个意义上讲，作家对地域民俗的表现不仅是作品的背景，同时也植入于人物的个性之中，更深入而言，作家作为地域文化场中生长起来的个体，他的作品也受到了以民俗为核心内容的地域文化的深刻影响。在越地作家的散文中，我们可以梳理出越地民俗的几乎所有内容，重点表现的是岁时节日民俗、民间信仰和民间曲艺。

1. 岁时节日民俗

越地的岁时节日民俗起源于对自然的天象和物候周期性变化规律的认识。在河姆渡出土的陶器中出现了天上的飞鸟和太阳的图画作品，这表明河姆渡的越人已经十分注意天上的景物和天象的变化。勾践从吴国返回欲筑城立国之时是从观天象入手的，“范蠡乃观天文，拟法于紫宫，筑作小城”③，对农时的重视也显示出对岁时节气的成熟把握。但这仅仅是节日形成的第一步，节日形成的另一个重要因素是“节期中有特定的民俗活动”④。比如良渚文化时期，祭坛大量出现，先民开始了“祭天礼地”的原始宗教活动。宋代，庙会的迎神赛会和社日的敬天礼地活动流行，据宋《嘉泰〈会稽志〉》记载：“社在府城南二百九十步”，而且“会稽八邑皆有社稷焉”⑤。随着民俗活动的形成，完整的岁时节日便产生了，从此年复一年、代代相传，成为越人生活的固有程式。这些岁时节日习俗，也进入了越地文人的创作之中。著名的《兰亭集序》是“兰亭雅集”的结果，而雅集是为“上巳日”的“修禊事”；陆游的“箫鼓追随春社近，衣冠简朴古风存”（《游山西村》）、“禹庙争奉牲，兰亭共流觞。空巷看竞渡，倒社观戏场”（《稽山行》）等诗句，也是对社日中热闹民俗的呈现。

越地现代散文中常书写的有祭灶、上元节、清明的活动等。鲁迅《庚子送灶即事》诗、杂文《送灶日漫笔》，周作人《祭灶》《关于送灶》等都写到了祭灶的风俗。“乡下一律是二十三日送灶，除酒肴外特用一鸡，竹叶包的糖饼，《雅言》云胶牙糖，《好听话》则云元宝塘，俗语直云堕贫糖而已。又买竹灯檠名曰各富，糊红纸加毛竹筷为

① 葛剑雄：《谈地域文化》，王建华主编，陈望衡执行主编：《浙学、秋瑾、越地师爷研究》，人民出版社 2008 年版，第 8 页。

② 高丙中：《民俗文化与民俗生活》，中国社会科学出版社 1994 年版，第 172 页。

③ （东汉）赵晔：《勾践归国外传第八》，张觉校注：《吴越春秋校注》，岳麓书社 2006 年版，第 208 页。

④ 钟敬文主编：《民俗学概论》，上海文艺出版社 1998 年版，第 130 页。

⑤ （南宋）施宿、张淏等撰，李能成点校：《（南宋）会稽二志点校》，第 18 页。

杠，给灶司菩萨当轿坐，乃是小孩们的专责。那一天晚上，一家老小都来礼拜，显得很是郑重。”① 周作人的《祭灶》一文详细地记述了祭灶的民俗。其中祭祀必备的是鸡和糖，即“只鸡胶牙糖”（鲁迅《庚子送灶即事》），“只鸡”一般是用年糕做成的年鸡，周作人《关于送灶》中也说，“越中则用特鸡，……祭毕，仆人摘取鸡舌，并马料豆同撒厨屋之上，谓来年可无口舌”。② “胶牙糖”用麦芽制成，形似烧饼，每在送灶前一二日由绍兴“堕民”中的老嫚送来，所以周作人说“俗语直云堕贫糖而已”，其作用正是鲁迅在《送灶日漫笔》中写到的：“本意是在请灶君吃了，粘住他的牙，使他不能调嘴学舌，对玉帝说坏话。”③ 正月十五的上元节，主要的民俗是灯，张岱《陶庵梦忆》中写：“绍兴灯景，为海内所夸者，无他，竹贱、灯贱、烛贱；贱，故家家可为之；贱，故家家以不能灯为耻。故自庄逵以至穷檐曲巷，无不灯，无不棚者”，而且处处“鼓吹弹唱，施放烟火”④，足见绍兴灯节之繁盛热闹。与绍兴的家家为灯不同，文载道笔下的定海灯景又是别样的风致，“大抵指定寺庙，饰以绫彩，悬以灯烛，并征列富室的器玩字画等，供市民的参观。此即所谓摆祭”⑤，很少见到闹灯花或者放烟火。摆祭的灯节方式，使灯会本身少了一点世俗的烟火气，与绍兴的家家为灯、锣鼓声错的热闹有所不同。

清明扫墓又是越地作家感兴趣的话题。据《越谚·风俗部》记载，越地的墓祭一般是一年三次，即上元之前的拜坟岁、清明上坟和十月送寒衣，尤其是清明扫墓，“大备船筵鼓乐，男女儿孙尽室赴墓，近宗晚眷助祭罗拜”⑥，无论是规模还是隆重程度都远超于拜坟岁和送寒衣。鲁迅的《清明时节》、丰子恺的《清明》、许钦文的《晒干鹅肉》、川岛的《晒开鹅肉》等散文都记叙了上坟的程序和给童年带来的无上乐趣。周作人更是在《上坟船》《扫墓》《风俗异同》《祝文》《山头的花木》《上坟船里》等文章中一再谈及清明的上坟。从所坐船只的大小规模、鼓吹的组成到“上坟酒”里的“十碗头”……无不一一细数。尤其是对上坟仪式的书写，极富民俗色彩：“最先祀后土，墓左例设后土尊神之位，石碑石案，点香烛，陈小三牲果品酒饭，主祭者一人跪拜，有二人赞礼，读祝文，焚帛放爆竹双响者五枚。次为墓祭，……祭献读祭文，悉由礼生引赞，献毕行礼，俟与祭者起，礼生乃与余剩的人补拜，其后妇女继之，拜后焚纸钱而礼毕。”⑦ 有着严格的程式，跪拜的顺序、祭品的数量都有明确的规定，庄严而富仪式感。需要说明的是，周作人对扫墓风俗是认同的：“我以为祭祖不是宗教仪式，不是迷信，这只是对于父母的敬意的延长，……只是无目的的一种感情的表示而已。”⑧ 用祭祖的方式表达对祖先的敬仰、对父母的感激和追思，出发点还是在周作人所关注的

---

① 周作人：《百草园·祭灶》，《周作人散文全集》第11卷，第602页。
② 周作人：《关于送灶》，《周作人散文全集》第9卷，第27页。
③ 鲁迅：《送灶日漫笔》，《鲁迅全集》第3卷，第263页。
④ （明）张岱著，夏咸淳、程维荣校注：《绍兴灯景》，《陶庵梦忆 西湖梦寻》，第96页。
⑤ 文载道：《灯市》，《乡土小记》，辽宁教育出版社1998年版，第29页。
⑥ 周作人：《百草园·风俗异同》，《周作人散文全集》第11卷，第735页。
⑦ 周作人：《上坟船》，《周作人散文全集》第8卷，第564页。
⑧ 周作人：《祭祖的商榷》，《周作人散文全集》第10卷，第117—118页。

人情物理上。

从古老的历史中走来的越人，在时间的迁移中形成了颇为丰富而多元的岁时节令民俗，如除夕、元宵、清明、端午、中秋、冬至等都有相应的仪式内容，而散文中对这些极富地方特色的看灯、送灶、上坟等岁时节日民俗的书写，又构成了现代越地散文明显的地理标识。

2. 民间信仰

越地有着“信鬼神，好淫祀”的民间信仰，《国语》中就有越人信山魈的记载，《史记》也明确提出“越人俗鬼”的概念。这些鬼神信仰与崇拜在现代的越地民间依然是延续的。

收录于《朝花夕拾》的《五猖会》就是鲁迅对童年时期看迎神赛会的回忆：“开首是一个孩子骑马先来，称为‘塘报’；过了许久，‘高照’到了，……其次是所谓‘高跷’、‘抬阁’、‘马头’了；还有扮犯人的。”① 迎神赛会在绍兴被称为“社赛”，起源很早，南宋陆游有“到家更约西邻女，明日河桥看赛神”的诗句，本意为祈求五谷丰登，以迎祭土谷社稷神为主，后来加入了各个行业神。迎神赛会一般有两种形式：一种是单纯纪念性的迎神，把神抬到庙外去巡游；另一种是为了求雨。绍兴最盛的赛会，就是鲁迅介绍的五猖会。清宣统元年七月十日《绍兴公报》（第256号）载：“会稽东关五猖会，为八县之冠，极尽奢华，异常热闹。”② 周作人《关于祭神迎会》又特别记录了绍兴乡间的独特赛会方式，因为河道众多，神的出巡是在船上的：“神像坐一大船中，外有彩棚，……每巡行至一村，村中临河搭台演戏以娱神，神船向台蓦进，……未几神船复徐徐离岸，向别村而去。”③ 更带有水乡的气息，但是对神的崇拜亦可见一斑。

与鬼神信仰相联系的是禁忌习俗。鲁迅《阿长与〈山海经〉》里说阿长有很多“道理”，“例如说人死了，不该说死掉，必须说‘老掉了’；死了人，生了孩子的屋子里，不应该走进去；……”④ 绍兴民间认为产妇的房子有血光，若不小心进入，又不小心在几年内死掉，那在阴间就要遭受血池浸泡之难。这样的禁忌几乎是与越地民众的生活共生的。如看平安戏时，“必须看至天明，始可回去。盖若不终局而散，必有真恶鬼随之而去也”⑤；结婚的时候，男方家会有人“拿一面镜子一个熨斗和一座烛台在轿内乱照，行‘搜轿’的仪式”⑥；周作人还说过：“今绍兴回丧，于门外焚谷壳，送葬者跨烟而过，始各返其家，其用意相同，即防鬼魂之附着也。”⑦ 有意思的是，周作人还和川岛专门行文讨论过花煞。川岛从周作人《回丧与买水》里谈到的回丧说到了煞神和花煞：“绍兴人所常说的‘煞神’，大概是指回殃时和死者同来的那个。……可是煞不仅是在人死才有，即婚礼中也有‘花煞’的；……这些东西都不是好惹的，就是亲属冲撞了

---

① 鲁迅：《五猖会》，《鲁迅全集》第2卷，第270页。

② 裘士雄等：《鲁迅笔下的绍兴风情》，浙江教育出版社1985年版，第69页。

③ 周作人：《关于祭神迎会》，《周作人散文全集》第8卷，第792页。

④ 鲁迅：《阿长与〈山海经〉》，《鲁迅全集》第2卷，第252页。

⑤ 胡朴安：《中华全国风俗志》（下编），河北人民出版社1986年版，第248页。

⑥ 周作人：《花煞》，《周作人散文全集》第4卷，第417页。

⑦ 周作人：《回丧与买水》，《周作人散文全集》第4卷，第414页。

他也不免遭殃。”① 周作人则认为“煞本是死人自己”，而花煞“则单是一种喜欢在结婚时作弄人的凶鬼，与结婚的本人别无系属的关系”，但这个花煞确实是不好惹的，“听说一个人冲了花煞就要死或者至少也是重病，则其祸祟又波及新人以外的旁人了”。② 这样的讨论就有了民俗研究的性质，也是周作人书写民间禁忌的基本态度，和鲁迅将禁忌作为塑造长妈妈形象的手段相异。

禁忌风俗源自对鬼神的敬畏，也凸显出了鬼神的权威，与社戏、赛会等共同构成了越地民间信仰中富有地方元素的部分。越地现代作家生长于这样的民俗语境中，作品之中自然会有对本地民间信仰的细致描述与表达，并使之服务于自己的创作目的。

3. 民间曲艺

越地的民间曲艺可追溯至盛唐年间越州“参军戏”，范摅在《云溪友议》中记载：“有俳优……善弄陆参军，歌声彻云。”③ 陆游晚年回绍兴里居所写诗中也多有言绍兴地方曲艺的句子，如“斜阳古柳赵家庄，负鼓盲翁正作场。死后是非谁管得，满村听说蔡中郎”（《小舟游近村》），“空巷看竞渡，倒社观戏场”（《稽山行》），等等。可知绍兴的说唱艺术、社戏等扮演艺术在当时已经颇为流行。明末的越地地方曲艺已分裂成文人戏与民间戏两个不同的审美取向，越地作家重点描述的是在民间演出的社戏。社戏源于古代的“祭社”活动，分春秋二季进行，一般由几个村庄合作演出，常常演出三天三夜，极其隆重。祭社的习俗后来慢慢衰落，代之以“庙会戏”，也称为社戏。绍兴的这一类庙会戏极其发达，演出的时间也已经不再局限于春秋二季而是凡菩萨生辰都有演戏祭神。演戏的目的，当然首在祭神，但也在娱人。周作人回忆：“根据《社戏》里所讲的，只是说绍兴戏而已。绍兴戏的特色是说白全用本地口音，也不呀呀的把一个字的韵母拼命的拉长了老唱，所以一般妇老都能了解，其次是公开演唱，戏台搭在旷野上或河边，自由观看。”④ 鲁迅在《女吊》中也说在绍兴，“凡做戏，总带着一点社戏性，供着神位，是看戏的主体，人们去看，不过叨光”。⑤ 这是社戏的性质由过去的祭祀娱神向人们的自娱自乐转变。周氏兄弟介绍的即是这样一种绍兴戏，后来演变成著名的地方剧种——绍剧，当时或称为“绍兴乱弹”。

在《女吊》一文中，鲁迅又说到“非普通的社戏”，这是指上述为祭神而演出的社戏之外，绍兴还有一种演给鬼看的戏，主要内容是“目连戏”。目连戏的起源，张岱《陶庵梦忆》记载是由安徽传入，主要演出中国传统戏曲中“目连救母”的故事，《无常》《女吊》是目连戏中的重要关目。鲁迅在其作品和书信中对目连戏多有提及，周作人也专门谈论过目连戏，“为纯民众的，所演只有一出戏，即‘目连救母’，所用言语系地道土话，所着服装皆极简陋陈旧，故俗称衣冠不整为‘目连行头’；演戏的人皆非职业的优伶，大抵系水村的农夫，也有木工瓦匠舟子轿夫之流混杂其中，临时组织成

---

① 川岛：《吠声》，《语丝》1926年第66期。

② 周作人：《花煞》，《周作人散文全集》第4卷，第416—417页。

③ 佘德余：《越中曲派研究》，中国文联出版社2000年版，第4页。

④ 周作人：《呐喊衍义·地方戏》，《周作人散文全集》第12卷，第343页。

⑤ 鲁迅：《女吊》，《鲁迅全集》第6卷，第638页。

班，到了秋风起时，便即解散，各做自己的事去了”。① 也将童年时期去赵庄看戏的经历写成《村里的戏班子》的散文。

文载道《故乡的戏文》对民间戏则有颇为全面的叙述。作者认为，在浙东的定海乡间，正式的地方戏很少，勉强可算的是宁波滩簧，即“四明文戏”，因“其辞多涉及性的描写”常在深夜偏僻之乡演出，然又“猥亵而多风情”②，显示出大胆贴切、粗犷朴拙的特质。定海乡间尽管地方戏极少，却不缺戏文，比如陆游诗里面的“仅有唱白没有表演的”“负鼓盲翁”，依然存留于越地的民间；堕民表演着“以示忏悔和酬祷”的傀儡戏；苍凉激越的“绍兴高腔”、“有本有末”文静的“台州班”等乡间的庙戏，更是有着风土之胜，尤其是演皮黄之时，与鲁迅笔下绍兴乡间社戏开场前有“起殇”类似，“开始必闹头场，跳加官，……一台戏演至中段，由检场者持画桌放向台前，但须用力猛击台板，锵脱一声与锣鼓合拍，仿佛文章之有顿笔，名曰‘煞中台’，下即演正本戏”。③ 而记忆最深刻的恰恰也是这些富有民俗兴味的“开场”。

鲁迅、周作人、文载道等作家对越地地方曲艺的描述，以及岁时节日民俗、民间信仰的书写，也许出发点是不同的，但基本上带有对故乡童年美好生活的眷恋和对故乡民间精神的肯定之意，与浙东乡土小说中常以对地方陋俗的书写完成启蒙之意图不同。这些散文中带有鲜明的地方气息的记述，为我们重塑了清末民初越地的民间世俗生活，也使越地这一地域形象得到了强化并广为人知。

三　地理意象构建

克罗齐说：“知识有两种形式：不是直觉的，就是逻辑的；不是从想象得来的，就是从理智得来的；不是关于个体的，就是关于共相的；不是关于诸个别事物的，就是关于它们中间关系的；总之，知识所产生的不是意象，就是概念。”④ 按照克罗齐的观点，艺术与科学构成了知识的两种形式，意象是艺术的基本单位，由此可见意象对于艺术的标志性意义。随着文化地理学的兴起，“地理意象”的概念也随之浮出地表，“意象”之前冠之以“地理”，也就意味着这意象是与地理相关的，是“以地理物象作为载体而表现自我感觉与想象、情感与思想而产生的一种‘心象’”⑤，“首先必须有其独特的地域性，其次必须有其独特的历史文化内涵”⑥，是意象当中颇为独特的部分。越地现代散文作家是一个自觉追求创作的地方性的群体，又在越地这一富有独特地理景观和文化传承的区域中生存和生活，地理背景作用于作家文本的意象选择，散文往往展示和建构出深富地理特质的意象群体。确切地说，前文所讨论的鉴湖、三味书屋、春晖中学等地

① 周作人：《谈目连戏》，《周作人散文全集》第4卷，第72页。

② 文载道：《故乡的戏文》，《风土小记》，辽宁教育出版社1998年版，第43页。

③ 文载道：《故乡的戏文》，《风土小记》，第46页。

④ ［意］克罗齐：《美学原理》，朱光潜译，商务印书馆2012年版，第1页。

⑤ 杜雪琴：《易卜生戏剧地理空间研究》，武汉大学出版社2015年版，第32页。

⑥ 曾大兴：《文学地理学概论》，商务印书馆2017年版，第328页。

理空间以及各种民俗和信仰，换一个角度考察，很多也是地理意象，因而本节主要考察越地特有的饮馔意象和行路意象。

1. 饮馔意象

夏丏尊《谈吃》中说："中国人是全世界善吃的民族"，有客临门要吃，婚丧嫁娶要吃，各种节日要吃，朋友相会要吃、分别要吃，"不但人要吃，鬼要吃，神也要吃，甚至连没嘴巴的山川也要吃"，不仅吃，还讲究，"食不厌精，脍不厌细，蒸煮烤炖、炒熘拌烩方法繁多"①，由此可见中国食文化的发达。而且不同的地理环境又形成了不同的饮食文化，地理物候的差异形成了饮食的地方性。越地作家在越的地理空间中长大，越的物产与饮食形成了他们的基本生活习惯。以此为通道进入越地作家的散文创作空间，阅读他们对于故乡风物和饮食不厌其烦的书写，读者触摸到的正是背井离乡的现代越地散文作家对故乡的留恋和乡愁。

绍兴盛产黄酒，有家庭酿酒的传统，周作人《谈酒》中就说："我虽是京兆人，却生长在东南的海边，是出产酒的有名地方。我的舅父和姑父家里时常做几缸自用的酒"，做几缸酒以自用，可见酒与越地民众生活的密切程度。越地文学中酒也不曾缺席，陆游的"红酥手，黄縢酒，满城春色宫墙柳""莫笑农家腊酒浑，丰年留客足鸡豚"等诗句，李慈铭《越缦堂日记》"东浦十里吹酒香"的记载，鲁迅的小说散文中关于酒的书写，柯灵的《酒》借酒谈绍兴的文化，等等，似乎越地是一个被酒浸泡的区域，飘着氤氲的酒香。酒的盛产再加上文人对于酒的亲近，酒意象就自然流转于越地散文之中。周作人的《谈酒》娓娓而谈故乡的酿酒习俗、喝酒的器具、酒的种类等，在对故乡的酒这一意象的书写中表达世俗生活的趣味，享受着酒所带来的陶然和闲适。然而，周作人一边喝着酒，一边还是发出了"杞人之忧"："生恐强硬的礼教反动之后将引起颓废的风气，结果是借醇酒妇人以避礼教的迫害，沙宁（Sanin）时代的出现不是不可能的。"② 在酒这一物象之上，寄寓的是作者的闲适和忧虑。在白马湖作家群的生活、交往与文学中，酒也是一个不可或缺的元素，在春晖中学之时，朱自清、丰子恺等常集聚到夏丏尊家里喝黄酒，在微醺中尽兴而归。丰子恺尤其痴迷不易醉的绍兴酒，因为"吃酒是为兴味，为享乐，不是求其速醉。譬如二三人情投意合，促膝谈心，倘添上各人一杯黄酒在手，话兴一定更浓。吃到三杯，心窗洞开，真情挚语，娓娓而来"。③这也是白马湖作家们喝酒的真正滋味。就如《湖畔夜饮》里，重逢湖畔的丰子恺与郑振铎对坐共饮，"阔别十年，身经浩劫。他沦陷在孤岛上，我奔走于万山中。可惊可喜，可歌可泣的话，越谈越多。谈到酒酣耳热的时候，话声都变了呼号叫啸，把睡在隔壁房间里的人都惊醒"。④ 这样的酒，同样带着享受和趣味，但又与周作人的不同，带上了文人之间的种种情谊和惺惺相惜之感。

---

① 夏丏尊：《谈吃》，夏弘宁编：《夏丏尊散文译文精选》，中国文联出版社2001年版，第34—37页。

② 周作人：《谈酒》，《周作人散文全集》第4卷，第647—650页。

③ 丰子恺：《沙坪的酒》，丰一吟选编：《丰子恺散文漫画精选》，中国文联出版社2001年版，第268页。

④ 丰子恺：《湖畔夜饮》，夏弘宁主编：《白马湖散文随笔精选》，第190—191页。

酒是越地的特产，越地的饮食也颇具地方特色。越地处于东南沿海，“那里民生寒苦……吃的通年不是很咸的腌菜也是很咸的腌鱼”①，“因此也养成了我们的嗜咸腥的习性”②，绍兴的霉干菜、臭豆腐、鱼干、酱鸭，宁波的霉菜头、臭冬瓜、白鲞、鳓鲞、鳗鱼干等，都是带有越地特质的腌制类食物，鲁迅、周作人、川岛、许钦文、文载道等越地作家，在创作中多有涉及。有代表性的，应该是周作人的“苋菜梗”，“制法须俟其‘抽茎如人长’，肌肉充实的时候，去叶取梗，切作寸许长短，用盐腌藏瓦坛中；候发酵即成，生熟皆可食”，是将苋菜的梗腌制的一种食物，外乡人“大抵众口一词地讥笑土人之臭食”，在越地却“几乎家家皆制，每食必备”，即使腌制过程中出现的气味变化，也是“别具风味”。究其原因，是“绍兴中等以下的人家大都能安贫贱，敝衣恶食，终岁勤劳”。由此，在苋菜梗这一物象之上，附加着的正是越地百姓安于贫贱、终岁勤劳的精神，即“第一可以食贫，第二可以习苦”。而这种食贫习苦的平民精神，在城市生活中却已逐渐流失，周作人文章的重心最后是落在这里：“这个年头儿人们似乎应该学得略略吃得起苦才好。中国的青年有些太娇养了，大抵连冷东西都不会吃，水果冰激淋除外，我真替他们忧虑，将来如何上得前敌。”③ 借助于苋菜梗这一意象，从看似闲适的故乡风物的介绍，滑入了深刻的忧虑。

点心，是带有地理印记的又一种风物，在这类意象当中，越地作家更多地带上了乡愁。周作人因友人送来绍兴土产“香糕”而引发对故乡的记忆。香糕是用米粉做成的越地名产，“自有别的茶食所无的淡远的风味，或者可以说代表和平的乡村的空气吧”。④ 在周作人这里，香糕不仅仅是越地一种大众化的点心，更是怀旧的情绪承载，对故乡的怀恋就熔铸在香糕这一带有地域特性的物象之中。而且，在周作人笔下，糕团意象是颇为常见的，除了香糕，还有麻糍、印糕、黄花麦果糕等；许钦文也写过黄花果糕，用黄花果汁“和以米粉，加上白糖，捣烂，蒸熟以后变成青色，吃起来有一股清香的气味”⑤，同样带着故乡的清新气息；文载道津津乐道的是“虾饺”，一种将虾或者面条鱼加到粉里制成的饼；等等。这些都是带有鲜明地域性的食物，也是他们记忆中的鲜活味道。当然故乡的味觉不仅仅是糕团。周作人还念念不忘“腌菜笋片汤、白鲞虾米汤、干菜肉、鲞冻肉”⑥、在上坟船里吃味道最好的烧鹅等这些小时候吃惯了食物，也写过荠菜、黄花麦果等故乡的野菜，“特别有一种爽口的鲜甜味”⑦ 的夏白桃，“乡味”之中“无可替代”的杨梅，“肥甘好吃”的毛笋。尤其是杨梅，越地的余姚、上虞等都有其独特的品种和口感，鲁彦的《杨梅》、文载道的《关于风土人情》等散文中都有记载。川岛关于故乡的记忆里，也是毛笋、上坟时吃过的杜鹃花的味道。⑧ 所以周作

① 周作人：《日本的衣食住》，《周作人散文全集》第6卷，第657页。
② 文载道：《关于风土人情》，《风土小记》，第2页。
③ 周作人：《苋菜梗》，《周作人散文全集》第5卷，第786—789页。
④ 周作人：《进京香糕》，《周作人散文全集》第10卷，第378页。
⑤ 许钦文：《黄花果》，《许钦文散文集》，第21页。
⑥ 周作人：《烤越鸡》，《周作人散文全集》第11卷，第139页。
⑦ 周作人：《桃子》，《周作人散文全集》第12卷，第788页。
⑧ 川岛：《晒开鹅肉》，《语丝》1925年第30期。

人引用莫切崖的诗句“五月杨梅三月笋，为何人不住山阴”，并说“莫疯子的两句诗很能表现住在北方的越人的心情”。① 这些果蔬，自然也能列入饮馔意象的范畴之中，与作家的乡愁联结在一起。

绍兴黄酒、腌菜、越地独特的点心和果蔬，是越地作家散文中颇有地理特性的意象。周作人说：“看一地方的生活特色，食品很是重要，不但是日常饭粥，即点心以至闲食，亦均有意义。”② 越地作家们将地方的食品纳入自己的表现领域，借助这些地理意象寄托他们的乡愁，发掘地方的民间精神，传达他们对社会文化的思考，也探索一个地方的地理特色。

2. 行路意象

越地是水乡，无论城镇还是乡村，都是港汊林立、河湖交错。周作人在《水乡怀旧》中说：“我的故乡是在浙东，乃是有名的水乡，……所谓‘人家尽枕河’，实在形容得极好。”③ 水环境是越地百姓的基本生存背景，河网密布、房屋也常常是临水而筑，“人家尽枕河”“水港小桥多”确实是对越地环境的贴切书写。越地作家散文中的行路意象，明显地与水有着密切的关联，常见的就是船和桥，有着水乡的地域性特征。

船是越地的重要交通工具，周作人在散文中不止一次地说“绍兴是水乡，到处是河港，交通全用船”④，“乡下没有这许多桥，可是汊港纷歧，走路就靠船只，等于北方的用车”⑤，船的种类也是颇为繁多，“有钱的可以专雇，工作的人自备有‘出坂’船，一般普通人只好趁公共的通航船只。这有两种，其一名曰埠船，是走本县近路的，其二曰航船，走外县远路，大抵夜里开，次晨到达”。⑥ 其他还有渡船、类似于店铺的“船店”等。其中最有特色的便是脚划的乌篷船意象。绍兴民间将这种船称作“小船”，“船长丈许，广三尺，坐卧容一身，一人坐船尾，以足踏桨行如飞，……无舵，以楫代之”⑦，其两大特征，一是小，二是用脚划。船小而有篷，船身高了就容易翻，危险之中带点水乡特有的趣味；用脚划船解放了手可以饮茶喝酒，划船本身似乎都带着一种悠闲。于是，坐着乌篷小船行走在山阴道上，是充满诗意的。“我仿佛记得曾坐小船经过山阴道，两岸边的乌桕，新禾，野花，鸡，狗，丛树和枯树，茅屋，塔，伽蓝，农夫和村妇，村女，晒着的衣裳，和尚，蓑笠，天，云，竹，……都倒映在澄碧的小河中，随着每一打桨，各各夹带了闪烁的日光，并水里的萍藻游鱼，一同荡漾。”⑧ 岸上的景与河里的影相互映衬，随着船桨的划动，景在变换，影在摇动，共同叙说了一个关于故乡的“山阴道上行，如在镜中游”的“好的故事”。在这样的小船里，走过山阴道，既是对故乡的怀念也是对如此美好的世界的憧憬。然而这只是记忆里的梦境般的存在，美丽

---

① 周作人：《闲话毛笋》，《周作人散文全集》第14卷，第265页。

② 周作人：《卖糖》，《周作人散文全集》第8卷，第33页。

③ 周作人：《水乡怀旧》，《周作人散文全集》第14卷，第84—85页。

④ 周作人：《风的话》，《周作人散文全集》第9卷，第499页。

⑤ 周作人：《水乡怀旧》，《周作人散文全集》第14卷，第85页。

⑥ 周作人：《水乡怀旧》，《周作人散文全集》第14卷，第85页。

⑦ 周作人：《风的话》，《周作人散文全集》第9卷，第500页。

⑧ 鲁迅：《好的故事》，《鲁迅全集》第2卷，第190页。

而深邃，现实是“昏沉的夜”，“何尝有一丝碎影，只见昏暗的灯光，我不在小船里了”，美丽的梦境和昏暗的夜两相对照，表达的正是鲁迅对于现实和人生的哲学思考。周作人写乌篷船，突出的是坐船的趣味，“小船则真是一叶扁舟，你坐在船底席上，篷顶离你的头有两三寸，你的两手可以搁在左右的舷上，还把手都露出在外边。在这种船里仿佛是在水面上坐，靠近田岸去时泥土便和你的眼鼻接近”①，或者“仰卧在脚划小船内，冒雨夜行，更显出水乡住民的风趣，虽然较为危险，一不小心，拙劣地转一个身，便要使船底朝天”②。然而即使船底朝天，依然是愉快而有趣味的，“是水乡的一种特色”。因为坐在乌篷船里，人与自然是如此的贴近，山光水影、橹声和雨声，与坐船的自己，自然地交融在一起，仿佛进入了物我两忘的超越境地，在这样的境界中，“要看就看，要睡就睡，要喝酒就喝酒”的自由闲适的人生态度也就顺利地传递出来。

河流纵横，舟船穿行，是水乡的独特景观，在陆地上，就需要由桥将路连接起来，“在水乡的城里是每条街几乎都有一条河平行着，所以到处有桥”。③ 这些桥有的有典故有故事，如后人为感念大禹劳身焦思“履遗不蹑”而建的夏履桥，留下王羲之与卖扇老妇故事的题扇桥，等等，有的则只是横跨在河上的普通的桥。然而无论有无故事，桥都与越地普通民众的生活息息相关，是他们日日需要行走的通道，进入文学，就成为越地文学中一个很富有地理性的意象。陆游曾经写下悼念唐琬的“伤心桥下春波绿，曾是惊鸿照影来”的诗句，这伤心桥就是沈园附近的春波桥。许钦文《绍兴的桥》则借绍兴江桥坡度较陡车行不易，过路的行人就会自觉地“前面拉一把，后面推一下”帮助过桥，以此来凸显绍兴的淳朴民风和互助精神。周作人也对故乡的桥念念不忘：“绍兴城里的西边自北海桥以次，有好些大的圆洞桥，可以入画，老屋在东郭门内，近处便很缺少了，如张马桥，都亭桥，大云桥，塔子桥，马梧桥等，差不多都只有两三级，有的还与路相平，底下只可通小船而已。禹迹寺前的春波桥是个例外，还是小圆洞桥，但其下可以通行任何乌篷船，石级也当有七八级了”④，对故乡的桥如数家珍，正是远离故土的周作人对故乡的一种回望方式，在这样的心境之下，甚至桥边本意在照明而实际上只有微光的天灯，也是“有趣味的事”。

桥连着路，在越地，这路常常是石板路。周作人的《石板路》里说绍兴城的街衢以石板铺之是从宋代开始的，“查志载汪纲以宋嘉定十四年权知绍兴府，至清康熙六十年整整是五百年，那街道大概就一直整理得颇好，又过二百年直至清末还是差不多”。经过多次修建，绍兴的石板路已成为最普通的风景。石板路的两边商铺摊位林立，叫卖声穿越几十年的时空，回响在周作人的文本之中，内中夹杂的正是关于故乡世俗味的记忆与情缘，所以文章一开头就说，关于石板路“自己最为熟悉，也最有兴趣的，自然要算是故乡的，而且还是三十年前那时候的路，因为我离开家乡就已将三十年，在这中间石板恐怕都已变成了粗恶的马路了吧”。⑤ 故乡的石板路才是周作人的兴趣所在，马

---

① 周作人：《乌篷船》，《周作人散文全集》第 4 卷，第 796 页。
② 周作人：《苦雨》，《周作人散文全集》第 3 卷，第 451 页。
③ 周作人：《水乡怀旧》，《周作人散文全集》第 14 卷，第 85 页。
④ 周作人：《石板路》，《周作人散文全集》第 9 卷，第 651 页。
⑤ 周作人：《石板路》，《周作人散文全集》第 9 卷，第 648—652 页。

路之前冠以“粗恶”二字当然有审美的考虑，恐怕更为深层的心理原因还是因为石板路才是与故乡连在一起的记忆，石板路、石桥、回荡在石板路上的市声，才是故乡非常有生机的部分，带着日常生活的趣味。与周作人回忆石板路不同，柯灵写绍兴的小巷，和平静穆、古雅冲淡，与20世纪30年代初写作《龙山杂记》时的柯灵孤独寂寞的心境构成一种呼应与融汇。这些巷子、石板路和石桥、乌篷船，一起构成了越地作家对故乡的鲜活记忆，对于故乡的思恋与乡愁也借助这些富有鲜明地理特征的意象获得了很好的传达。

在现代越地散文的文本空间中，作家们书写记忆中留存下来的食物、有着鲜明故乡印记的路和桥，当然还有本文没有论及的故乡的雨、故乡的动植物等，通过这些意象的建构来表达他们对故乡的情谊和留恋，对人生和社会的看法与思考。这些从故乡熏陶出来的意象，与散文对于越地地理空间的叙述、民俗事象的叙写，以及文本之中时时夹杂着的方言土语，使越地的现代散文呈现出明显的地理特征。只是从越地出发的文本，并非都局限于越地。鲁迅写无常女吊，是要张扬人情味和复仇，《清明时节》嘲讽的是封建迷信和荒谬的“扫墓救国”，也用故乡戏班子里的二丑角色，隐喻“帮闲”者，与其社会批评和文明批评的总思路是一致的。周作人记故乡的风物，蕴含着一个去乡者的浓浓乡思，更多关注的是人与人、人与自然的和谐，是生活的趣味和艺术化，并表达“民间趣味和思想……实在是国民性的一斑”① 的观念；也有着一个民俗学者的视野和动机，所以他写故乡的迎神赛会“礼有余而情不足……中国人民之于鬼神正以官长相待，供张迎送，尽其恭敬，终各别去，洒然无复关系，故祭祀迎赛之事亦只是一种礼节，与别国的宗教仪式盖迥不相同”。② 是从民俗学角度的展开，写目连戏“应该趁此刻旧风俗还未消灭的时期，资遣熟悉情形的人去调查一回，把脚本纪录下来，于学术方面当不无稗益”③，又是民俗学里的田野调查，因为在周作人看来“从事于国民生活之史的研究，虽是寂寞的学问，却于中国有重大的意义”④。于是周作人对故乡风土人情的书写，是从怀旧和民俗学研究的维度里延伸出来的。川岛和文载道又和周作人有所不同，川岛与周作人谈“煞神”这一民间凶鬼，行文之中时不时地要顺带着讽一下陈源，文载道从故乡的戏文里，引发的是“天地大戏场，戏场小天地”的感慨，不满于“满眼是小丑们的世界”⑤。因此，作家们从故乡的维度出发，借故乡的空间、民俗传递他们的创作意图，而文本本身也形成了有关越地的地理叙事。

【作者简介】王黎君，绍兴文理学院人文学院教授。

---

① 周作人：《谈目连戏》，《周作人散文全集》第4卷，第73页。

② 周作人：《关于祭神迎会》，《周作人散文全集》第8卷，第793页。

③ 周作人：《谈目连戏》，《周作人散文全集》第4卷，第74页。

④ 周作人：《风土志》，《周作人散文全集》第9卷，第409页。

⑤ 文载道：《故乡的戏文》，《风土小记》，第47页。

曾几家族事迹补考

——以新见绍兴出土之曾氏家族墓志为中心

钱汝平

摘　要　文章通过新发现的曾几家族的十方出土墓志，研究了如下几个问题：一、曾氏家族不是由曾几这一辈从赣州迁入河南的，而是从曾几之父曾準始就已迁入河南了，纠正了传世文献的错误；二、考证了曾几南渡后定居绍兴的事实，并指出曾几之所以落籍绍兴，与弟子陆游的深厚情谊或许也是其中的一个重要因素；三、补充了曾几子孙的信息；四、考察了曾几家族的婚姻；五、揭示了曾几家族世代聚葬的现象，这种聚葬现象或许与东莱吕氏有一定的关系。

关键词　曾几　陆游　婚姻　墓葬　墓志

近年出版的《宋代墓志》一书披露了10方宋代著名诗人、江西诗派巨擘曾几家族的墓志。这10方墓志分别是：曾槩（曾几孙）墓志、曾槩妻王善贤墓志、曾栗（曾几孙）墓志、曾栗妻韩氏墓志、曾棐（曾几孙）墓志、曾勳（曾几曾孙）墓志、曾勳妻薛氏墓志、曾庶（曾几曾孙）及妻刘氏墓志、曾烝（曾几曾孙）妻钱氏墓志、曾知白（曾几曾孙）① 墓志。② 这些墓志对于考察曾几家族的迁徙路径及内部情况都具有很高的文献价值。兹不揣谫陋，就曾氏家族的籍贯、子嗣、婚姻、墓葬诸方面略作考述，尚祈博雅君子不吝赐教。

一　曾几落籍绍兴事实之考证

关于曾几的籍贯及子嗣，曾几的弟子陆游《渭南文集》卷三十二《曾文清公墓志

① 曾知白墓志因右上文字残缺，已难知其名，只知其字“知白”，与曾勳、曾庶、曾烝为同辈，其名当从灬旁。笔者推测其为曾棐之子曾黙，详见下文。

② 绍兴市档案局（馆）、会稽金石博物馆编：《宋代墓志》，西泠印社出版社2018年版，第100—119页。

铭》有较为详细的记述：

> 公讳几，字吉甫。其先赣人，徙河南之河南县。曾祖识，泰州军事推官，妣祖氏，宁晋县君，李氏；祖平，衢州军事判官，赠朝散大夫，妣慈利县君刘氏；考凖，朝请郎，赠少师，妣魏国太夫人孔氏……有司谥曰文清。娶故翰林学士钱勰之孙、朝请郎东美之女，封鲁国太夫人。男三人：逢，朝散大夫、尚书左司郎中；逮，朝奉大夫、充集英殿修撰、知湖州；迅，通直郎、主管台州崇道观……孙男七人：槩，迪功郎、监户部赡军乌盆酒库；栗，承务郎、新知平江府长洲县；梁，从政郎、监户部赡军诸暨酒库；桀，迪功郎、监建康府提领所激赏酒库；槩，宣教郎；棐，修职郎、监明州支盐仓；棠，迪功郎、新湖州长兴县尉……孙女九人，长适从事郎、衢州江山县丞李孟传；次适通直郎、新通判扬州军州事朱辂；次适宣义郎、新浙东提举常平司干办公事詹徽之；次适从政郎、新婺州金华县丞邢世材；次适宣教郎、干办行在诸军审计司叶子强；次适修职郎吕祖俭；次适文林郎、湖州长兴县丞丁松年；次适迪功郎、前明州慈溪县主簿王中行；次适迪功郎、监衢州比较务张震。曾孙男女十三人……

墓志只是说曾几“其先赣人，徙河南之河南县”，《宋史》卷三百八十二《曾几传》亦云“其先赣州人，徙河南府”，并没有明确指出曾氏家族何时何代由何人迁徙到河南，这容易导致一些地方志和家谱对曾几籍贯记载的错误。同治《赣州府志》卷五十四《儒林》列有曾几传，下有按语：“李《志》云：‘曾吉甫既由赣入豫，入河南籍，吉甫后人俱不得隶赣籍，窦《志》为吉甫之子（曾）逮作传，误矣。’今删之，而存吉甫传，以吉甫实生长于赣云。”可见历代《赣州府志》一致认定曾氏家族是从曾几开始迁入河南的。虽然曾几已加入河南籍，但由于曾几自幼生长于赣州，遂姑且将其传列入。至于其子嗣，同治《赣州府志》就概从删削了。然而，曾栗墓志黑底白字明明白白刻着：“曾祖少师，葬河南，为河南人。”曾勳墓志也称“高祖少师葬河南，故今为河南人”①，可见迁入河南的是曾几之父曾凖，而不是曾几。同治《赣州府志》卷五十四《儒林·曾凖传》云：“字子中，赣县人。刻励嗜学，登嘉祐八年（1063）进士。判武功簿，摄理狱事，抗法不挠。知公安，火燔民居，叩天返风。判临江，明慎刑狱，芝草生于圜扉。或劝以献，曰：‘此偶然耳。’历集庆军节度推官，知蓝田，所至俱有治迹。卒祀乡贤。”可知曾凖是进士出身，其迁入河南或许是为了仕宦的方便。曾几作为曾凖的幼子②，很有可能就出生在河南，而不一定如同治《赣州府志》所云“生长于赣”。因为曾凖是嘉祐八年（1063）的进士，此时曾几远未出生。若曾凖以登进士第的嘉祐八年（1063）入仕，那么曾几在曾凖在外游宦期间出生的可能性很大。因此，曾几没有“生长于赣”这一点是基本可以肯定的。而且曾几南渡后也没回归原籍，曾

① 《曾槩墓志》则记为“自高祖葬河南，□占籍焉”，与曾栗、曾勳墓志稍有不同。或《曾槩墓志》将高祖、曾祖混淆了，今从曾栗、曾勳墓志。

② 同治《赣州府志》卷五十四《儒林·曾几传》称其为曾凖季子，今从之。

栗墓志明确刻着“南渡不常厥居”，从这里也可以看出曾几没有“生长于赣”的端倪。其实这也很好理解，因为曾几是仕宦之人，一直游宦在外，调动频繁，很难在某个地方固定下来。在曾几籍贯这个问题上，历代《赣州府志》均误，应据曾栗、曾勳墓志纠正。

另外，曾栗墓志还提到了曾几最后落户越中的情况：“祖文清公，葬山阴，因家焉。”曾知白墓志亦云“今居越”，可见曾氏家族自曾几开始就落户于绍兴了。这个情况，历代《赣州府志》均未提及，只提到其占籍河南之事，对南渡后之事概从缺略，这方墓志足可补此缺失。曾几葬于绍兴，在绍兴地方志中也有记载，嘉泰《会稽志》卷六《冢墓》云：“曾文清公墓在（山阴）道树，大卿（曾）逢、侍郎（曾）逮并袝文清墓。”与上引陆游《曾文清公墓志铭》和曾栗墓志提到的“绍兴府山阴县承务乡凤凰山”完全相合，可以进一步确定曾几一族落户于绍兴这一事实。1966 年，余姚梅溪乡南嶴出土了南宋曾静真墓志，曾静真是曾几孙女、曾逢之女，是上引陆游《曾文清公墓志铭》中提到的嫁与“迪功郎、前明州慈溪县主簿王中行”者，是曾槩、曾栗的堂妹。志文由曾静真孙子王筌所撰，云：“祖妣令人，姓曾氏，讳静真。其先赣人也，后迁河南府大□。文清公葬绍兴，因家焉，今为绍兴府人。”[①] 也提到了曾氏家族由于曾几“葬山阴，因家焉”的事实，完全可以助证上述曾栗墓志的说法。最近，笔者又从上虞墓志收藏爱好者方仲元先生处获睹一方曾几曾孙女的圹志，志主曾氏为曾槩之女，是嫁与上虞李光之孙李知先者。圹志为其兄曾黯所撰。[②] 近年来，浙江省武义县明招山出土了南宋吕祖谦家族的一大批墓志，其中一方是吕人器妻曾氏圹志，这个曾氏就是上引陆游《曾文清公墓志铭》中提到的曾几唯一的女儿。[③] 上述曾几子孙多在浙东一带婚配的事实也侧证了曾几晚年落户于绍兴这一事实。又《渭南文集》卷三十《跋曾文清公奏议稿》：“绍兴末，贼亮入塞时，茶山先生居会稽禹迹精舍。某自局罢归，略无三日不相见，见必闻忧国之言。先生年过七十，聚族百口，未尝以为忧，忧国而已。”也已经点出曾几一族百口聚居于绍兴的事实。这一点在时代稍后的文献中也可得到印证。宋刘克庄《后村先生大全集》卷一百五十一《墓志铭·王孺人》：“孺人王氏，新昌人。年二十，归于新临安府右司理参军曾坚[④]……曾氏去章贡居越，自文清始，参军于文清为高祖，于侍郎（指曾逮）为曾祖，奕世文献，本朝名家也。”可见曾氏家族

---

① 此据章国庆录文，见其编著《宁波历代碑碣墓志汇编》，上海古籍出版社 2012 年版，第 255 页。按：录文“大□”当作“大父”，应属下读，作“大父文清公葬绍兴”。

② 圹志云：“孺人曾氏，家世赣川人。父槩，见任朝请大夫、新除湖南运判；母詹氏。淳熙四年正月二日生，年二十有二，适迪功郎、庆元府司户参军李知先。嘉定四年七月三十日，以疾卒于官舍之正寝，享年三十有五。生女一人，曰建儿，男一人，未名，皆早夭。以嘉定五年正月十一日己未葬于余姚县兰风姜山文西原，与姑宜人曾氏墓之左相去才百步。兄从政郎、监三省枢密院激赏库曾黯记。”曾氏之姑“宜人曾氏”，就是陆游《曾文清公墓志铭》中提到的曾几的长孙女，适从事郎、衢州江山县丞李孟传者，李知先是李光之孙、李孟传之子。另据《山阴天乐李氏宗谱》卷十《行传·李孟传》记载，曾黯娶李孟传第五女。由此看来，曾几一族与李光一族世代通婚。

③ 见郑嘉励《明招山出土的南宋吕祖谦家族墓志》，包伟民等主编《唐宋历史评论》（第一辑），社会科学文献出版社 2015 年版，第 200 页。

④ 按“坚”字误，据《曾烝妻钱氏墓志铭》，钱氏生有二子曾埜、曾堅，“坚”当作“堅”，形近之误。

确实是从曾几开始迁入越中的。只是刘克庄忽略了曾几曾为河南人的一节，那是因为曾氏在河南居住时间并不长。又，同书卷一百〇二《跋放翁与曾原伯帖》："温伯（曾几曾孙曾黯）擢第，人物高雅，词翰精丽，有晋唐风韵，放翁尝举自代。今挂冠居于越上。"从"今挂冠居于越上"一句不难窥见曾几一族世代定居于越中的消息。还有一点也顺便提一下，曾逢、曾逮死后也祔葬于曾几之墓，上文已提及，此处不赘。可见曾氏父子确实把绍兴当作了自己的归骨之所。因此，现在绍兴一带的曾姓中必定有大量曾几家族的后裔，但笔者翻检今人所编《绍兴家谱总目提要》一书①，未发现有曾几家族的宗谱，甚至连广泛意义上的曾氏宗谱也没有一部。或许由于年深月久，谱牒散佚无存，从而导致现在的曾几家族的后裔都不知所出了。

二　曾几落籍越中心理之蠡测

曾几之所以最终选择落户越中，可能与他三次旅居越中有关。第一次是在绍兴二十一年（1151）夏，他来绍兴探望其兄曾班。《茶山集》卷六有《长至日述怀兼寄十七兄》诗，自注："辛未年长至日在绍兴侍兄宴会。"辛未即绍兴二十一年（1151），这与《说郛》卷四十三陆游《感知录》所云"文清曾公几，绍兴中自临川来省其兄学士班，予以书见之。后因见予诗，大叹赏，以为不减吕居仁。予以诗得名，自公始也"也相合，因此有学者认为陆游从曾几学诗始于是时②，其说可信。此时的曾几馆于女婿吕大器家，陆游《渭南文集》卷三十一《跋吕伯恭（祖谦）书后》云："绍兴中，某从曾文清公游，公方馆甥吕治先（大器），日相与讲学。治先有子未成童，卓然颖异，盖吾伯恭也。"据吕祖谦之弟吕祖俭所撰《东莱吕太史年谱》，绍兴二十一年（1151），吕大器为浙东提刑司干办官，吕祖谦随侍于越。第二次是在绍兴二十五年（1155），他以朝请大夫出任提点两浙东路刑狱。上引陆游《曾文清公墓志铭》："（绍兴二十五年）十一月，起公提点两浙东路刑狱。"十二月到任，宝庆《会稽续志》卷二《提刑题名》："曾几，绍兴二十五年十二月以朝请大夫到任。"不过，这次任职时间不长，次年三月即移知台州。第三次是在绍兴三十年（1160）夏，因长子曾逢通判绍兴，他就养曾逢任所。这一次居住时间较长，长达四年，直到隆兴二年（1164）初赴行在临安为止。到了该年闰十一月，其二子曾逮出为提点两浙西路刑狱，两浙西路刑狱驻地在苏州，曾几于是又赴苏州，就养于曾逮任所。③ 或许正是这样多次的旅越经历，使得曾几对越中的风土人情有了较深的了解，从而产生了依恋不舍之情。他留下了不少歌咏绍兴的诗作，《茶山集》卷四《留别荣茂实侍郎》诗："老为吴会客，耆旧不相忘。千年书穴在，六月镜湖凉。"虽然他已久为吴会之客，但对越中的老朋友还是无法忘怀，对"千年书

---

① 绍兴市档案馆、绍兴图书馆、绍兴市家谱协会编：《绍兴家谱总目提要》，西泠印社出版社2015年版。

② 参见邱鸣皋《陆游师从曾几新论》，《文学遗产》2002年第2期。

③ 参见白晓萍《宋南渡初期诗人群体研究》，博士学位论文，浙江大学，2006年，第117—122页。

穴在，六月镜湖凉”的越中风景更是心心萦念。同书卷五《次苏守朱新仲舍人留会稽之行韵》：“公知此老发船时，不作河梁送别诗。但说江湖留我住，为言岩壑与人期。凝香燕寝定自好，怀绶稽山无不宜。早晚欢迎剡溪上，去公亦复意迟迟。”平江知府朱翌（字新仲）为了挽留曾几①，就借口说苏州的江湖需要你留下，而曾几却说我与越中的岩壑有期约，应该回去，虽然住在苏州的“凝香燕寝”里也很好，但“怀绶（指隐居）”于越中的稽山镜水之间对我来说更相宜。同书同卷《适越留别朱新仲》：“长洲茂苑著身久，秦望镜湖行脚宜。”在苏州待得久了，他更急切地向往越中的秦望山、镜湖行脚。可见曾几已经深深地留恋上越中的风物人情。更何况越中还有他最得意的弟子陆游在等着他。曾几与陆游的因缘，早已成为师生相得的一段佳话。其实，陆游真正追随曾几杖履的时间并不长，亲聆謦欬的机会也不多。陆游只在绍兴三十一年（1161）从行在敕令所删定官罢归山阴的一两个月里与曾几直接接触较多。《渭南文集》卷三十《跋曾文清公奏议稿》：“绍兴末，贼亮入塞时，茶山先生居会稽禹迹精舍。某自局罢归，略无三日不相见，见必闻忧国之言。先生年过七十，聚族百口，未尝以为忧，忧国而已。”完颜亮入寇，时在绍兴三十一年（1161）九、十月之间，此时陆游从行在罢归，但是该年冬陆游又赴行在，入玉牒所为史官。② 可知两人真正频繁接触的时间就在这一两个月内。而且陆游的诗风也并没有被曾几的江西诗派所牢笼，金性尧先生认为陆游在诗歌创作上受曾几的影响不大，但门墙熏陶，对他的立身报国自有重大影响，可谓的论。③ 然而陆游对这位授业师却一直念兹在兹，敬仰感恩之情洋溢在诗文的字里行间。曾几去世后，陆游写下了不少怀念曾几的深情绵邈的诗篇。《剑南诗稿》卷二《追怀曾文清公呈赵教授赵近尝示诗》：“忆在茶山听说诗，亲从夜半得玄机。常忧老死无人付，不料穷荒见此奇。律令合时方帖妥，工夫深处却平夷。人间可恨知多少，不及同君叩老师。”同书卷十二《与黎道士小饮偶言及曾文清公慨然有感》：“临川税驾忽数月，嗜睡爱闲常闭门。君诗始惬病僧意，吾道难为俗人言。秋雨凄凄黄叶寺，春风酣酣绿树村。曾公九原不可作，一樽破涕诵《招魂》。”同书同卷《书李商叟秀才所藏曾文清诗卷后》：“陇蜀归来两鬓丝，茶山已作隔生期。西风落叶秋萧瑟，泪洒行间读旧诗。”同书卷七十九《梦曾文清公》：“有道真为万物宗，巉然使我叹犹龙。晨鸡底事惊残梦？一夕清谈恨未终。”往往一个不经意的生活细节就会引起极度敏感的诗人对已归道山的业师的深情缅怀，乃至寤寐之间也常出现他的身影。那种念兹在兹、挥之不去的刻骨追怀跃然可见，并写下了声情并茂的《曾文清公墓志铭》，堪称墓志写作的名篇。而作为一代宗匠、“一世龙门”素少许可的曾几，生前对陆游这位弟子也是称赞有加，揄扬备至。《茶山集》卷五《陆务观效孔方四舅氏体倒用二舅氏题云门草堂韵某亦依韵》诗：“陆子家风有自来，胸中所患却多才。学如大令仓盛笔（自注：寺本王子敬宅，有笔仓），文似若耶溪转雷；襟抱极知非世俗，簿书那解作氛埃。集贤旧体君拈

① 曾几与朱翌也是亲家。据上引陆游《曾文清公墓志铭》，曾几有一孙女嫁与了“通直郎、新通判扬州军州事朱辂”。这个“朱辂”就是朱翌的次子。见张剑《朱翌及其家族事迹考辨》，《汉语言文学研究》2011 年第 2 期。

② 参见邹志方《陆游家世》，北京出版社 2004 年版，第 226 页。

③ 金性尧选注：《宋诗三百首》，上海古籍出版社 1995 年版，第 292 页。

出，诗卷从今盥水开。”对陆游的多才博学、豁达襟抱备致钦挹褒扬之词，看得出来这绝非敷衍寒暄式的虚应故事。而且曾几临终前还在给陆游写信，上引《曾文清公墓志铭》：“某从公十余年，公称其文辞有古作者余风。及疾革之日，犹作书遗某，若永诀者，投笔而逝。”不难发现陆游这位弟子在曾几心目中的地位。对此陆游也不由得产生知己之感，《渭南文集》卷第三十《跋曾文清公诗稿》：“河南文清公早以学术文章擅大名，为一世龙门，顾未尝轻许可，某独辱知，无与比者。士之相知，古盖如此。方西汉时，专门名家之师众至千余人，然能自见于后世者，寡矣。扬子惟一侯芭，至今诵之。故识者谓千人不为多，一人不为少，某何足与乎此！读公遗稿，不知衰涕之集也。”陆游以扬雄弟子侯芭自喻，意谓侯芭虽非扬雄高足弟子，未能发扬其师奥义，但侯芭能在扬雄死后，为其起坟，守丧三年。陆游对曾几的感激之情于此灼然可见。曾几与陆游的关系，早已超越师生之情而具有了朋友之间风义相期、惺惺相惜的意味，这或许也是曾几最终选择在越中息影的原因之一。

三 曾几孙曾补考

曾几有三子一女，上引陆游《曾文清公墓志铭》已提及，但该墓志铭提及的曾几的孙辈、曾孙辈并不完整，因为曾几去世后，孙辈、曾孙辈还在陆续出生。该墓志铭提及曾几孙子七人，分别是槃、栗、梁、桀、槩、棐、棠，而新见的曾氏家族墓志中出现了曾樵，此人当是在曾几去世后出生，《曾勷墓志》云：“（曾勷）弱冠丧父，事母竭□□，且学且养，迄能有成，而百不一试以死，是可哀也。□□妻薛氏。男坦，女授孙，皆幼。樵惟叔父。”墓志文末题“修职郎嘉兴府崇德县主簿樵谨书”。只是传世文献中关于曾樵的记载甚少，嘉靖《嘉兴府图记》卷十二《人文》三《官师》有崇德簿有曾樵，绍熙中任，与墓志可相印证。淳熙《严州图经》卷二《知县题名》建德知县中有曾樵之名，云：“嘉定十四年六月十三日以通直郎到任，十五年该宝赏转奉议郎，十六年十一月十四日通理替满。”可见至少曾官至知县。

另外，曾几三个孙子栗、槩、棐的墓志也已出土，既可与传世文献相印证，也可补传世文献之缺讹。如《曾栗墓志》云：

> 宋故朝请大夫□①公，讳栗，字德宽。其先赣人，曾祖少师，葬河南，为河南人。南渡不常厥居。祖文清公，葬山阴，因家焉。曾祖讳準，朝请郎、轻车都尉，累赠少师，曾祖妣孔氏，魏国太夫人；祖讳几，通奉大夫、敷文阁待制，累赠少师，谥文清，祖妣钱氏，益国太夫人；父讳逮，中奉大夫、徽猷阁待制、知泉州，累赠少师，妣冯氏，秦国太夫人。公生于绍兴十五年十月八日，以文清公郊恩补将仕郎，试吏部出官，授迪功郎、秀州华亭县尉。以赏转承务郎，知平江府长洲县，通判严州。丁父忧，服阕，主管临安府城北右厢公事，知江阴军，改知广德军。召

① 此字漫漶难辨，但据下文可知是“曾”字。

除太府寺丞、刑部郎官，兼敕令所删修官，度支郎官。以左曹郎官总领淮西江东军马钱粮，就除太府少卿。改差福建路转运副使，未上，以母老丐祠，主管建宁府武夷山冲佑观。起知婺州，荆湖南路转运副使，两浙西路提点刑狱公事。过阙奏事，除直焕章阁。寻召除太府少卿，移大理，就迁卿，兼删修敕令官，移司农卿。丁母忧，服阕，除直焕章阁、福建路提点刑狱公事，以言者罢。嘉定八年七月十九日，以疾终于正寝，享年七十有一……公才高识远，质厚气劲。自幼侍文清公，常在左右，洒扫应对，奉承惟谨。文清公自幼教之，初学为诗，即有惊人语，公喜，教之愈力。壮而从仕，表表自立，扬历既久，绩效著明。折狱理财，三登卿列；分符仗节，七奉除书。晚岁居闲，一意书史之乐……

从墓志记载来看，曾栗是曾几次子曾逮之子，自幼随侍在祖父身边，“洒扫应对，奉承惟谨”，因此深得曾几的喜爱，一直由曾几亲自教诲，在发现其孺子可教后，“初学为诗，即有惊人语”，曾几更是倾囊相授，“教之愈力”。而其初入仕途，也是蒙曾几的恩荫，“以文清公郊恩补将仕郎”。可见曾几对曾栗这个孙子倾注了很大的心力，寄予了很高的期待。应该说，曾栗也没有辜负祖父的期望。他“才高识远，质厚气劲”，“壮而从仕，表表自立，扬历既久，绩效著明。折狱理财，三登卿列；分符仗节，七奉除书”，似乎无论在人品还是事功上，都卓有表见。从墓志记载来看，曾栗还是皇亲国戚，他的继配韩氏，是韩同卿之女、宁宗恭淑韩皇后之姊。从履历上来看，曾栗的升迁还是比较顺利的，其间受到过韩皇后的照拂也未可知，这就为我们考察宋代越中名门望族之间的通婚现象提供了极好的资粮。①

传世文献中有关曾栗的记载虽然不多，但也可和曾栗墓志的部分内容相互印证，相互补充。比如曾栗“知平江府长洲县”事，宋吕祖谦《东莱集》附录卷三《祭文》二《曾知县德宽》：“维淳熙八年岁次辛丑九月戊戌朔，表弟承务郎、知平江府长洲县主管劝农公事兼主管运河堤岸曾栗谨以清酌庶羞之奠致祭于近故提宫大著直阁郎中表兄吕公之灵。”可见曾栗淳熙八年（1181）已在知长洲县任上。

其“通判严州”事，淳熙《严州图经》卷一《正倅题名》云：“曾栗，淳熙十五年三月初三日以宣教郎到，十五年十一月十七日丁忧。”可知其“通判严州”在淳熙十五年（1188），但不久因丁父忧去职。

其“知广德军”事，嘉靖《广德州志》卷七《秩官志·宦籍》云：“鲁栗，庆元二年知军事，政多仁惠。时有大水入城，筑三堤以障之，民免水患。”将“曾”字误为“鲁”字，乾隆《广德州志》也沿袭其误，应据改。陆游《渭南文集》卷十九《广德军放生池记》亦云：“承议郎曾侯栗以庆元二年来领郡事。”可知曾栗出知广德军在庆元二年（1196）。

其以“左曹郎官总领淮西江东军马钱粮，就除太府少卿，改差福建路转运副使”事，景定《建康志》卷二十六《官守志三·总领所题名》云：“曾栗，朝奉郎、守尚书

① 韩同卿属相州韩氏韩肖胄一支，韩肖胄南渡后定居于越中，见钱汝平《新见相州韩氏韩肖胄家族墓志考释》，《殷都学刊》2018年第2期。

户部郎中，庆元五年八月二十八日到任，六年闰二月十六日除守太府少卿，依旧淮西总领。当年六月一日磨勘，转朝散郎。当年七月十三日，因修庆元宽恤诏令，转朝请郎。十二月初七日，改除福建运副。”可见其事发生在庆元五年（1199）至六年（1200）之间。宋蔡幼学《育德堂外制》卷三《曾栗降朝请郎》云：“中兴以来，邦赋之入于四总司者居大半焉。受其任者，可不谨乎！尔夙以能称，将命淮右，而妄费无度，达于朕闻。夺尔三阶，是为中典。尚图后效，以盖前非。”看来曾栗在总领淮西江东军马钱粮时还因“妄费无度”遭受处分。

其“起知婺州”事，万历《金华府志》卷十一《官师》知婺州军州事中有曾栗，注云：“嘉泰二年由朝奉大夫任。”陆游《渭南文集》卷二十《婺州稽古阁记》云：“嘉泰元年，太守丁公逢乃即讲堂后得旧直舍地以为阁，而请于今参知政事许公大书其颜。公书宏伟有汉法，于是阁一日而传天下。丁公既代去，曾公栗来为郡，阁之役尚未既也。”可知嘉泰二年（1202）曾栗确实出知过婺州。

其为“荆湖南路转运副使，两浙西路提点刑狱公事。过阙奏事，除直焕章阁，寻召除太府少卿”事，绍定《吴郡志》卷七《官宇·提点刑狱司》云：“曾栗，以朝散大夫、荆湖南路计度转运副使除，嘉泰三年八月到任，十七日除直焕章阁，当年除太府少卿。”可见其事发生在嘉泰三年（1203）。

其为“福建路提点刑狱公事，以言者罢”事，清徐松《宋会要辑稿》职官七五：“（嘉定元年）正月九日，大理卿奚士逊降两官；江西运副陈景思、福建提刑张嗣古并放罢；新福建提刑曾栗罢新任；直秘阁知镇江府钱廷玉落职，更追三官勒停，送宜州羁管。以右谏议大夫叶时言士逊洊更麾节，俱无廉称；景思、嗣古本无才望，超迁骤进；栗凶暴贪残，赃污著闻；廷玉迎合侂胄，纵臾（怂恿）兵事。”可知曾栗确实曾被任命福建路提点刑狱公事，但因遭言官叶时弹劾而被罢。所谓“凶暴贪残，赃污著闻”，追究的主要还是发生在曾栗总领淮西江东军马钱粮期间的事情。蔡幼学对此有更详细的记载，其《育德堂奏议》卷三《缴大理卿奚士逊新福建提刑曾栗放罢旨（指）挥状》云：

> 臣窃惟权臣专政以来，私庇亲党，公受货赂，纵贪残之吏，毒州县之民，风俗变迁，廉耻尽丧。其极至于庙堂之上，请托恣行；辅相之尊，赃污狼藉，有胥吏市井之所不屑为者。积习至此，岂一朝一夕之故哉？陛下更化之始，下诏求言，臣尝妄有条奏，乞将盗取官钱、赂遗权幸者显治一二，以警其余。盖转移人心之机，不可无以耸动之也。今臣寮所论韩侂胄亲党奚士逊等，次第窜黜，允协公论。臣区区之愚，犹以为奚士逊洊更麾节，俱无廉称；曾栗妄用官钱，万数浩瀚，则比之他人，其罪宜加重焉。士逊止以幸中法科，夤缘膴仕，出守近郡，政以贿成，修饰苞苴，倾竭帑藏，以悦侂胄及苏师旦、周筠之意，恃其权势，肆为凶残，凡善良之家，偶有小小争讼，必辄逮系罗织，文致其罪，必使纳赂如意而后释之。士逊既逞其私，而其父及诸子，亦皆各任爪牙，交通关节，一门三世，黩货无厌，邦人不堪，至以鼷鼠目之。以臣所目，贪吏之无忌惮者，未有如士逊者也。至于栗之奸赃，则踪迹已著，众人所共知者。商飞卿具到淮西总领所累任乾没钱物，惟栗最

多，侂胄深欲庇之，而迫于公议，黾勉行遣。于五人之中，栗为首坐，而止降三官，固未足以当其罪也。夫害民蠹国，莫如赃吏，祖宗用法，最所加严。臣愚，欲望圣明特降指挥，将士逊与栗并永不得与亲民差遣，除栗先已降官及今复褫职外，其士逊仍重行镌降，庶几人知戒惧，渐革贪污之习，其于治道，诚非小补。

看来曾栗与韩侂胄有千丝万缕的联系。其所谓“凶暴贪残，赃污著闻”之罪，还曾受韩侂胄一力庇护。韩侂胄和韩肖胄都属相州韩氏，两人为堂兄弟，恭淑韩皇后乃韩肖胄曾孙女。曾栗续娶恭淑韩皇后之姊，与韩侂胄渊源较深，依附韩侂胄实属平常。韩侂胄倒台后，曾栗失去保护，于是言官纷纷上书弹劾，要求深究，最后曾栗又被降官革职。为此曾栗也曾上书自辩，朝廷也曾降指挥给予祠禄官，但又被给事中曾从龙封驳，清徐松《宋会要辑稿》职官七五：“（嘉定八年四月）十二日，曾栗差宫观指挥寝罢。先是，栗自陈得祠，既而兼给事中曾从龙论驳，故有是命。”

曾栗虽有“凶暴贪残，赃污著闻”的传闻，但其为干练有为的能吏这一点也应该是事实，墓志称其“扬历既久，绩效著明。折狱理财，三登卿列；分符仗节，七奉除书”，当亦非虚语。比如在知广德军任上，他重修了历任知军都未能修成的谯楼，周必大称其“有绝人之才”，周必大《文忠集》卷五十八《广德军重修谯门记》：“会承议郎曾侯栗被命分符，有绝人之才，百废兴举，谓万乘行在，吴中郡乃近辅，华丽嶕峣，当应古义。适岁丰人和，鬻材僦工，兴役于暮春，落成以季夏。”又比如在浙西提刑任上，曾栗曾就邮传一事向朝廷建议，并蒙允纳。清徐松《宋会要辑稿》方域一一：“（嘉泰三年）八月十四日，浙西提刑曾栗言：‘置邮传令，古人重之，今之递铺，反为虚设。衣粮不时支，缺员不时补，甚至屋宇破坏，不庇风雨，衣食窘迫，私役之人。遂使僻州远县有号令而不知，文书往来虽遗失而不问，平居且然，缓急何赖？倘非严行约束州郡，安肯奉行。乞下诸路，常切检察，无得视为闲慢，监司巡历，并宜按行，其巡检官不职者，即行奏劾。’从之。”这些记载都在说明曾栗不是一个毫无作为的尸位素餐的庸吏。

这方墓志完整揭列了曾栗一生的仕履，可补传世文献对曾栗记载之不备，比如“秀州华亭县尉”“主管临安府城北右厢公事”“太府寺丞”“敕令所删修官”“主管建宁府武夷山冲佑观”“大理少卿”“大理卿”“司农卿”等职务就为传世文献所失载。这方墓志是了解曾栗生平和曾氏家族情况的第一手材料，因此弥足珍贵。

而曾槩是曾几长子曾逢之子。《曾槩墓志》记载其弱冠擢进士第，淳熙十四年（1187）以疾卒，享年三十八岁，则其当生于绍兴二十年（1150）。墓志未提及其中第的具体科分，按宝庆《会稽续志》卷六《进士》，曾槩是乾道五年（1169）郑侨榜进士，中第时刚好弱冠之年，与传世文献若合符契。乾隆《杭州府志》卷六十四《职官》三《海宁富阳》中列有海宁①县丞曾槩，云淳熙七年（1180）任，根据墓志所记曾槩“弱冠擢进士第，调绍兴府余姚县主簿，未上。摄会稽县尉，以伐石□江岸功，循修职郎。既而之官余姚，用荐者改宣教郎、知临安府盐官县丞，避亲两易明州之鄞县丞”的履历看来，乾隆《杭州府志》记载其淳熙七年（1180）任盐官县丞应该是可靠的。

① 该卷卷首有按语云：“秦汉已来，盐官与海盐未析。”

由于曾槩盛年去世，官位不显，故传世文献提及他的甚少，这方墓志记载的曾槩仕履可补传世文献之缺。

《曾棐墓志》由于下半部漫漶，文字缺失，已难完整获知其一生仕履。志中有“公以母太淑人方……”之语，考之《曾槩墓志》，其母亦为方氏，可见曾棐亦是曾逢之子。宋董煟《救荒活民书》卷二《治盗》云：“淳熙十五年，德兴饥荒，民有剽剠道路者。县令曾棐廉得二人，锁项号令于地头，日给米一升，俟来年麦熟日放，盗贼由是衰止。”可见其出任过德兴县令，与墓志所云“德兴为番阳剧邑，输郡之钱月有常数……”的记载相合。从曾棐的治盗之法看来，他无疑是一个干练的地方官吏，这与墓志所记“御吏如束湿，而于民事则常思所以……”“未数月，纪纲大振，财用沛然”“综核精密，官无遗利”“改弦易辙，政令一新”“吏奸既绝，财赋无所散逸”等也相合。这是一个有手腕、有才干、有担当的基层干吏。

至于曾几曾孙曾勳，则是曾槩之子。曾勳与其父曾槩一样，也是少年科第，他是庆元二年（1196）[①] 进士，年仅二十七岁，授真州州学教授。可惜两年后即因病去世。见《曾勳墓志》。

曾几曾孙曾庶则是曾栗之子。据《曾庶及妻刘氏墓志》，曾庶以父荫为将仕郎，历湖州司户参军、监镇江府东比较务、庐州录事参军、知盱眙县，擢淮东安抚制置司准备差遣，官至承直郎。其时李全的忠义军在楚州作乱，曾庶及妻刘氏、子曾塈、曾塈妻余氏一门四口全部壮烈殉难，墓志对此记载甚详。宋洪咨夔《平斋文集》卷十九《外制》三《曾庶赠通直郎制》云：“敕具官某：掎鹿固为共踣之谋，养虎必有反噬之患。山阳荼毒，尔以幕僚死事，阖门不免焉。念之惨怛，追畀升朝之秩，仍录应门之孤。魂而有知，歆此殊渥。”可见朝廷对曾庶阖门被害一事也作了回应。

曾几曾孙曾知白则是曾棐之子。据《曾知白墓志》，曾知白以父荫为将仕郎，调严州司户参军，历官淮南节度推官、福州录事参军、宁国府观察支使等职，淳祐年间曾教授于荣王府资善堂，以八十四岁高龄寿终。

今据新见曾氏墓志中反映的家族情况，并结合传世文献，将曾氏家族的世系列表如下，并略作说明，女眷略去。

说明：曾几有三子曾逢、曾逮、曾迅是可以确定的，但他的孙曾辈肯定远不止上表所列人数，由于书缺有间，尚待日后再补。如曾几去世时有七孙槃、栗、梁、桀、槩、棐、棠，但在新见《曾勳墓志》中却出现了“樵惟叔父”的记载，并且《曾勳墓志》就是曾樵所撰。当然，古人的称呼比较宽泛，这个曾樵不一定就是曾勳的亲叔父，或许是从叔父也未可知，今姑作亲叔父计。曾几的另外两孙曾梁、曾桀，尚不知其父为谁。又曾烈，在《曾槩墓志》中记为次子，早夭，但在《曾栗妻韩氏墓志》中则记为韩氏之子，也就是曾栗之子，但《曾栗墓志》未提及曾烈，据此，曾烈当是曾栗与韩氏之子，后被过继给曾槩为子者。又曾埴，并非曾庶亲生子，而是嗣子，曾庶一门死于楚州忠义军作乱，曾庶长兄曾熙命曾埴为其后，《曾庶及妻刘氏墓志》云：“公伯兄熙以公

① 宝庆《会稽续志》（清嘉庆十三年刻本）卷六《进士》将曾勳列入庆元三年邹应龙榜进士，“三”当是“二”之误。

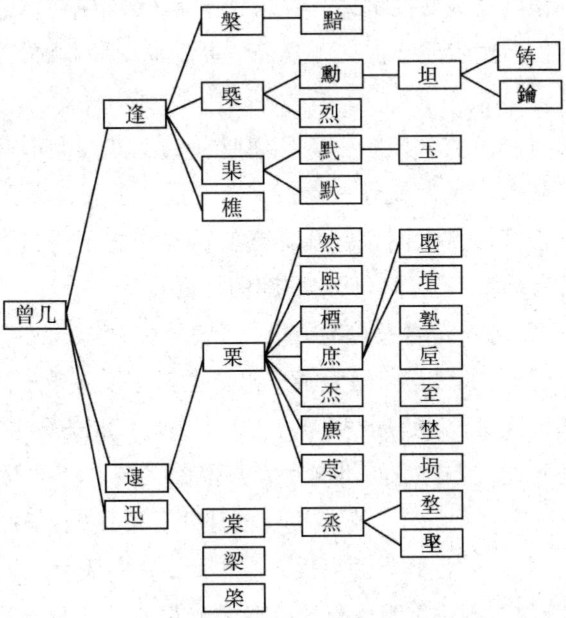

无嗣，命公从兄子埴为后。”可以为证。可见曾埴其实就是曾庶从侄，只是未知其生父究竟为谁。又曾杰，《曾栗墓志》记为曾栗第五子，但《曾栗妻韩氏墓志》则未见记载。韩氏为曾栗续娶之妻，曾栗先娶李氏，先曾栗四十三年而亡，那么曾杰会不会是李氏所生呢？不会。因为曾杰若是李氏所生，必是长子无疑，而曾杰却是第五子，所以曾杰当是曾栗妾侍所生，韩氏墓志未将其计入。又《曾栗墓志》记其四孙为塾、垕、塈、至，然《曾栗妻韩氏墓志》则记其四孙为塾、垕、塈、埜。韩氏卒于嘉定三年（1210），曾栗卒于嘉定八年（1215），若曾至是曾栗妾侍之孙而韩氏墓志不予计入的话，则曾栗应有五孙，不止四孙，据此，疑曾埜后来改名为曾至者。又曾棐二子黙、默（“默”字模糊，暂定为“默”），而曾知白是曾棐之子这一点可以确定，但未知其是曾黙还是曾默。按黙乃黑色之意，与白为反义，曾黙字知白，正好名、字以正反义相配，与初唐诗人王绩字无功同一机杼，因此姑定曾知白即为曾黙。

四　曾氏家族的婚姻

曾几一族虽然是典型的书香仕宦之家，但是总体上讲，曾氏一族并不是特别官高爵尊的显赫家族。曾几生前只是礼部侍郎，长子曾逢官至试大理卿，次子曾逢历官户、刑二部侍郎，知泉州；孙子曾槃官湖南运判，曾槩通判建康军府事，曾栗司农卿、福建路提点刑狱公事，曾棐添差通判镇江府事，曾棠知道州。而曾孙曾勳虽是进士及第，但英年早逝，官只真州教授，曾庶为淮东安抚制置司准备差遣，均不贵显。此后似也未见有大闻人出现。因此，曾氏一门的地位在整个仕宦家族圈中只能算中等偏上水平。而家族联姻是讲究门当户对的，这一点从与曾氏联姻的仕宦家族中也大体上可以看出来。

吴越钱氏。自曾几开始，曾氏就与吴越钱氏世代通婚。曾几娶翰林学士钱勰之孙、朝请郎钱东美之女。钱勰乃吴越国钱镠六世孙。据《曾烝妻钱氏墓志铭》，曾几曾孙曾烝又娶钱植之女，钱植则是钱镠九世孙。曾几曾孙女、曾栗第三女适文林郎、台州军事判官钱如川。吴越钱氏虽然贵显，但支派繁多，贵显者只是个别支派，与曾氏联姻者似非吴越钱氏之贵显者。

东莱吕氏。曾氏与吕氏的联姻始于曾几将唯一的女儿嫁与时任“右朝散郎、知吉州”的吕大器，而据陆游《渭南文集》卷三十六《吕从事夫人方氏墓志铭》，吕大同又将女儿嫁与曾几孙子曾棐，吕大同是曾几师事的吕本中之子。吕大器与曾氏生二子祖谦、祖俭，而曾几又有孙女一人嫁时任修职郎的吕祖俭。

桐庐方氏。《曾槩墓志》记曾槩母为方氏，《曾知白墓志》亦称曾祖妣为“安康郡夫人方氏”，曾知白父为曾棐，与曾槩为亲兄弟。也就是说，曾逢之妻为方氏。这个方氏很可能与陆游《渭南文集》卷三十六《吕从事夫人方氏墓志铭》提到的方氏是同族，吕从事即吕大同。据墓志，方氏是严州桐庐人，曾大父楷，尚书驾部员外郎；大父蒙，朝散郎、尚书屯田员外郎；父元矩，朝散郎、知建州。可见是一般的仕宦家族。

山阴冯氏。《曾栗墓志》记其母为冯氏，《曾庶及妻刘氏墓志》称其祖妣为“越国太夫人冯氏”，也就是说，曾逮之妻为冯氏。曾栗先娶李氏，后娶韩氏，韩氏乃宁宗恭淑韩皇后之姊。据《曾栗妻韩氏墓志》，其祖妣为冯氏，“赠吴越国夫人”。这两个冯氏疑是同族。《宋代墓志》披露了一方《冯承祖墓碣》，据墓碣，冯氏世居越之山阴，曾祖晖之，奉议郎；祖摅，朝散郎、大宗正丞，特添差通判饶州；父必大，通直郎、知建康府江宁县事。[①] 也是一般的官宦之家。

上虞李氏。此李氏指高宗朝的参知政事李光。《曾文清公墓志铭》记曾几长孙女“适从事郎、衢州江山县丞李孟传”。据《宋史・李光传》，李孟传是李光的幼子。又，上文已提及曾几曾孙女、曾槩一女嫁李知先，而李知先是李光之孙、李孟传之子。另，据《山阴天乐李氏宗谱》卷十《行传・李孟传》记载，曾黯娶李孟传第五女。可见曾几一族与李光一族世代通婚。

遂安（淳安）詹氏。陆游《渭南文集》卷三十九有《詹朝奉墓表》，詹朝奉即詹靖之，詹氏为郡望族。詹靖之历官浙东安抚司主管机宜文字，监潭州南岳庙，婺州金华、常州宜兴县丞，浙东提举常平司干办公事，通判靖州。其长女嫁“朝请郎、前通判湖州曾槩”，而上引《曾文清公墓志铭》记曾几一孙女“适宣义郎、新浙东提举常平司干办公事詹徽之”，据《詹朝奉墓表》，詹徽之乃詹靖之之弟，詹靖之第三子詹表民出继詹徽之。可见曾、詹二族亦世代通婚。

会稽邢氏。《曾文清公墓志铭》提到曾几一孙女“适从政郎、新婺州金华县丞邢世材”。吕祖谦《吕东莱先生文集》卷八有《邢邦用墓志铭》，知邢邦用即邢世材。邢氏先为青州人，后徙汴，绍兴间始家会稽。邢氏初娶何氏，续娶曾氏。其亲兄邢世亨的墓志铭已出土[②]，《邢世亨墓志》云“邢氏世为河北清州人”，当以《邢世亨墓志》为是。《邢邦用墓志铭》的“青”当是“清”字之误。邢氏籍籍无名，至邢世材始登乾道二年（1166）萧国梁榜进士，然享年不永，三十七岁即去世，后世亦无贵显。

① 绍兴市档案局（馆）、会稽金石博物馆编：《宋代墓志》，第260页。

② 绍兴市档案局（馆）、会稽金石博物馆编：《宋代墓志》，第137页。

缙云叶氏。《曾文清公墓志铭》提到曾几一孙女“适宣教郎、干办行在诸军审计司叶子强”。同治《苏州府志》卷七十一《名宦》四《崑山》有其传，云：“叶子强，缙云人。学问该博，工诗文。淳熙二年，知崑山，政尚简易。在任三年，百度修举。以邑有‘潮至唯亭出状元’之谶，遂建问潮馆于驷马桥西。后潮过唯亭，卫泾遂魁天下。以先任无所考稽，遍稽史牒，取雍熙以后五十六人刻诸石。留意学校，增修黉舍。入官奉常，擢朝奉郎。”叶氏家世待考。

上虞丁氏。《曾文清公墓志铭》提到曾几一孙女“适文林郎、湖州长兴县丞丁松年”。据宝庆《会稽续志》卷六《进士》，丁松年是隆兴元年（1163）木待问榜进士，万历《绍兴府志》卷三十一《选举志》二《进士》则注明其为上虞人。上虞丁氏的具体情况待考。

余姚王氏。《曾文清公墓志铭》提到曾几一孙女“适迪功郎、前明州慈溪县主簿王中行”。此孙女名曾静真，为曾逢之女，其墓志出土于余姚，上文已引。余姚王氏家族有多方墓志出土。王中行之父王逨的墓志铭详细记载了王氏的先世。王氏本大名府人，以河决迁葬于洛阳。王逨高祖王轸，赠吏部尚书，徙居陈州之宛丘；曾祖王景章，尚书屯田员外郎，赠金紫光禄大夫；祖王直臣，朝议大夫致仕，赠银青光禄大夫父；父王俣，工部尚书，以左中大夫、敷文阁待制致仕，赠光禄大夫，徙居绍兴府之余姚，而王逨则终于国子司业。《王逨墓志铭》为时任朝请大夫、中书门下省检正诸房公事曾逢所撰，其中记载了曾、王两家联姻的因缘：“（上缺）于临安，一见如旧交，语必移时。后数年，相见于余姚，从容道门内琐碎如骨肉。逢多女子，公一一问所归，至第六女，顾仆夫呼其子出焉。总角知诗书，端秀可爱，笑谓逢曰：‘吾曹雅相善（下缺），盍相与姻乎？’逢退而媒者至，逢谢曰：‘吾见其子矣，（下缺），则王氏未之详也。贫富丑好继不问，亦安知吾女之疾病乎？何太草草也。’媒者曰：‘王氏不相疑如此，公女傥有疾，岂欺之乎？’（上缺）中行，大临我之自出也。”①

歙县张氏。《曾文清公墓志铭》提到曾几有一孙女“适迪功郎、监衢州比较务张震”。弘治《徽州府志》卷八《人物二》有张震传，云：“字彦亨，歙人。登乾道己丑第，历院辖、寺丞，知抚州江西仓。以不附韩氏，为言路论罢。嘉定初，召为郎，迁右司郎官，奉祠不复出。娶会稽曾文清公几之孙，因家于越。时论以正人许之。”与《曾文清公墓志铭》相合。可见张氏原为歙人而定居于越者。据《曾栗墓志》，曾栗有二女分适“从事郎、新建康府溧水县丞张澄”“迪功郎、监台州赡军酒库张淮”，不知此二人是否张震一族。而据上引张震传，张震兄弟七人，张震先以荫资兄子大猷为官而后及己子远猷，看来张震子侄辈以“猷”连名，似与张澄、张淮之名不合。待考。

桐城朱氏。《曾文清公墓志铭》提到曾几有一孙女“适通直郎、新通判扬州军州事朱辂”。朱辂乃朱翌次子，上文已提及，此不赘。

山阴王氏。据《曾槩妻王善贤墓志》，王氏世居越之山阴，祖俊彦，左宣义郎，赠特进；父佐，宝文阁直学士、通奉大夫、提举凤翔府上清太平宫，赠银青光禄大夫。王佐即是绍兴十八年（1148）状元，陆游《渭南文集》卷三十四有《尚书王公墓志铭》，

① 章国庆编著：《宁波历代碑碣墓志汇编》，第196页。

于王佐家世生平记载颇详，足资参证。

鄞县薛氏。《曾勳妻薛氏墓志》云：“庆元府鄞县人也。曾祖朋龟，朝奉大夫、知衡州；祖居实，朝请大夫、直秘阁、知扬州；父佑祖，通直郎、成都府路钤辖司干办公事。”薛朋龟及其妻王氏墓志均已出土①，与薛氏墓志记载相合。

鄞县魏氏。据《曾栗墓志》，曾栗幼女“适迪功郎、前监绍兴府和旨酒库魏渊”。魏渊是孝宗朝宰相魏杞的长曾孙，魏杞的神道碑已经出土，可得证实②。但是魏渊本名赵椝，乃出继魏氏者。《宋冯妙定墓志》已出土，据墓志，冯氏是宣义郎、主观台州崇道观赵端之妻，生六子，其第二子“椝出继魏氏，姑名渊，从事郎、监临安府青山酒库”③，可证。

山阴韩氏。上文已提及曾栗续娶韩氏，乃恭淑韩皇后长姊、太师韩同卿之女。韩氏原籍相州，是北宋名相韩琦之后。韩肖胄是韩琦嫡长曾孙，曾官签书枢密院事，以资政殿学士出知绍兴府，从此定居绍兴。韩同卿则是韩肖胄之孙。南宋时期，绍兴一带是相州韩氏的大本营。④

宗室赵氏。据《曾栗墓志》，其一女“适承事郎、新知福州侯官县赵汝镃”；据《曾勳妻薛氏墓志》，其女“适故从事郎、监泰州如皋县买纳盐场赵善啓”；据《曾知白墓志》，曾黙一女“适漕贡进士赵崇稑”。这些人都是宗室远支，名位均不显。

山阴陆氏。据《曾忝妻钱氏墓志铭》，其一女“许嫁放翁陆待制之孙元质”。陆游因为与曾几结缘，所以与曾几子孙也交往密切。陆游诗文集里就有颇多这方面的记录。比如曾几长子曾逢，《剑南诗稿》卷一有《病起寄曾原伯兄弟》，同卷有《曾原伯屡劝居城中，而仆方欲自梅山入云门，今日病酒，偶得长句奉寄》，同书卷六十七《素饭》自注云：“曾乐道（曾槃）近馈茶山茶。”《入蜀记》卷一：“（乾道六年闰五月）十九日……曾原伯逢招饮于其子（曾）槃廨中，二鼓归。原伯复来，共坐驿门，月如昼，极凉。四鼓解舟行，至西兴镇。”曾逢死后，陆游还撰写了《祭曾原伯大卿文》（《渭南文集》卷四十一）。可知陆游与曾逢、曾槃父子关系不同一般。又比如曾几次子曾逮，《剑南诗稿》卷十七有《曾仲躬见过，适遇予出，留小诗而去，次韵二首》。清卞永誉《式古堂书画汇考》卷十四《书》十四收有陆游《拜违言侍帖》，云：“游顿首再拜，上启仲躬侍郎老兄台座。”可见陆游与曾逮交情也不浅。又比如曾几曾孙曾黯（温伯）。《剑南诗稿》卷五十一有《赠曾温伯邢德允》，《渭南文集》卷五有《除宝谟阁待制举曾黯自代状》，云：“令侍从授告，讫限三日内，举官一员充自代者。右臣伏睹从政郎、总领淮东军马钱粮所准备差遣曾黯克承家学，早取世科，操行可称，文词有法，臣实不如，举以自代。”能在辞职后举荐曾黯来代替自己的职务，交谊自非浅浅。在这样的世代交情之下，曾、陆两家联姻是自然不过的事情了。

象山刘氏。《曾知白墓志》提到曾黙妻刘氏，“象山人，吏部尚书、赠银青光禄大

---

① 章国庆编著：《宁波历代碑碣墓志汇编》，第152、187页。

② 见《宋故太师右丞相食邑五千九百户实封三千九百户谥文节鲁国公魏公神道碑》，章国庆编著《宁波历代碑碣墓志汇编》，第271页。

③ 章国庆编著：《宁波历代碑碣墓志汇编》，第232页。

④ 钱汝平：《新见相州韩氏韩肖胄家族墓志考释》，《殷都学刊》2018年第2期。

夫刘俣之女”。嘉靖《宁波府志》卷二十七《传》三《刘俣》记其登绍兴三十年（1160）进士第，历官知华亭县、通判绍兴府、知兴国军、改知岳州、直秘阁，召除尚书礼部郎中，卒。而《曾知白墓志》则称其为吏部尚书，从其历官顺序来看，当以《宁波府志》作“尚书礼部郎中”为是。

慈溪余氏。《曾庶及妻刘氏墓志》提及曾塈“娶四明余氏……今淮东幕府余公元廙女也”。据《南宋馆阁续录》卷八，洪咨夔《平斋文集》卷十七、二十，许应龙《东涧集》卷三，周密《齐东野语》卷九“李全”条等，可知余元廙是庆元府慈溪县人，嘉定七年（1214）袁甫榜进士，曾任国子监簿、监丞、司农寺丞、著作佐郎、秘书郎、知衢州等职，后死于李全之乱。

新昌王氏。上引刘克庄所撰王孺人墓志提到曾堅娶妻新昌王氏。该墓志云：“按王氏去乌衣入剡，自武毅始。孺人于水心叶公所志长潭公为伯祖，于实斋王公所志孝友公为皇考，一门雍睦，江左旧族也。”所谓“长潭公”，即王思文，叶适《水心先生文集前集》卷二十四有《长潭王氏墓志铭》，据该墓志铭，可知王氏自称王导之后，然累世不显，至王思文之子王梦龙始登进士第，王梦龙曾知龙游县，“历御史，入宗寺为卿，直中秘书，出守永嘉”。

另外，《曾栗墓志》提到曾栗一女“适文林郎、新知光化军光化县祝文之”，早卒，曾栗遂又将次女适祝文之。《曾庶及妻刘氏墓志》提及刘氏“曾祖曰宥，封承事郎。祖彭年，仕至朝奉郎。父壎，终朝议大夫、直秘阁”。《曾知白墓志》提到其一女“适进士马锜”。祝、刘、马三氏的具体情况待考。

曾氏家族的联姻对象自然不止上述这些家族，但是仅这些家族就足可供我们分析曾氏联姻的一些事实了。一是其联姻的地域主要集中在绍兴一带，大体上不出今浙江省范围。歙县张氏因已家于越，可算是绍兴本地家族。桐城朱氏可能是因仕宦之间的交集而结成的联姻对象，并不很具有典型性。二是其联姻的家族在地位上与曾氏大体相当，并不是特别显赫的仕宦之家。魏氏因出过孝宗朝宰相魏杞而显得较高，但魏杞后世并不显达。三是其联姻对象似也无白丁和商贾，一般是有“官”（包括实职虚职）之人，这充分体现了宋代婚姻“尚官”“贵人物相当”的传统①。四是中表婚比较常见。这一点在曾氏与吴越钱氏、东莱吕氏、上虞李氏、遂安（淳安）詹氏等家族的联婚中表现得非常明显，这是古代家族世婚所不能避免的一个现象，也是宋代提倡中表婚②政策的必然结果。曾氏家族通过联姻方式形成的广泛社会关系无疑是推动家族繁荣发展的重要助力，也是维持家族门风、地位于不坠的秘诀之一。

五　规模宏大的家族墓地

关于宋代的墓葬制度，著名考古学者郑嘉励先生有一个基本观点：北宋时期中原士

① 张邦炜：《宋代婚姻家族史论》，人民出版社2003年版，第62页。
② 张邦炜：《宋代婚姻家族史论》，第96页。

大夫家族，普遍打造自己多代聚葬的墓地，而这在南方是没有的。因为江南独特的地理气候环境和讲究风水的功利观念导致家族墓地很难产生。郑先生还举了例子，如鄞县的史弥远家族，史浩、史弥远到史嵩之都是南宋时权倾一时的宰相，如果他们想打造家族墓地，完全可以做到，但是他们并没有。史弥远埋在鄞县，史嵩之埋在余姚河姆渡，有些人埋在奉化，有些人埋在慈溪，每个墓相距非常远。又如理学家朱熹，其父朱松葬在福建的政和县，朱熹本人葬在建阳，其子朱塾墓在建阳另一乡镇，相距十几里。朱熹撰《朱子家礼》，于族葬一事只字未提，表明朱熹本人也没有族葬的观念。而这种墓葬传统被从中原南渡过来的家族所打破，东莱吕氏家族在婺州武义明招山打造家族墓地即是一个著例，它直接开启了元明时期江南地区的族葬风气。① 笔者仔细研读新出的曾氏家族的墓志，发现曾氏家族或许也是郑先生所说的在南方打造家族墓地的中原南迁家族之一。当然，曾氏原籍赣州，是典型的南方人，但正如上文所述，至少从曾几之父曾凖起就已迁居河南洛阳，曾凖死后并葬于河南，曾几自幼生活在北方，因此深受北方士大夫族葬观念的影响也是可以理解的。由于这十方曾氏墓志为盗墓者盗挖，失去了出土时间和地点等信息，墓葬或也已被破坏殆尽，因此已无法从考古学角度来现场考察曾氏家族墓葬的具体情况了。但这十方墓志中透露的信息足以让我们相信这是一个颇具规模的家族墓地。现将相关信息罗列如下。

上引陆游《曾文清公墓志铭》提到的曾几葬于“绍兴府山阴县承务乡凤凰山之原”。葬于凤凰山的曾氏族人有：

曾槩，“归祔于绍兴府山阴县承务乡凤凰山先茔之侧”。(《曾槩墓志》)

曾槩妻王善贤，与曾槩“合葬于山阴县承务乡凤凰山之原”。(《曾槩妻王善贤墓志》)

曾栗，“葬于绍兴府山阴县承务乡凤凰山先茔之侧”。(《曾栗墓志》)

曾棐，“葬于绍兴府山阴县承务乡凤凰山文……”② (《曾棐墓志》)

曾勳，“葬于绍兴府山阴县□□乡凤凰山承议墓之侧”。(《曾勳墓志》)

曾勳妻薛氏，与曾勳“合祔于绍兴府山阴县承务乡凤凰山教授之兆”。(《曾勳妻薛氏墓志》)

另外，上文已提到曾逢、曾逮也祔于父墓。

葬于茶山之原的曾氏族人有：

曾栗妻韩氏，“祔于绍兴府山阴茶山之原”。(《曾栗妻韩氏墓志》)

曾棠、曾烝父子，“道州守讳棠……今予此来，则道州与子从事烝即其处坟久矣”。(《曾烝妻钱氏墓志铭》)

曾烝妻钱氏，“葬茶山，祔从事③兆”。(《曾烝妻钱氏墓志铭》)

---

① 郑嘉励：《武义明招山：一场理想主义者的族葬》，https：//zj. zjol. com. cn/news/135962. html，浙江新闻 2015-8-11。

② “文”下缺，“文”下当是“清”字，文清即曾几，此句当指曾棐葬于祖父曾几之侧。

③ 从事即曾烝，曾官从事郎。

曾黓（知白），“祔于山阴茶山提辖公茔之左”。（《曾知白墓志》）

曾堅妻王氏，“葬于山阴茶山”。（刘克庄《后村先生大全集》卷一百五十一《墓志铭·王孺人》）

葬于山阴之东山的曾氏族人有：

曾庶及其妻刘氏、曾壂及其妻余氏，“藏于会稽山阴之东山（衣冠冢）”。（《曾庶及妻刘氏墓志》）

其实茶山就是凤凰山。因为曾黓“祔于山阴茶山提辖公茔之左”，而“提辖公”就是其父曾棐，因曾棐曾官提辖榷货务都茶场，故称提辖。据《曾棐墓志》，曾棐葬于绍兴府山阴县承务乡凤凰山其祖曾几墓侧，足证茶山即凤凰山。嘉泰《会稽志》卷六《冢墓》云：“曾文清公墓在（山阴）道树，大卿（曾）逢、侍郎（曾）逮并祔文清墓。”据此，凤凰山、茶山、道树实是同地，这个地方其实在秦望山，嘉泰《会稽志》卷十一《泉》：“苦竹泉在秦望山侧曾文清墓，林多苦竹，泉出其下，泓洁宜茶。”

而山阴之东山则与凤凰山、茶山非一处。检嘉泰《会稽志》，未见山阴有名东山者，然清周铭鼎所撰《柯山小志》卷中《胜览》有“东山”条云：“山与柯山相连属，在柯山之西，自蔡家堰视之，则东也，故名。”① 《柯山小志》虽为晚出方志，但地名往往是历代口耳相传的，故其记载或有根据。曾庶一门四口为什么未能入葬家族墓地呢？笔者推测，曾庶一门四口均死于兵灾，兵者乃不祥之器，且四人尸骨无存，从楚州带回的只是四人生前的衣冠而已，或许因此而未能入葬祖坟。这样解释似乎稍合情理一些。曾庶一门四口葬于宝庆三年（1227），而曾烝妻钱氏葬于嘉熙四年（1240），曾黓（知白）葬于宝祐五年（1257），如果说曾庶安葬时，祖坟已无隙地，需另觅地安葬的话，那么为什么迟于曾庶安葬多年的钱氏和曾黓却反而能入葬祖坟呢？据常理，似乎说不过去。故笔者作出上述推测，相信离题不远。

曾氏家族墓地还有曾几祠堂。《曾烝妻钱氏墓志铭》是落款为“迪功郎宜改添差两浙东路提举常平茶盐司干办公事”的钱时所撰，其云：“宝庆三年春，予陪越率②游茶山，谒故敷文阁待制、礼部侍郎文清曾公祠，始获拜益国夫人钱氏遗像。益国，吴越逊王曾孙，文肃公之孙女，实予祖姑行。道州守讳棠，其仲子子也，相与从容终日，且指他日归藏之所，洁觞豆，款精舍也。”可见在茶山（凤凰山）墓地设有曾氏祠堂。

宋代皇室、贵戚、勋臣、官员及一般士夫庶民之家，都有在家族坟地中设置坟寺的传统，这是敬祖收族以及尚祈福、尊鬼神的社会风俗的反映。曾氏于家族墓地设置祠堂以祭祀始迁祖曾几，其目的自不出此。坟寺所掌，一是守坟，二是祠祭。在南宋理学家倡导的家族祠堂和影堂普遍流行之前，坟寺实际上承担起了家族祠堂的大部分职能。刘克庄《后村先生大全集》卷九十三《记·荐福院方氏祠堂》一文，就将坟寺与祠堂并列。又比如咸淳《临安志》卷八十一《寺观七》“惠林寺”条亦云：“在荐桥门外蒲场

---

① 《绍兴县志资料》（第一辑），台湾成文出版社 1983 年影印本，第 1039 页。

② 率通帅，越率即越帅，绍兴知府例兼两浙东路安抚使，安抚使俗称帅司，故两浙东路安抚使称可越帅。此句意谓陪伴越帅游览茶山。

巷，去城一里，旧在天庆坊，系绍兴中建以处随驾僧行。嘉定四年毁，徙建于报国寺基，以奉魏惠宪王、沂靖惠王祠堂。”明确指出惠林寺乃为“奉魏惠宪王、沂靖惠王祠堂”所用。可以这么说，墓祠是在家族墓地坟寺中设置的祠堂。据此，笔者推测曾氏家族的茶山墓地可能还设有坟寺。

仅据上述有限的文献资料，我们就可获悉包括曾几在内的至少有五代十五位曾氏族人入葬了茶山家族墓地这一事实。当然，入葬茶山家族墓地的曾氏族人肯定远不止这些，只是书阙有间，暂时不能得到论定。如此大规模的族葬现象在南宋时期并不多见，目前所知只有一个东莱吕氏家族。这两个家族都迁自中原，而且存在世代联姻的关系，如吕祖谦就是曾几的外孙，这两个家族在墓葬制度上是否存在互通声气的情况，这一点值得进一步研究。另外，曾氏家族墓地设置祠堂这一点也为我们考察宋代的坟寺特别是墓祠制度提供了珍贵的信息。这些都值得注意。

【作者简介】钱汝平，绍兴文理学院越文化研究院副研究员。

宗谱所见徐渭佚文辑注

朱 刚

摘　要　明代杰出文学家徐渭散佚的诗文肯定有很多，这些诗文很多可以在存世宗谱文献中找到，但这些诗文须经详考博辨才能正式确认。文章对泛览各家宗谱时所辑得署名徐渭的十数篇诗文进行了详细的考证，将其著作权归于徐渭。

关键词　宗谱　徐渭　佚文

徐渭（1521—1593），字文长，别号田水月、天池山人、青藤道士等。浙江山阴人，十六世纪著名的文学艺术家。其诗文、书画、戏剧均独树一帜，万历初还曾参与张元忭主持的《会稽县志》编修工作。

中华书局于1983年编辑出版有《徐渭集》，收录《徐文长三集》《徐文长逸稿》《徐文长佚草》，另据《盛明百家诗》《一枝堂稿》等及书画题记补辑了一些佚作，作为编补；徐渭自著之《畸谱》附于卷末。① 此集是迄今徐渭作品收录最为完备的版本，然该本辑佚仍有缺漏。今人吕靖波作《徐渭诗文摭遗》，自光绪《富阳县志》、万历《会稽县志》中录出徐渭佚诗1首、佚文4篇并异题文1篇。② 余晓栋有《徐渭〈天池杂稿〉考略及诗文辑佚》，对天津图书馆藏徐渭晚年手稿本《天池杂稿》（不分卷）作了介绍，录诗歌5篇及文章4篇，谓佚作。③

实际上，徐渭一生颠沛流离，自称“南腔北调人”，交友往来，不乏应酬代笔之作，部分诗文尚见于宗谱，仍有佚文可觅。笔者现将见于宗谱之徐渭佚诗文若干篇辑录如下，考证涉及人物并附按语，以供参考，希对其生平研究有所裨益。

一　诸暨《宅埠陈氏宗谱》卷一《赞述》有徐渭诗《赠怀宇契丈》：

君是当年陆九渊，欲穷天地夜无眠。

① 本文参见的徐渭诗文集版本为“中国古典文学基本丛书”之《徐渭集》，中华书局1983年第1版，2008年重印本。

② 吕靖波：《徐渭诗文摭遗》，《滁州学院学报》2015年第4期。

③ 余晓栋：《徐渭〈天池杂稿〉考略及诗文辑佚》，《文献》2017年第4期。

不知天地无多大，只在梅花纸帐边。

按：此徐渭所作赠诗，未见于《徐渭集》，为佚诗。陈怀宇，诸暨宅埠陈氏谱世系行传有载："都七十六公，讳心学，字所存，号怀宇。鼎二十七公长子。县学生，入监例贡。生嘉靖丁未六月十五日，初娶楼氏，女二：长适府城马，次适墨城寿。继娶童氏，公卒，抚孤守志，有奇节，骆公问礼曾为之传，题旌入志。知县陈镳赐其匾曰'节孝双难'。子一：钶。"谱存万历四十一年（1613）癸丑其兄陈性学所书《故弟太学生怀宇府君行状》述公生平。

二　诸暨《暨阳青山章氏宗谱》卷十四《像赞》有徐渭题《芝山图赞》：

吾闻天台芝山几百里，青天倒挂窥海水。
中多三秀嶒嶙峋，望而不见劳心神。
刘郎采药去不返，长松落落白日晚。
即今一遇芝山君，恍若石梁落双眼。
芝山丰度何翩翩，五云秀色开洞天。
文章吐赤凤，意气凌紫烟，把臂一啸俱茫然。
明朝访尔芝山外，我欲仙人石上眠。
万历庚辰岁仲春月，山阴天池徐渭题。

按：此为徐渭所题章芝山像赞，撰于万历庚辰（1580），未见于《徐渭集》，为佚文。章芝山，讳性，字汝道，号芝山，邑庠生生于嘉靖廿一年（1542）壬寅闰五月初一日，卒于万历四十三年（1615）乙卯九月初七日。暨阳章氏谱存有万历丁巳岁孟秋芝山公仲子可传所撰《芝山公并孙氏孺人墓志》，述芝山章性生平。配渔樽山孙氏，生于嘉靖十九年（1540）庚子正月十五日，卒于万历三十六年（1608）戊申八月廿八日。继姚氏，卒于崇祯元年（1628）戊辰正月廿一日。

三　诸暨《暨阳东海戚氏宗谱》卷二《文传》有徐渭撰《寿戚昇公七十华诞》：

寿也，非延之贵、据之贵，而享之为贵也。天授人而人善受之，谓之寿。彼呼煦引导、丹铅性命者寿矣，近于惫。彼奉躬如妇、护口如孩、肥恣肆惰者寿矣，近于豢。若夫不延而永，不据而坚，洒洒焉、休休焉，则享乎寿。以人乐天者，乃贵也。然能以人乐天者，余独谂于戚昇公。公世阀簪缨，家踵黉序。生而欣硕，倜傥不凡。弗以躁进求荣，弗以牢骚变节。则公之能齐穷达，不使世累滑天和，固寿矣。所以世之士大夫多游公之门，世之隐君子多造公之室，即世之二三游侠辈，无不羡公之高而慕公之仁者。公寒士也，而能屈贵人之骄；公贫士也，而能开富人之鄙。一语赠人，被如春风；一睐盼人，蔼如暖帛。于世无竞，于人无忤。所谓以人乐天者欤？公四子皆克遵义方，不替先业。若长君佩，雄心贯标，豪气凌云。是以灵泉里畔，多长者之轮蹄；石柱山墟，错良朋之履舄。兹当四月，适届七旬。聊进南山之什，祝汝三多；能开北海之尊，呼余一醉。山阴徐渭谨题。

另有徐渭题《尊廿二公遗像》像赞：

（赞曰）彼冠之玉，外泽而中穴龙门枯桐；此貌之古，外癯而中充泰山乔松。是为乡闾表也，温泉里之昇翁！山阴徐渭。

按：戚昇公，宗谱旧行第廿二。成化丁未（1487）八月十二日生，嘉靖己未（1559）正月初七日卒，寿七十三。配北隅张淮十一公女。戚昇公七十华诞，时在嘉靖丙辰（1556），三十六岁的徐渭作寿文以贺。戚昇公嘉靖己未（1559）卒，徐渭撰遗像像赞。以上二文《徐渭集》均未载，是为佚文。

四　上虞《古虞诸葛氏宗谱》，存徐渭所作佚诗三首、传赞各一篇。

《葛常熟公见投佳篇奉答》：

卢橘杨梅烂欲收，书来常熟旧君侯。
喜过屠客惊一市，懒见督邮归几秋。
街雨黄梅冲马怯，江涛白雪入诗流。
飞霜不敌圜中热，一沁烦肌赖此投。

按：葛桷，字安甫，号易斋。葛滂子。嘉靖甲辰（1544）进士，二十四年（1545）任苏州府常熟知县，康熙《常熟县志》卷十《官师表》记载："上虞人，以贪酷为南台李丕显敕罢。"文徵明小楷、谢瑜撰《贞素先生垣溪葛公行状》云："嘉靖庚子，桷以《易》荐于乡，父垣溪先生（滂）不色喜。甲辰登进士，出宰常熟。……安甫奉以周旋，益加砥砺，为廉仁称首，竟以嗷嗷致诬谤落职。士民威奔走欲白其事，先生令止之，及代巡祀冈徐公察其诬，奏辩复职。"万历癸未年（1583）曾纂修《上虞县志》。著有《学蚓吟》二卷。葛桷曾任常熟知县，故徐渭诗题称"常熟公"。徐渭与上虞诸葛氏家族交往弥密，文长杀妻入狱后，曾将所著文稿托付葛焜（字仲韬，号百冈）与葛晓（字公旦、景文，号云岳、市隐樵夫）叔侄二人整理编印。

《玉滨公翻然枉顾复宠以篇率尔和呈》：

向闻枫落词，今见箕锻面。
信耳不如目，固应悔青盼。
何意倏回车，宛尔有余恋。
仰顾东来鸿，翛然堕清汉。
遗我一尺书，云锦结春绚。
读罢审其声，知是黄初变。

《题玉滨图》：

长安骑马未多时，归来卜筑城南陴。
止知山起金罍观，谁识桥围玉带溪。
玉带溪从天半来，山山压翠浓眉裁。
参军欲作千年计，万卷虫书树里开。

树里虫书叶叶摇，作诗作字响秋飚。
沼溪水作琉璃绿，洗研中流袅黑蛟。
黑蛟镇日无断痕，参军墨亦弄朝昏。
惟应放鹤呼猿客，来扣溪边月下门。

按：以上二诗题中“玉滨公”，即葛臯，字弼甫，号玉滨。娶都宪车纯公之女。以父浩恩荫督察院照磨。器宇磊落，文采烨如，不能与时俯仰，归日惟篇翰吟奕自娱。所著有《一哂斋漫稿》《事言统辨》。其与徐渭、杨珂、车任远、葛桷、葛炌、葛晓等七人结为社友，以继竹林之遗，诗酒交娱，一时传为佳话。

《儒士鸿磐公传》：

葛友讳裳，博士也，亦杰士也。矢迈往不屈之志，抱磊落不羁之才，游学云间，文名丕著。西席倪家，督课三载，家升汇荐鹿鸣，家陛衿列芹璧，人共传之，且更尚焉。翰林钱公龙锡，声气相投，久而能敬，然终不以入阁而尘迹及门。吾友之操守有如此者。

按：葛裳，字汝思，号丹崖。古虞诸葛氏义五公支金二派润四公（葛洄，号南溪）之子。娶赵氏，一子炀。葛裳与钱龙锡性情投合为知音。钱龙锡（1579—1645），字稚文，松江华亭人，明末大臣，次辅。

《庠生汝贵公赞》：

（赞曰）笃志睦姻孝友，宅心礼乐书诗。先业俨能不坠，后人共仰为师。

按：汝贵公，名楫，字汝贵。古虞诸葛氏义五公支金一派润一公（葛澄，字天源，号慎斋）之子。邑庠生。娶张氏，继夏氏。继贵一公（葛梗，字才贵）次子炫为子。

五　新昌《吕氏宗谱》卷四《传志》存徐渭所作《怀棠赋》一篇，署“山阴天池徐渭撰”。

新昌有吕君者，别号怀棠，索赋于余。问其故，曰：“先人乃光禄公别号棠洲也，今亡矣，故自号以志怀。”问棠洲之故，则曰：“邑地有棠洲耳。”问其胜，曰：“景最胜，先人乃寄意于兹耳。”予退而问于其邑之人，尝往来郡郭者，皆曰：“棠洲公尝为郎光禄寺中，能诗，殆文人也。”余念曰：“是足赋矣。”遂赋之。

伊剡溪之巨宗，蔚太岳之明胄。当昭代而轶兴，纷子叔之文秀。匪天姥之为神，胡泛钟而特厚。惟一人之洵哲，美奇服而好修。负鼎俎以干汤，亦左右而佐周。既水火之妙齐，复华英之采掇。吐琳琅于喙吭，揽风云于天末。帝周览兮流目，洞阊阖兮下招。公惝恍兮不待，迅轻举而逍遥。弃棠洲其若屣，遗玉笈而不收。辟邓林之只杖，掷一字而化乎山北。惟伯子之仁孝，诵楚些而悲吟。抱遗书以画习，惨啼鸟于夜林。望棠洲之故居，思遥遥其如征。冉霜兰兮露薤，思恍惚而不精。宛回肠之孤结，若独茧之丝茨。续大招兮小招，宜景宋之超凌。胡问之于空空，等一吷之微鸣。

按：此赋未见于《徐渭集》，为佚文。新昌吕怀棠请徐渭为其先人作赋以示纪念，先人号棠洲，故名《怀棠赋》。检《新昌吕氏宗谱》，棠洲公，即吕光泌（1515—1560），字源卿。光禄寺署丞。居太学时，使江南，与名公赓和，咸叹服之。著有《棠洲稿》行世。吕君别号怀棠者，即吕鸣太（1541—1604），光泌子，字文华，例贡生。徐渭与新昌吕光午、吕光升、吕光洵等吕氏家族成员关系密切，往来甚多。吕氏谱载光泌卒于嘉靖庚申（1560）八月初四日，则徐渭作此赋当在此后不久。

六　《史氏谱录合编》之《历代祖先像赞》有《十三世祖建安太守山阴侯讳宪像》，徐渭题写像赞：

凡今之人，小有才而辄思一试其奇，公抱重望而不求人知，膺征辟而后起，五百年名世之期，亦何以异于商之伊尹？达可行于天下而后行之。山阴后学徐渭拜题。

按：此徐渭所题史宪公像赞，未见于《徐渭集》，为佚文。史宪，字景法，东汉溧阳侯史崇的十三代孙。宪为建安太守，后封山阴侯，享年七十有二，薨于会稽郡。永和八年，归葬溧阳土山之原。该族散居于今江苏溧阳，浙江绍兴、宁波等地。徐渭门人史叔考即出此族，属会稽清道桥小宗支。史氏谱载："史槃（1559—1634），字叔考，号荷汀，行三十一。美丰姿，工诗赋及书画，又善音律，声名籍甚，为徐青藤高足。平生所与往还者，皆一时闻人，唐伯虎、祝枝山其尤也。"今国家图书馆藏有史槃所撰传奇《新刻宋璟鹣钗记》二卷、《新刻出相点板樱桃记》二卷。

七　绍兴东大池族《董氏宗谱》卷三《家传》收录徐渭撰《省祭望山董公墓志铭》，署"山阴学生友弟徐渭顿首拜撰并书"。

此墓志铭千余字，《徐渭集》未载，为佚文，录于下：

太庙令始于晋刘宋，领斋郎二十四人。至宋，隶宗正寺，无常数，盖分掌宗庙诸陵、荐享、荐新诸祀，及功臣从享之礼，儒职也。当宝元戊寅，朝廷开方略之选，范文正公、郑文肃公以许平所为书荐，召试为太庙斋郎。大观丁亥，太庙斋郎方轸上书，请诛蔡京。在陈太学十八载以前，论者推为千古忠义之倡。今省祭即其官，顾民爵之赐。自汉文至唐时，并因周王制敦养劝良之意，名之以寿。而循例冠服，自大帅袭假浑瑊故事，下逮有司，握篆者悬空劄以授，不择其良，忠义方略，鲜出其中。而望山董公讳元宰，绪出广川大儒，自秣陵迁高邮，以世爵分采绍兴，爰家会稽。公之祖考为文学公能，生公考逸士公廷芳，与弟文学廷英。廷英子文学元卿，复嗣逸士，为公弟。一门三世，并噪闻儒，而非士不交，嗜书亦如友。公之葬逸士于白莲壎也，窆于冈，界其屏，厚其几，广其堂而礲之。纡其磴，饬其阶，而植以表。下为之砌，松梓盈山，门以双桂，曰：“余兄弟永此桂也。”余一造之，孝弟之思油然以生焉。初与弟文学居东池，余与张兑山过之，数晨夕。既余入，怪哉！凡七禩出而就公属，万历之甲戌，则公已别筑小楼于放翁梅园之左畔者三年矣。登之则入，几看者秦望诸峰也，余因题之曰“望山”，即以号公。赠诗云：“本是居山客，望山山愈妍。翠微日在眼，淡霭不离筵。远挹尚如此，一登还洒然。可怜车马客，尘里度年年。”盖公夙有山居志未遂，而才具充溢，小小见于营构。余之屋，青藤也，无楼台，以石丈之，半梯而眺下，凿池方寻，有半台，下为小平桥。池入桥腹，砥以石四，为小沟通潦，石覆之，台寸缺其唇，雨溜入于池，四时无涨涸，鱼以金。公有楼可眺，楼前地复假为峦且岩焉。岩下穿小池，亦鱼以金，种梅以展放翁之香。此涧槃方略也。余于乙亥后走留都，至宣府，客燕邸凡三年。归来未几病。庚辰复赴北，已归城南草堂。壬午堂失，而侨范氏以手鬻。丙戌，徙寓次儿妇家王氏。公于乙酉受省祭于铨曹，戊子五月十五日卒，年七十三，余六十八矣。公不仕，而忠义之性时时见于眉睫。尝语余曰：“立心制行无他法，禀壮缪而已。”自丁丑归，日诣公楼，公设竹榻二，对而寝。楼北邻白马山，有壮缪祠。戊寅九月，兑山与余适至，同入祠，公以“乾坤正气”颜之，兑山为书，余随联其柱。刘文学毅少公年四十三，亦乐与游，盖强直块堀，公辄以为诫，而爱加笃也。公喜读《文选》，属余施硃；继出《广文选》，属余加墨，稍为笺释而评论之。余间有作，出稿本，次第登之，并入诠注，琐及诨词，笥而藏，且请示作书之法，录隋僧丰氏评语以授，余文无似。当三十余岁时，沈光禄待以国士，晚惟公计贯索方临，余以所著托始宁葛韬仲叔侄。今有公净明之句，可无散落，而不谓公之先我而殒也。古人经度茔室，每有远智而亲爱之至，通于靖共如公者，使范、郑见之，必以为方略在是，而公忠义者，当不居太学后也。余生平喜学钟、王小楷，公甚珍之。兹虽老孱，字多差落，而于公之圹石有不能已者。公配冯，二子让、谐，谐铨京邑丞矣。孙用光、用威、用明，少而能文且贤。公弟元卿以状请铭。铭曰：“昔斋郎，许与方，忠义方略晦未彰，逸士有子名已扬。下君之榻余敢忘，我铭与君同久长。”

按：望山董公，讳元宰（1516—1588），广川董仲舒之后，迁家会稽。筑小楼于放翁梅园之左畔，望及秦望诸峰，徐渭因题之曰“望山”，即以号公。徐渭赠诗：“本是居山客，望山山愈妍。翠微日在眼，淡霭不离筵。远挹尚如此，一登还洒然。可怜车马客，尘里度年年。”亦未见于《徐渭集》，为佚诗。元宰受散官省祭之职，故称“省祭望山董公”。元宰卒于万历戊子（1588）五月十五日，其弟元卿请徐渭作此志铭。志文中徐渭提及青藤书屋之营造格局，可谓写景翔实；又自述出狱后的徙居生活，所叙经历，与自撰《畸谱》完全吻合。其与董元宰（号望山）、董元卿（字尹虞）、张兑山（淮）等人交友情况，未见他处文献记载，均可补徐渭年谱阙遗。文中所记越城白马山壮缪祠，即《徐渭集》中所作“白马山关帝殿”，徐渭参编的《万历会稽县志》（万历三年刊印）未载此祠，万历戊寅（1578）徐渭入祠并题联，则白马山关帝殿始建时间盖在万历三年（1575）至万历六年（1578）之间。董公墓志文包含信息丰富，对于研究徐渭生平颇具价值。

附“望山董公墓志铭记徐渭系年”：

万历甲戌（1574）徐渭题董元宰所筑陆游梅园左畔之小楼曰“望山”，并赠诗。

乙亥（1575）后，走留都（南京），至宣化（1576），寓北京（1577）；凡三年。

丁丑（1577）病，于仲秋归越，日诣董公望山楼。

戊寅（1578）九月，与张兑山入白马山壮缪祠，题柱联。

庚辰（1580）复赴北京。

壬午（1582）城南草堂失，侨范氏舍。

乙酉（1585）董元宰受省祭于铨曹。渭年六十五。

丙戌（1586）徙寓次子徐枳妇家王氏。

戊子（1588）五月十五日董元宰卒，年七十三。渭年六十八，撰望山董公墓志铭。

八　萧山《来苏周氏宗谱》卷三收录兵部尚书杜臻所撰《及泉公传》，内含徐渭诗句：

公讳有为，字勉叔，号及泉，邑庠生。少孤，事母孝，色养承欢，于兄弟无私蓄，睦姻任恤，罔不周至。博览典籍，其文根柢六经，而尤长于诗歌，善书法，工图画。当其临风舒啸，对酒挥毫，落落陶陶，不知老之将至。有林宗元亮风，名与山阴徐渭相颉颃，时往来唱和。其赠徐诗云：“天池不是人间人，但沃青藤一树根。”徐赠公诗有“甘隐偕贞母，耽书远物情”之句。子二：长万善，肄业太学；次万钟，庠生，赠左佥都御史。女一，适张太守朝琮女之孙也。生嘉靖丙辰十二月十九，卒天启壬戌正月廿六。余与公曾孙简斋同年，见其温厚廉介，贵而无傲，阶前玉树，无不卓荦峥嵘，循循然有规矩，知其贻谋之大且久也。今公任通政，余职司马，同朝三十余年，相知最深。以其曾祖行略，乞言于余，余不敢辞，为之传。赐进士出身资政大夫经筵讲官兵部尚书杜臻顿首拜撰。

按：周有为（1556—1622），号及泉，萧山来苏乡周氏族人。邑庠生。善书法、图画，与徐天池齐名，二者往来唱和。周有为事母甚孝，徐渭赠公诗有“甘隐偕贞母，耽书远物情”之句，此《徐渭集》不载，未窥全貌，为佚诗。

九　安徽休宁《珰溪金氏族谱》，存徐渭作《珰溪金氏族谱后序》，署“天池山人山阴徐渭撰”，落款时间“嘉靖辛酉二月望”。

史载汉秺侯金日磾事汉武帝，牵马过殿下，不敢窃视，见母图画于甘泉，拜且泣，然后去。又察莽何罗奸事，而秺侯弟伦之子安上，尝发举楚王谋反。又霍氏反，传禁宫门，母内霍亲属。两公于汉世功最多且伟，世称忠孝门，阀官爵甲于西京。噫，何其盛也！然秺侯之爱子弄儿，与官人戏，秺侯杀之。伦之后传四世至钦教，当自为父祖立庙，已欲准之，乃为甄邯所诋，下诏狱自杀，又何哉？盖古人始创业者，意不欲使后人坠其家声，辱先德，故宁割所甚爱而不恤。至于乱宗支，蔑典训，遗弃其所欲为人后之道，所谓“士庶人不仁，不保四体”，而况于有宗庙社稷者哉？其自杀也宜矣。海内之有金氏，其上世可考而见者，自秺侯始。迁而著者不一，而其在休宁者，则珰溪为最。珰溪者，讳文藻，至于今凡十二世，而其姓遂著作于郡邑间，乃其谱则自吾庐陵君始成之。庐陵君作是谱，事多义起者，其自叙既审，又请序于渭之师先辈季、王两先生。至是尚以末简属渭。夫二先生言，渭偶不及见之，而君之自叙若谱例，固尝已周览，他且无论。论其要，大抵溯于其先者，明而信，而望于其后者厚而严。厚而严，则为其子孙者，其敢有蹈弄儿之失，以坠其家犯秺侯之恶者乎？明而信，则为其子孙者，其敢有倡钦之议，以紊其宗召甄邯之诋者乎？此固金氏之先，谱之大义已具，若有待庐陵君于今日，而后人所当世世承之者也。庐陵君始为丞于会稽，于渭为邻父母，治行称长者。时有讼渭于君之长吏，而君方以忧去，不及一望见颜色。及及可十余年，书来属谱，事相劳苦如平生，益知君长者且仁人也，其于家必孝子。吾闻“孝子尊祖而敬宗”，此谱之所以作也。

按：此序未见于《徐渭集》，为佚文。新安金氏，望出京兆，唐末避乱投歙县黄墩，复徙休宁白茆，宋初又自白茆迁石田，迁洲阳。本支始祖文藻由洲阳再迁珰溪。今存隆庆二年（1568）刊本《珰溪金氏族谱》，系珰溪金氏第十七世金瑶纂修。金瑶（1495—1591），字德温，号栗斋。以贡生谒选，嘉靖二十三年（1544）授会稽县丞，后任庐陵县丞，迁桂林中卫经历，以母老不赴。致仕后教授乡里，年九十七乃卒。著有《金粟斋先生文集》。金瑶请徐渭撰写金氏宗谱后序，时嘉靖四十年（辛酉，1561）。

十　安徽绩溪《南关淳叙堂许氏宗谱》卷一《遗像》附《明太舅公艮英公像》，后有徐渭题《艮英公像赞》：

克家令器，远涉风尘。左右就养，灿然天真。林泉相宅，诗礼趋庭。类我非祝，酷似维亲。绩溪之水，渭阳同深。山阴文长徐渭赞。

按：此为徐渭所题艮英公像赞，未见于《徐渭集》，为佚文。许氏宗谱卷九有《太舅艮英公墓图》，书“先舅公艮英府君余公暨孺人胡氏之墓。”注曰：“墓在壹都霍家园，土名蛇墓，又呼余家墓”；又《附墓图纪事》云：“我太舅余公艮英偕胡孺人明初安葬邑北壹都。”艮英公，改姓余。此谱卷八《诗歌词》另收录有徐渭所作《过许君精舍（岱舆）》一诗，见于《徐渭集》；安徽歙县《重修古歙东门许氏宗谱》卷十《诗》亦收此诗。

结　语

徐渭结交广泛，声闻海内，故题赠诗文屡见于宗谱，涉及不少重要人物，这为考察徐渭交友情况和生平事迹提供了新的视角和方向。宗谱资料中的艺文部分相对可靠，经考辨可用来对徐渭作品进行拾遗补阙，也可作为其作品系年、年谱编纂的依据，值得进一步整理研究。

【作者简介】朱刚，嵊州市导航台工程师，嵊州市政协文史专员。

傅以礼年谱稿略

廖章荣

摘　要　有关傅以礼的生平事迹，史籍记载不多，且颇为零散，其中记载较为系统的是民国年间绍兴县修志委员会编纂的《绍兴县志资料》。今人论著述及傅以礼生平事迹时，所参考的材料大多不出《绍兴县志资料》所载，然而该书记事简略，且多有舛误。《华延年室题跋》系傅以礼代表作，他不少行迹散见于此书。通过对《华延年室题跋》中有关傅以礼材料的钩沉，并结合时人文集、地方志等资料，大致可以勾勒出傅氏生平之轮廓。

关键词　傅以礼　年谱　《华延年室题跋》

傅以礼（1826—1898），原名以豫，初字茂臣，号小石，后改名以礼，字节子，别署节庵、节庵学人、长恩阁主人等，浙江绍兴府会稽县（今浙江省绍兴市）人，籍隶顺天府大兴县（今北京市），著有《明史续编》《明谥考》《华延年室题跋》等。傅以礼系晚清浙东地区知名学者，博学多识，近人缪荃孙说他"博极群书，以史案事实，备录同时人笔记以备原委"①。实际上，傅以礼在版本学、校勘学、辑佚学、金石学及南明史等多个领域皆有造诣。然而，学界对傅氏的生平事迹却相当隔膜，兹试举几例，以见一斑。如《清代目录提要》云："（傅以礼）举于乡，仕宦闽中二十余年。"② 事实上，傅以礼一生并未中举，其监生的身份是由捐纳所获取，再由监生报捐同知衔。③ 又如，有学者称傅以礼为"武英殿大学士兼兵部尚书"④。然考诸史籍，傅以礼从未做过武英殿大学士，也从未兼任过兵部尚书。学界对傅以礼生平的隔膜，究其原因，笔者认为主要有两方面：一是史籍对他的事迹记载不多，二是学界对他缺乏深入、充足的研究。有关傅以礼的资料极为零散，不易收集，在相关材料中，以民国年间绍兴县修志委员会编纂的《绍兴县志资料》较为系统，此志对傅以礼及其家世均有记载，不过叙述较为简略。今人论著在述及傅以礼的事迹时，所参考的材料基本出自《绍兴县志资

① （清）缪荃孙：《艺风藏书续记》卷四，上海古籍出版社2007年版，第328页。

② 来新夏主编：《清代目录提要》，齐鲁书社1997年版，第185页。

③ （清）卢德嘉汇纂：《凤山县采访册》，大通书局1984年版，第198页。

④ 傅玉璋：《中国古代史学史》，安徽大学出版社2008年版，第324页。

料》。不过，此志关于傅以礼的记载亦失之简略，且存在不少舛误，不可尽信。因此，似有必要对傅以礼相关的零散资料进行钩沉，以考实傅氏之行迹。

《华延年室题跋》系傅以礼代表作，此书学术价值历来受到学界重视，笔者曾指出："《华延年室题跋》考证精审、详辨版本源流、重视明末清初文献的研究及古籍辨伪，这是此书的特色所在，其学术价值也因此而彰显。"① 实际上，《华延年室题跋》的价值还不止上述方面。笔者通过对此书的再三研读，从中挖掘出了不少有关傅以礼行迹的资料，利用这些材料不仅可补《绍兴县志资料》之缺，也可以借此订正此志以及今人论著的若干错误。本文结合《华延年室题跋》以及时人文集、地方志等材料，试图以年谱的形式大致勾勒傅以礼生平之轮廓。

清宣宗道光六年丙戌（1826）一岁

是年，傅以礼生。关于傅以礼之生年，民国《绍兴县志资料》云："光绪廿四年，（傅以礼）卒于福州，年七十二。"② 据此推算，傅以礼当生于道光七年（1827）。除《绍兴县志资料》外，徐吉军、丁坚之《浙江历代名人录》、郑伟章《文献家通考》、江庆柏《清代人物生卒年表》等著作亦将傅氏生年系于1827年，然而此说未必准确。傅以礼云："撝叔少余三岁，幼同里闬。"③"撝叔"即绍兴府会稽县人赵之谦，赵之谦生于道光九年（1829）七月④，赵氏比傅以礼小三岁，则傅氏当生于道光六年（1826）。此外，来新夏主编《清代目录提要》亦将傅氏生年系于1826年。傅以礼与赵之谦同里，且相交多年，对赵氏之生年，当不至于误记，又考虑到《绍兴县志资料》成书较晚，因此道光六年似乎更为可信。

清宣宗道光九年己丑（1829）四岁

是年七月，赵之谦生。赵之谦，字撝叔，一字益甫，别字冷君，浙江绍兴府会稽县人，曾在江西鄱阳、奉新等地为官。赵氏精于书画、篆刻，于金石之学亦颇有造诣，傅以礼云："同人讲金石之学者，以撝叔为最博，以稼孙为最专。"⑤ 赵氏与傅以礼同里，二人自幼相识，相交至深。

是年十二月，李慈铭生。李慈铭，初名模，初字式侯，后改现名，字爱伯、莼客等，号越缦、越缦堂老人等，浙江绍兴府会稽县人，同治六年（1867）进士，官至监察御史，系傅以礼密友。

清宣宗道光十四年甲午（1834）九岁

是年，陆心源生。陆心源，字刚甫（一作刚父），号存斋，浙江归安县人，咸丰九

① 廖章荣：《傅以礼〈华延年室题跋〉的学术价值及其缺陷》，《图书馆研究与工作》2017年第11期。

② 绍兴县修志委员会编：《绍兴县志资料》，成文出版社1983年影印本，第3025页。

③（清）傅以礼：《华延年室题跋》卷中《汉龙虎二瓦》，上海古籍出版社2009年版，第216页。

④（清）潘祖荫：《皇清诰授奉政大夫晋朝议大夫同知衔江西议叙知县先考撝叔府君行略》，见邹涛编《赵之谦年谱》，荣宝斋出版社2003年版，第6页。

⑤（清）傅以礼：《华延年室题跋》卷中《汉龙虎二瓦》，第216页。

年（1859）举人，官至福建盐运使。陆氏藏书甚富，系皕宋楼、十万卷楼主人，与傅以礼相交甚厚。

清宣宗道光十五年乙未（1835）十岁

是年，周星诒生。周星诒，字季贶，河南祥符人，官至福建福宁知府。傅以礼官福建时，二人往来甚多。

清宣宗道光十七年丁酉（1837）十二岁

是年，傅以礼之父傅士奎任山东德州知州。傅以礼云："道光丁酉，先大夫来牧是州，历九载之久。"① 按：民国《绍兴县志资料》谓傅士奎任德州知州七年，误。

清宣宗道光二十九年己酉（1849）二十四岁

是年春，长兄傅以凝任山东陵县县令。傅以礼云："己酉春，伯兄宰陵邑。"② 另据光绪《陵县志》载，傅以凝系道光二十九年上任。③

是年，次兄傅以绥中直隶顺天府举人。④

清宣宗道光三十年庚戌（1850）二十五岁

是年，傅以礼在绍兴会稽县，周曼嘉借何竹芗所藏吴州来校本《傅忠肃公文集》副本见赠。"中更辛酉之乱，先世图籍及半生珍弆播散殆尽"，此书从故纸堆中检出，完好如故。⑤

清文宗咸丰元年辛亥（1851）二十六岁

傅以礼赴顺天府参加乡试，铩羽而归。

清文宗咸丰四年甲寅（1854）二十九岁

是年夏，傅以礼于绍兴获得康熙间蒋国祥、蒋国祚校刊本《前后汉纪》。后经辛酉之乱，傅氏藏书播散殆尽，"此书从故纸堆中检得，首尾完具"⑥。

清文宗咸丰五年乙卯（1855）三十岁

是年十一月十六日，傅以礼于会稽县府横街尺木堂坊肆购得戴刻初印本《水道提

① （清）傅以礼：《华延年室题跋》卷中《东魏高湛墓志铭》，第217页。

② （清）傅以礼：《华延年室题跋》卷中《傅氏家训》，第168页。按：民国《绍兴县志资料》将"陵县"误作"陵川"，拙文《傅以礼〈华延年室题跋〉的学术价值及其缺陷》据《绍兴县志资料》，亦将"陵县"误作"陵川"，特此更正。

③ （光绪）《陵县志》卷三《秩官表》，民国二十五年（1936）铅印本。

④ 绍兴县修志委员会编：《绍兴县志资料》，第3025页。

⑤ （清）傅以礼：《华延年室题跋》卷中《傅忠肃公文集》，第190页。

⑥ （清）傅以礼：《华延年室题跋》卷上《前后汉纪》，第106页。

纲》，费四百二十钱。

清文宗咸丰六年丙辰（1856）三十一岁

是年，傅以礼在会稽县家居，与李慈铭、孙廷璋等人往来甚密。李慈铭云："岁丙辰，予馆君（即孙廷璋——引者注）家，傅节子以礼者居亦相近，三人皆嗜书，日出阅市，以所得奇秘相角胜，或互訾戡，有所创获，相告则喜跃大叫，宾客仆隶见者，无不愕眙以为狂。"①

清文宗咸丰九年己未（1859）三十四岁

是年，傅以礼家居时，萧山任淇过访，任氏以《玉版十三行》重摹本及族人任渭长画帧相赠。辛酉之乱后，画帧下落不明，仅存《玉版十三行》重摹本。

清文宗咸丰十一年辛酉（1861）三十六岁

是年，浙江战事激烈，傅以礼避乱啸唫村（属绍兴府上虞县）②，其间藏书散失殆尽。

同年，傅以礼因谎报办团邀功而受到清廷审查。《清文宗实录》云："福建试用同知傅以礼、候选通判孙涛、贡生徐瑞麟、监生孙庆祺、高朗，原保之案，一并先行撤销，交瑞昌会同张锡庚亲提严审，务得确情具奏，毋稍徇隐。"③

清穆宗同治元年壬戌（1862）三十七岁

是年，傅以礼姻亲朱之琛病逝。朱之琛，字宝来，浙江绍兴府山阴县人，生平嗜好金石，所藏古器甚多。

清穆宗同治二年癸亥（1863）三十八岁

是年二月，赵之谦致书傅以绶，云："节子叔为孙氏案牵累陷省中，近竟无消息。"④ 赵之谦所谓"孙氏案"，系指咸丰十一年傅以礼等人谎报办团之事。据赵氏书信可知，直到同治二年初，傅以礼仍未从"孙氏案"中脱险。⑤

是年，次兄傅以绶署理湖南衡州府安仁县知县，在任期间善政颇多，同治《安仁县志》云："（傅以绶）于同治二年署知县事，秉性谦逊，矢志清廉，禁暴锄奸，抑强扶弱，士民悦之。"⑥

---

① （清）李慈铭：《越缦堂文集》卷八《陈寿祺、王星诚、孙廷璋三子传》，《续修四库全书》第1559册，上海古籍出版社2002年影印本，第213页。

② 绍兴县修志委员会编：《绍兴县志资料》，第3026页。

③ 《清文宗实录》卷三百五十二，中华书局1987年影印本，第1205页。

④ 戴家妙整理：《赵之谦集》第二册，浙江古籍出版社2015年版，第244页。

⑤ 廖章荣：《傅以礼的家世及生平》，《长江文明》第32辑，吉林文史出版社2018年版，第52页。

⑥ （同治）《安仁县志》卷八《职官》，清同治八年刊本。

清穆宗同治三年甲子（1864）三十九岁

是年冬，傅以礼点勘《明季稗史汇编》，《纪载汇编》亦参校一过。《纪载汇编》讹误少于《明季稗史汇编》，故两日即校勘完毕。

同年，次兄傅以绥改任湖南攸县县令。①

清穆宗同治五年丙寅（1866）四十一岁

是年正月，傅以礼与赵之谦、魏锡曾、何镜山等人讨论碑刻，"道古甚欢"。傅以礼赠魏锡曾汪刻《金薤琳琅》、刘太乙《金石续录》、魏高湛墓志淡拓本以及青浦黄氏旧藏宋元碑数册。②

是年春，傅以礼从魏锡曾处借得《读书敏求记》黄丕烈校本，此本"盖据遵王手稿订讹补漏，间及诸书归宿处，朱墨灿然"，傅氏亟出此本令人过录。是春，魏氏以秦度拓本见贻，"鲍少筠鹾尹采入《金石屑》，亦附张、徐题识，与此本悉同"③。

是年，傅以礼获得《野史无文》残帙，此书载有张煌言《北征录》，后附《复朗总督书》及蒙难时诸作，"因略刺各书以增益之，汇入《沧海遗编》，备稗乘之一种"④。

是年，傅以礼在越中里居，姚江周清泉过访，周氏以《汉三老讳字忌日记》拓本数通相赠，"并出跋尾手稿相质"。周清泉所赠拓本，傅以礼藏之十余年，屡经友人请乞。⑤

清穆宗同治六年丁卯（1867）四十二岁

是年正月十五日，傅以礼以新辑《张苍水遗集》嘱李慈铭校正，李氏又与傅以礼商榷明代遗事，"入夜未竟"，次日"又诣谈至更余归"⑥。

是年八月，傅以礼即将赴闽补官，必欲得李慈铭之文为赠，李氏撰一小序送之。⑦李氏又有送先生赴闽补官诗一首，诗云："有华延年日铸黄，矻矻一室有底忙。官贫家罄俱不计，吉金乐石生辉光。键户惟闻硾搨响，发箧欲饱尊彝香。我始识君道咸际，其时年少气发扬。买书斗富极精力，对酒论古倾肺肠。方谓百年尽此乐，镵锼越纽无去乡。晴窗翠墨春日澹，镫花檐雨秋宵长。中间离别更兵乱，归来上寿无北堂。君走楚闽我京国，鬓发各已成老苍。沈沈溷迹百僚底，入赀聊博升斗偿。君历緐剧擢五马，南天颇已成甘棠。今年入都更相见，秋雨打头惊坏墙。亟营一弓下榻地，冀连日夕倾百觞。落叶萧萧复言别，欲留骊驹无藿场。幸君金薤日益富，窭人衣珠如欲狂。何年抱册共归老，种菊酿秫过重阳。"⑧ 傅以礼临行之际，从兄傅吉甫亦赋七律一首赠别。

---

① （同治）《攸县志》卷三十五《职官》，清同治十年刊本。

② 邹涛编：《赵之谦年谱》，第157页。

③ （清）傅以礼：《华延年室题跋》卷中《秦度》，第209页。

④ （清）傅以礼：《华延年室题跋》卷中《重编张尚书集》，第194页。

⑤ （清）傅以礼：《华延年室题跋》卷中《汉三老讳字忌日记》，第212页。

⑥ 金梁辑录：《近世人物志》，北京图书馆出版社2007年版，第105页。

⑦ 金梁辑录：《近世人物志》，第105页。

⑧ （清）李慈铭：《越缦堂诗续集》卷九，《续修四库全书》第1559册，第147页。

是年秋，傅以礼绕道长沙探望三哥。在长沙期间，其兄因傅以礼“留意家世旧闻”，纂有《先世事实编》一书，遂以编傅氏家谱之事諈诿，傅以礼“积五阅月粗成《傅氏家乘前后编》若干卷”，然傅以礼赴闽在即，故此谱未遑卒业①。

清穆宗同治七年戊辰（1868）四十三岁

是年冬，傅以礼抵达福州，初识杨浚。杨浚，字雪沧，一字健公，福建闽县人，原籍晋江县，咸丰二年（1852）举人。杨浚援例为内阁中书，充国史馆、方略馆校对官，不久告归，此后“以甘黔筹饷功，保道员选用”②。左宗棠西征时，杨氏随征，后因就礼部试去，著有《冠悔堂文钞》《冠悔堂赋钞》等。

清穆宗同治八年己巳（1869）四十四岁

是年夏，傅以礼借周星诒所藏《胜朝遗事》，与《幸存录》覆校一过，发现《胜朝遗事》缺《国运盛衰》《辽事杂志》《东夷大略》三篇，“盖以有所嫌讳而去之，非足本也”③。

是年冬，傅以礼从魏锡曾处抄录《老父云游始末》。

是年，陆心源以徐元禧《江浙叛案录》见示，此书“通体蝇头细书，尚是昔年手稿”，傅以礼“屡思录副，藉广流传”，然奔走一官，卒未果。后友人沈粹生手抄见赠，“卷中脱衍处逐条签出，均极精审”。④

清穆宗同治九年庚午（1870）四十五岁

是年，傅以礼初次入都展觐，与傅钟麟昕夕过从。傅钟麟以十钱得《祁忠惠公集附编》于厂肆，因傅以礼所藏缺此册，傅钟麟以此册转赠傅以礼。

清穆宗同治十二年癸酉（1873）四十八岁

是年，傅以礼由福建赴台，署台湾海防同知。六月十三日，李慈铭日记云：“得节子书，奉檄署台湾海防同知，已渡海矣。又寄赠陈士庄《同姓名谱》抄本十册，此书予与节子在越中同见之，而为节子购去，云仍当归予，今竟能不食言，亦可尚矣。”⑤

清穆宗同治十三年甲戌（1874）四十九岁

是年春，日军入侵台湾，署海防同知傅以礼等人奉命与日方交涉。据台湾镇、道官员报告：“扬武轮船，（四月）初五日抵台北，即商派安平协副将周振邦、署台防同知傅以礼、准补归化县知县吴本杰，授以机宜，偕同参将贝锦泉，乘坐扬武轮船，前赴琅𤩝，与其按约切实辩论。初七日，驶抵该处。日本陆军中将西乡从道，始则推托不见，

---

① （清）傅以礼：《华延年室题跋》卷中《绍兴傅氏家谱》，第158页。

② （民国）《闽侯县志》卷七十二《文苑下》，民国二十二年（1933）刊本。

③ （清）傅以礼：《华延年室题跋》卷上《幸存录》，第132页。

④ （清）傅以礼：《华延年室题跋》卷上《江浙叛案录》，第146—147页。

⑤ 金梁辑录：《近世人物志》，第105—106页。

及至初八日接晤，又以此次用兵，上年驻京使臣副岛种臣已与总理衙门商明，前日又有附片请总督代致，现伊国钦使亦将次到京，应俟北京信来再照覆总督，不及他语，而外面礼数尚恭。周副将等以无可进说，遂即辞回。”①

同年六月初四日，傅以礼署理台湾凤山县事，同年七月十二日卸任。②

是年秋，陆心源因傅以礼搜罗明代稗乘，遂以无名氏《逸识》寄赠③，其中有《老父云游始末》一种，“后有莘行姊子吴磊洎、海宁吴骞跋语”，傅氏将此本与魏锡曾抄本互校。

清德宗光绪二年丙子（1876）五十一岁

是年，傅以礼在闽中得明嘉靖刻本《前后汉纪》，欲与康熙刻本互勘，然傅氏奔走仕途，未有闲暇。

清德宗光绪五年己卯（1879）五十四岁

是年，傅以礼佐郡兴化。傅以礼《宋稗类抄跋》云：“光绪己卯，佐郡兴化。”④《胡氏印存残帙跋》亦云：“曩岁己卯，佐郡蒲阳。”⑤ 此处“己卯”即光绪五年，可知傅氏此年在兴化府任佐职。

清德宗光绪六年庚辰（1880）五十五岁

是年，傅以礼仍在兴化府任上，傅氏所作《汉全曹碑跋》落款为“光绪庚辰端阳节后一日，识于兴化官廨”⑥ 即是明证。

清德宗光绪七年辛巳（1881）五十六岁

是年春，傅以礼奉差返浙，与从兄傅吉甫相订十年之约。《阴骘文注释跋》云：“辛巳春奉差旋里，见兄鬓发虽衰，饮啖尤昔，相与订十年之约，当告归共寻钓游之所。”⑦ 傅氏返浙时，曾迂道湖州访陆心源，于陆氏家中得观王羲之《行穰帖》、王献之《送梨帖》及宋刻本《白六帖》。

同年八月，知交魏锡曾逝世。魏锡曾，字稼孙，浙江仁和人，诸生，仕福建浦南场大使，补官后擢升县令。魏锡曾与傅以礼相交近二十年，二人皆嗜好金石，魏氏

---

① （清）王元穉辑：《甲戌公牍钞存》，沈云龙主编：《近代中国史料丛刊续编》第51辑，第33页。

② （清）卢德嘉汇纂：《凤山县采访册》，第198页。

③ 按：关于陆心源寄赠《逸识》的时间，傅以礼前后所载并不一致，《老父云游始末跋》云“甲戌秋”，而《逸识跋》则云“癸酉秋日”，“甲戌”与“癸酉”有一年之差，可知其中必有一误，姑且系于同治十三年甲戌。

④ （清）傅以礼：《华延年室题跋》卷中《宋稗类抄》，第181页。

⑤ （清）傅以礼：《华延年室题跋》卷中《胡氏印存残帙》，第178页。

⑥ （清）傅以礼：《有万憙斋石刻跋》，《石刻史料新编》第3辑第38册，新文丰出版公司1979年影印本，第159页。

⑦ （清）傅以礼：《华延年室题跋》卷中《阴骘文注释》，第184页。

"一生专力金石之学，藏弆既富，考订复精，著有《萃编补石》《续语堂碑录》，惜未卒业"①。

清德宗光绪九年癸未（1883）五十八岁

是年，傅以礼第二次入都展觐，傅氏于厂肆借得《天禄琳琅后编》写本，并撮举大凡。是年八月初六日，李氏日记云："傅节子自闽来，三十年旧雨，万里远来，适以今日风雨中至，而为阁人辞去，怅怅竟日。"② 据此可知，傅氏进京后曾面见李慈铭。傅氏归途经过松江时，从书肆中得《胡氏印存》初集四卷，与刘尚文所赠残帙互勘，始知此书为明代胡正言手笔。

清德宗光绪十年甲申（1884）五十九岁

是年初夏，傅以礼从友人处借阅旧抄《夷氛闻记》，录得副本。

是年十月，知交赵之谦辞世。

清德宗光绪十一年乙酉（1885）六十岁

是年，从兄傅吉甫辞世。傅吉甫长傅以礼三岁，二人先后同学十四年，相知最深。

清德宗光绪十三年丁亥（1887）六十二岁

是年夏，傅以礼署福建建宁府事。《建宁府志跋》云："今夏余权守是郡（即建宁府——引者注）。""今夏"系指何年，傅以礼并未明言，然傅氏此跋又云："慨自癸酉迄今，又百九十五年矣。"③ 据此推算，此处"今夏"系指光绪十三年夏。傅以礼下车伊始，即着手访求志乘，建宁士绅以傅氏留心是邦文献，遂有重修府志之议。傅氏以学识浅陋，"且受代在即"为由，辞之。

清德宗光绪十七年辛卯（1891）六十六岁

是年，福州知府廷恺病故，清廷以恒龄代之，恒龄到任前，由傅以礼署理府事。

清德宗光绪十八年壬辰（1892）六十七岁

是年，闽刻本《武英殿聚珍版书》修补工程启动，由傅以礼任总纂，孙星华等人分任编校，闽浙总督卞宝第、谭钟麟先后督修。

清德宗光绪十九年癸巳（1893）六十八岁

是年二月，李鸿章上《福建、四川、云南等省劝赈出力人员请奖片》，将福建、四川等省劝办直、顺赈捐出力官绅，"照章酌拟奖叙"，其中"福建候补知府傅以礼、侯

---

① （清）傅以礼：《华延年室题跋》卷中《秦度》，第209页。

② 金粱辑录：《近世人物志》，第106页。

③ （清）傅以礼：《华延年室题跋》卷中《建宁府志》，第161页。

材骥、唐赞衮，均拟请补缺后以道员用”①。

清德宗光绪二十年甲午（1894）六十九岁

是年七月，傅以礼《长恩阁书目》编成。此书有傅氏自序，落款为“光绪甲午八夕，大兴傅以礼节子序”②。“八夕”即七夕翌日，可知此书当成于光绪二十年七月。按：此书素无刊本，仅以抄本形式流传，北京大学图书馆藏有两部，然版本不同，其中一种分为四卷，另一种不分卷，分三册。③ 另外，美国哈佛大学图书馆亦藏有此书抄本，全书分六册，与北大图书馆所藏不同。

是年，傅以礼任福建舆图局提调。④

同年，陆心源、李慈铭卒。

清德宗光绪二十一年乙未（1895）七十岁

是年冬，傅以礼等人完成《武英殿聚珍版书》修补工程，“凡书中残断及衍夺之处，于正文修补外，复间据他本，辑为拾遗或校勘记附后，并广所未备，增刻二十五种”⑤。

清德宗光绪二十三年丁酉（1897）七十二岁

是年秋，桐城萧穆托傅以礼于福州购得李光地全集刊本。⑥

清德宗光绪二十四年戊戌（1898）七十三岁

是年，傅以礼卒于福州。据前引民国《绍兴县志资料》云：“光绪廿四年，（傅以礼）卒于福州。”此外，傅氏外孙俞人蔚亦云：“公（即傅以礼）于戊戌归道山。”⑦ 此处“戊戌”即光绪二十四年，亦可证傅氏卒于此年。

附　录

清德宗光绪二十九年癸卯（1903）

是年，傅以礼之子傅栻去世。傅栻，字子式，号戌牧，笃嗜金石，“平生于著述不甚留意，身后遗稿仅得金石题跋数篇”，后经俞人蔚整理为《蒿庐题跋》。关于傅栻之卒年，俞人蔚云：“公（即傅以礼）于戊戌归道山，子式舅氏以金石文字世家学，方欲

① 顾廷龙、戴逸主编：《李鸿章全集·奏议十四》，安徽教育出版社2008年版，第335—336页。
② （清）傅以礼编：《长恩阁书目》第一册，美国哈佛大学图书馆藏抄本。
③ 周少川：《文献传承与史学研究》，北京师范大学出版社2011年版，第69页。
④ 何友文：《道光二十八年后福州府知府考略（二）》，《福建史志》2015年第2期。
⑤ （清）傅以礼：《华延年室题跋》卷上《钦颁武英殿聚珍版书闽刻本》，第97页。
⑥ （清）萧穆：《敬孚类稿》卷八《记榕村语录续集》，清光绪三十二年（1906）刊本。
⑦ （清）傅以礼：《华延年室题跋》卷中《俞人蔚跋》，第230页。

校梓，遽于癸卯下世。”①

清德宗光绪三十年甲辰（1904）

是年，友人周星诒逝世。

清宣统元年己酉（1909）

是年，傅以礼《华延年室题跋》印行。傅以礼殁后，俞人蔚之母傅宛“惧先泽就湮，亟谋付之剞劂，俾傅氏子孙，永宝勿替”，此书“经始于己酉春，越三阅月而工竣”，全书由仁和高椿寿、长兴吴宝椿二人校雠。②

【作者简介】廖章荣，广东大观博物馆学术委员会委员。

① （清）傅以礼：《华延年室题跋》卷中《俞人蔚跋》，第230页。
② （清）傅以礼：《华延年室题跋》卷中《俞人蔚跋》，第230页。